X-MEN

ZUKUNFT IST VERGANGENHEIT

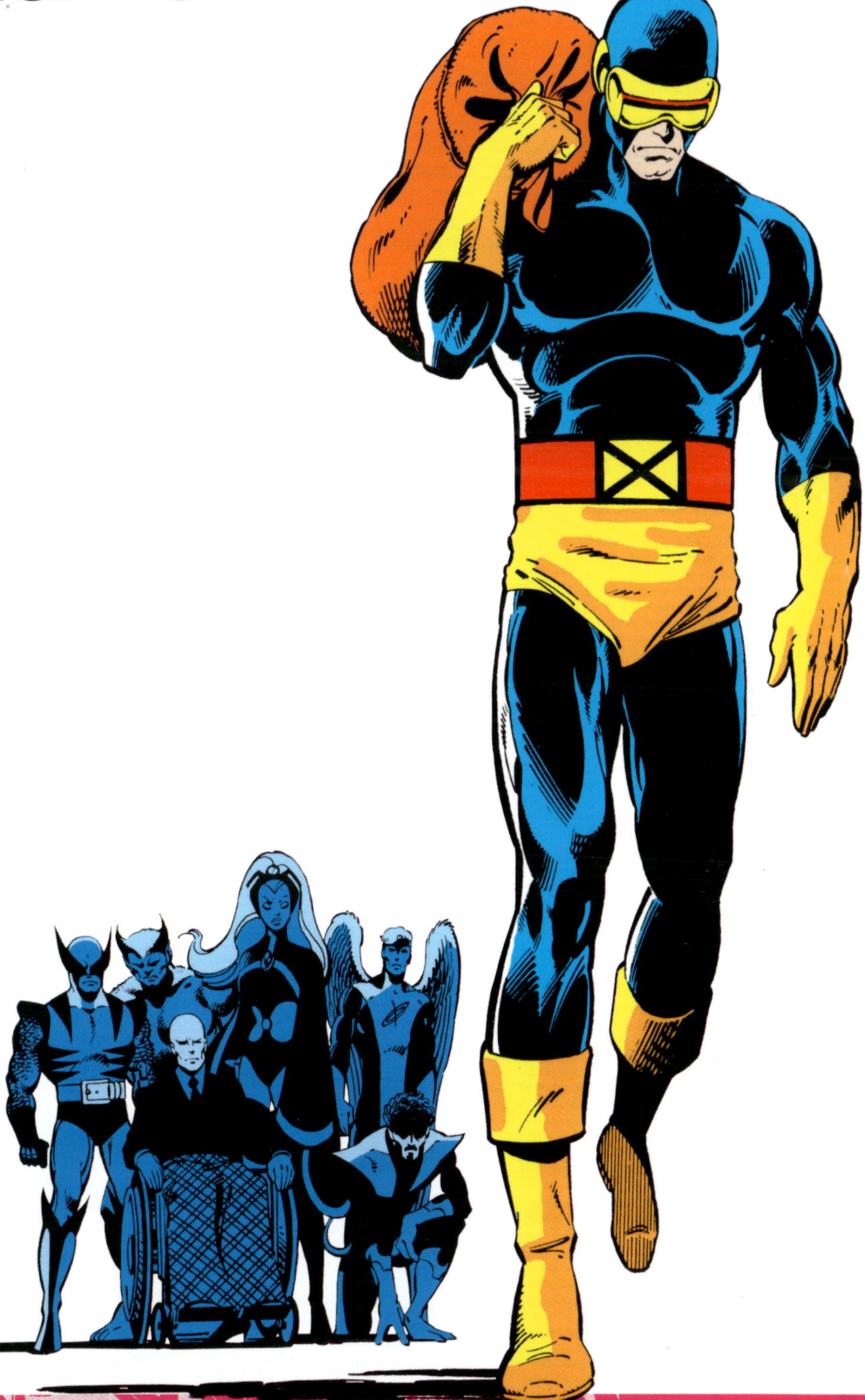

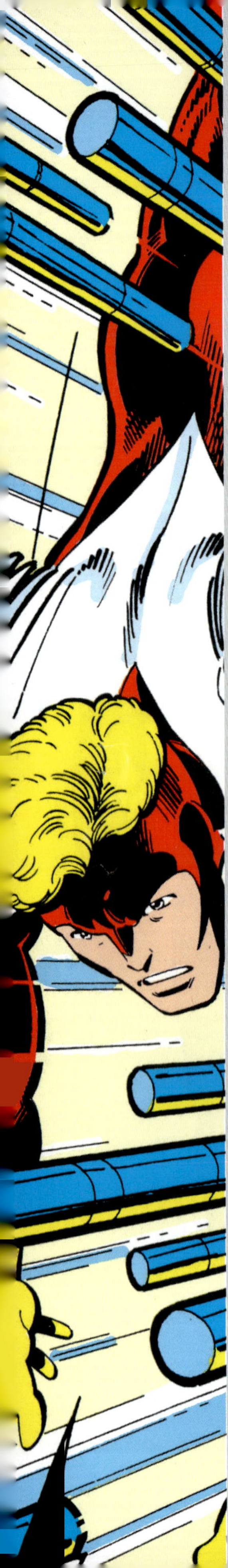

INHALT

X-MEN
ZUKUNFT IST VERGANGENHEIT

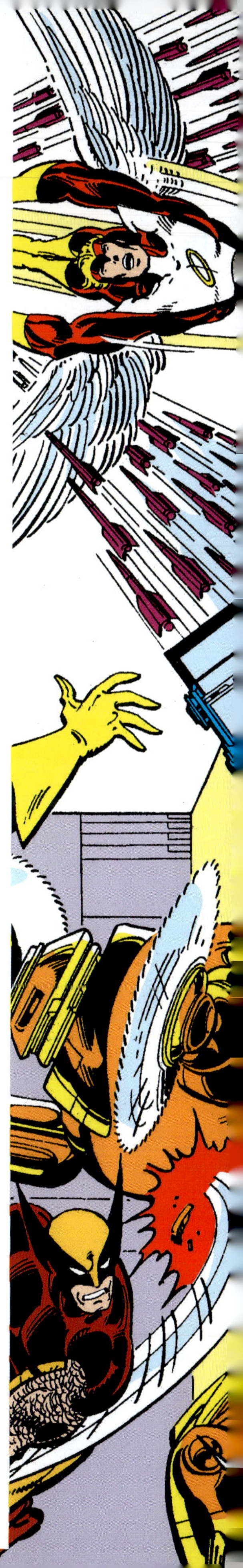

JOHN BYRNE
CHRIS CLAREMONT
STORY

JOHN BYRNE
ZEICHNUNGEN

TERRY AUSTIN
TUSCHE

GLYNIS WEIN
FARBEN

ELLETI
FRANCESCA SALVATORI
LETTERING

JÜRGEN PETZ
ÜBERSETZUNG

LOUISE SIMONSON
REDAKTION USA

C. B. CEBULSKI
CHEFREDAKTEUR USA

MARVEL MUST-HAVE: X-MEN – ZUKUNFT IST VERGANGENHEIT erscheint bei **PANINI COMICS**, Schloßstraße 76, D-70176 Stuttgart. Druck: Lito Terrazzi S.r.l. – Prato. Pressevertrieb: Stella Distribution GmbH, D-22297 Hamburg. Direkt-Abos auf **www.paninicomics.de.** Anzeigenverkauf: BLAUFEUER VERLAGSVERTRETUNGEN GmbH, info@blaufeuer.com. Es gelten die Anzeigenpreise gemäß der Mediadaten 2023. Geschäftsführer **Hermann Paul**, Publishing Director Europe **Marco M. Lupoi**, Finanzen/Logistik **Felix Bauer**, Marketing Director **Holger Wiest**, Marketing **Fabio Cunetto**, Vertrieb **Alexander Bubenheimer**, PR/Presse **Steffen Volkmer**, Publishing Manager **Lisa Pancaldi**, Redaktion **Harald Gantzberg**, **Matthias Korn**, **Anja Seiffert**, **Kristina Starschinski**, **Ilaria Tavoni**, **Daniela Uhlmann**, **Thomas Witzler**, Übersetzung **Bernd Kronsbein**, **Jürgen Petz**, Proofreading **Iris Faigle**, Lettering **Elleti**, **Francesca Salvatori**, grafische Gestaltung **Marco Paroli** (coordinator), **Cinzia Morando**, **Barbara Sarti**, Art Director **Alessandro Gucciardo**, Redaktion Panini Comics **Annalisa Califano**, **Beatrice Doti**, Prepress **Cristina Bedini**, **Daniela Guidetti**, **Andrea Lusoli**, Repro/Packager **Alessandro Nalli** (coordinator), **Anna Boselli**, **Mario Da Rin Zanco**, **Valentina Esposito**, **Luca Ficarelli**, **Linda Leporati**. Deutsche Edition bei Panini Verlags-GmbH unter Lizenz von Marvel Characters B.V. Cover von **John Byrne**, *X-Men: Days of Future Past* (2011) TPB.

Bibliografische Information der Deutschen Nationalbibliothek
Die Deutsche Nationalbibliothek verzeichnet diese Publikation in der Deutschen Nationalbibliografie; detaillierte bibliografische Daten sind im Internet über dnb.d-nb.de abrufbar.

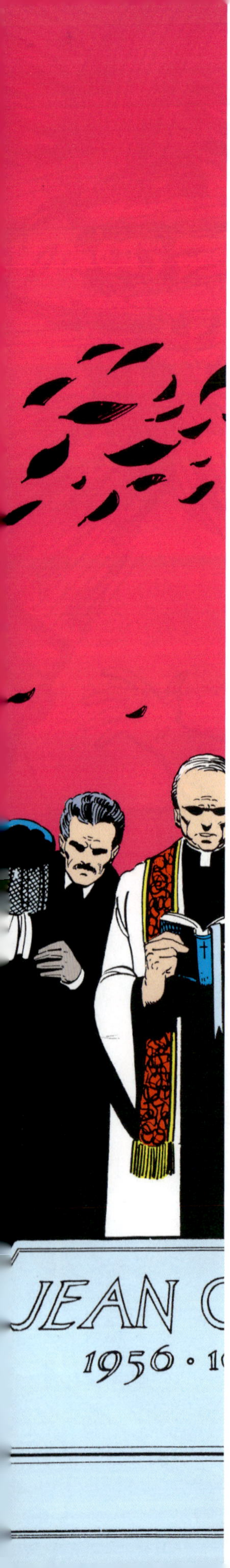

GROSSER ZAPFENSTREICH

Alles hat seine Zeit. Und jede Zeit verehrt ihre eigenen Helden. In den 1960ern hatte sich das Traumpaar **Stan Lee** und **Jack Kirby** gefunden, um den amerikanischen Comic-Markt mit einer visionären Art maskierter Ordnungshüter auf den Kopf zu stellen. Marvels Recken waren verletzlich, fehlbar und oftmals Außenseiter der Gesellschaft. Fast alle hatten ihre Fähigkeiten durch eine tragische Fügung des Schicksals erhalten. Häufig spielte dabei Radioaktivität eine zentrale Rolle. Auch die **X-Men** waren Kinder des Atoms. Doch ihre Kräfte waren aus der Not geboren, aus einem durch Strahlung veränderten, genetischen Erbmaterial. Lee war es einfach leid, sich dauernd eine andere, spektakuläre Ursprungsgeschichte auszudenken. Als die X-Men 1963 an den Start gingen, waren Comic-Fans noch nicht bereit für die Aushängeschilder der Spezies *Homo superior*. Es mangelte **Xaviers** Mutanten am markanten Handicap, das Lees und Kirbys Schöpfungen gewöhnlich auszeichnete. Relativ schnell sank das Leserinteresse. Der Titel dümpelte vor sich hin.

In den frühen 1970ern war es weiter schlecht um die X-Men bestellt. Die Serie wurde nur mit aufgewärmtem Material am Leben erhalten. Das änderte sich Mitte des Jahrzehnts, als **Len Wein** und **Dave Cockrum** ein neues, internationales Team vorstellten. Das Konzept wurde mit viel Esprit von Cockrum und Autor **Chris Claremont** ausgebaut. Beide verschafften sich auf Anhieb Gehör, als bereits in ihrer zweiten Ausgabe ein Mitglied der neu formierten Truppe starb. Rasch mutierte das Sorgenkind zum Geheimtipp. Der Kult nahm richtig Fahrt auf, als **John Byrne**, das verheißungsvollste Talent jener Tage, Cockrum als Zeichner ablöste. Was Lee und Kirby für Marvels 1960er darstellten, waren Claremont und Byrne für die späten 1970er und frühen 1980er. Während der Kanadier Byrne Landsmann **Wolverine** den Rücken stärkte, steigerte Claremont Gruppendynamik und Dramaturgie. Im Stil einer Soap führte das Dream-Team den Titel an die Spitze der Comic-Charts und umso länger ihre Zusammenarbeit andauerte, desto fruchtbarer war das Ergebnis. Unter ihrer Regie debütierten **Logans** Freund **James Hudson**, Kanadas Heldenteam **Alpha Flight**, **Proteus**, **Dazzler**, **Kitty Pryde**, **Emma Frost** und der **Hellfire Club**. Die Entwicklung gipfelte 1980 in der *Dark Phoenix*-Saga, die mit dem Freitod von **Jean Grey** auf Jahre Maßstäbe setzte.

Schon damals rumorte es zwischen den ungekrönten Königen der US-Comic-Szene. Byrne störte, dass Claremont gemeinsam entworfene Plots oft eigenmächtig abänderte. Nach *X-Men* 143 trennten sich ihre Wege und Byrne brach zu neuen Ufern auf. Zuvor spannten sie jedoch noch einen letzten Handlungsbogen, der ihrem Vermächtnis zur Ehre gereichte und Hollywood 2014 als Vorlage diente. Wie der gleichnamige Film besticht auch der Comic durch famose Ideen und wegweisende Story-Elemente, die das Franchise bis heute prägen. In ZUKUNFT IST VERGANGENHEIT hält sich Claremont politisch nicht zurück und zeigt sich überraschend zukunftskritisch. Obwohl **Sentinels** schon seit den ersten Tagen zum Mythos gehören, wird erstmals in brutaler Konsequenz verdeutlicht, wie sehr Mutanten als Metapher für andere Minderheiten durch Rassismus, Hass und Vorurteile in ihrer Existenz bedroht sind. **Magnetos** Abkehr vom Bösen wird vorweggenommen und vieles mehr. Das letzte große Hurra des kongenialen Duos setzt direkt nach der *Dark Phoenix*-Saga an. Dem Anlass angemessen, beginnt es mit einem Begräbnis und einem Rückblick auf die bewegte Geschichte der X-Men.

Thomas Witzler

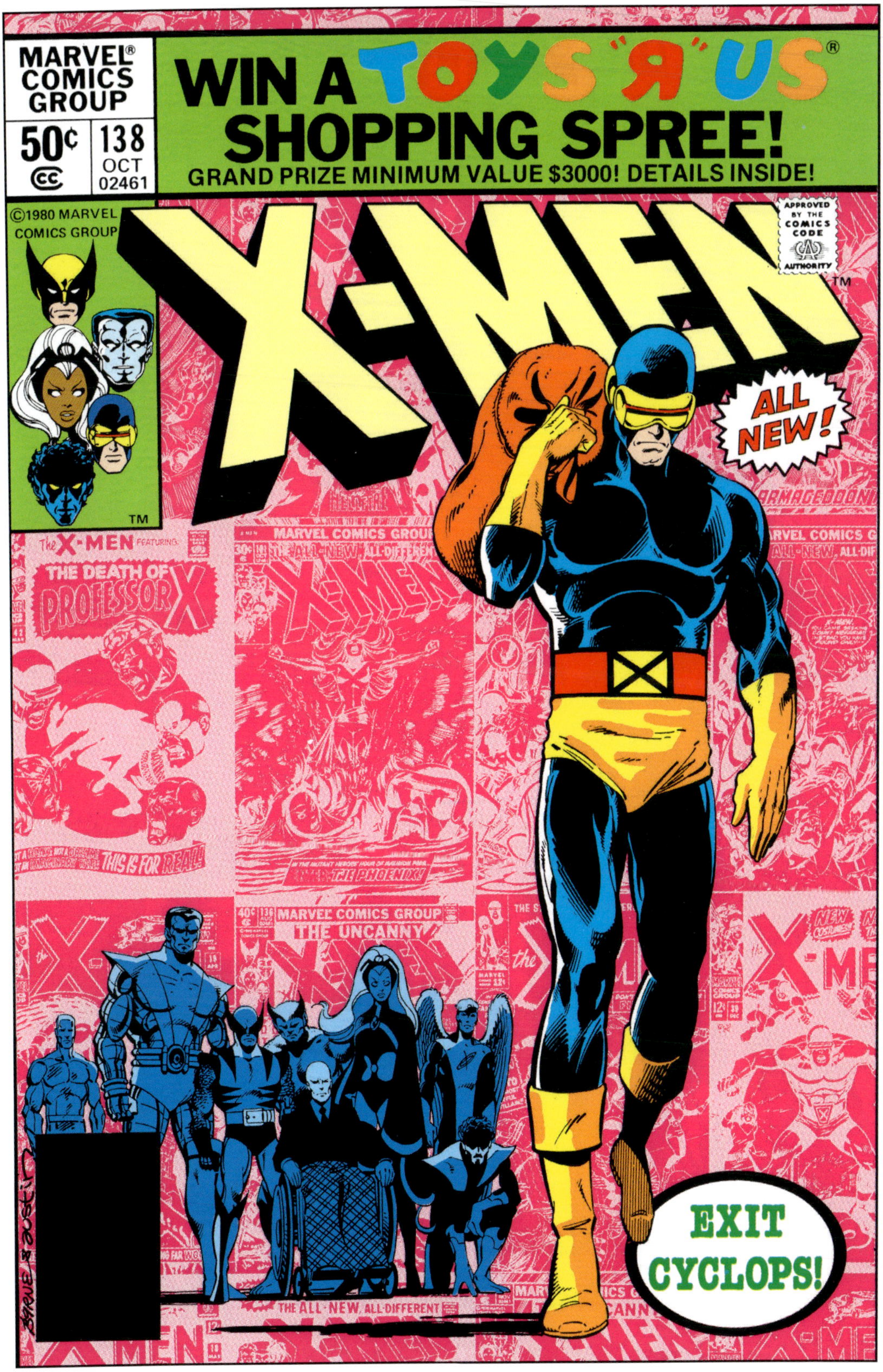

Uncanny X-Men (1963) 138
Cover von **JOHN BYRNE**

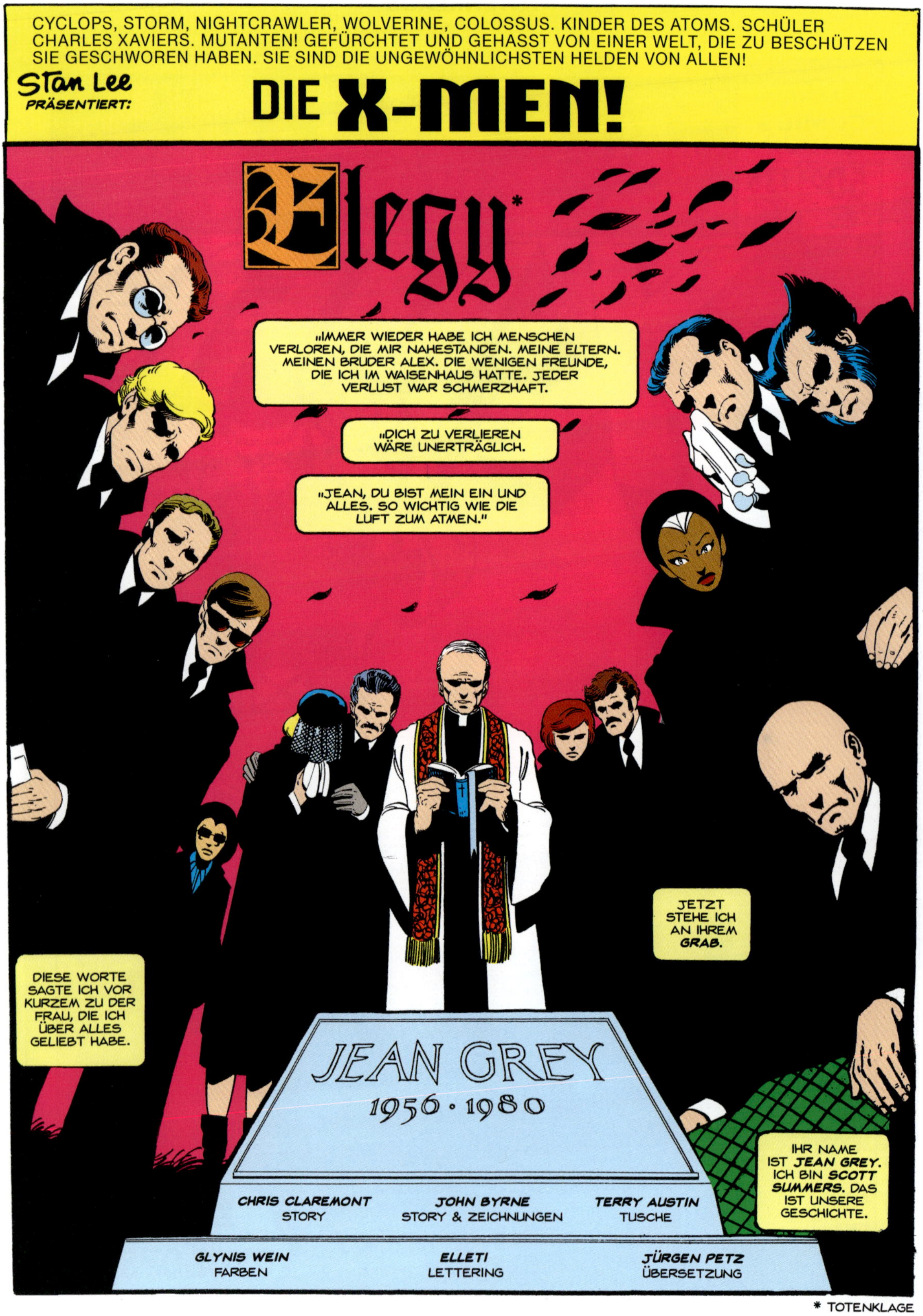

CYCLOPS, STORM, NIGHTCRAWLER, WOLVERINE, COLOSSUS. KINDER DES ATOMS. SCHÜLER CHARLES XAVIERS. MUTANTEN! GEFÜRCHTET UND GEHASST VON EINER WELT, DIE ZU BESCHÜTZEN SIE GESCHWOREN HABEN. SIE SIND DIE UNGEWÖHNLICHSTEN HELDEN VON ALLEN!
STAN LEE PRÄSENTIERT:
DIE X-MEN!
Elegy*
„IMMER WIEDER HABE ICH MENSCHEN VERLOREN, DIE MIR NAHESTANDEN. MEINE ELTERN. MEINEN BRUDER ALEX. DIE WENIGEN FREUNDE, DIE ICH IM WAISENHAUS HATTE. JEDER VERLUST WAR SCHMERZHAFT.
„DICH ZU VERLIEREN WÄRE UNERTRÄGLICH.
„JEAN, DU BIST MEIN EIN UND ALLES. SO WICHTIG WIE DIE LUFT ZUM ATMEN."
DIESE WORTE SAGTE ICH VOR KURZEM ZU DER FRAU, DIE ICH ÜBER ALLES GELIEBT HABE.
JETZT STEHE ICH AN IHREM GRAB.
JEAN GREY
1956 · 1980
IHR NAME IST JEAN GREY. ICH BIN SCOTT SUMMERS. DAS IST UNSERE GESCHICHTE.
CHRIS CLAREMONT STORY
JOHN BYRNE STORY & ZEICHNUNGEN
TERRY AUSTIN TUSCHE
GLYNIS WEIN FARBEN
ELLETI LETTERING
JÜRGEN PETZ ÜBERSETZUNG

* TOTENKLAGE

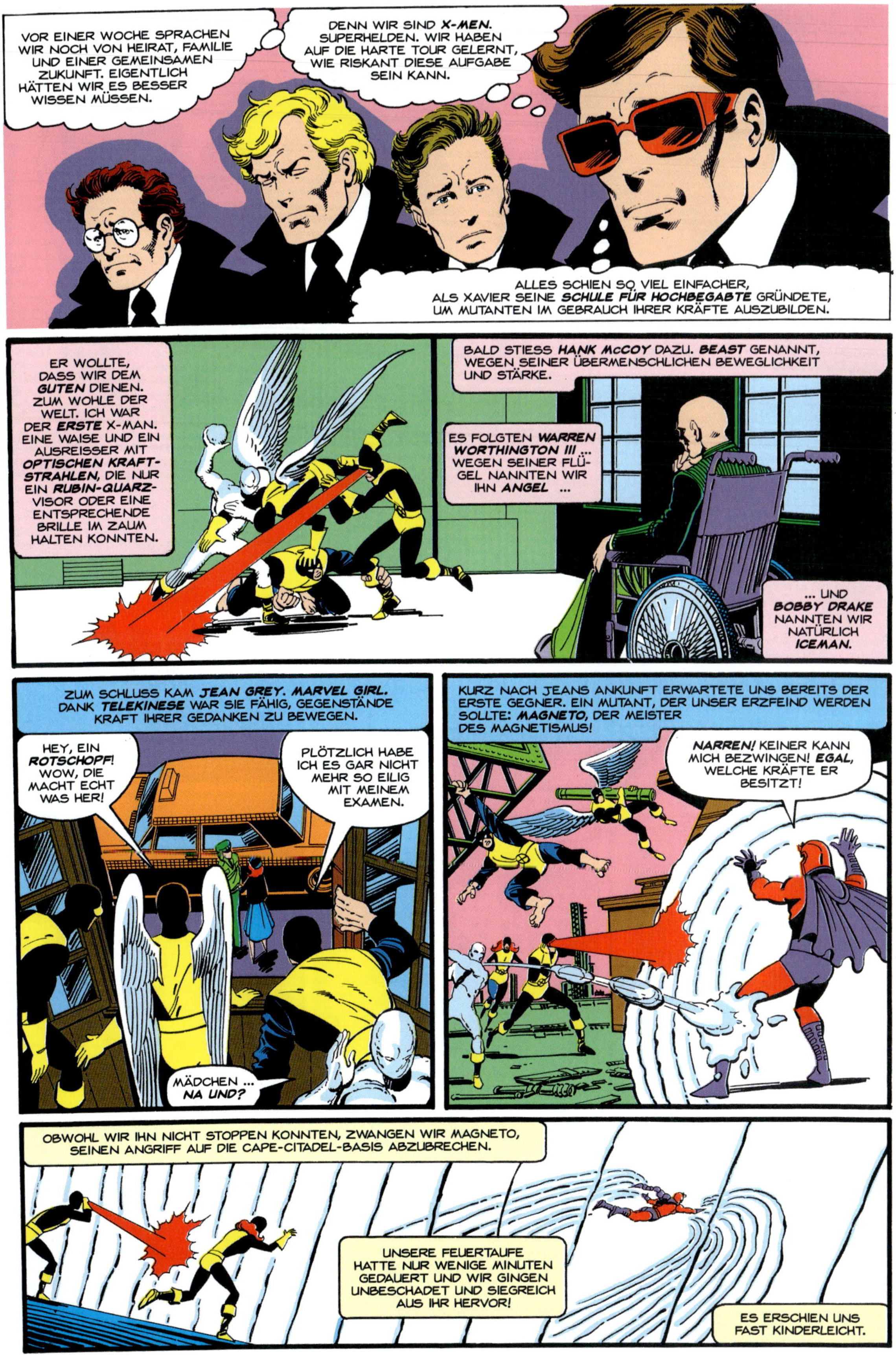
VOR EINER WOCHE SPRACHEN WIR NOCH VON HEIRAT, FAMILIE UND EINER GEMEINSAMEN ZUKUNFT. EIGENTLICH HÄTTEN WIR ES BESSER WISSEN MÜSSEN.
DENN WIR SIND X-MEN. SUPERHELDEN. WIR HABEN AUF DIE HARTE TOUR GELERNT, WIE RISKANT DIESE AUFGABE SEIN KANN.
ALLES SCHIEN SO VIEL EINFACHER, ALS XAVIER SEINE SCHULE FÜR HOCHBEGABTE GRÜNDETE, UM MUTANTEN IM GEBRAUCH IHRER KRÄFTE AUSZUBILDEN.
ER WOLLTE, DASS WIR DEM GUTEN DIENEN. ZUM WOHLE DER WELT. ICH WAR DER ERSTE X-MAN. EINE WAISE UND EIN AUSREISSER MIT OPTISCHEN KRAFTSTRAHLEN, DIE NUR EIN RUBIN-QUARZ-VISOR ODER EINE ENTSPRECHENDE BRILLE IM ZAUM HALTEN KONNTEN.
BALD STIESS HANK McCOY DAZU. BEAST GENANNT, WEGEN SEINER ÜBERMENSCHLICHEN BEWEGLICHKEIT UND STÄRKE.
ES FOLGTEN WARREN WORTHINGTON III ... WEGEN SEINER FLÜGEL NANNTEN WIR IHN ANGEL ...
... UND BOBBY DRAKE NANNTEN WIR NATÜRLICH ICEMAN.
ZUM SCHLUSS KAM JEAN GREY. MARVEL GIRL. DANK TELEKINESE WAR SIE FÄHIG, GEGENSTÄNDE KRAFT IHRER GEDANKEN ZU BEWEGEN.
HEY, EIN ROTSCHOPF! WOW, DIE MACHT ECHT WAS HER!
PLÖTZLICH HABE ICH ES GAR NICHT MEHR SO EILIG MIT MEINEM EXAMEN.
MÄDCHEN ... NA UND?
KURZ NACH JEANS ANKUNFT ERWARTETE UNS BEREITS DER ERSTE GEGNER. EIN MUTANT, DER UNSER ERZFEIND WERDEN SOLLTE: MAGNETO, DER MEISTER DES MAGNETISMUS!
NARREN! KEINER KANN MICH BEZWINGEN! EGAL, WELCHE KRÄFTE ER BESITZT!
OBWOHL WIR IHN NICHT STOPPEN KONNTEN, ZWANGEN WIR MAGNETO, SEINEN ANGRIFF AUF DIE CAPE-CITADEL-BASIS ABZUBRECHEN.
UNSERE FEUERTAUFE HATTE NUR WENIGE MINUTEN GEDAUERT UND WIR GINGEN UNBESCHADET UND SIEGREICH AUS IHR HERVOR!
ES ERSCHIEN UNS FAST KINDERLEICHT.

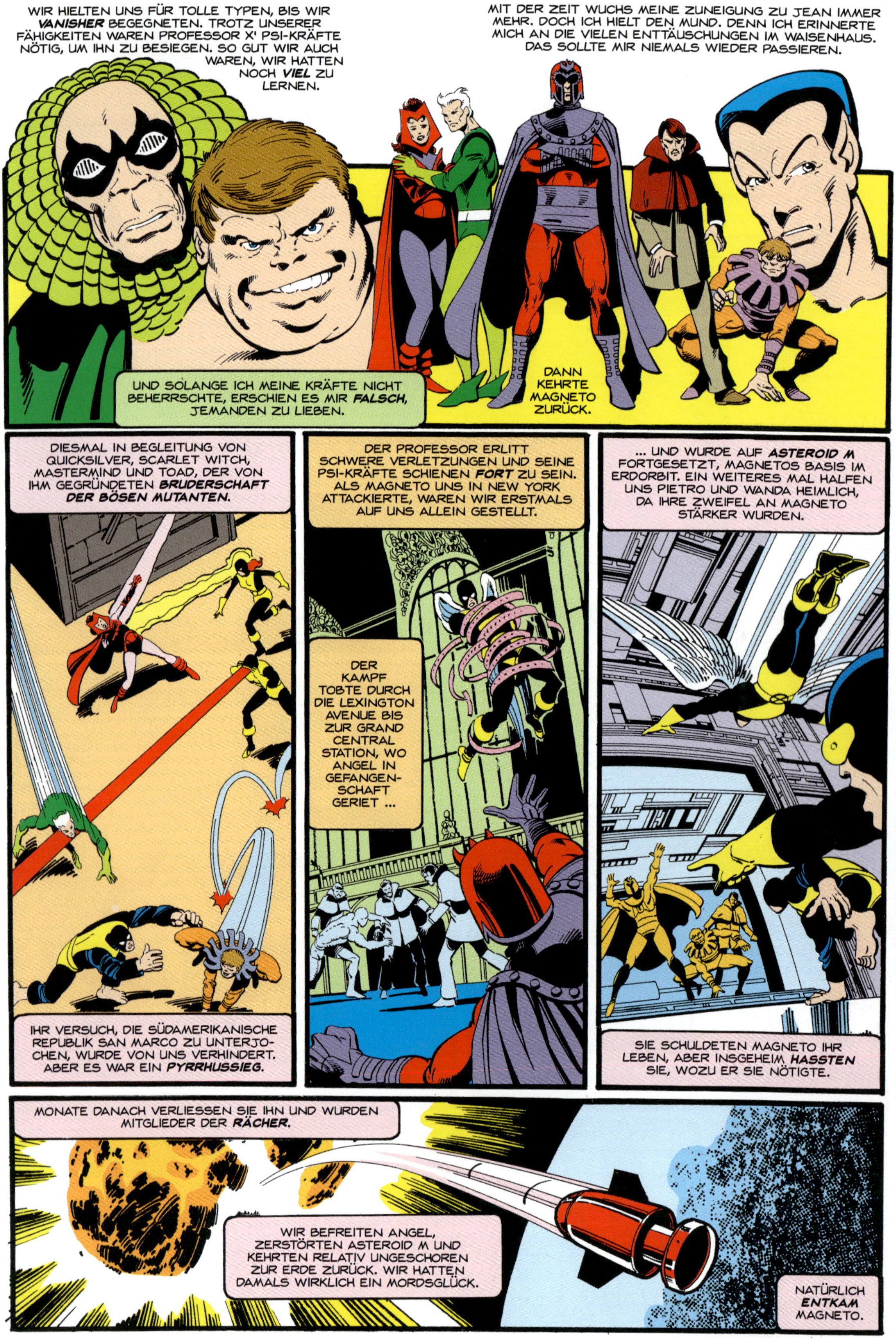

WIR HIELTEN UNS FÜR TOLLE TYPEN, BIS WIR VANISHER BEGEGNETEN. TROTZ UNSERER FÄHIGKEITEN WAREN PROFESSOR X' PSI-KRÄFTE NÖTIG, UM IHN ZU BESIEGEN. SO GUT WIR AUCH WAREN, WIR HATTEN NOCH VIEL ZU LERNEN.
MIT DER ZEIT WUCHS MEINE ZUNEIGUNG ZU JEAN IMMER MEHR. DOCH ICH HIELT DEN MUND. DENN ICH ERINNERTE MICH AN DIE VIELEN ENTTÄUSCHUNGEN IM WAISENHAUS. DAS SOLLTE MIR NIEMALS WIEDER PASSIEREN.
UND SOLANGE ICH MEINE KRÄFTE NICHT BEHERRSCHTE, ERSCHIEN ES MIR FALSCH, JEMANDEN ZU LIEBEN.
DANN KEHRTE MAGNETO ZURÜCK.
DIESMAL IN BEGLEITUNG VON QUICKSILVER, SCARLET WITCH, MASTERMIND UND TOAD, DER VON IHM GEGRÜNDETEN BRUDERSCHAFT DER BÖSEN MUTANTEN.
IHR VERSUCH, DIE SÜDAMERIKANISCHE REPUBLIK SAN MARCO ZU UNTERJOCHEN, WURDE VON UNS VERHINDERT. ABER ES WAR EIN PYRRHUSSIEG.
DER PROFESSOR ERLITT SCHWERE VERLETZUNGEN UND SEINE PSI-KRÄFTE SCHIENEN FORT ZU SEIN. ALS MAGNETO UNS IN NEW YORK ATTACKIERTE, WAREN WIR ERSTMALS AUF UNS ALLEIN GESTELLT.
DER KAMPF TOBTE DURCH DIE LEXINGTON AVENUE BIS ZUR GRAND CENTRAL STATION, WO ANGEL IN GEFANGENSCHAFT GERIET ...
... UND WURDE AUF ASTEROID M FORTGESETZT, MAGNETOS BASIS IM ERDORBIT. EIN WEITERES MAL HALFEN UNS PIETRO UND WANDA HEIMLICH, DA IHRE ZWEIFEL AN MAGNETO STÄRKER WURDEN.
SIE SCHULDETEN MAGNETO IHR LEBEN, ABER INSGEHEIM HASSTEN SIE, WOZU ER SIE NÖTIGTE.
MONATE DANACH VERLIESSEN SIE IHN UND WURDEN MITGLIEDER DER RÄCHER.
WIR BEFREITEN ANGEL, ZERSTÖRTEN ASTEROID M UND KEHRTEN RELATIV UNGESCHOREN ZUR ERDE ZURÜCK. WIR HATTEN DAMALS WIRKLICH EIN MORDSGLÜCK.
NATÜRLICH ENTKAM MAGNETO.

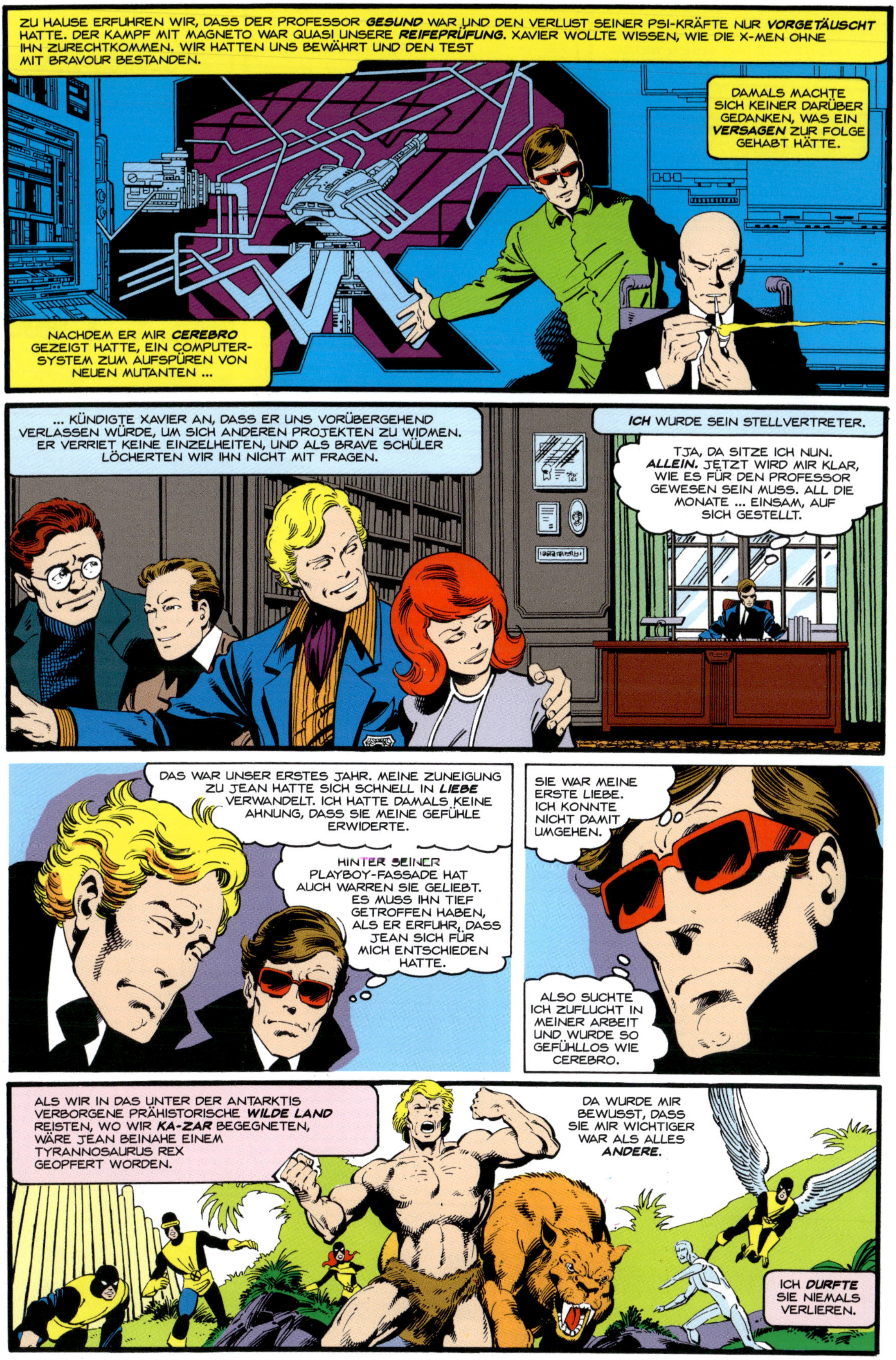

ZU HAUSE ERFUHREN WIR, DASS DER PROFESSOR GESUND WAR UND DEN VERLUST SEINER PSI-KRÄFTE NUR VORGETÄUSCHT HATTE. DER KAMPF MIT MAGNETO WAR QUASI UNSERE REIFEPRÜFUNG. XAVIER WOLLTE WISSEN, WIE DIE X-MEN OHNE IHN ZURECHTKOMMEN. WIR HATTEN UNS BEWÄHRT UND DEN TEST MIT BRAVOUR BESTANDEN.
DAMALS MACHTE SICH KEINER DARÜBER GEDANKEN, WAS EIN VERSAGEN ZUR FOLGE GEHABT HÄTTE.
NACHDEM ER MIR CEREBRO GEZEIGT HATTE, EIN COMPUTER-SYSTEM ZUM AUFSPÜREN VON NEUEN MUTANTEN ...
... KÜNDIGTE XAVIER AN, DASS ER UNS VORÜBERGEHEND VERLASSEN WÜRDE, UM SICH ANDEREN PROJEKTEN ZU WIDMEN. ER VERRIET KEINE EINZELHEITEN, UND ALS BRAVE SCHÜLER LÖCHERTEN WIR IHN NICHT MIT FRAGEN.
ICH WURDE SEIN STELLVERTRETER.
TJA, DA SITZE ICH NUN. ALLEIN. JETZT WIRD MIR KLAR, WIE ES FÜR DEN PROFESSOR GEWESEN SEIN MUSS. ALL DIE MONATE ... EINSAM, AUF SICH GESTELLT.
DAS WAR UNSER ERSTES JAHR. MEINE ZUNEIGUNG ZU JEAN HATTE SICH SCHNELL IN LIEBE VERWANDELT. ICH HATTE DAMALS KEINE AHNUNG, DASS SIE MEINE GEFÜHLE ERWIDERTE.
HINTER SEINER PLAYBOY-FASSADE HAT AUCH WARREN SIE GELIEBT. ES MUSS IHN TIEF GETROFFEN HABEN, ALS ER ERFUHR, DASS JEAN SICH FÜR MICH ENTSCHIEDEN HATTE.
SIE WAR MEINE ERSTE LIEBE. ICH KONNTE NICHT DAMIT UMGEHEN.
ALSO SUCHTE ICH ZUFLUCHT IN MEINER ARBEIT UND WURDE SO GEFÜHLLOS WIE CEREBRO.
ALS WIR IN DAS UNTER DER ANTARKTIS VERBORGENE PRÄHISTORISCHE WILDE LAND REISTEN, WO WIR KA-ZAR BEGEGNETEN, WÄRE JEAN BEINAHE EINEM TYRANNOSAURUS REX GEOPFERT WORDEN.
DA WURDE MIR BEWUSST, DASS SIE MIR WICHTIGER WAR ALS ALLES ANDERE.
ICH DURFTE SIE NIEMALS VERLIEREN.

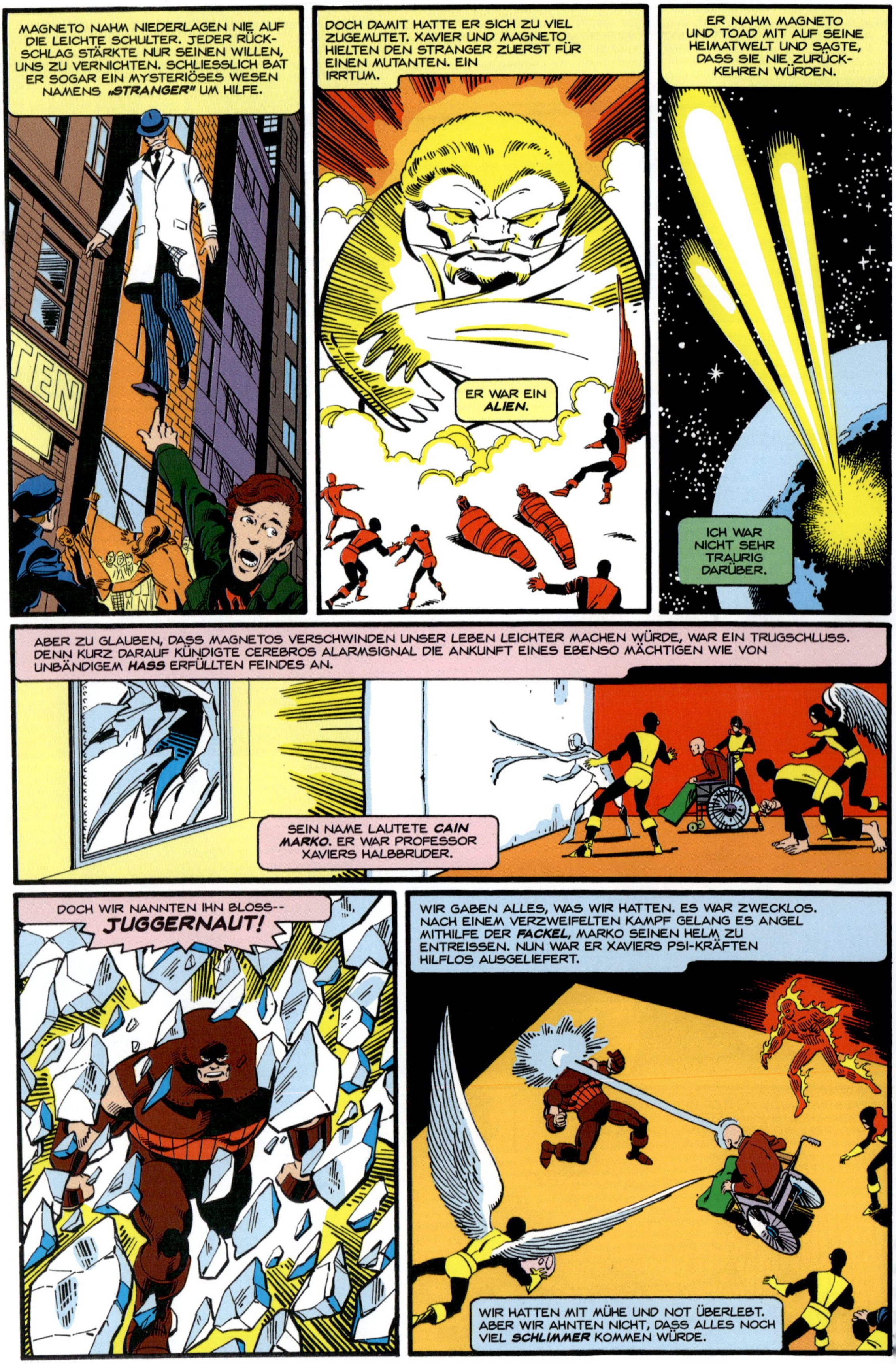

MAGNETO NAHM NIEDERLAGEN NIE AUF DIE LEICHTE SCHULTER. JEDER RÜCKSCHLAG STÄRKTE NUR SEINEN WILLEN, UNS ZU VERNICHTEN. SCHLIESSLICH BAT ER SOGAR EIN MYSTERIÖSES WESEN NAMENS „STRANGER" UM HILFE.
TEN
DOCH DAMIT HATTE ER SICH ZU VIEL ZUGEMUTET. XAVIER UND MAGNETO HIELTEN DEN STRANGER ZUERST FÜR EINEN MUTANTEN. EIN IRRTUM.
ER WAR EIN ALIEN.
ER NAHM MAGNETO UND TOAD MIT AUF SEINE HEIMATWELT UND SAGTE, DASS SIE NIE ZURÜCKKEHREN WÜRDEN.
ICH WAR NICHT SEHR TRAURIG DARÜBER.
ABER ZU GLAUBEN, DASS MAGNETOS VERSCHWINDEN UNSER LEBEN LEICHTER MACHEN WÜRDE, WAR EIN TRUGSCHLUSS. DENN KURZ DARAUF KÜNDIGTE CEREBROS ALARMSIGNAL DIE ANKUNFT EINES EBENSO MÄCHTIGEN WIE VON UNBÄNDIGEM HASS ERFÜLLTEN FEINDES AN.
SEIN NAME LAUTETE CAIN MARKO. ER WAR PROFESSOR XAVIERS HALBBRUDER.
DOCH WIR NANNTEN IHN BLOSS--
JUGGERNAUT!
WIR GABEN ALLES, WAS WIR HATTEN. ES WAR ZWECKLOS. NACH EINEM VERZWEIFELTEN KAMPF GELANG ES ANGEL MITHILFE DER FACKEL, MARKO SEINEN HELM ZU ENTREISSEN. NUN WAR ER XAVIERS PSI-KRÄFTEN HILFLOS AUSGELIEFERT.
WIR HATTEN MIT MÜHE UND NOT ÜBERLEBT. ABER WIR AHNTEN NICHT, DASS ALLES NOCH VIEL SCHLIMMER KOMMEN WÜRDE.

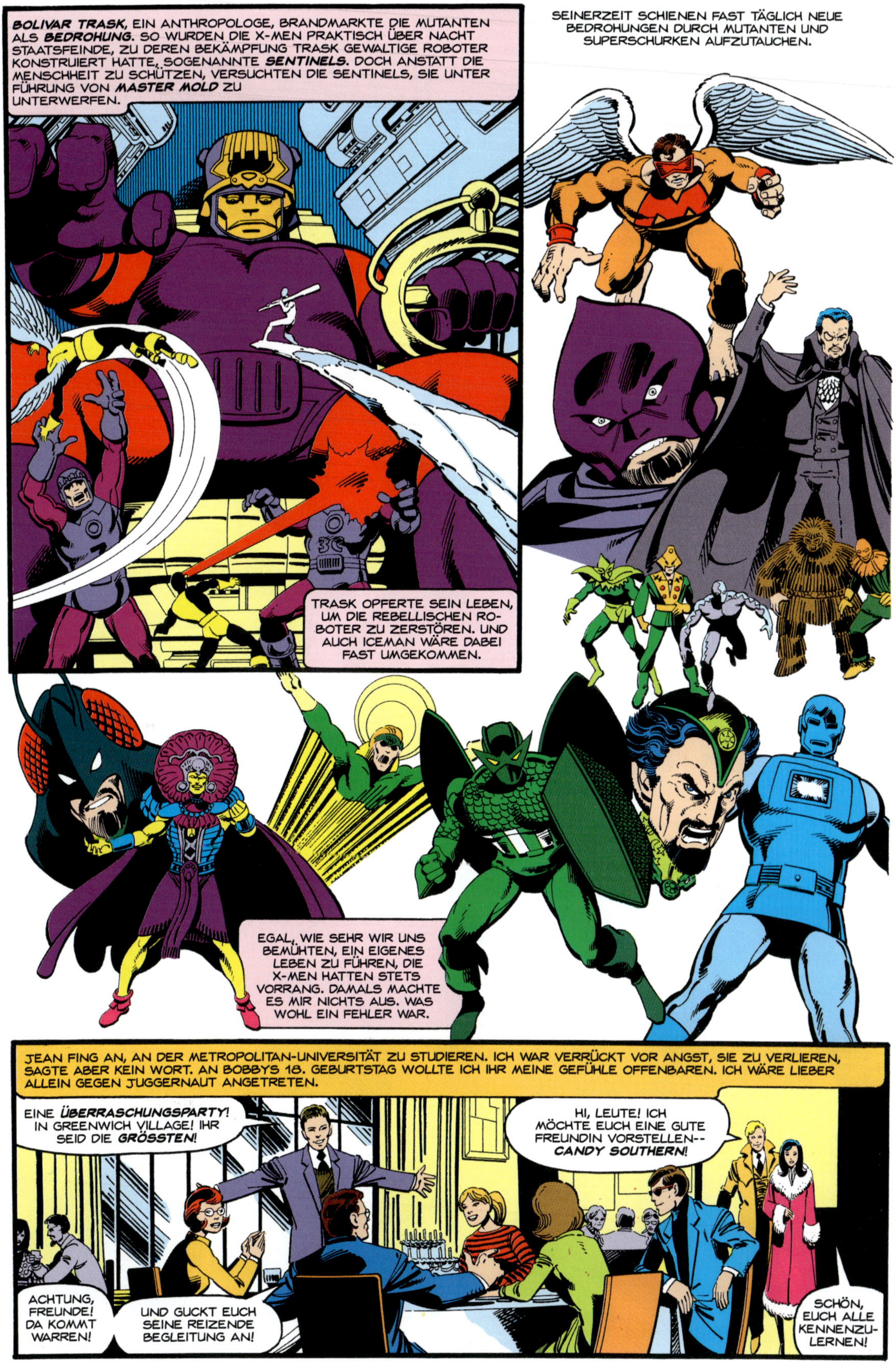
BOLIVAR TRASK, EIN ANTHROPOLOGE, BRANDMARKTE DIE MUTANTEN ALS BEDROHUNG. SO WURDEN DIE X-MEN PRAKTISCH ÜBER NACHT STAATSFEINDE, ZU DEREN BEKÄMPFUNG TRASK GEWALTIGE ROBOTER KONSTRUIERT HATTE, SOGENANNTE SENTINELS. DOCH ANSTATT DIE MENSCHHEIT ZU SCHÜTZEN, VERSUCHTEN DIE SENTINELS, SIE UNTER FÜHRUNG VON MASTER MOLD ZU UNTERWERFEN.
TRASK OPFERTE SEIN LEBEN, UM DIE REBELLISCHEN ROBOTER ZU ZERSTÖREN. UND AUCH ICEMAN WÄRE DABEI FAST UMGEKOMMEN.
SEINERZEIT SCHIENEN FAST TÄGLICH NEUE BEDROHUNGEN DURCH MUTANTEN UND SUPERSCHURKEN AUFZUTAUCHEN.
EGAL, WIE SEHR WIR UNS BEMÜHTEN, EIN EIGENES LEBEN ZU FÜHREN, DIE X-MEN HATTEN STETS VORRANG. DAMALS MACHTE ES MIR NICHTS AUS. WAS WOHL EIN FEHLER WAR.
JEAN FING AN, AN DER METROPOLITAN-UNIVERSITÄT ZU STUDIEREN. ICH WAR VERRÜCKT VOR ANGST, SIE ZU VERLIEREN, SAGTE ABER KEIN WORT. AN BOBBYS 18. GEBURTSTAG WOLLTE ICH IHR MEINE GEFÜHLE OFFENBAREN. ICH WÄRE LIEBER ALLEIN GEGEN JUGGERNAUT ANGETRETEN.
EINE ÜBERRASCHUNGSPARTY! IN GREENWICH VILLAGE! IHR SEID DIE GRÖSSTEN!
HI, LEUTE! ICH MÖCHTE EUCH EINE GUTE FREUNDIN VORSTELLEN-- CANDY SOUTHERN!
ACHTUNG, FREUNDE! DA KOMMT WARREN!
UND GUCKT EUCH SEINE REIZENDE BEGLEITUNG AN!
SCHÖN, EUCH ALLE KENNENZULERNEN!

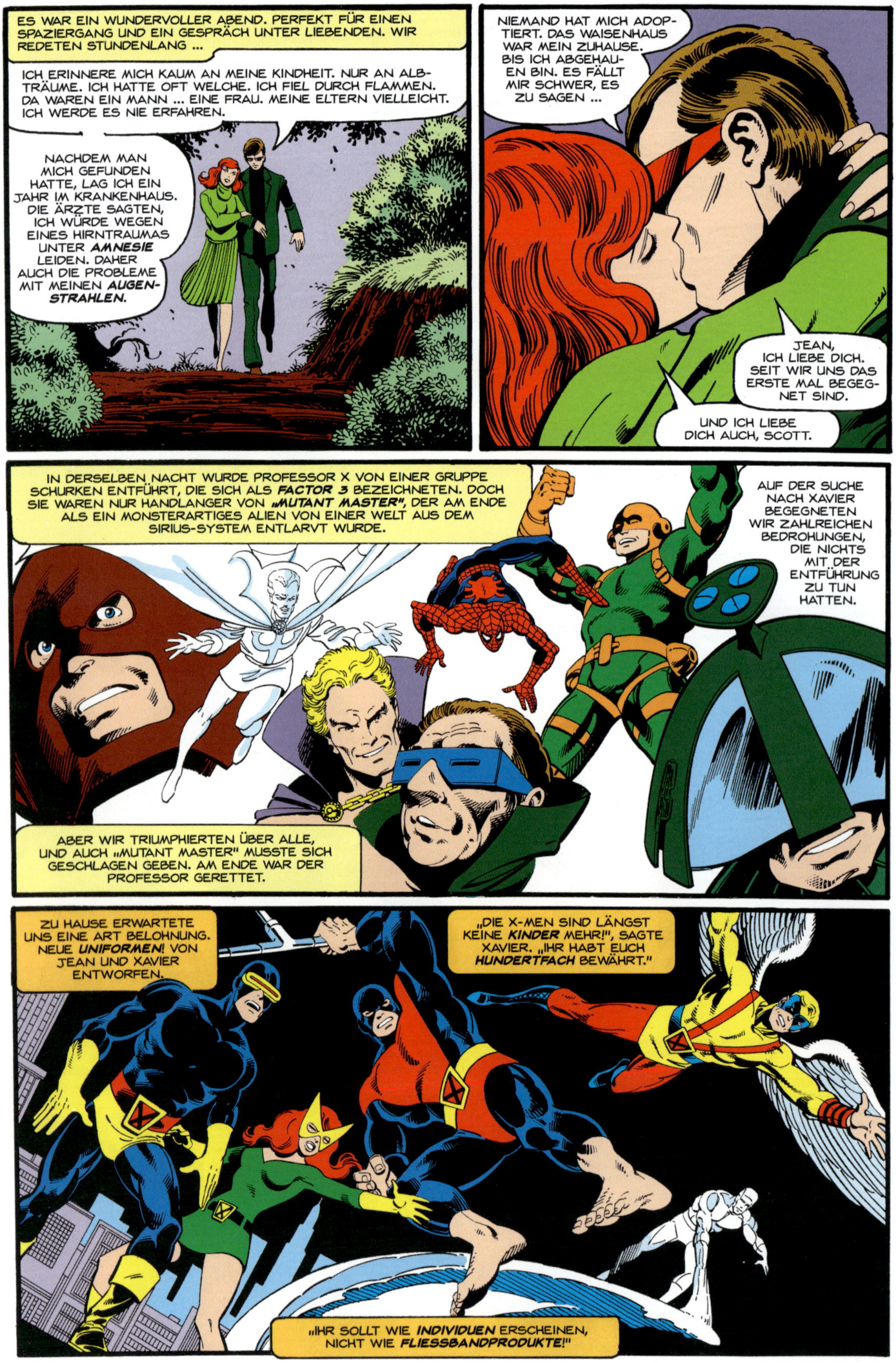
ES WAR EIN WUNDERVOLLER ABEND. PERFEKT FÜR EINEN SPAZIERGANG UND EIN GESPRÄCH UNTER LIEBENDEN. WIR REDETEN STUNDENLANG ...
ICH ERINNERE MICH KAUM AN MEINE KINDHEIT. NUR AN ALBTRÄUME. ICH HATTE OFT WELCHE. ICH FIEL DURCH FLAMMEN. DA WAREN EIN MANN ... EINE FRAU. MEINE ELTERN VIELLEICHT. ICH WERDE ES NIE ERFAHREN.
NACHDEM MAN MICH GEFUNDEN HATTE, LAG ICH EIN JAHR IM KRANKENHAUS. DIE ÄRZTE SAGTEN, ICH WÜRDE WEGEN EINES HIRNTRAUMAS UNTER **AMNESIE** LEIDEN. DAHER AUCH DIE PROBLEME MIT MEINEN **AUGENSTRAHLEN**.
NIEMAND HAT MICH ADOPTIERT. DAS WAISENHAUS WAR MEIN ZUHAUSE. BIS ICH ABGEHAUEN BIN. ES FÄLLT MIR SCHWER, ES ZU SAGEN ...
JEAN, ICH LIEBE DICH. SEIT WIR UNS DAS ERSTE MAL BEGEGNET SIND.
UND ICH LIEBE DICH AUCH, SCOTT.
IN DERSELBEN NACHT WURDE PROFESSOR X VON EINER GRUPPE SCHURKEN ENTFÜHRT, DIE SICH ALS **FACTOR 3** BEZEICHNETEN. DOCH SIE WAREN NUR HANDLANGER VON **„MUTANT MASTER"**, DER AM ENDE ALS EIN MONSTERARTIGES ALIEN VON EINER WELT AUS DEM SIRIUS-SYSTEM ENTLARVT WURDE.
AUF DER SUCHE NACH XAVIER BEGEGNETEN WIR ZAHLREICHEN BEDROHUNGEN, DIE NICHTS MIT DER ENTFÜHRUNG ZU TUN HATTEN.
ABER WIR TRIUMPHIERTEN ÜBER ALLE, UND AUCH „MUTANT MASTER" MUSSTE SICH GESCHLAGEN GEBEN. AM ENDE WAR DER PROFESSOR GERETTET.
ZU HAUSE ERWARTETE UNS EINE ART BELOHNUNG. NEUE **UNIFORMEN**! VON JEAN UND XAVIER ENTWORFEN.
„DIE X-MEN SIND LÄNGST KEINE **KINDER** MEHR!", SAGTE XAVIER. „IHR HABT EUCH **HUNDERTFACH** BEWÄHRT."
„IHR SOLLT WIE **INDIVIDUEN** ERSCHEINEN, NICHT WIE **FLIESSBANDPRODUKTE**!"

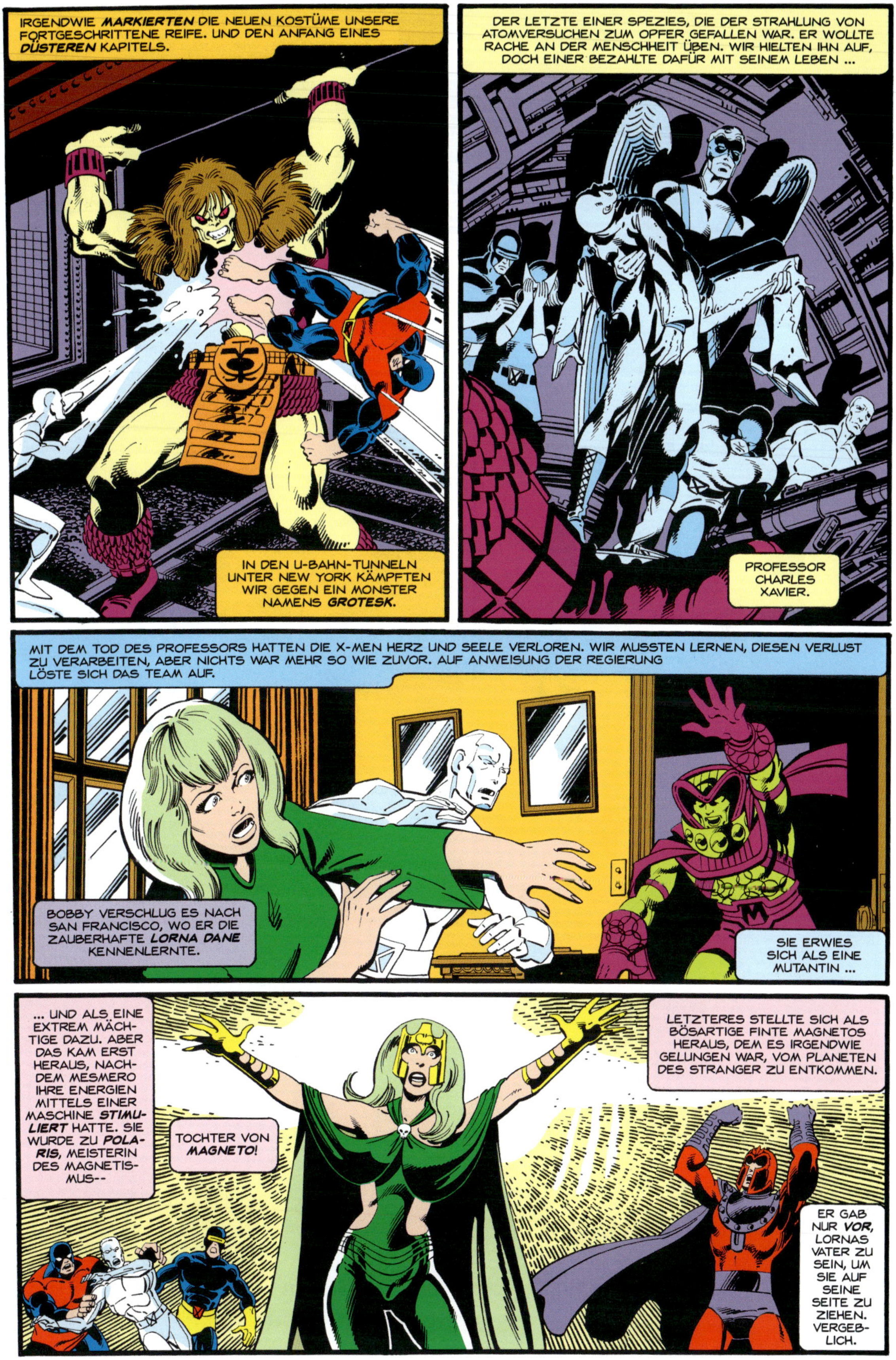
IRGENDWIE **MARKIERTEN** DIE NEUEN KOSTÜME UNSERE FORTGESCHRITTENE REIFE. UND DEN ANFANG EINES **DÜSTEREN** KAPITELS.
IN DEN U-BAHN-TUNNELN UNTER NEW YORK KÄMPFTEN WIR GEGEN EIN MONSTER NAMENS **GROTESK**.
DER LETZTE EINER SPEZIES, DIE DER STRAHLUNG VON ATOMVERSUCHEN ZUM OPFER GEFALLEN WAR. ER WOLLTE RACHE AN DER MENSCHHEIT ÜBEN. WIR HIELTEN IHN AUF, DOCH EINER BEZAHLTE DAFÜR MIT SEINEM LEBEN ...
PROFESSOR CHARLES XAVIER.
MIT DEM TOD DES PROFESSORS HATTEN DIE X-MEN HERZ UND SEELE VERLOREN. WIR MUSSTEN LERNEN, DIESEN VERLUST ZU VERARBEITEN, ABER NICHTS WAR MEHR SO WIE ZUVOR. AUF ANWEISUNG DER REGIERUNG LÖSTE SICH DAS TEAM AUF.
BOBBY VERSCHLUG ES NACH SAN FRANCISCO, WO ER DIE ZAUBERHAFTE **LORNA DANE** KENNENLERNTE.
SIE ERWIES SICH ALS EINE MUTANTIN ...
... UND ALS EINE EXTREM MÄCHTIGE DAZU. ABER DAS KAM ERST HERAUS, NACHDEM MESMERO IHRE ENERGIEN MITTELS EINER MASCHINE **STIMULIERT** HATTE. SIE WURDE ZU **POLARIS**, MEISTERIN DES MAGNETISMUS--
TOCHTER VON **MAGNETO**!
LETZTERES STELLTE SICH ALS BÖSARTIGE FINTE MAGNETOS HERAUS, DEM ES IRGENDWIE GELUNGEN WAR, VOM PLANETEN DES STRANGER ZU ENTKOMMEN.
ER GAB NUR **VOR**, LORNAS VATER ZU SEIN, UM SIE AUF SEINE SEITE ZU ZIEHEN. VERGEBLICH.

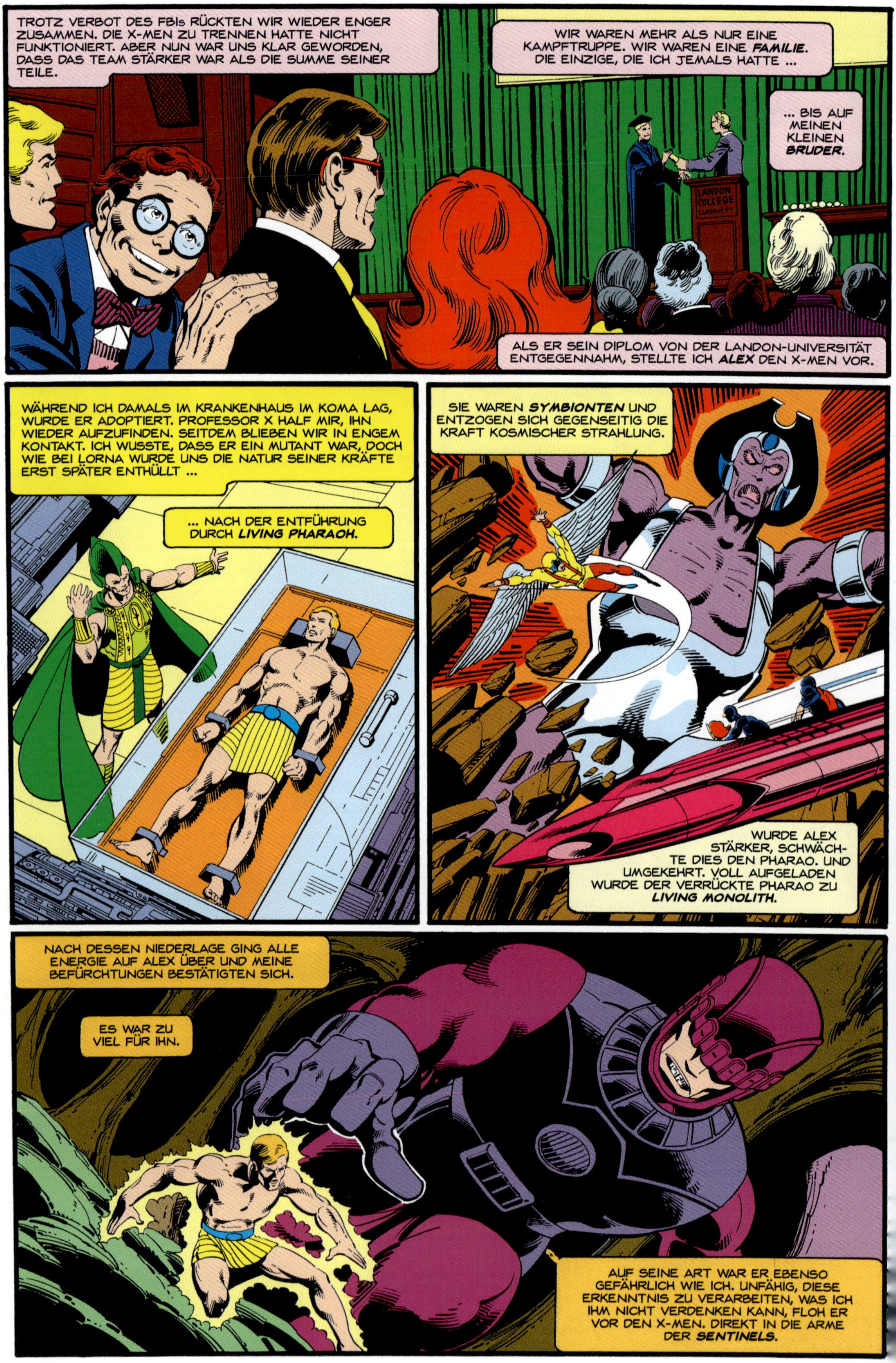
TROTZ VERBOT DES FBIs RÜCKTEN WIR WIEDER ENGER ZUSAMMEN. DIE X-MEN ZU TRENNEN HATTE NICHT FUNKTIONIERT. ABER NUN WAR UNS KLAR GEWORDEN, DASS DAS TEAM STÄRKER WAR ALS DIE SUMME SEINER TEILE.
WIR WAREN MEHR ALS NUR EINE KAMPFTRUPPE. WIR WAREN EINE FAMILIE. DIE EINZIGE, DIE ICH JEMALS HATTE ...
... BIS AUF MEINEN KLEINEN BRUDER.
LANDON COLLEGE
ALS ER SEIN DIPLOM VON DER LANDON-UNIVERSITÄT ENTGEGENNAHM, STELLTE ICH ALEX DEN X-MEN VOR.
WÄHREND ICH DAMALS IM KRANKENHAUS IM KOMA LAG, WURDE ER ADOPTIERT. PROFESSOR X HALF MIR, IHN WIEDER AUFZUFINDEN. SEITDEM BLIEBEN WIR IN ENGEM KONTAKT. ICH WUSSTE, DASS ER EIN MUTANT WAR, DOCH WIE BEI LORNA WURDE UNS DIE NATUR SEINER KRÄFTE ERST SPÄTER ENTHÜLLT ...
... NACH DER ENTFÜHRUNG DURCH LIVING PHARAOH.
SIE WAREN SYMBIONTEN UND ENTZOGEN SICH GEGENSEITIG DIE KRAFT KOSMISCHER STRAHLUNG.
WURDE ALEX STÄRKER, SCHWÄCHTE DIES DEN PHARAO. UND UMGEKEHRT. VOLL AUFGELADEN WURDE DER VERRÜCKTE PHARAO ZU LIVING MONOLITH.
NACH DESSEN NIEDERLAGE GING ALLE ENERGIE AUF ALEX ÜBER UND MEINE BEFÜRCHTUNGEN BESTÄTIGTEN SICH.
ES WAR ZU VIEL FÜR IHN.
AUF SEINE ART WAR ER EBENSO GEFÄHRLICH WIE ICH. UNFÄHIG, DIESE ERKENNTNIS ZU VERARBEITEN, WAS ICH IHM NICHT VERDENKEN KANN, FLOH ER VOR DEN X-MEN. DIREKT IN DIE ARME DER SENTINELS.

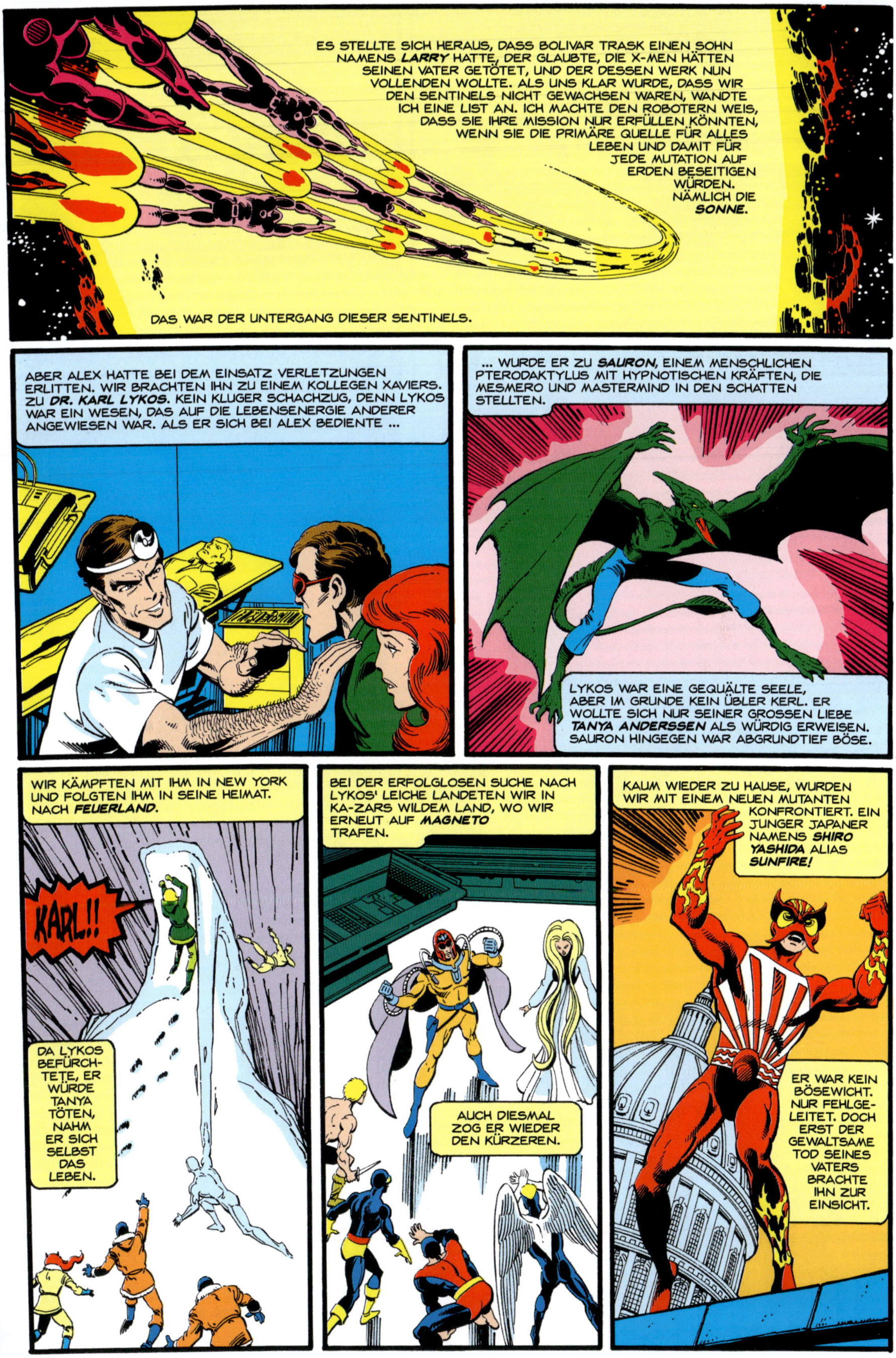
ES STELLTE SICH HERAUS, DASS BOLIVAR TRASK EINEN SOHN NAMENS LARRY HATTE, DER GLAUBTE, DIE X-MEN HÄTTEN SEINEN VATER GETÖTET, UND DER DESSEN WERK NUN VOLLENDEN WOLLTE. ALS UNS KLAR WURDE, DASS WIR DEN SENTINELS NICHT GEWACHSEN WAREN, WANDTE ICH EINE LIST AN. ICH MACHTE DEN ROBOTERN WEIS, DASS SIE IHRE MISSION NUR ERFÜLLEN KÖNNTEN, WENN SIE DIE PRIMÄRE QUELLE FÜR ALLES LEBEN UND DAMIT FÜR JEDE MUTATION AUF ERDEN BESEITIGEN WÜRDEN. NÄMLICH DIE SONNE.
DAS WAR DER UNTERGANG DIESER SENTINELS.
ABER ALEX HATTE BEI DEM EINSATZ VERLETZUNGEN ERLITTEN. WIR BRACHTEN IHN ZU EINEM KOLLEGEN XAVIERS. ZU DR. KARL LYKOS. KEIN KLUGER SCHACHZUG, DENN LYKOS WAR EIN WESEN, DAS AUF DIE LEBENSENERGIE ANDERER ANGEWIESEN WAR. ALS ER SICH BEI ALEX BEDIENTE ...
... WURDE ER ZU SAURON, EINEM MENSCHLICHEN PTERODAKTYLUS MIT HYPNOTISCHEN KRÄFTEN, DIE MESMERO UND MASTERMIND IN DEN SCHATTEN STELLTEN.
LYKOS WAR EINE GEQUÄLTE SEELE, ABER IM GRUNDE KEIN ÜBLER KERL. ER WOLLTE SICH NUR SEINER GROSSEN LIEBE TANYA ANDERSSEN ALS WÜRDIG ERWEISEN. SAURON HINGEGEN WAR ABGRUNDTIEF BÖSE.
WIR KÄMPFTEN MIT IHM IN NEW YORK UND FOLGTEN IHM IN SEINE HEIMAT. NACH FEUERLAND.
KARL!!
DA LYKOS BEFÜRCHTETE, ER WÜRDE TANYA TÖTEN, NAHM ER SICH SELBST DAS LEBEN.
BEI DER ERFOLGLOSEN SUCHE NACH LYKOS' LEICHE LANDETEN WIR IN KA-ZARS WILDEM LAND, WO WIR ERNEUT AUF MAGNETO TRAFEN.
AUCH DIESMAL ZOG ER WIEDER DEN KÜRZEREN.
KAUM WIEDER ZU HAUSE, WURDEN WIR MIT EINEM NEUEN MUTANTEN KONFRONTIERT. EIN JUNGER JAPANER NAMENS SHIRO YASHIDA ALIAS SUNFIRE!
ER WAR KEIN BÖSEWICHT. NUR FEHLGELEITET. DOCH ERST DER GEWALTSAME TOD SEINES VATERS BRACHTE IHN ZUR EINSICHT.

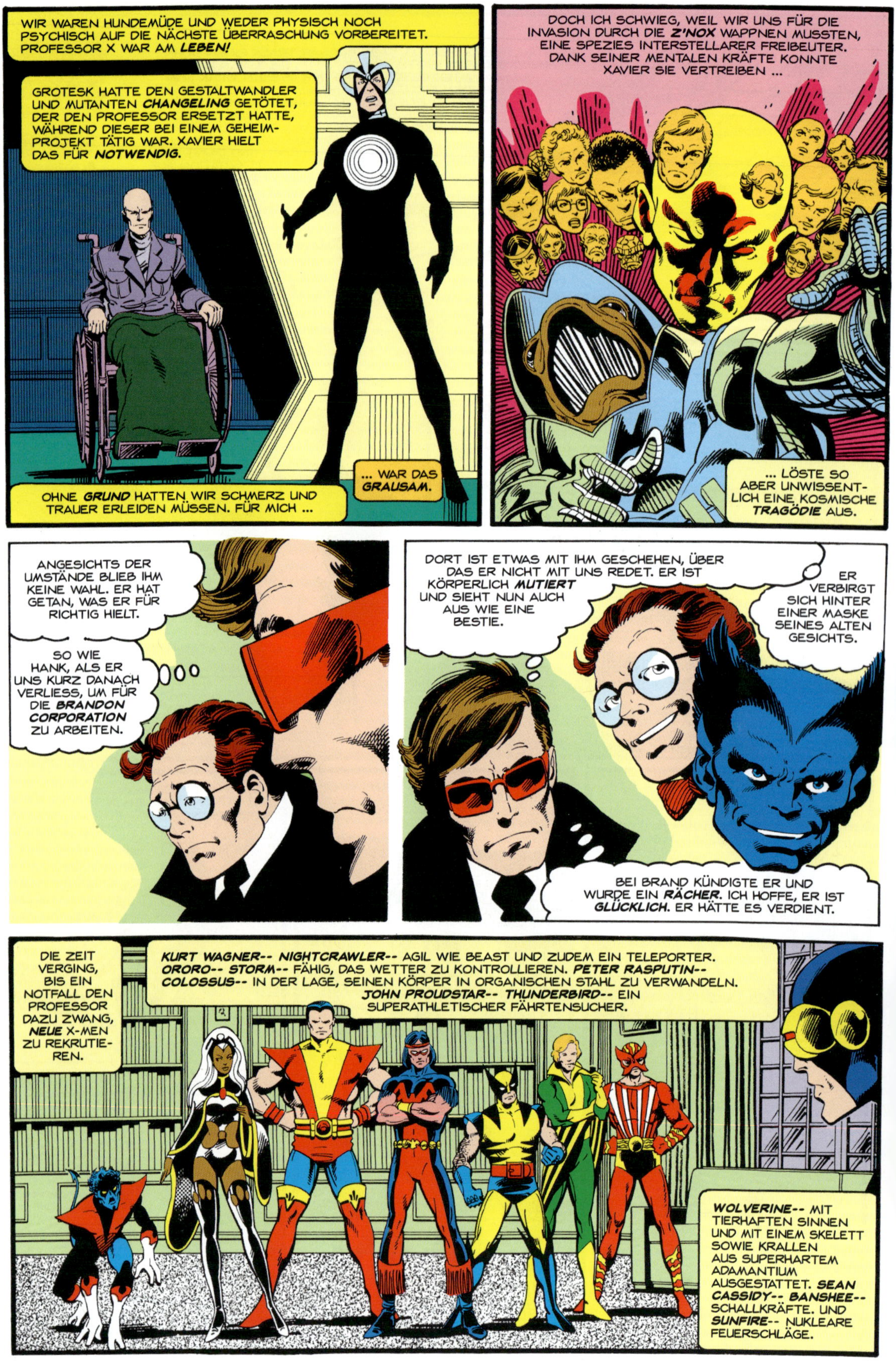

WIR WAREN HUNDEMÜDE UND WEDER PHYSISCH NOCH PSYCHISCH AUF DIE NÄCHSTE ÜBERRASCHUNG VORBEREITET. PROFESSOR X WAR AM LEBEN!
GROTESK HATTE DEN GESTALTWANDLER UND MUTANTEN CHANGELING GETÖTET, DER DEN PROFESSOR ERSETZT HATTE, WÄHREND DIESER BEI EINEM GEHEIM-PROJEKT TÄTIG WAR. XAVIER HIELT DAS FÜR NOTWENDIG.
OHNE GRUND HATTEN WIR SCHMERZ UND TRAUER ERLEIDEN MÜSSEN. FÜR MICH ...
... WAR DAS GRAUSAM.
DOCH ICH SCHWIEG, WEIL WIR UNS FÜR DIE INVASION DURCH DIE Z'NOX WAPPNEN MUSSTEN, EINE SPEZIES INTERSTELLARER FREIBEUTER. DANK SEINER MENTALEN KRÄFTE KONNTE XAVIER SIE VERTREIBEN ...
... LÖSTE SO ABER UNWISSENT-LICH EINE KOSMISCHE TRAGÖDIE AUS.
ANGESICHTS DER UMSTÄNDE BLIEB IHM KEINE WAHL. ER HAT GETAN, WAS ER FÜR RICHTIG HIELT.
SO WIE HANK, ALS ER UNS KURZ DANACH VERLIESS, UM FÜR DIE BRANDON CORPORATION ZU ARBEITEN.
DORT IST ETWAS MIT IHM GESCHEHEN, ÜBER DAS ER NICHT MIT UNS REDET. ER IST KÖRPERLICH MUTIERT UND SIEHT NUN AUCH AUS WIE EINE BESTIE.
ER VERBIRGT SICH HINTER EINER MASKE SEINES ALTEN GESICHTS.
BEI BRAND KÜNDIGTE ER UND WURDE EIN RÄCHER. ICH HOFFE, ER IST GLÜCKLICH. ER HÄTTE ES VERDIENT.
DIE ZEIT VERGING, BIS EIN NOTFALL DEN PROFESSOR DAZU ZWANG, NEUE X-MEN ZU REKRUTIE-REN.
KURT WAGNER-- NIGHTCRAWLER-- AGIL WIE BEAST UND ZUDEM EIN TELEPORTER. ORORO-- STORM-- FÄHIG, DAS WETTER ZU KONTROLLIEREN. PETER RASPUTIN-- COLOSSUS-- IN DER LAGE, SEINEN KÖRPER IN ORGANISCHEN STAHL ZU VERWANDELN. JOHN PROUDSTAR-- THUNDERBIRD-- EIN SUPERATHLETISCHER FÄHRTENSUCHER.
WOLVERINE-- MIT TIERHAFTEN SINNEN UND MIT EINEM SKELETT SOWIE KRALLEN AUS SUPERHARTEM ADAMANTIUM AUSGESTATTET. SEAN CASSIDY-- BANSHEE-- SCHALLKRÄFTE. UND SUNFIRE-- NUKLEARE FEUERSCHLÄGE.

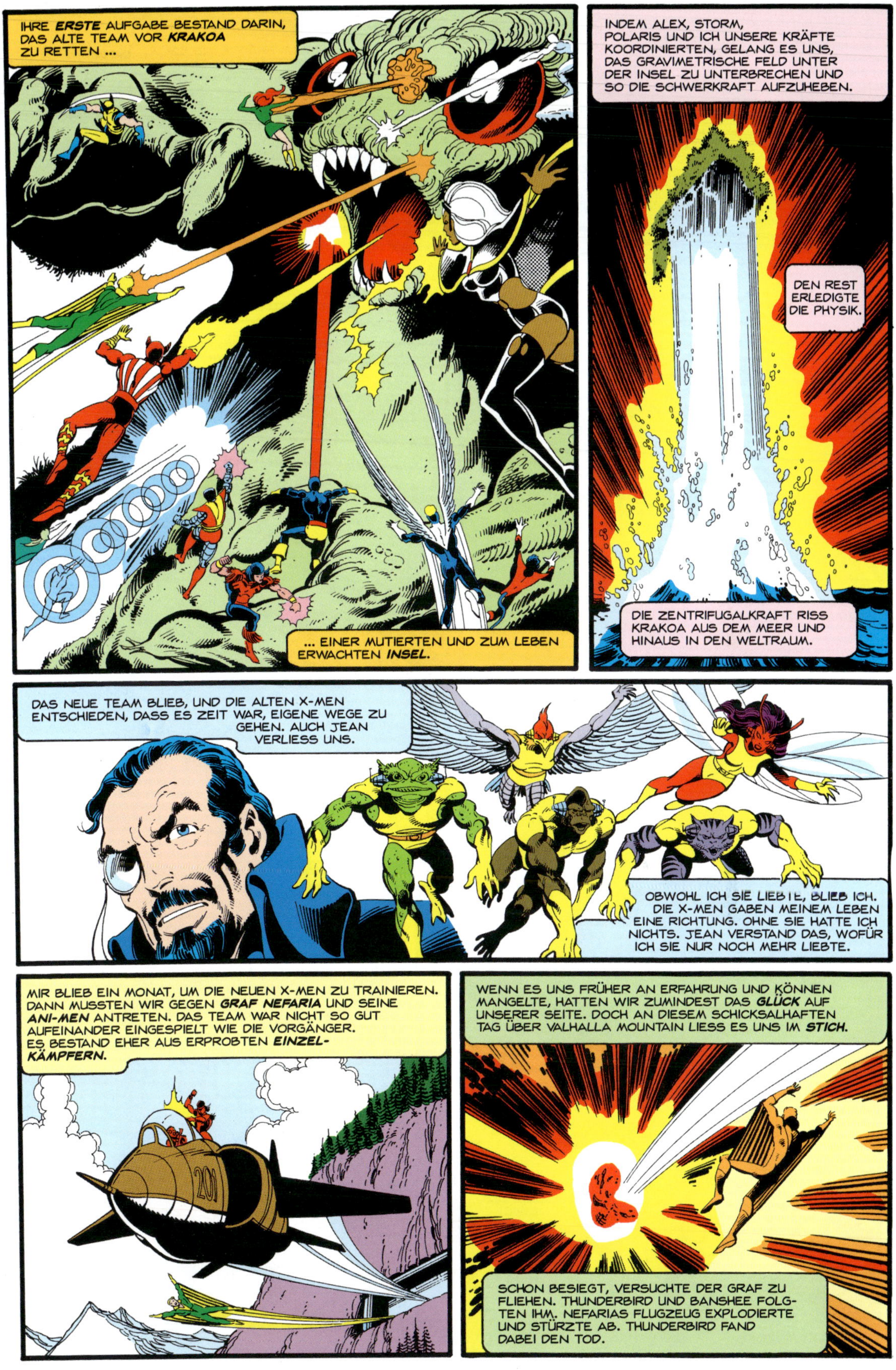
IHRE ERSTE AUFGABE BESTAND DARIN, DAS ALTE TEAM VOR KRAKOA ZU RETTEN ...
... EINER MUTIERTEN UND ZUM LEBEN ERWACHTEN INSEL.
INDEM ALEX, STORM, POLARIS UND ICH UNSERE KRÄFTE KOORDINIERTEN, GELANG ES UNS, DAS GRAVIMETRISCHE FELD UNTER DER INSEL ZU UNTERBRECHEN UND SO DIE SCHWERKRAFT AUFZUHEBEN.
DEN REST ERLEDIGTE DIE PHYSIK.
DIE ZENTRIFUGALKRAFT RISS KRAKOA AUS DEM MEER UND HINAUS IN DEN WELTRAUM.
DAS NEUE TEAM BLIEB, UND DIE ALTEN X-MEN ENTSCHIEDEN, DASS ES ZEIT WAR, EIGENE WEGE ZU GEHEN. AUCH JEAN VERLIESS UNS.
OBWOHL ICH SIE LIEBTE, BLIEB ICH. DIE X-MEN GABEN MEINEM LEBEN EINE RICHTUNG. OHNE SIE HATTE ICH NICHTS. JEAN VERSTAND DAS, WOFÜR ICH SIE NUR NOCH MEHR LIEBTE.
MIR BLIEB EIN MONAT, UM DIE NEUEN X-MEN ZU TRAINIEREN. DANN MUSSTEN WIR GEGEN GRAF NEFARIA UND SEINE ANI-MEN ANTRETEN. DAS TEAM WAR NICHT SO GUT AUFEINANDER EINGESPIELT WIE DIE VORGÄNGER. ES BESTAND EHER AUS ERPROBTEN EINZEL-KÄMPFERN.
201
WENN ES UNS FRÜHER AN ERFAHRUNG UND KÖNNEN MANGELTE, HATTEN WIR ZUMINDEST DAS GLÜCK AUF UNSERER SEITE. DOCH AN DIESEM SCHICKSALHAFTEN TAG ÜBER VALHALLA MOUNTAIN LIESS ES UNS IM STICH.
SCHON BESIEGT, VERSUCHTE DER GRAF ZU FLIEHEN. THUNDERBIRD UND BANSHEE FOLG-TEN IHM. NEFARIAS FLUGZEUG EXPLODIERTE UND STÜRZTE AB. THUNDERBIRD FAND DABEI DEN TOD.

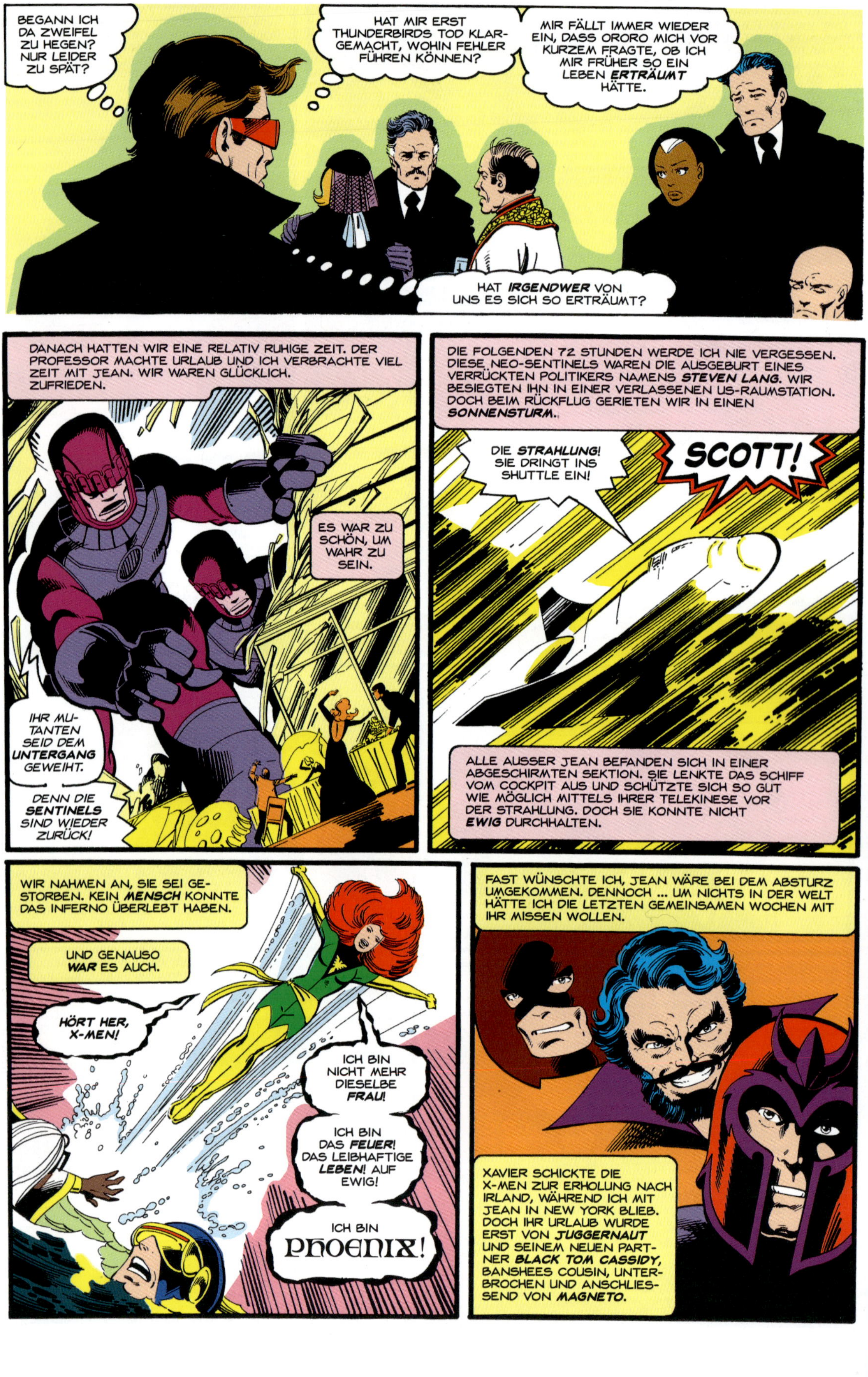

BEGANN ICH DA ZWEIFEL ZU HEGEN? NUR LEIDER ZU SPÄT?
HAT MIR ERST THUNDERBIRDS TOD KLARGEMACHT, WOHIN FEHLER FÜHREN KÖNNEN?
MIR FÄLLT IMMER WIEDER EIN, DASS ORORO MICH VOR KURZEM FRAGTE, OB ICH MIR FRÜHER SO EIN LEBEN ERTRÄUMT HÄTTE.
HAT IRGENDWER VON UNS ES SICH SO ERTRÄUMT?
DANACH HATTEN WIR EINE RELATIV RUHIGE ZEIT. DER PROFESSOR MACHTE URLAUB UND ICH VERBRACHTE VIEL ZEIT MIT JEAN. WIR WAREN GLÜCKLICH. ZUFRIEDEN.
ES WAR ZU SCHÖN, UM WAHR ZU SEIN.
IHR MUTANTEN SEID DEM UNTERGANG GEWEIHT.
DENN DIE SENTINELS SIND WIEDER ZURÜCK!
DIE FOLGENDEN 72 STUNDEN WERDE ICH NIE VERGESSEN. DIESE NEO-SENTINELS WAREN DIE AUSGEBURT EINES VERRÜCKTEN POLITIKERS NAMENS STEVEN LANG. WIR BESIEGTEN IHN IN EINER VERLASSENEN US-RAUMSTATION. DOCH BEIM RÜCKFLUG GERIETEN WIR IN EINEN SONNENSTURM.
DIE STRAHLUNG! SIE DRINGT INS SHUTTLE EIN!
SCOTT!
ALLE AUSSER JEAN BEFANDEN SICH IN EINER ABGESCHIRMTEN SEKTION. SIE LENKTE DAS SCHIFF VOM COCKPIT AUS UND SCHÜTZTE SICH SO GUT WIE MÖGLICH MITTELS IHRER TELEKINESE VOR DER STRAHLUNG. DOCH SIE KONNTE NICHT EWIG DURCHHALTEN.
WIR NAHMEN AN, SIE SEI GESTORBEN. KEIN MENSCH KONNTE DAS INFERNO ÜBERLEBT HABEN.
UND GENAUSO WAR ES AUCH.
HÖRT HER, X-MEN!
ICH BIN NICHT MEHR DIESELBE FRAU!
ICH BIN DAS FEUER! DAS LEIBHAFTIGE LEBEN! AUF EWIG!
ICH BIN PHOENIX!
FAST WÜNSCHTE ICH, JEAN WÄRE BEI DEM ABSTURZ UMGEKOMMEN. DENNOCH ... UM NICHTS IN DER WELT HÄTTE ICH DIE LETZTEN GEMEINSAMEN WOCHEN MIT IHR MISSEN WOLLEN.
XAVIER SCHICKTE DIE X-MEN ZUR ERHOLUNG NACH IRLAND, WÄHREND ICH MIT JEAN IN NEW YORK BLIEB. DOCH IHR URLAUB WURDE ERST VON JUGGERNAUT UND SEINEM NEUEN PARTNER BLACK TOM CASSIDY, BANSHEES COUSIN, UNTERBROCHEN UND ANSCHLIESSEND VON MAGNETO.

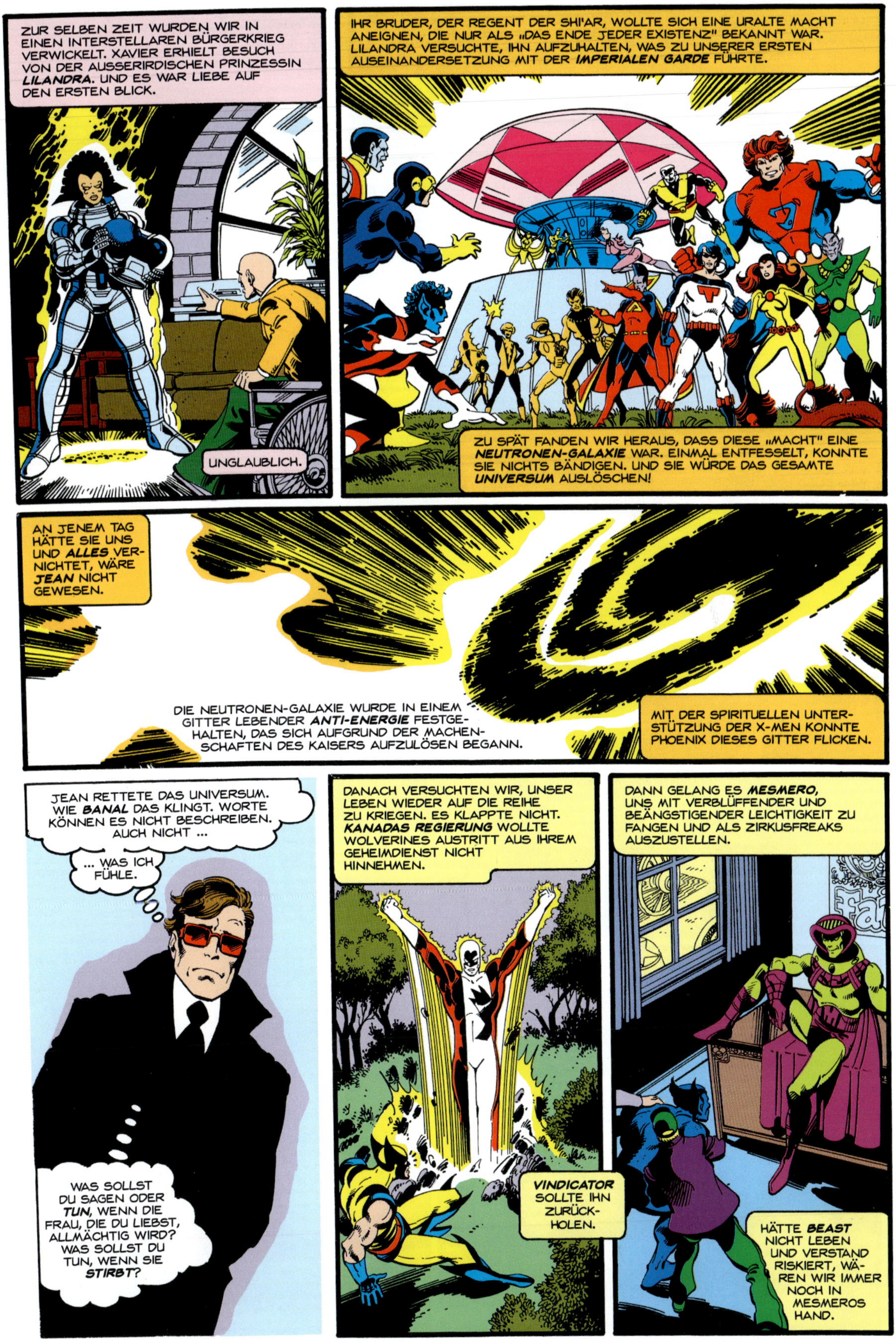
ZUR SELBEN ZEIT WURDEN WIR IN EINEN INTERSTELLAREN BÜRGERKRIEG VERWICKELT. XAVIER ERHIELT BESUCH VON DER AUSSERIRDISCHEN PRINZESSIN LILANDRA. UND ES WAR LIEBE AUF DEN ERSTEN BLICK.
UNGLAUBLICH.
IHR BRUDER, DER REGENT DER SHI'AR, WOLLTE SICH EINE URALTE MACHT ANEIGNEN, DIE NUR ALS „DAS ENDE JEDER EXISTENZ" BEKANNT WAR. LILANDRA VERSUCHTE, IHN AUFZUHALTEN, WAS ZU UNSERER ERSTEN AUSEINANDERSETZUNG MIT DER IMPERIALEN GARDE FÜHRTE.
ZU SPÄT FANDEN WIR HERAUS, DASS DIESE „MACHT" EINE NEUTRONEN-GALAXIE WAR. EINMAL ENTFESSELT, KONNTE SIE NICHTS BÄNDIGEN. UND SIE WÜRDE DAS GESAMTE UNIVERSUM AUSLÖSCHEN!
AN JENEM TAG HÄTTE SIE UNS UND ALLES VERNICHTET, WÄRE JEAN NICHT GEWESEN.
DIE NEUTRONEN-GALAXIE WURDE IN EINEM GITTER LEBENDER ANTI-ENERGIE FESTGEHALTEN, DAS SICH AUFGRUND DER MACHENSCHAFTEN DES KAISERS AUFZULÖSEN BEGANN.
MIT DER SPIRITUELLEN UNTERSTÜTZUNG DER X-MEN KONNTE PHOENIX DIESES GITTER FLICKEN.
JEAN RETTETE DAS UNIVERSUM. WIE BANAL DAS KLINGT. WORTE KÖNNEN ES NICHT BESCHREIBEN. AUCH NICHT ...
... WAS ICH FÜHLE.
WAS SOLLST DU SAGEN ODER TUN, WENN DIE FRAU, DIE DU LIEBST, ALLMÄCHTIG WIRD? WAS SOLLST DU TUN, WENN SIE STIRBT?
DANACH VERSUCHTEN WIR, UNSER LEBEN WIEDER AUF DIE REIHE ZU KRIEGEN. ES KLAPPTE NICHT. KANADAS REGIERUNG WOLLTE WOLVERINES AUSTRITT AUS IHREM GEHEIMDIENST NICHT HINNEHMEN.
VINDICATOR SOLLTE IHN ZURÜCKHOLEN.
DANN GELANG ES MESMERO, UNS MIT VERBLÜFFENDER UND BEÄNGSTIGENDER LEICHTIGKEIT ZU FANGEN UND ALS ZIRKUSFREAKS AUSZUSTELLEN.
HÄTTE BEAST NICHT LEBEN UND VERSTAND RISKIERT, WÄREN WIR IMMER NOCH IN MESMEROS HAND.

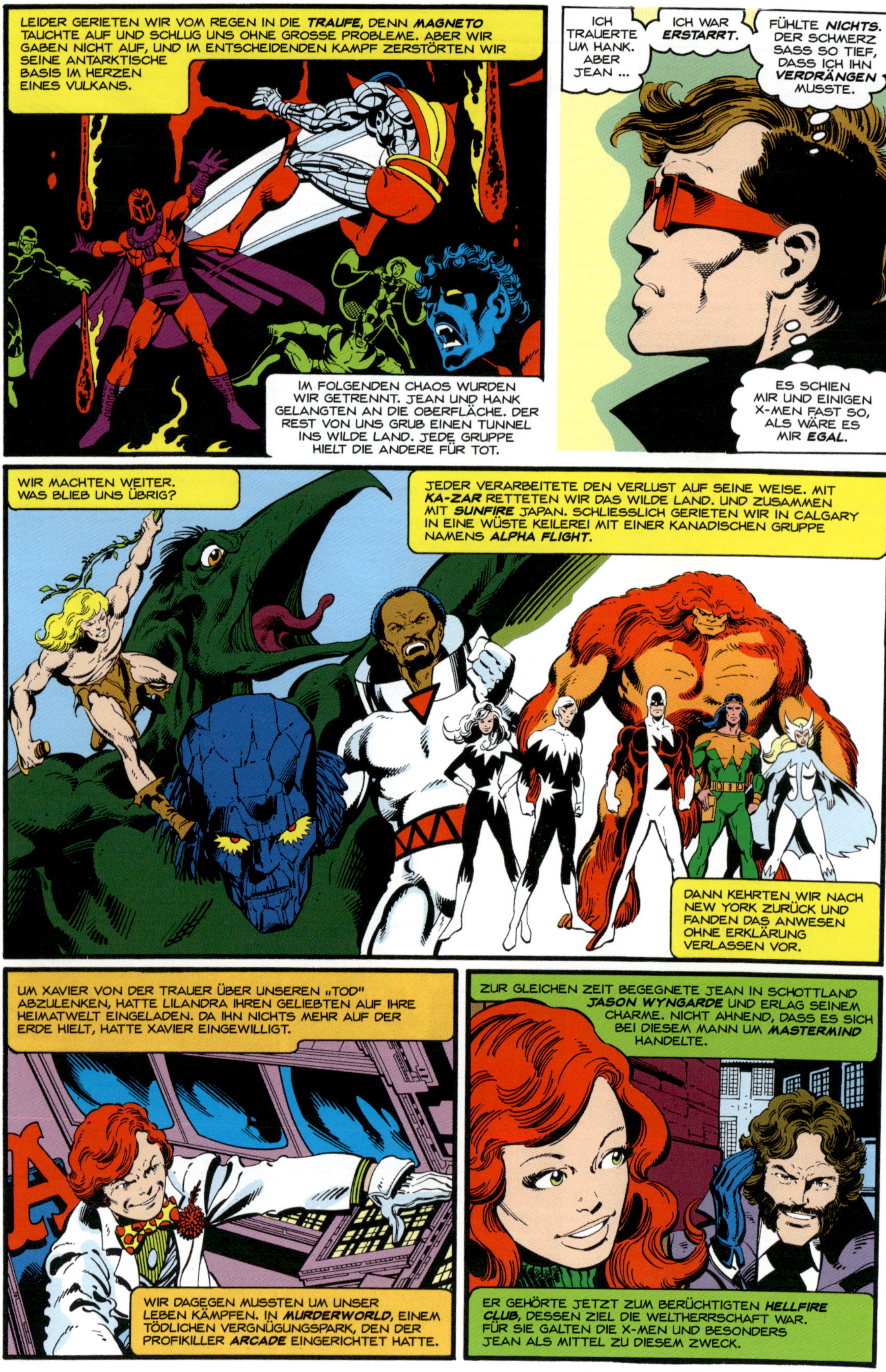
LEIDER GERIETEN WIR VOM REGEN IN DIE TRAUFE, DENN MAGNETO TAUCHTE AUF UND SCHLUG UNS OHNE GROSSE PROBLEME. ABER WIR GABEN NICHT AUF, UND IM ENTSCHEIDENDEN KAMPF ZERSTÖRTEN WIR SEINE ANTARKTISCHE BASIS IM HERZEN EINES VULKANS.
IM FOLGENDEN CHAOS WURDEN WIR GETRENNT. JEAN UND HANK GELANGTEN AN DIE OBERFLÄCHE. DER REST VON UNS GRUB EINEN TUNNEL INS WILDE LAND. JEDE GRUPPE HIELT DIE ANDERE FÜR TOT.
ICH TRAUERTE UM HANK. ABER JEAN ...
ICH WAR ERSTARRT.
FÜHLTE NICHTS. DER SCHMERZ SASS SO TIEF, DASS ICH IHN VERDRÄNGEN MUSSTE.
ES SCHIEN MIR UND EINIGEN X-MEN FAST SO, ALS WÄRE ES MIR EGAL.
WIR MACHTEN WEITER. WAS BLIEB UNS ÜBRIG?
JEDER VERARBEITETE DEN VERLUST AUF SEINE WEISE. MIT KA-ZAR RETTETEN WIR DAS WILDE LAND. UND ZUSAMMEN MIT SUNFIRE JAPAN. SCHLIESSLICH GERIETEN WIR IN CALGARY IN EINE WÜSTE KEILEREI MIT EINER KANADISCHEN GRUPPE NAMENS ALPHA FLIGHT.
DANN KEHRTEN WIR NACH NEW YORK ZURÜCK UND FANDEN DAS ANWESEN OHNE ERKLÄRUNG VERLASSEN VOR.
UM XAVIER VON DER TRAUER ÜBER UNSEREN „TOD" ABZULENKEN, HATTE LILANDRA IHREN GELIEBTEN AUF IHRE HEIMATWELT EINGELADEN. DA IHN NICHTS MEHR AUF DER ERDE HIELT, HATTE XAVIER EINGEWILLIGT.
WIR DAGEGEN MUSSTEN UM UNSER LEBEN KÄMPFEN. IN MURDERWORLD, EINEM TÖDLICHEN VERGNÜGUNGSPARK, DEN DER PROFIKILLER ARCADE EINGERICHTET HATTE.
ZUR GLEICHEN ZEIT BEGEGNETE JEAN IN SCHOTTLAND JASON WYNGARDE UND ERLAG SEINEM CHARME. NICHT AHNEND, DASS ES SICH BEI DIESEM MANN UM MASTERMIND HANDELTE.
ER GEHÖRTE JETZT ZUM BERÜCHTIGTEN HELLFIRE CLUB, DESSEN ZIEL DIE WELTHERRSCHAFT WAR. FÜR SIE GALTEN DIE X-MEN UND BESONDERS JEAN ALS MITTEL ZU DIESEM ZWECK.

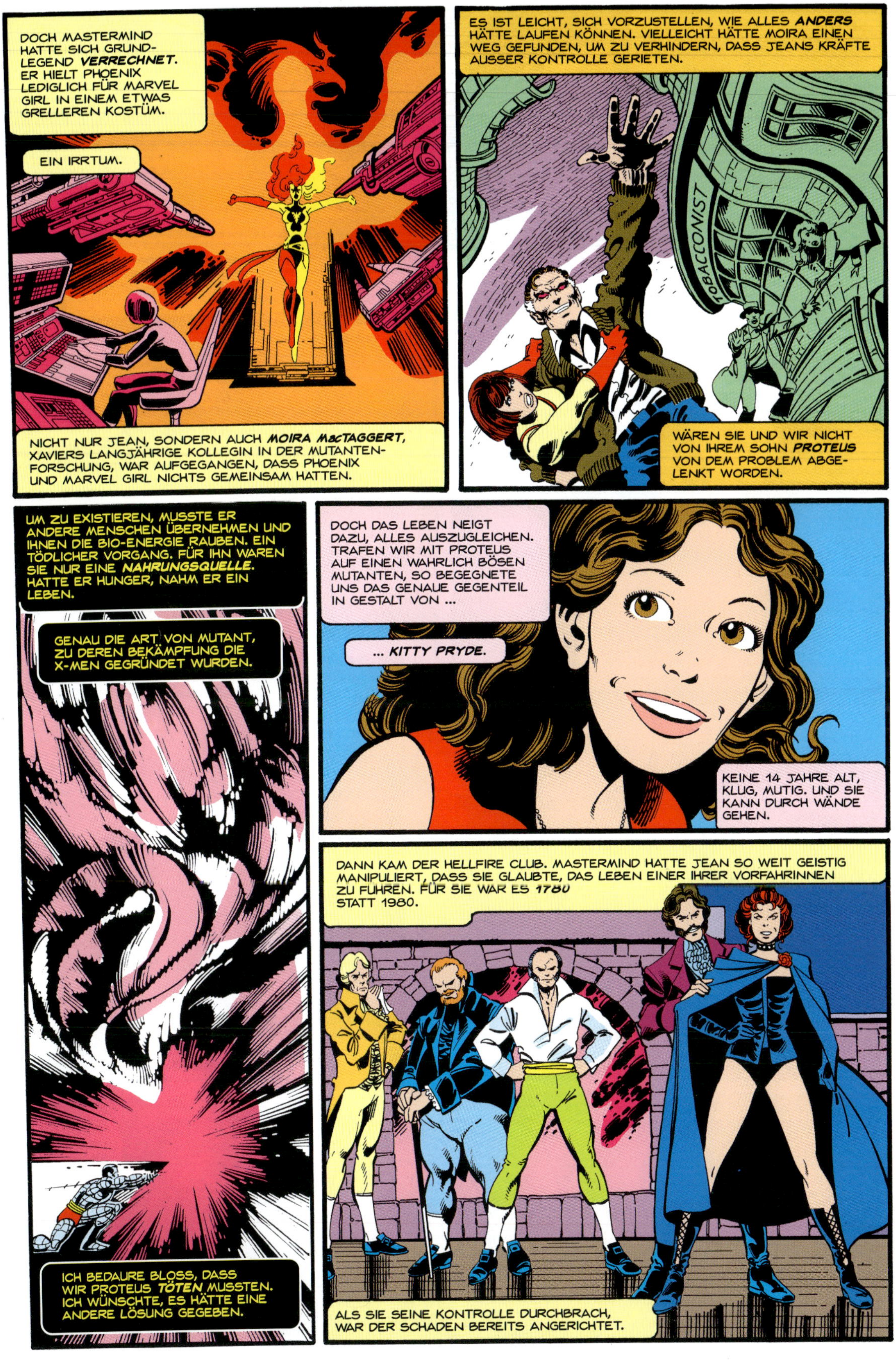
DOCH MASTERMIND HATTE SICH GRUNDLEGEND VERRECHNET. ER HIELT PHOENIX LEDIGLICH FÜR MARVEL GIRL IN EINEM ETWAS GRELLEREN KOSTÜM.
EIN IRRTUM.
NICHT NUR JEAN, SONDERN AUCH MOIRA MacTAGGERT, XAVIERS LANGJÄHRIGE KOLLEGIN IN DER MUTANTENFORSCHUNG, WAR AUFGEGANGEN, DASS PHOENIX UND MARVEL GIRL NICHTS GEMEINSAM HATTEN.
ES IST LEICHT, SICH VORZUSTELLEN, WIE ALLES ANDERS HÄTTE LAUFEN KÖNNEN. VIELLEICHT HÄTTE MOIRA EINEN WEG GEFUNDEN, UM ZU VERHINDERN, DASS JEANS KRÄFTE AUSSER KONTROLLE GERIETEN.
TOBACCONIST
WÄREN SIE UND WIR NICHT VON IHREM SOHN PROTEUS VON DEM PROBLEM ABGELENKT WORDEN.
UM ZU EXISTIEREN, MUSSTE ER ANDERE MENSCHEN ÜBERNEHMEN UND IHNEN DIE BIO-ENERGIE RAUBEN. EIN TÖDLICHER VORGANG. FÜR IHN WAREN SIE NUR EINE NAHRUNGSQUELLE. HATTE ER HUNGER, NAHM ER EIN LEBEN.
GENAU DIE ART VON MUTANT, ZU DEREN BEKÄMPFUNG DIE X-MEN GEGRÜNDET WURDEN.
ICH BEDAURE BLOSS, DASS WIR PROTEUS TÖTEN MUSSTEN. ICH WÜNSCHTE, ES HÄTTE EINE ANDERE LÖSUNG GEGEBEN.
DOCH DAS LEBEN NEIGT DAZU, ALLES AUSZUGLEICHEN. TRAFEN WIR MIT PROTEUS AUF EINEN WAHRLICH BÖSEN MUTANTEN, SO BEGEGNETE UNS DAS GENAUE GEGENTEIL IN GESTALT VON …
… KITTY PRYDE.
KEINE 14 JAHRE ALT, KLUG, MUTIG. UND SIE KANN DURCH WÄNDE GEHEN.
DANN KAM DER HELLFIRE CLUB. MASTERMIND HATTE JEAN SO WEIT GEISTIG MANIPULIERT, DASS SIE GLAUBTE, DAS LEBEN EINER IHRER VORFAHRINNEN ZU FÜHREN. FÜR SIE WAR ES 1780 STATT 1980.
ALS SIE SEINE KONTROLLE DURCHBRACH, WAR DER SCHADEN BEREITS ANGERICHTET.

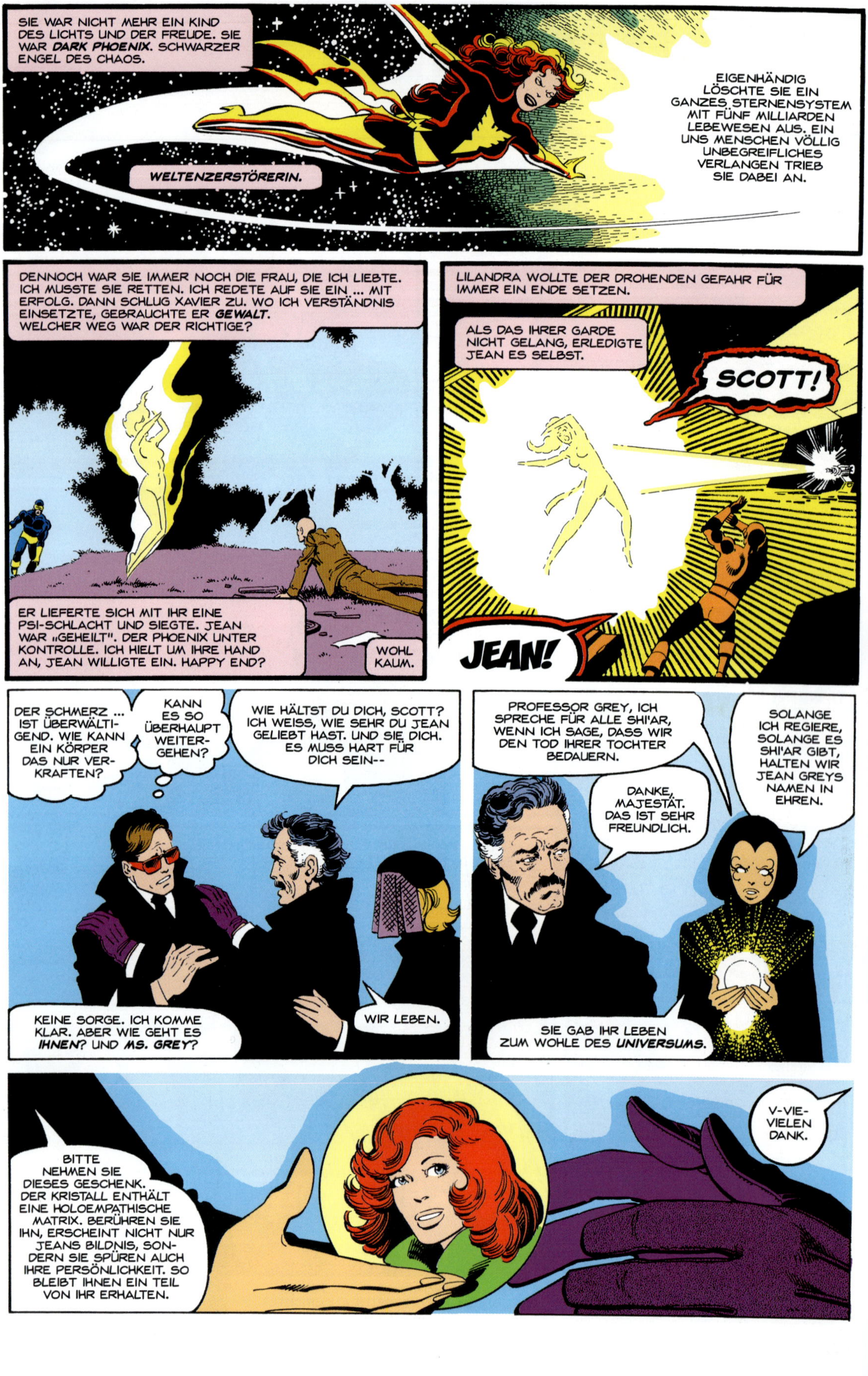
SIE WAR NICHT MEHR EIN KIND DES LICHTS UND DER FREUDE. SIE WAR DARK PHOENIX. SCHWARZER ENGEL DES CHAOS.
WELTENZERSTÖRERIN.
EIGENHÄNDIG LÖSCHTE SIE EIN GANZES STERNENSYSTEM MIT FÜNF MILLIARDEN LEBEWESEN AUS. EIN UNS MENSCHEN VÖLLIG UNBEGREIFLICHES VERLANGEN TRIEB SIE DABEI AN.
DENNOCH WAR SIE IMMER NOCH DIE FRAU, DIE ICH LIEBTE. ICH MUSSTE SIE RETTEN. ICH REDETE AUF SIE EIN ... MIT ERFOLG. DANN SCHLUG XAVIER ZU. WO ICH VERSTÄNDNIS EINSETZTE, GEBRAUCHTE ER GEWALT. WELCHER WEG WAR DER RICHTIGE?
ER LIEFERTE SICH MIT IHR EINE PSI-SCHLACHT UND SIEGTE. JEAN WAR „GEHEILT". DER PHOENIX UNTER KONTROLLE. ICH HIELT UM IHRE HAND AN, JEAN WILLIGTE EIN. HAPPY END?
WOHL KAUM.
LILANDRA WOLLTE DER DROHENDEN GEFAHR FÜR IMMER EIN ENDE SETZEN.
ALS DAS IHRER GARDE NICHT GELANG, ERLEDIGTE JEAN ES SELBST.
SCOTT!
JEAN!
DER SCHMERZ ... IST ÜBERWÄLTIGEND. WIE KANN EIN KÖRPER DAS NUR VERKRAFTEN?
KANN ES SO ÜBERHAUPT WEITERGEHEN?
WIE HÄLTST DU DICH, SCOTT? ICH WEISS, WIE SEHR DU JEAN GELIEBT HAST. UND SIE DICH. ES MUSS HART FÜR DICH SEIN--
KEINE SORGE. ICH KOMME KLAR. ABER WIE GEHT ES IHNEN? UND MS. GREY?
WIR LEBEN.
PROFESSOR GREY, ICH SPRECHE FÜR ALLE SHI'AR, WENN ICH SAGE, DASS WIR DEN TOD IHRER TOCHTER BEDAUERN.
DANKE, MAJESTÄT. DAS IST SEHR FREUNDLICH.
SOLANGE ICH REGIERE, SOLANGE ES SHI'AR GIBT, HALTEN WIR JEAN GREYS NAMEN IN EHREN.
SIE GAB IHR LEBEN ZUM WOHLE DES UNIVERSUMS.
BITTE NEHMEN SIE DIESES GESCHENK. DER KRISTALL ENTHÄLT EINE HOLOEMPATHISCHE MATRIX. BERÜHREN SIE IHN, ERSCHEINT NICHT NUR JEANS BILDNIS, SONDERN SIE SPÜREN AUCH IHRE PERSÖNLICHKEIT. SO BLEIBT IHNEN EIN TEIL VON IHR ERHALTEN.
V-VIE-VIELEN DANK.

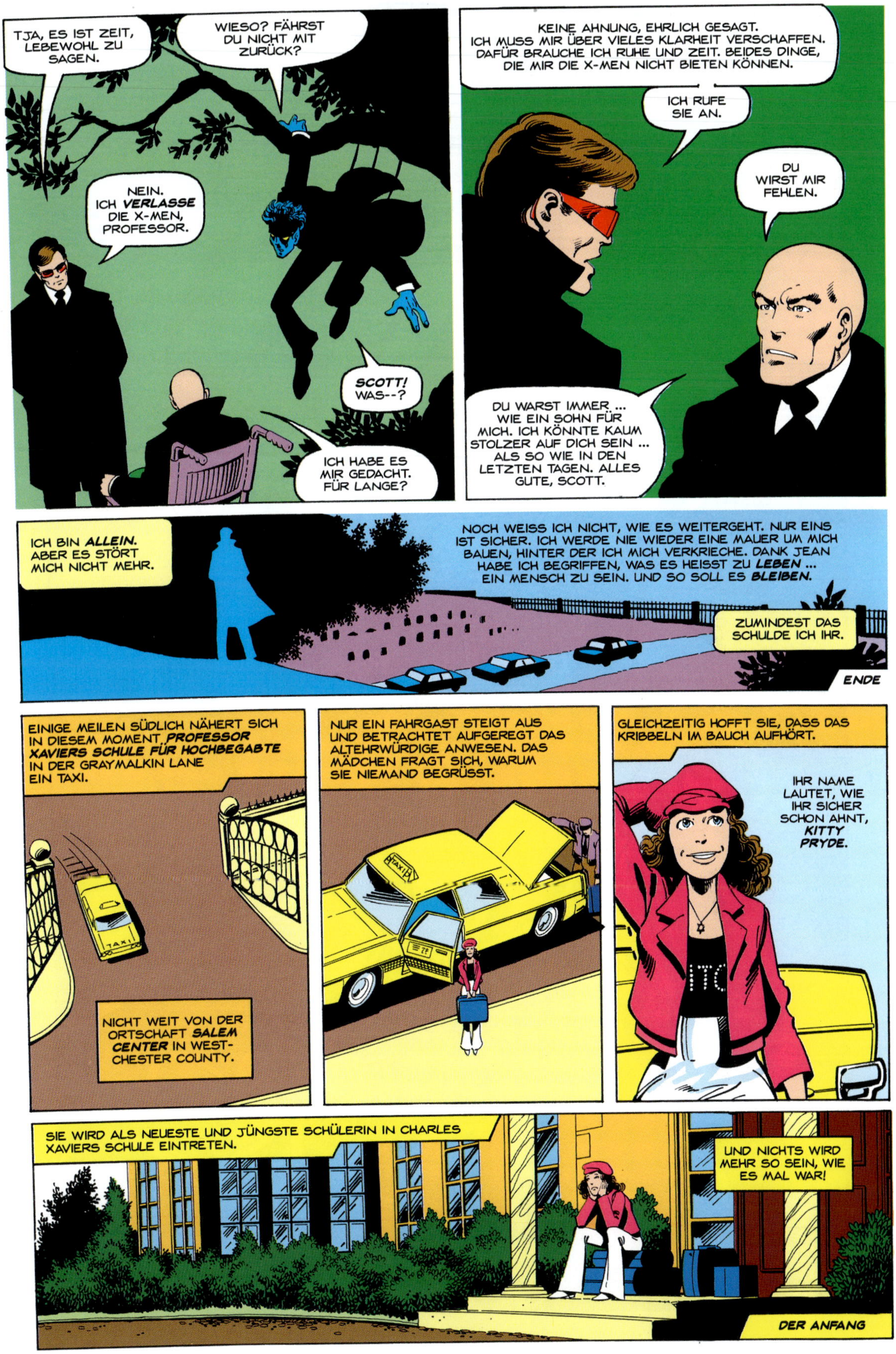
TJA, ES IST ZEIT, LEBEWOHL ZU SAGEN.
WIESO? FÄHRST DU NICHT MIT ZURÜCK?
NEIN. ICH VERLASSE DIE X-MEN, PROFESSOR.
SCOTT! WAS--?
ICH HABE ES MIR GEDACHT. FÜR LANGE?
KEINE AHNUNG, EHRLICH GESAGT. ICH MUSS MIR ÜBER VIELES KLARHEIT VERSCHAFFEN. DAFÜR BRAUCHE ICH RUHE UND ZEIT. BEIDES DINGE, DIE MIR DIE X-MEN NICHT BIETEN KÖNNEN.
ICH RUFE SIE AN.
DU WIRST MIR FEHLEN.
DU WARST IMMER ... WIE EIN SOHN FÜR MICH. ICH KÖNNTE KAUM STOLZER AUF DICH SEIN ... ALS SO WIE IN DEN LETZTEN TAGEN. ALLES GUTE, SCOTT.
ICH BIN ALLEIN. ABER ES STÖRT MICH NICHT MEHR.
NOCH WEISS ICH NICHT, WIE ES WEITERGEHT. NUR EINS IST SICHER. ICH WERDE NIE WIEDER EINE MAUER UM MICH BAUEN, HINTER DER ICH MICH VERKRIECHE. DANK JEAN HABE ICH BEGRIFFEN, WAS ES HEISST ZU LEBEN ... EIN MENSCH ZU SEIN. UND SO SOLL ES BLEIBEN.
ZUMINDEST DAS SCHULDE ICH IHR.
ENDE
EINIGE MEILEN SÜDLICH NÄHERT SICH IN DIESEM MOMENT PROFESSOR XAVIERS SCHULE FÜR HOCHBEGABTE IN DER GRAYMALKIN LANE EIN TAXI.
NICHT WEIT VON DER ORTSCHAFT SALEM CENTER IN WEST-CHESTER COUNTY.
NUR EIN FAHRGAST STEIGT AUS UND BETRACHTET AUFGEREGT DAS ALTEHRWÜRDIGE ANWESEN. DAS MÄDCHEN FRAGT SICH, WARUM SIE NIEMAND BEGRÜSST.
GLEICHZEITIG HOFFT SIE, DASS DAS KRIBBELN IM BAUCH AUFHÖRT.
IHR NAME LAUTET, WIE IHR SICHER SCHON AHNT, KITTY PRYDE.
SIE WIRD ALS NEUESTE UND JÜNGSTE SCHÜLERIN IN CHARLES XAVIERS SCHULE EINTRETEN.
UND NICHTS WIRD MEHR SO SEIN, WIE ES MAL WAR!
DER ANFANG

DER SCHRECKEN SCHLEICHT DURCH DIE NACHT!

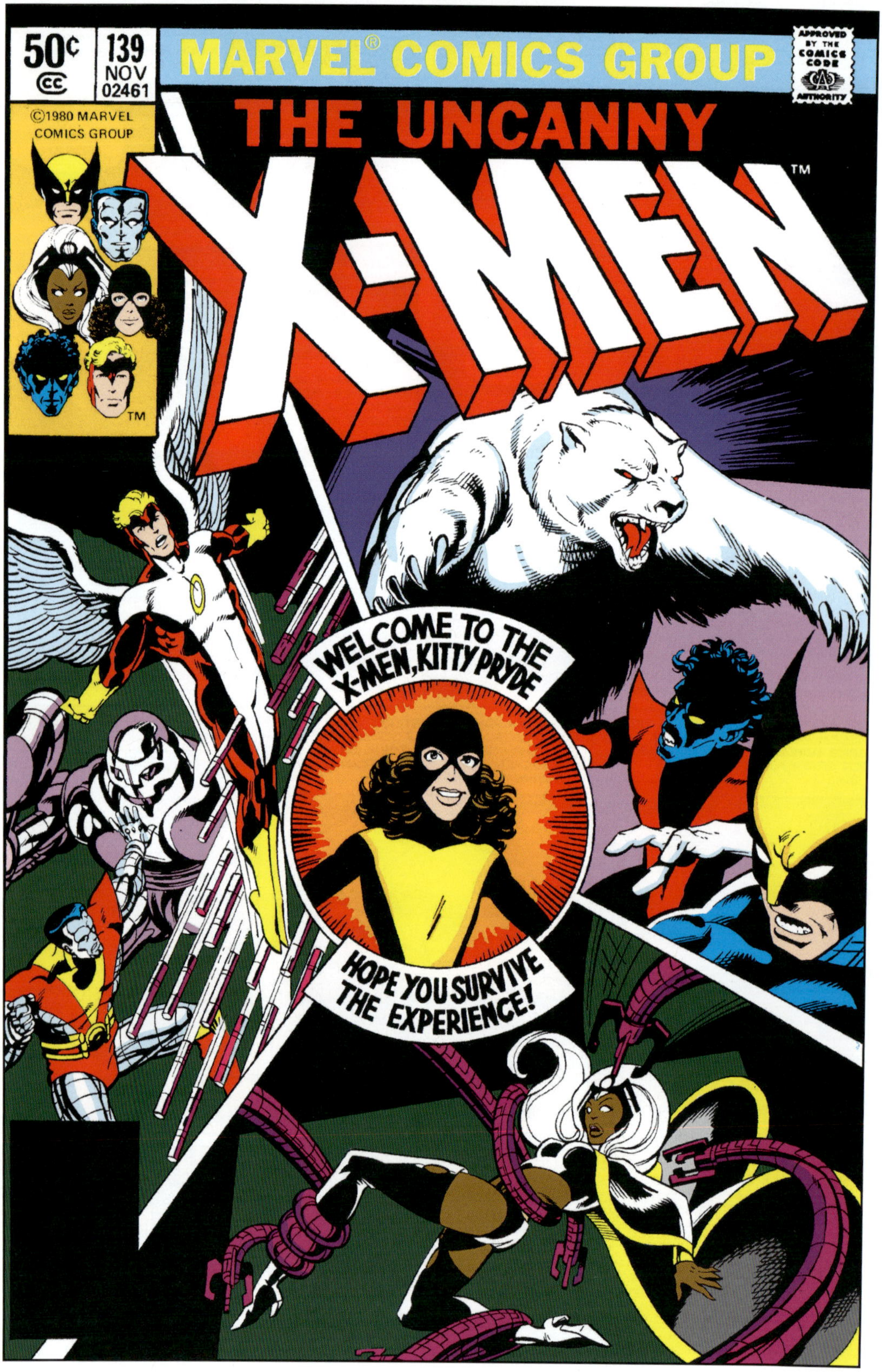

Uncanny X-Men (1963) 139
Cover von **JOHN BYRNE**

CYCLOPS, STORM, NIGHTCRAWLER, WOLVERINE, COLOSSUS. KINDER DES ATOMS. SCHÜLER CHARLES XAVIERS. MUTANTEN! GEFÜRCHTET UND GEHASST VON EINER WELT, DIE ZU BESCHÜTZEN SIE GESCHWOREN HABEN. SIE SIND DIE UNGEWÖHNLICHSTEN HELDEN VON ALLEN!

Stan Lee PRÄSENTIERT:

DIE X-MEN!

CHRIS CLAREMONT STORY · JOHN BYRNE STORY & ZEICHNUNGEN · TERRY AUSTIN TUSCHE · GLYNIS WEIN FARBEN · ELLETI LETTERING · JÜRGEN PETZ ÜBERSETZUNG

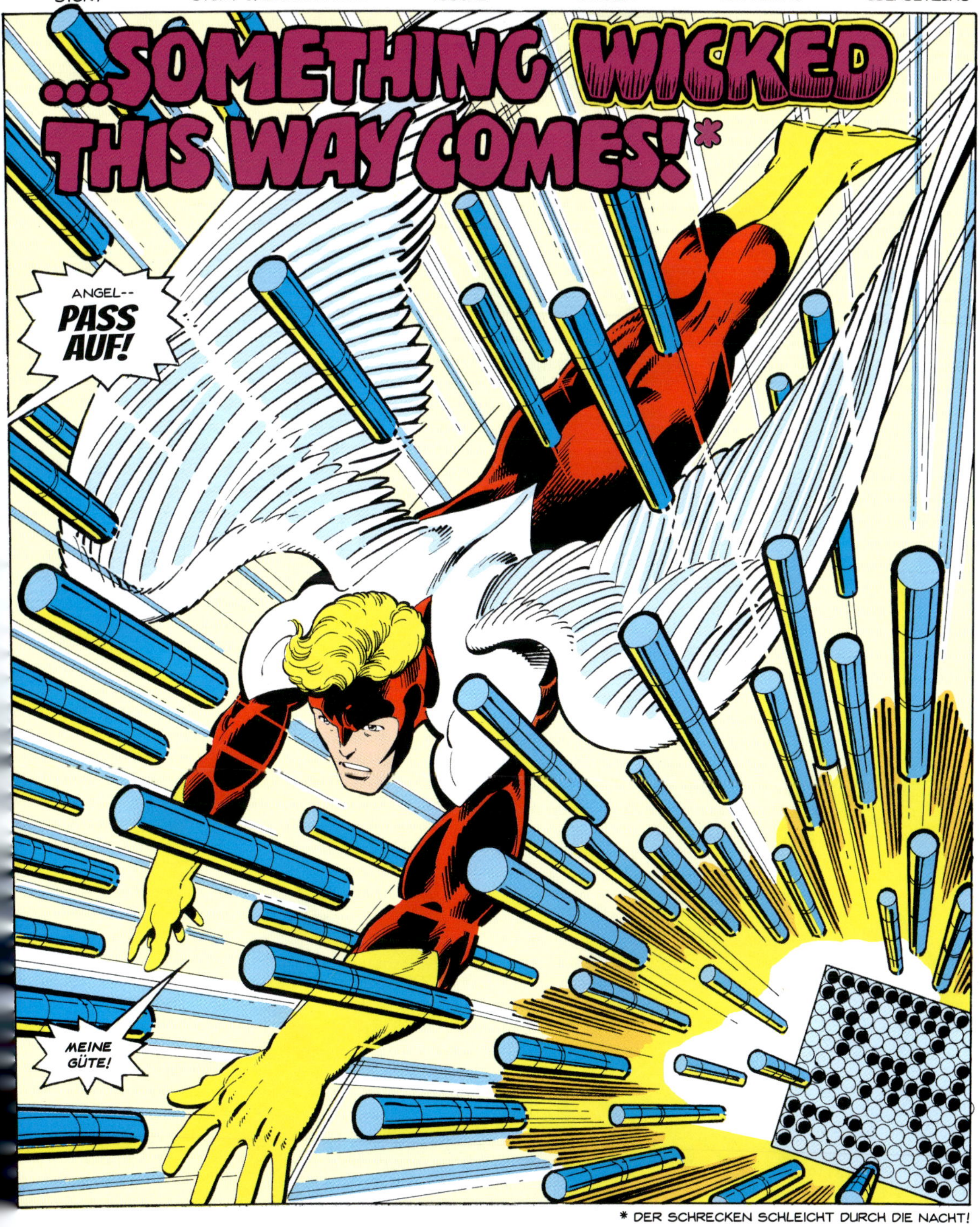

* DER SCHRECKEN SCHLEICHT DURCH DIE NACHT!

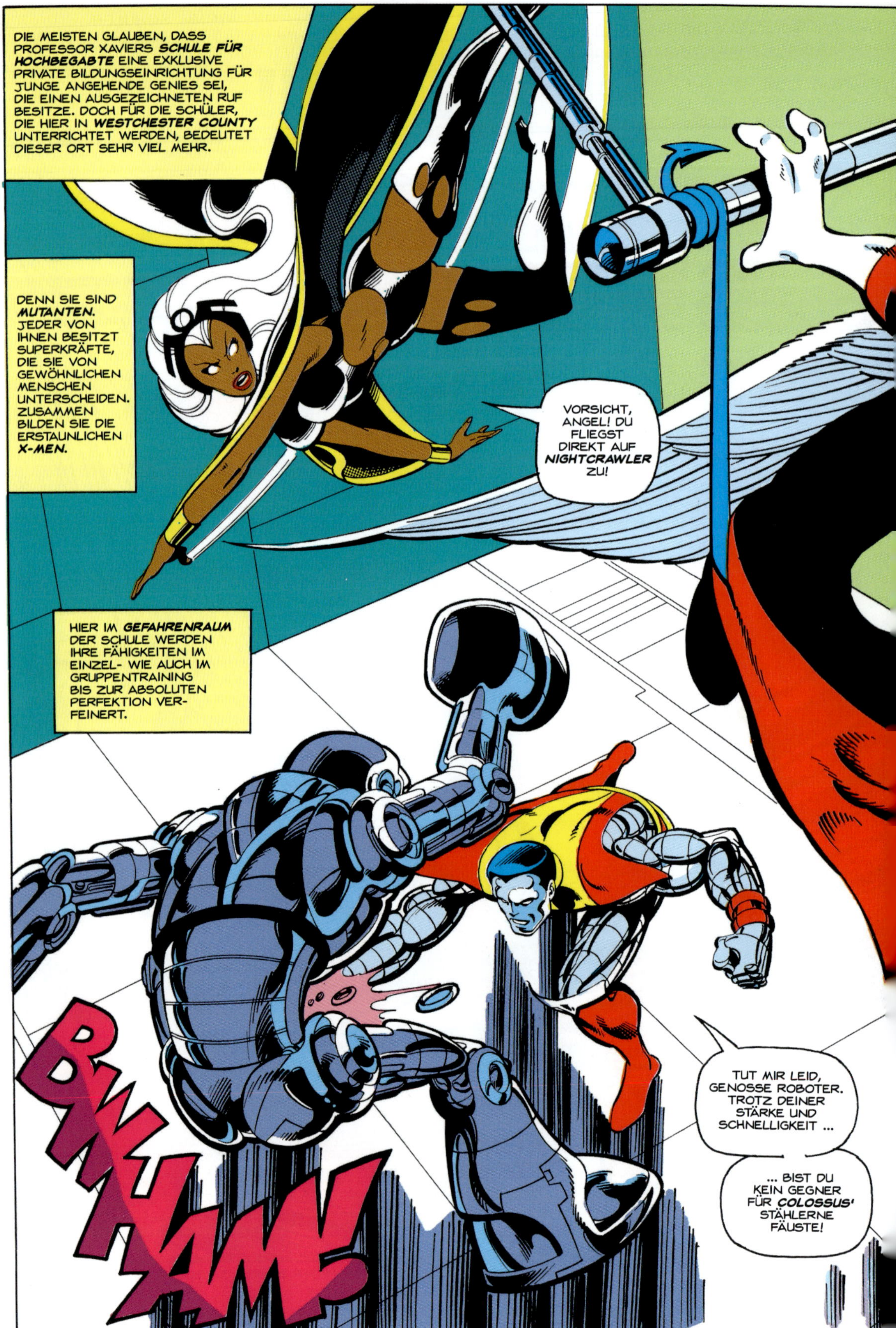
DIE MEISTEN GLAUBEN, DASS PROFESSOR XAVIERS SCHULE FÜR HOCHBEGABTE EINE EXKLUSIVE PRIVATE BILDUNGSEINRICHTUNG FÜR JUNGE ANGEHENDE GENIES SEI, DIE EINEN AUSGEZEICHNETEN RUF BESITZE. DOCH FÜR DIE SCHÜLER, DIE HIER IN WESTCHESTER COUNTY UNTERRICHTET WERDEN, BEDEUTET DIESER ORT SEHR VIEL MEHR.
DENN SIE SIND MUTANTEN. JEDER VON IHNEN BESITZT SUPERKRÄFTE, DIE SIE VON GEWÖHNLICHEN MENSCHEN UNTERSCHEIDEN. ZUSAMMEN BILDEN SIE DIE ERSTAUNLICHEN X-MEN.
VORSICHT, ANGEL! DU FLIEGST DIREKT AUF NIGHTCRAWLER ZU!
HIER IM GEFAHRENRAUM DER SCHULE WERDEN IHRE FÄHIGKEITEN IM EINZEL- WIE AUCH IM GRUPPENTRAINING BIS ZUR ABSOLUTEN PERFEKTION VERFEINERT.
BWHAM!
TUT MIR LEID, GENOSSE ROBOTER. TROTZ DEINER STÄRKE UND SCHNELLIGKEIT ...
... BIST DU KEIN GEGNER FÜR COLOSSUS' STÄHLERNE FÄUSTE!

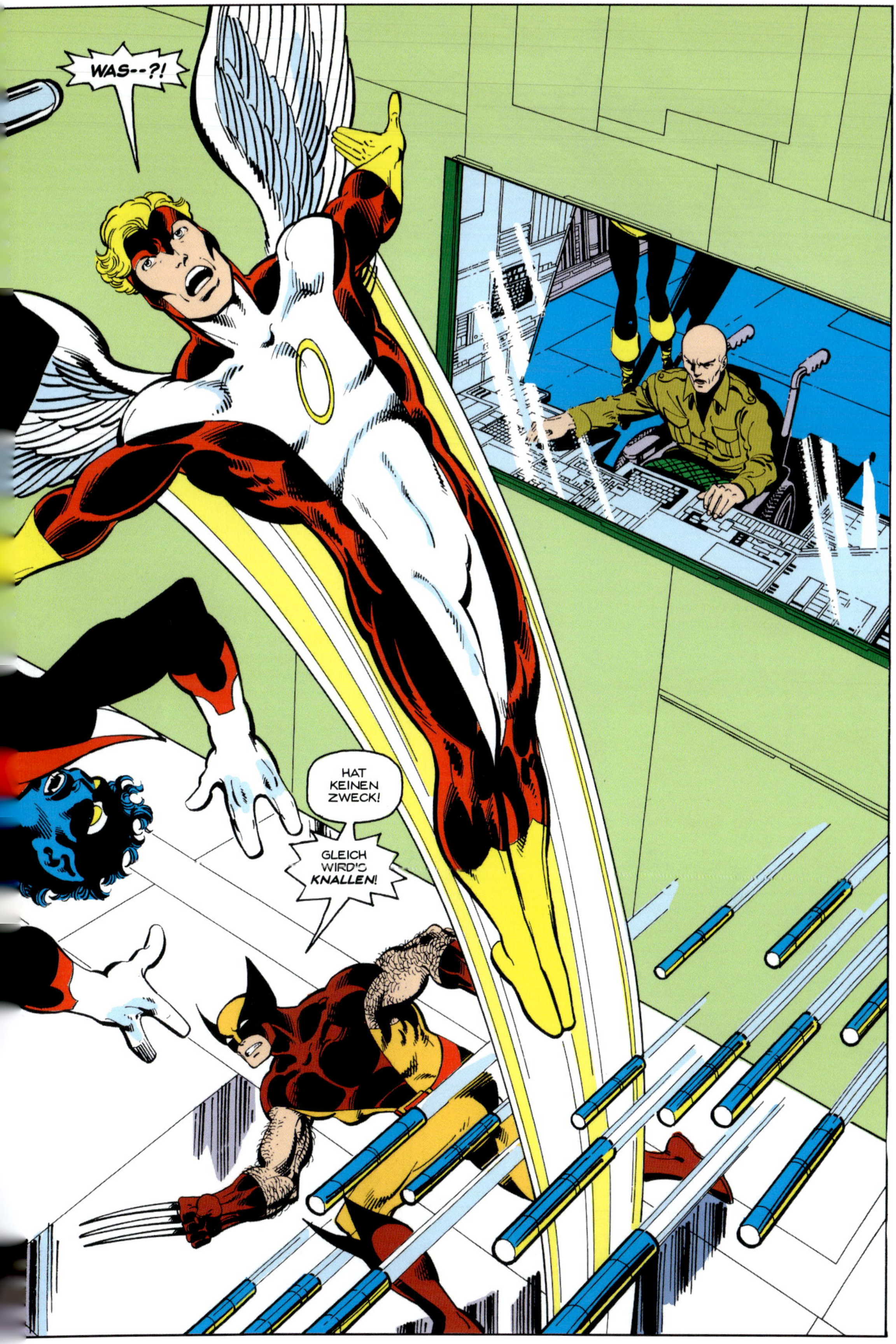
WAS--?!
HAT KEINEN ZWECK!
GLEICH WIRD'S KNALLEN!

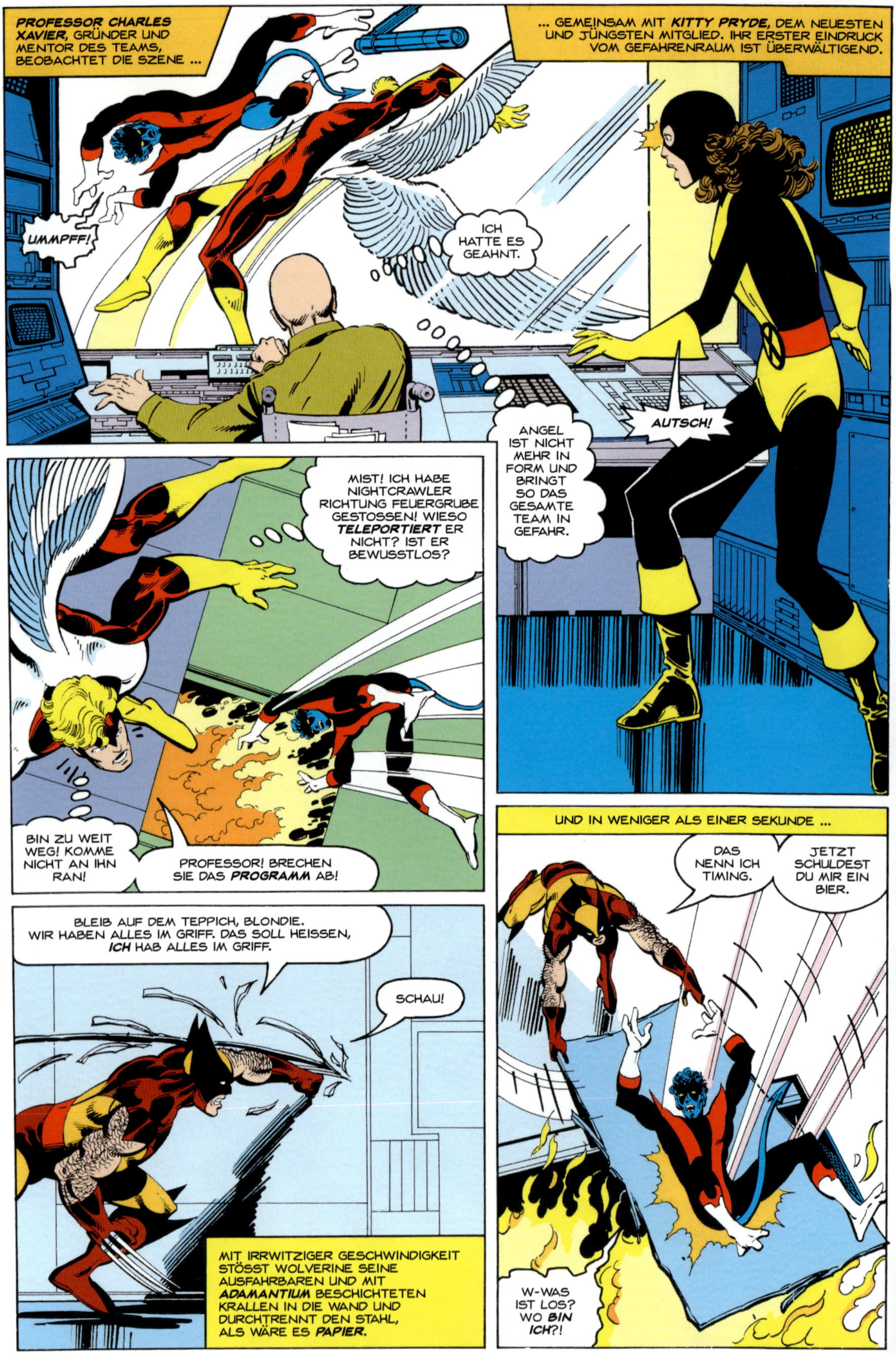
PROFESSOR CHARLES XAVIER, GRÜNDER UND MENTOR DES TEAMS, BEOBACHTET DIE SZENE ...
UMMPFF!
ICH HATTE ES GEAHNT.
... GEMEINSAM MIT KITTY PRYDE, DEM NEUESTEN UND JÜNGSTEN MITGLIED. IHR ERSTER EINDRUCK VOM GEFAHRENRAUM IST ÜBERWÄLTIGEND.
AUTSCH!
ANGEL IST NICHT MEHR IN FORM UND BRINGT SO DAS GESAMTE TEAM IN GEFAHR.
MIST! ICH HABE NIGHTCRAWLER RICHTUNG FEUERGRUBE GESTOSSEN! WIESO TELEPORTIERT ER NICHT? IST ER BEWUSSTLOS?
BIN ZU WEIT WEG! KOMME NICHT AN IHN RAN!
PROFESSOR! BRECHEN SIE DAS PROGRAMM AB!
UND IN WENIGER ALS EINER SEKUNDE ...
DAS NENN ICH TIMING.
JETZT SCHULDEST DU MIR EIN BIER.
BLEIB AUF DEM TEPPICH, BLONDIE. WIR HABEN ALLES IM GRIFF. DAS SOLL HEISSEN, ICH HAB ALLES IM GRIFF.
SCHAU!
MIT IRRWITZIGER GESCHWINDIGKEIT STÖSST WOLVERINE SEINE AUSFAHRBAREN UND MIT ADAMANTIUM BESCHICHTETEN KRALLEN IN DIE WAND UND DURCHTRENNT DEN STAHL, ALS WÄRE ES PAPIER.
W-WAS IST LOS? WO BIN ICH?!

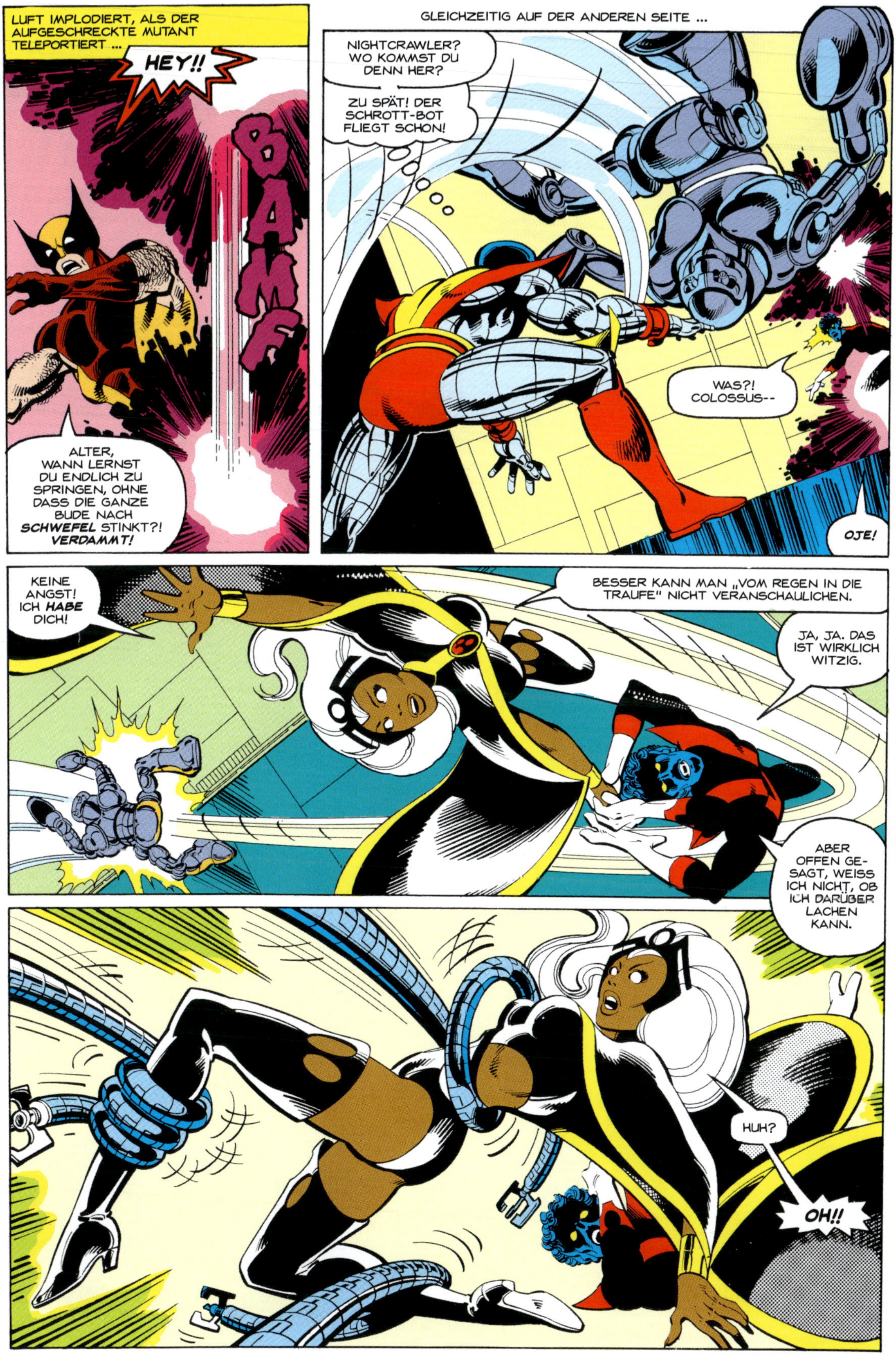

LUFT IMPLODIERT, ALS DER AUFGESCHRECKTE MUTANT TELEPORTIERT ...
HEY!!
BAMF
ALTER, WANN LERNST DU ENDLICH ZU SPRINGEN, OHNE DASS DIE GANZE BUDE NACH **SCHWEFEL** STINKT?! **VERDAMMT!**
GLEICHZEITIG AUF DER ANDEREN SEITE ...
NIGHTCRAWLER? WO KOMMST DU DENN HER?
ZU SPÄT! DER SCHROTT-BOT FLIEGT SCHON!
WAS?! COLOSSUS--
OJE!
KEINE ANGST! ICH **HABE** DICH!
BESSER KANN MAN „VOM REGEN IN DIE TRAUFE" NICHT VERANSCHAULICHEN.
JA, JA. DAS IST WIRKLICH WITZIG.
ABER OFFEN GESAGT, WEISS ICH NICHT, OB ICH DARÜBER LACHEN KANN.
HUH?
OH!!

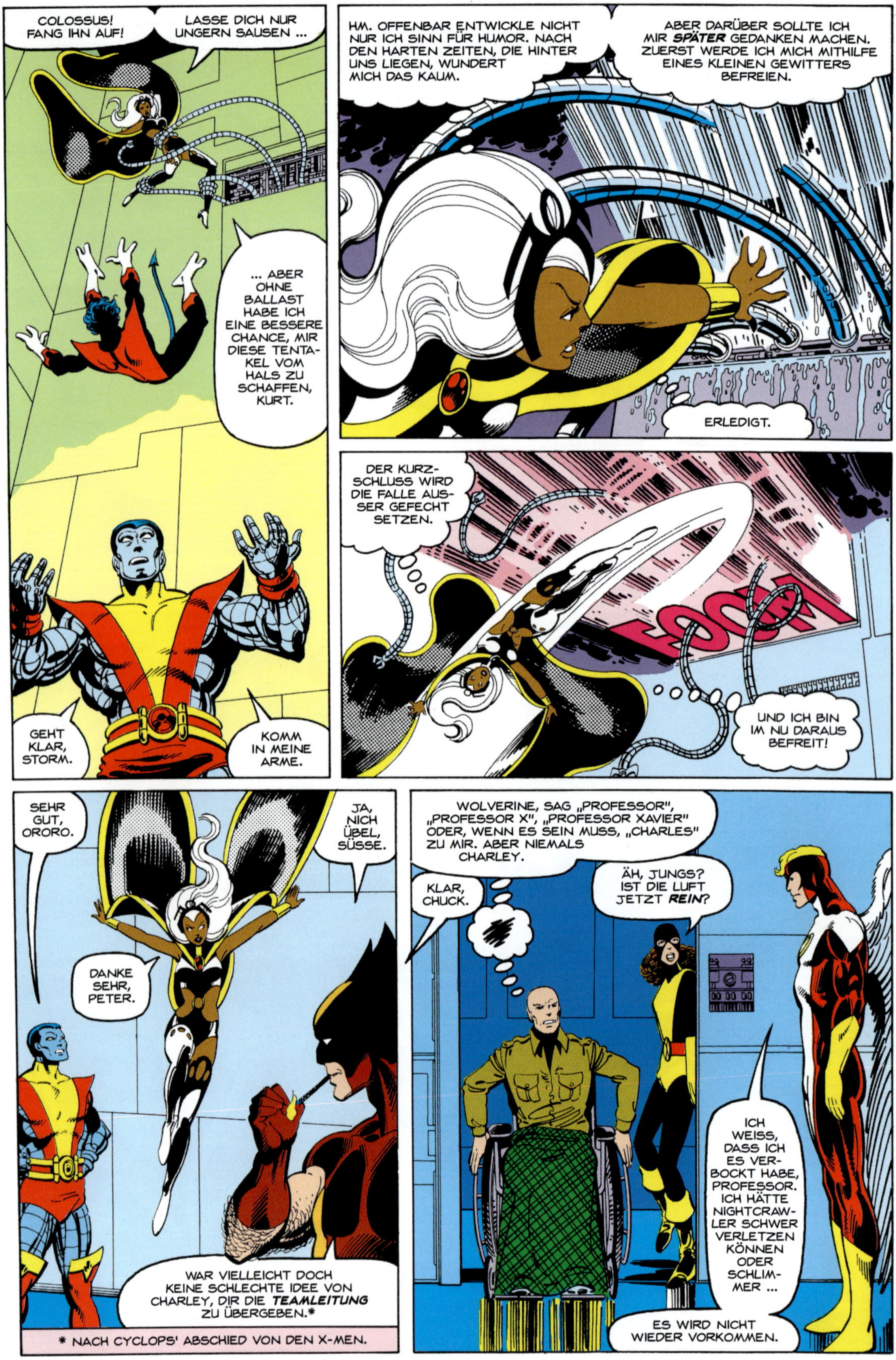

COLOSSUS! FANG IHN AUF!
LASSE DICH NUR UNGERN SAUSEN ...
... ABER OHNE BALLAST HABE ICH EINE BESSERE CHANCE, MIR DIESE TENTAKEL VOM HALS ZU SCHAFFEN, KURT.
GEHT KLAR, STORM.
KOMM IN MEINE ARME.
HM. OFFENBAR ENTWICKLE NICHT NUR ICH SINN FÜR HUMOR. NACH DEN HARTEN ZEITEN, DIE HINTER UNS LIEGEN, WUNDERT MICH DAS KAUM.
ABER DARÜBER SOLLTE ICH MIR SPÄTER GEDANKEN MACHEN. ZUERST WERDE ICH MICH MITHILFE EINES KLEINEN GEWITTERS BEFREIEN.
ERLEDIGT.
DER KURZSCHLUSS WIRD DIE FALLE AUSSER GEFECHT SETZEN.
FOOOM
UND ICH BIN IM NU DARAUS BEFREIT!
SEHR GUT, ORORO.
JA, NICH ÜBEL, SÜSSE.
DANKE SEHR, PETER.
WAR VIELLEICHT DOCH KEINE SCHLECHTE IDEE VON CHARLEY, DIR DIE TEAMLEITUNG ZU ÜBERGEBEN.*
* NACH CYCLOPS' ABSCHIED VON DEN X-MEN.
WOLVERINE, SAG „PROFESSOR", „PROFESSOR X", „PROFESSOR XAVIER" ODER, WENN ES SEIN MUSS, „CHARLES" ZU MIR. ABER NIEMALS CHARLEY.
KLAR, CHUCK.
ÄH, JUNGS? IST DIE LUFT JETZT REIN?
ICH WEISS, DASS ICH ES VERBOCKT HABE, PROFESSOR. ICH HÄTTE NIGHTCRAWLER SCHWER VERLETZEN KÖNNEN ODER SCHLIMMER ...
ES WIRD NICHT WIEDER VORKOMMEN.

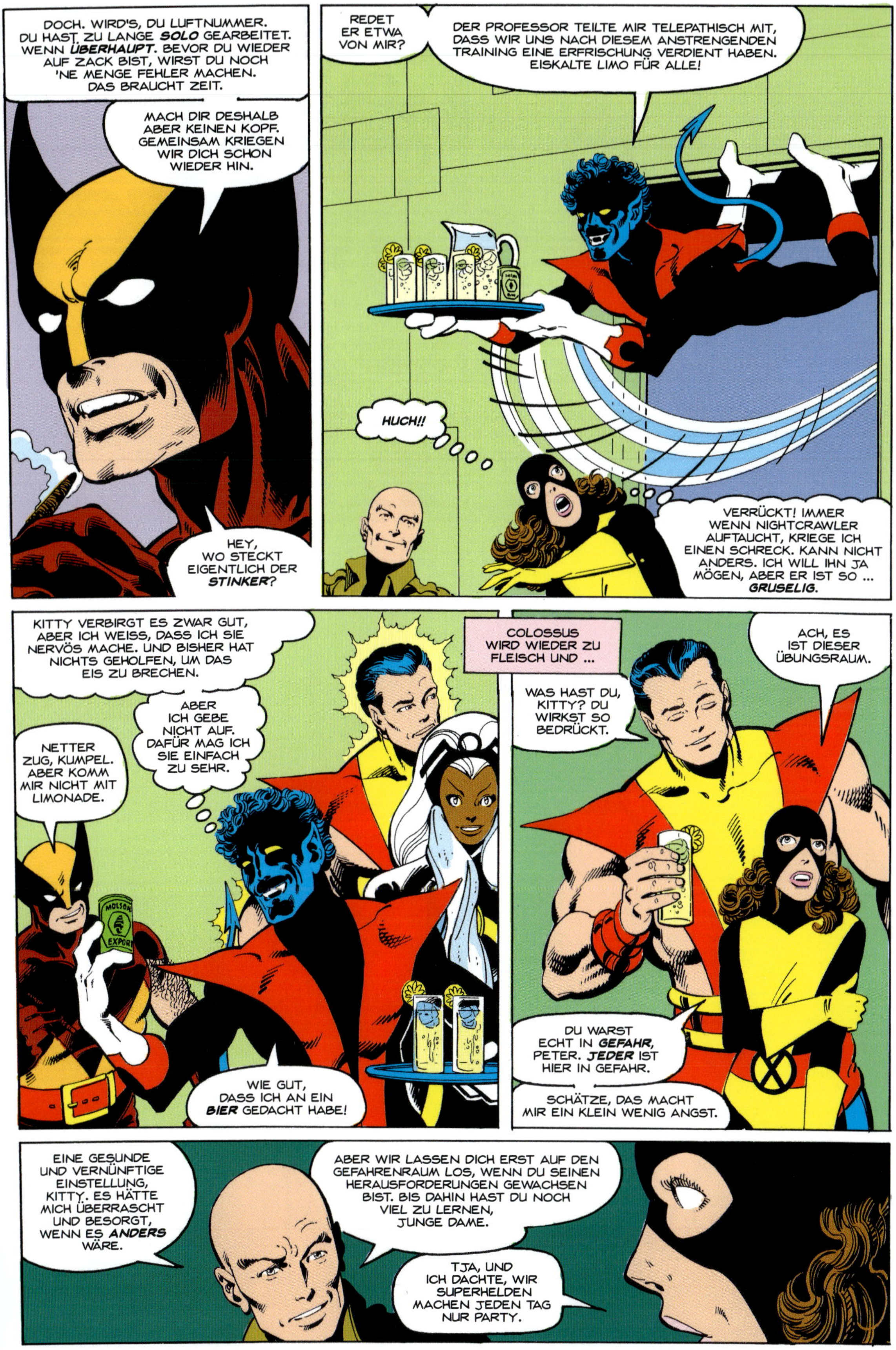

DOCH. WIRD'S, DU LUFTNUMMER. DU HAST ZU LANGE **SOLO** GEARBEITET. WENN **ÜBERHAUPT**. BEVOR DU WIEDER AUF ZACK BIST, WIRST DU NOCH 'NE MENGE FEHLER MACHEN. DAS BRAUCHT ZEIT.
MACH DIR DESHALB ABER KEINEN KOPF. GEMEINSAM KRIEGEN WIR DICH SCHON WIEDER HIN.
HEY, WO STECKT EIGENTLICH DER **STINKER**?
REDET ER ETWA VON MIR?
DER PROFESSOR TEILTE MIR TELEPATHISCH MIT, DASS WIR UNS NACH DIESEM ANSTRENGENDEN TRAINING EINE ERFRISCHUNG VERDIENT HABEN. EISKALTE LIMO FÜR ALLE!
HUCH!!
VERRÜCKT! IMMER WENN NIGHTCRAWLER AUFTAUCHT, KRIEGE ICH EINEN SCHRECK. KANN NICHT ANDERS. ICH WILL IHN JA MÖGEN, ABER ER IST SO ... **GRUSELIG**.
KITTY VERBIRGT ES ZWAR GUT, ABER ICH WEISS, DASS ICH SIE NERVÖS MACHE. UND BISHER HAT NICHTS GEHOLFEN, UM DAS EIS ZU BRECHEN.
ABER ICH GEBE NICHT AUF. DAFÜR MAG ICH SIE EINFACH ZU SEHR.
NETTER ZUG, KUMPEL. ABER KOMM MIR NICHT MIT LIMONADE.
WIE GUT, DASS ICH AN EIN **BIER** GEDACHT HABE!
COLOSSUS WIRD WIEDER ZU FLEISCH UND ...
WAS HAST DU, KITTY? DU WIRKST SO BEDRÜCKT.
ACH, ES IST DIESER ÜBUNGSRAUM.
DU WARST ECHT IN **GEFAHR**, PETER. **JEDER** IST HIER IN GEFAHR.
SCHÄTZE, DAS MACHT MIR EIN KLEIN WENIG ANGST.
EINE GESUNDE UND VERNÜNFTIGE EINSTELLUNG, KITTY. ES HÄTTE MICH ÜBERRASCHT UND BESORGT, WENN ES **ANDERS** WÄRE.
ABER WIR LASSEN DICH ERST AUF DEN GEFAHRENRAUM LOS, WENN DU SEINEN HERAUSFORDERUNGEN GEWACHSEN BIST. BIS DAHIN HAST DU NOCH VIEL ZU LERNEN, JUNGE DAME.
TJA, UND ICH DACHTE, WIR SUPERHELDEN MACHEN JEDEN TAG NUR PARTY.

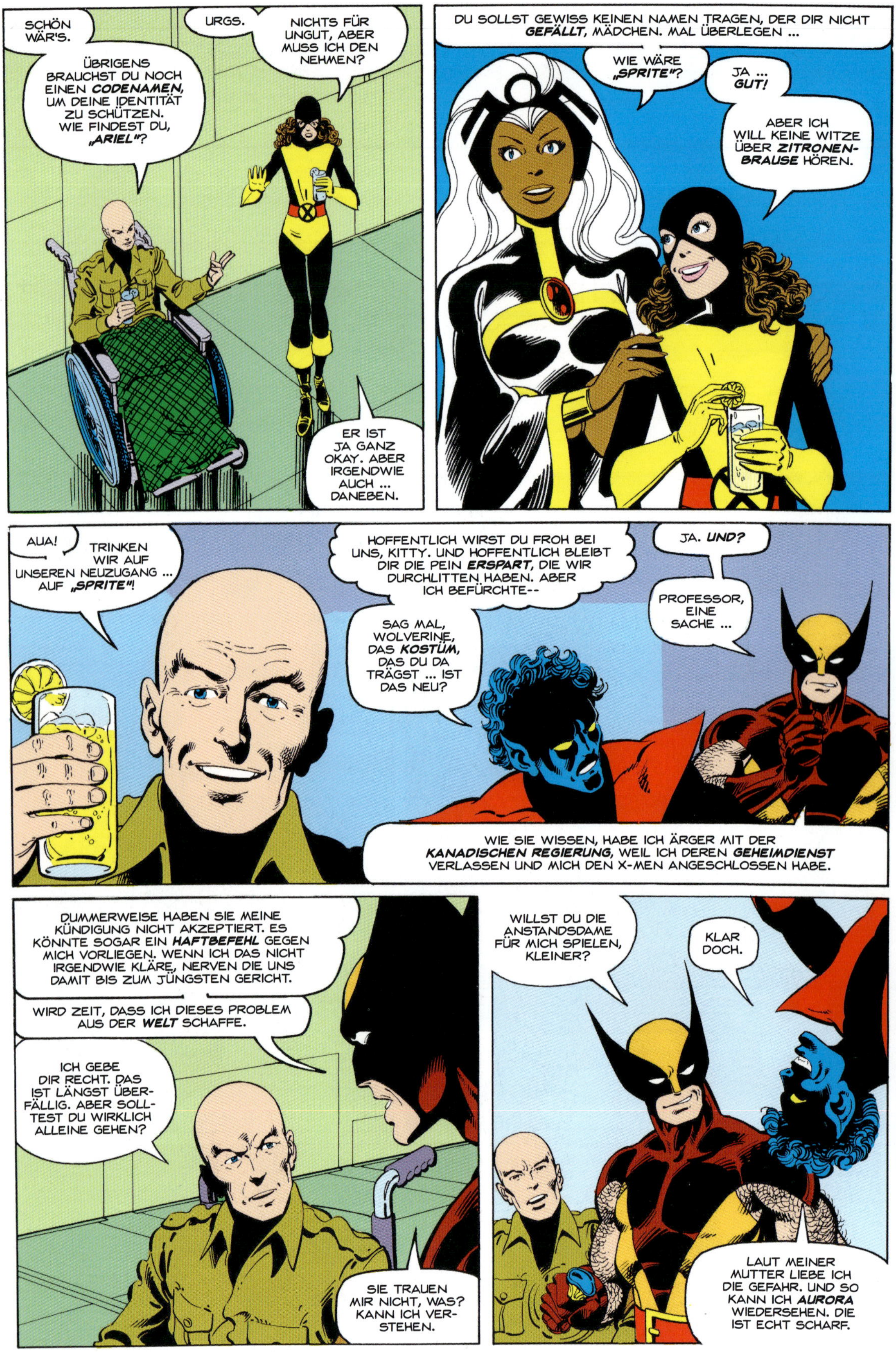
SCHÖN WÄR'S.
ÜBRIGENS BRAUCHST DU NOCH EINEN CODENAMEN, UM DEINE IDENTITÄT ZU SCHÜTZEN. WIE FINDEST DU, „ARIEL"?
URGS.
NICHTS FÜR UNGUT, ABER MUSS ICH DEN NEHMEN?
ER IST JA GANZ OKAY. ABER IRGENDWIE AUCH ... DANEBEN.
DU SOLLST GEWISS KEINEN NAMEN TRAGEN, DER DIR NICHT GEFÄLLT, MÄDCHEN. MAL ÜBERLEGEN ...
WIE WÄRE „SPRITE"?
JA ... GUT!
ABER ICH WILL KEINE WITZE ÜBER ZITRONEN-BRAUSE HÖREN.
AUA!
TRINKEN WIR AUF UNSEREN NEUZUGANG ... AUF „SPRITE"!
HOFFENTLICH WIRST DU FROH BEI UNS, KITTY. UND HOFFENTLICH BLEIBT DIR DIE PEIN ERSPART, DIE WIR DURCHLITTEN HABEN. ABER ICH BEFÜRCHTE--
SAG MAL, WOLVERINE, DAS KOSTÜM, DAS DU DA TRÄGST ... IST DAS NEU?
JA. UND?
PROFESSOR, EINE SACHE ...
WIE SIE WISSEN, HABE ICH ÄRGER MIT DER KANADISCHEN REGIERUNG, WEIL ICH DEREN GEHEIMDIENST VERLASSEN UND MICH DEN X-MEN ANGESCHLOSSEN HABE.
DUMMERWEISE HABEN SIE MEINE KÜNDIGUNG NICHT AKZEPTIERT. ES KÖNNTE SOGAR EIN HAFTBEFEHL GEGEN MICH VORLIEGEN. WENN ICH DAS NICHT IRGENDWIE KLÄRE, NERVEN DIE UNS DAMIT BIS ZUM JÜNGSTEN GERICHT.
WIRD ZEIT, DASS ICH DIESES PROBLEM AUS DER WELT SCHAFFE.
ICH GEBE DIR RECHT. DAS IST LÄNGST ÜBER-FÄLLIG. ABER SOLL-TEST DU WIRKLICH ALLEINE GEHEN?
SIE TRAUEN MIR NICHT, WAS? KANN ICH VER-STEHEN.
WILLST DU DIE ANSTANDSDAME FÜR MICH SPIELEN, KLEINER?
KLAR DOCH.
LAUT MEINER MUTTER LIEBE ICH DIE GEFAHR. UND SO KANN ICH AURORA WIEDERSEHEN. DIE IST ECHT SCHARF.

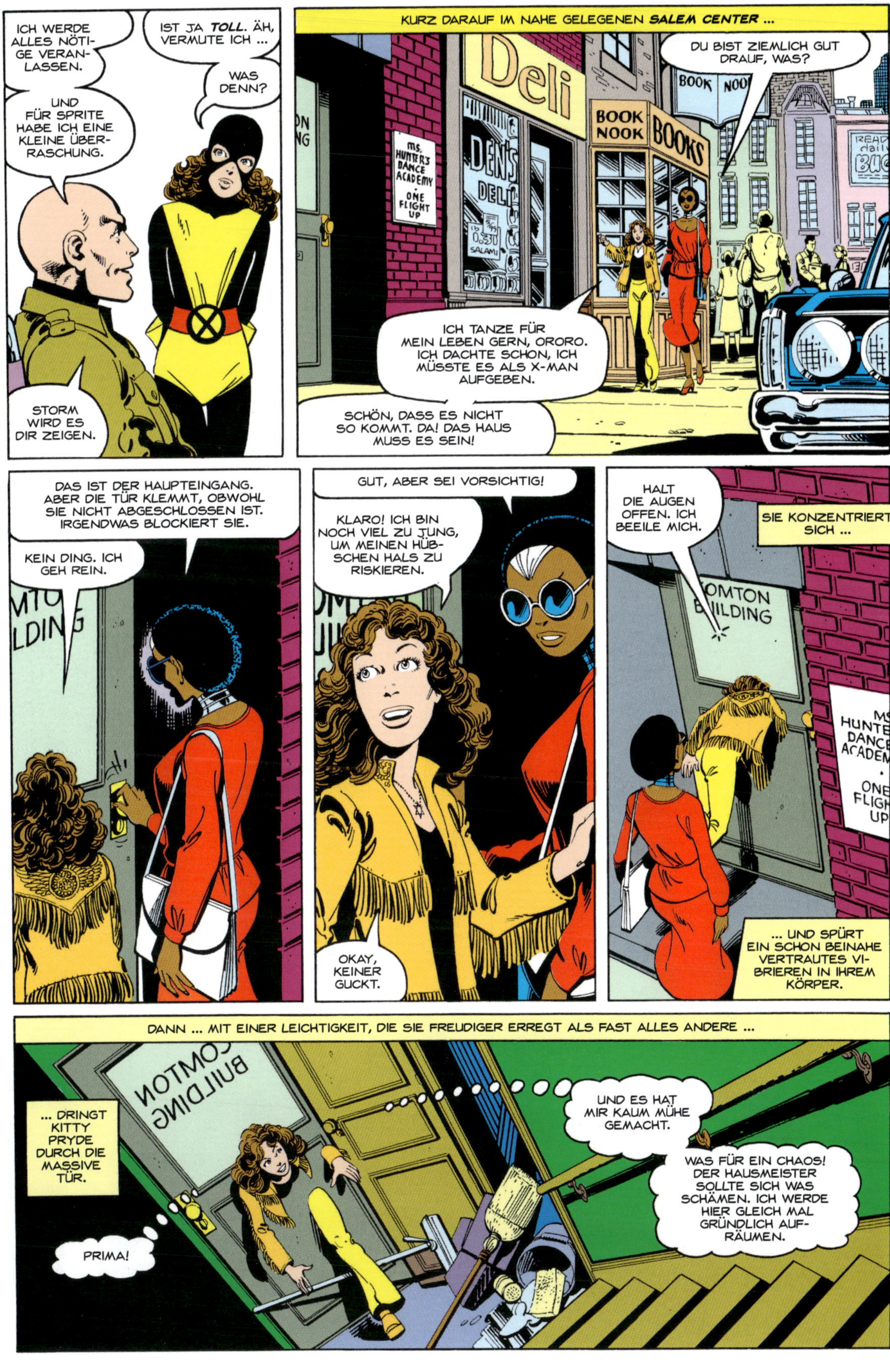
ICH WERDE ALLES NÖTIGE VERANLASSEN.
UND FÜR SPRITE HABE ICH EINE KLEINE ÜBERRASCHUNG.
IST JA TOLL. ÄH, VERMUTE ICH ...
WAS DENN?
STORM WIRD ES DIR ZEIGEN.
KURZ DARAUF IM NAHE GELEGENEN SALEM CENTER ...
Deli
MS. HUNTER'S DANCE ACADEMY • ONE FLIGHT UP
DEN'S DELI
BOOK NOOK
BOOKS
DU BIST ZIEMLICH GUT DRAUF, WAS?
ICH TANZE FÜR MEIN LEBEN GERN, ORORO. ICH DACHTE SCHON, ICH MÜSSTE ES ALS X-MAN AUFGEBEN.
SCHÖN, DASS ES NICHT SO KOMMT. DA! DAS HAUS MUSS ES SEIN!
DAS IST DER HAUPTEINGANG. ABER DIE TÜR KLEMMT, OBWOHL SIE NICHT ABGESCHLOSSEN IST. IRGENDWAS BLOCKIERT SIE.
KEIN DING. ICH GEH REIN.
GUT, ABER SEI VORSICHTIG!
KLARO! ICH BIN NOCH VIEL ZU JUNG, UM MEINEN HÜBSCHEN HALS ZU RISKIEREN.
OKAY, KEINER GUCKT.
HALT DIE AUGEN OFFEN. ICH BEEILE MICH.
SIE KONZENTRIERT SICH ...
... UND SPÜRT EIN SCHON BEINAHE VERTRAUTES VIBRIEREN IN IHREM KÖRPER.
DANN ... MIT EINER LEICHTIGKEIT, DIE SIE FREUDIGER ERREGT ALS FAST ALLES ANDERE ...
... DRINGT KITTY PRYDE DURCH DIE MASSIVE TÜR.
PRIMA!
UND ES HAT MIR KAUM MÜHE GEMACHT.
WAS FÜR EIN CHAOS! DER HAUSMEISTER SOLLTE SICH WAS SCHÄMEN. ICH WERDE HIER GLEICH MAL GRÜNDLICH AUFRÄUMEN.

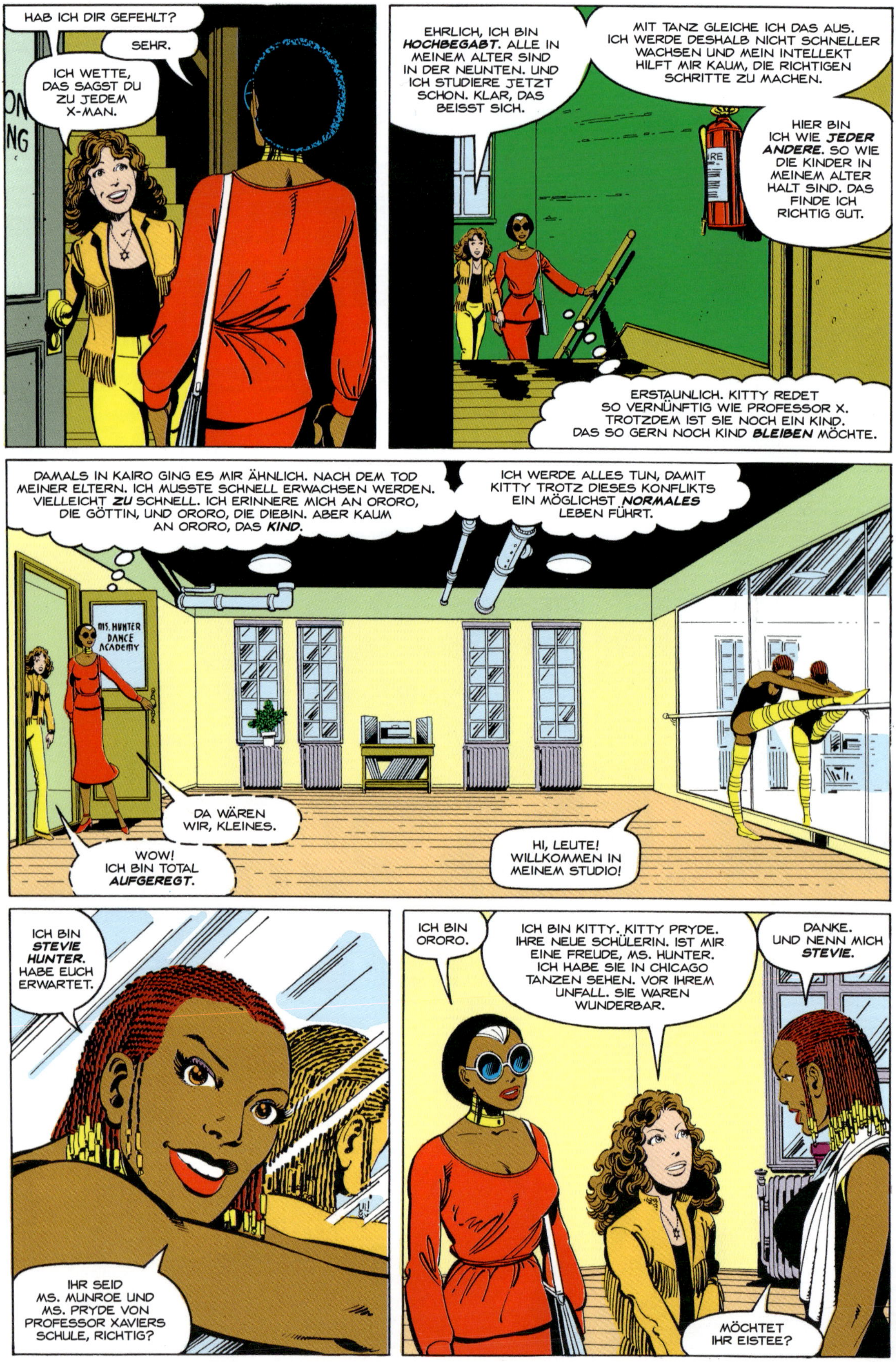
HAB ICH DIR GEFEHLT?
SEHR.
ICH WETTE, DAS SAGST DU ZU JEDEM X-MAN.
EHRLICH, ICH BIN HOCHBEGABT. ALLE IN MEINEM ALTER SIND IN DER NEUNTEN. UND ICH STUDIERE JETZT SCHON. KLAR, DAS BEISST SICH.
MIT TANZ GLEICHE ICH DAS AUS. ICH WERDE DESHALB NICHT SCHNELLER WACHSEN UND MEIN INTELLEKT HILFT MIR KAUM, DIE RICHTIGEN SCHRITTE ZU MACHEN.
HIER BIN ICH WIE JEDER ANDERE. SO WIE DIE KINDER IN MEINEM ALTER HALT SIND. DAS FINDE ICH RICHTIG GUT.
ERSTAUNLICH. KITTY REDET SO VERNÜNFTIG WIE PROFESSOR X. TROTZDEM IST SIE NOCH EIN KIND. DAS SO GERN NOCH KIND BLEIBEN MÖCHTE.
DAMALS IN KAIRO GING ES MIR ÄHNLICH. NACH DEM TOD MEINER ELTERN. ICH MUSSTE SCHNELL ERWACHSEN WERDEN. VIELLEICHT ZU SCHNELL. ICH ERINNERE MICH AN ORORO, DIE GÖTTIN, UND ORORO, DIE DIEBIN. ABER KAUM AN ORORO, DAS KIND.
ICH WERDE ALLES TUN, DAMIT KITTY TROTZ DIESES KONFLIKTS EIN MÖGLICHST NORMALES LEBEN FÜHRT.
MS. HUNTER DANCE ACADEMY
DA WÄREN WIR, KLEINES.
WOW! ICH BIN TOTAL AUFGEREGT.
HI, LEUTE! WILLKOMMEN IN MEINEM STUDIO!
ICH BIN STEVIE HUNTER. HABE EUCH ERWARTET.
IHR SEID MS. MUNROE UND MS. PRYDE VON PROFESSOR XAVIERS SCHULE, RICHTIG?
ICH BIN ORORO.
ICH BIN KITTY. KITTY PRYDE. IHRE NEUE SCHÜLERIN. IST MIR EINE FREUDE, MS. HUNTER. ICH HABE SIE IN CHICAGO TANZEN SEHEN. VOR IHREM UNFALL. SIE WAREN WUNDERBAR.
DANKE. UND NENN MICH STEVIE.
MÖCHTET IHR EISTEE?

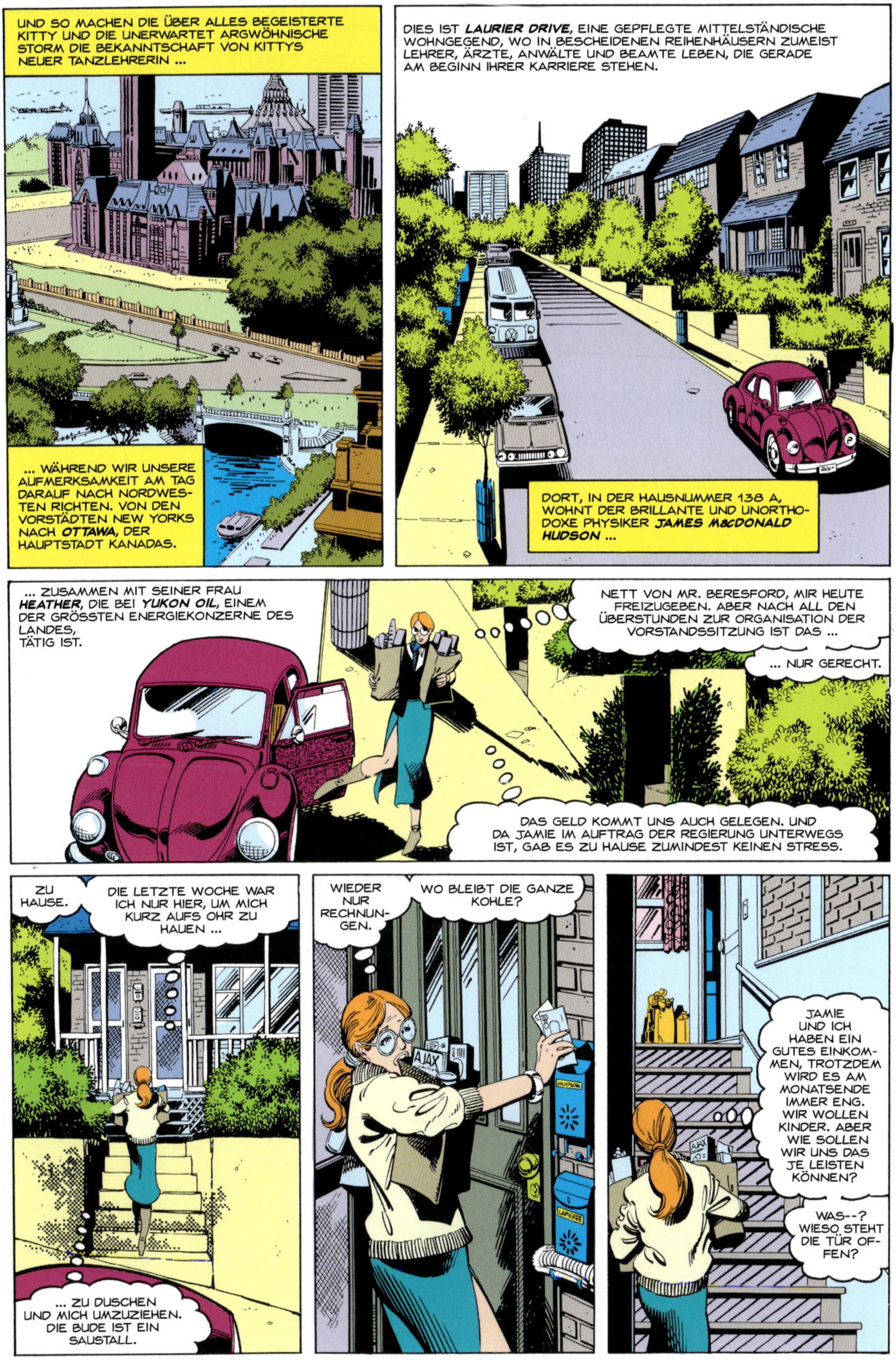
UND SO MACHEN DIE ÜBER ALLES BEGEISTERTE KITTY UND DIE UNERWARTET ARGWÖHNISCHE STORM DIE BEKANNTSCHAFT VON KITTYS NEUER TANZLEHRERIN ...
... WÄHREND WIR UNSERE AUFMERKSAMKEIT AM TAG DARAUF NACH NORDWESTEN RICHTEN. VON DEN VORSTÄDTEN NEW YORKS NACH OTTAWA, DER HAUPTSTADT KANADAS.
DIES IST LAURIER DRIVE, EINE GEPFLEGTE MITTELSTÄNDISCHE WOHNGEGEND, WO IN BESCHEIDENEN REIHENHÄUSERN ZUMEIST LEHRER, ÄRZTE, ANWÄLTE UND BEAMTE LEBEN, DIE GERADE AM BEGINN IHRER KARRIERE STEHEN.
DORT, IN DER HAUSNUMMER 138 A, WOHNT DER BRILLANTE UND UNORTHODOXE PHYSIKER JAMES MacDONALD HUDSON ...
... ZUSAMMEN MIT SEINER FRAU HEATHER, DIE BEI YUKON OIL, EINEM DER GRÖSSTEN ENERGIEKONZERNE DES LANDES, TÄTIG IST.
NETT VON MR. BERESFORD, MIR HEUTE FREIZUGEBEN. ABER NACH ALL DEN ÜBERSTUNDEN ZUR ORGANISATION DER VORSTANDSSITZUNG IST DAS ...
... NUR GERECHT.
DAS GELD KOMMT UNS AUCH GELEGEN. UND DA JAMIE IM AUFTRAG DER REGIERUNG UNTERWEGS IST, GAB ES ZU HAUSE ZUMINDEST KEINEN STRESS.
ZU HAUSE.
DIE LETZTE WOCHE WAR ICH NUR HIER, UM MICH KURZ AUFS OHR ZU HAUEN ...
... ZU DUSCHEN UND MICH UMZUZIEHEN. DIE BUDE IST EIN SAUSTALL.
WIEDER NUR RECHNUNGEN.
WO BLEIBT DIE GANZE KOHLE?
AJAX
HUDSON
LAPIERRE
JAMIE UND ICH HABEN EIN GUTES EINKOMMEN, TROTZDEM WIRD ES AM MONATSENDE IMMER ENG. WIR WOLLEN KINDER. ABER WIE SOLLEN WIR UNS DAS JE LEISTEN KÖNNEN?
WAS--? WIESO STEHT DIE TÜR OFFEN?

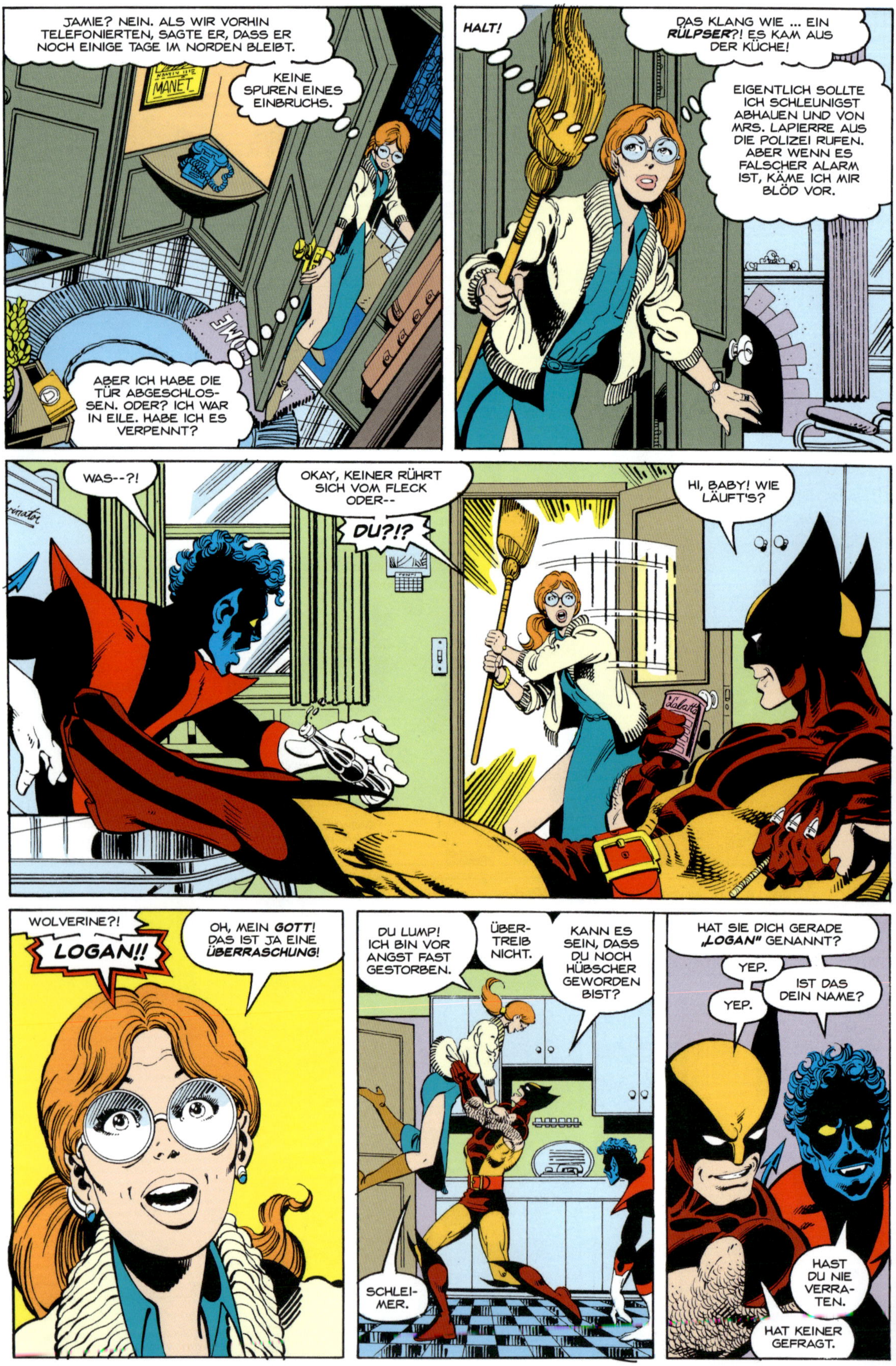
JAMIE? NEIN. ALS WIR VORHIN TELEFONIERTEN, SAGTE ER, DASS ER NOCH EINIGE TAGE IM NORDEN BLEIBT.
KEINE SPUREN EINES EINBRUCHS.
ABER ICH HABE DIE TÜR ABGESCHLOSSEN. ODER? ICH WAR IN EILE. HABE ICH ES VERPENNT?
HALT!
DAS KLANG WIE ... EIN RÜLPSER?! ES KAM AUS DER KÜCHE!
EIGENTLICH SOLLTE ICH SCHLEUNIGST ABHAUEN UND VON MRS. LAPIERRE AUS DIE POLIZEI RUFEN. ABER WENN ES FALSCHER ALARM IST, KÄME ICH MIR BLÖD VOR.
WAS--?!
OKAY, KEINER RÜHRT SICH VOM FLECK ODER--
DU?!?
HI, BABY! WIE LÄUFT'S?
WOLVERINE?!
LOGAN!!
OH, MEIN GOTT! DAS IST JA EINE ÜBERRASCHUNG!
DU LUMP! ICH BIN VOR ANGST FAST GESTORBEN.
ÜBERTREIB NICHT.
KANN ES SEIN, DASS DU NOCH HÜBSCHER GEWORDEN BIST?
SCHLEIMER.
HAT SIE DICH GERADE „LOGAN" GENANNT?
YEP.
IST DAS DEIN NAME?
YEP.
HAST DU NIE VERRATEN.
HAT KEINER GEFRAGT.

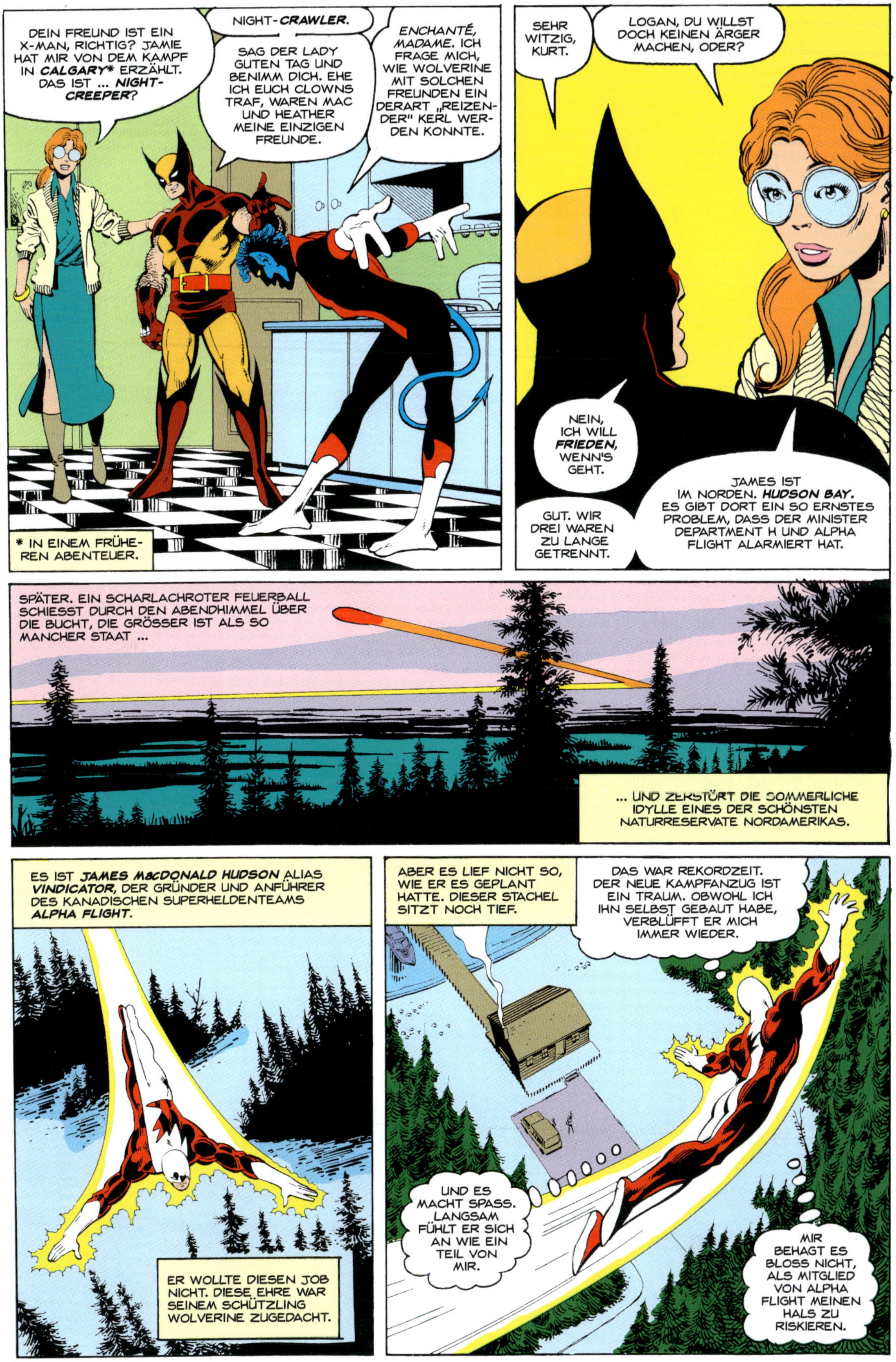
DEIN FREUND IST EIN X-MAN, RICHTIG? JAMIE HAT MIR VON DEM KAMPF IN CALGARY* ERZÄHLT. DAS IST ... NIGHT-CREEPER?
NIGHT-CRAWLER.
SAG DER LADY GUTEN TAG UND BENIMM DICH. EHE ICH EUCH CLOWNS TRAF, WAREN MAC UND HEATHER MEINE EINZIGEN FREUNDE.
ENCHANTÉ, MADAME. ICH FRAGE MICH, WIE WOLVERINE MIT SOLCHEN FREUNDEN EIN DERART „REIZENDER" KERL WERDEN KONNTE.
* IN EINEM FRÜHEREN ABENTEUER.
SEHR WITZIG, KURT.
LOGAN, DU WILLST DOCH KEINEN ÄRGER MACHEN, ODER?
NEIN, ICH WILL FRIEDEN, WENN'S GEHT.
GUT. WIR DREI WAREN ZU LANGE GETRENNT.
JAMES IST IM NORDEN. HUDSON BAY. ES GIBT DORT EIN SO ERNSTES PROBLEM, DASS DER MINISTER DEPARTMENT H UND ALPHA FLIGHT ALARMIERT HAT.
SPÄTER. EIN SCHARLACHROTER FEUERBALL SCHIESST DURCH DEN ABENDHIMMEL ÜBER DIE BUCHT, DIE GRÖSSER IST ALS SO MANCHER STAAT ...
... UND ZERSTÖRT DIE SOMMERLICHE IDYLLE EINES DER SCHÖNSTEN NATURRESERVATE NORDAMERIKAS.
ES IST JAMES MacDONALD HUDSON ALIAS VINDICATOR, DER GRÜNDER UND ANFÜHRER DES KANADISCHEN SUPERHELDENTEAMS ALPHA FLIGHT.
ER WOLLTE DIESEN JOB NICHT. DIESE EHRE WAR SEINEM SCHÜTZLING WOLVERINE ZUGEDACHT.
ABER ES LIEF NICHT SO, WIE ER ES GEPLANT HATTE. DIESER STACHEL SITZT NOCH TIEF.
DAS WAR REKORDZEIT. DER NEUE KAMPFANZUG IST EIN TRAUM. OBWOHL ICH IHN SELBST GEBAUT HABE, VERBLÜFFT ER MICH IMMER WIEDER.
UND ES MACHT SPASS. LANGSAM FÜHLT ER SICH AN WIE EIN TEIL VON MIR.
MIR BEHAGT ES BLOSS NICHT, ALS MITGLIED VON ALPHA FLIGHT MEINEN HALS ZU RISKIEREN.

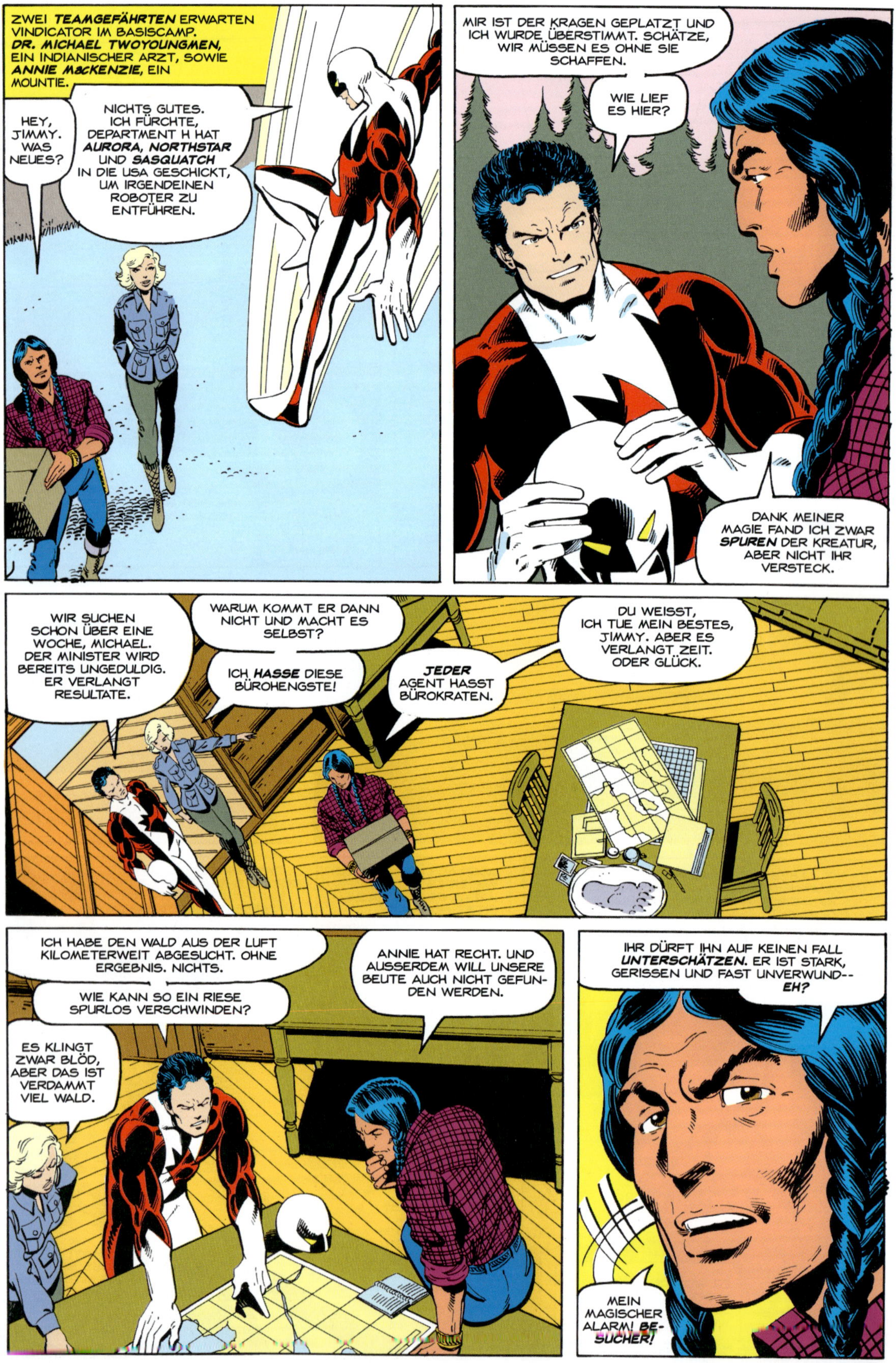
ZWEI TEAMGEFÄHRTEN ERWARTEN VINDICATOR IM BASISCAMP. DR. MICHAEL TWOYOUNGMEN, EIN INDIANISCHER ARZT, SOWIE ANNIE MACKENZIE, EIN MOUNTIE.
HEY, JIMMY. WAS NEUES?
NICHTS GUTES. ICH FÜRCHTE, DEPARTMENT H HAT AURORA, NORTHSTAR UND SASQUATCH IN DIE USA GESCHICKT, UM IRGENDEINEN ROBOTER ZU ENTFÜHREN.
MIR IST DER KRAGEN GEPLATZT UND ICH WURDE ÜBERSTIMMT. SCHÄTZE, WIR MÜSSEN ES OHNE SIE SCHAFFEN.
WIE LIEF ES HIER?
DANK MEINER MAGIE FAND ICH ZWAR SPUREN DER KREATUR, ABER NICHT IHR VERSTECK.
WIR SUCHEN SCHON ÜBER EINE WOCHE, MICHAEL. DER MINISTER WIRD BEREITS UNGEDULDIG. ER VERLANGT RESULTATE.
WARUM KOMMT ER DANN NICHT UND MACHT ES SELBST?
ICH HASSE DIESE BÜROHENGSTE!
JEDER AGENT HASST BÜROKRATEN.
DU WEISST, ICH TUE MEIN BESTES, JIMMY. ABER ES VERLANGT ZEIT. ODER GLÜCK.
ICH HABE DEN WALD AUS DER LUFT KILOMETERWEIT ABGESUCHT. OHNE ERGEBNIS. NICHTS.
WIE KANN SO EIN RIESE SPURLOS VERSCHWINDEN?
ES KLINGT ZWAR BLÖD, ABER DAS IST VERDAMMT VIEL WALD.
ANNIE HAT RECHT. UND AUSSERDEM WILL UNSERE BEUTE AUCH NICHT GEFUNDEN WERDEN.
IHR DÜRFT IHN AUF KEINEN FALL UNTERSCHÄTZEN. ER IST STARK, GERISSEN UND FAST UNVERWUND-- EH?
MEIN MAGISCHER ALARM! BESUCHER!

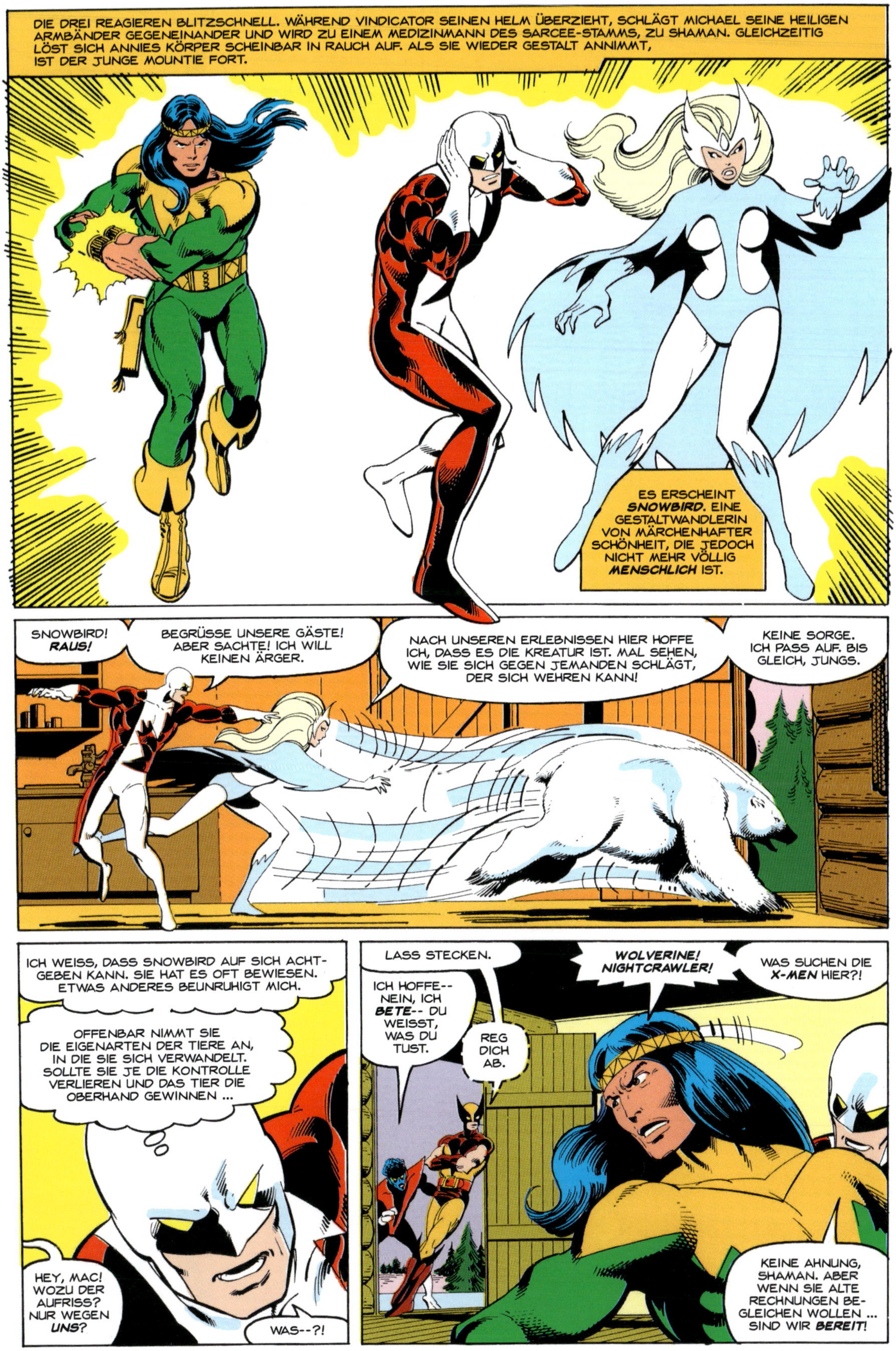
DIE DREI REAGIEREN BLITZSCHNELL. WÄHREND VINDICATOR SEINEN HELM ÜBERZIEHT, SCHLÄGT MICHAEL SEINE HEILIGEN ARMBÄNDER GEGENEINANDER UND WIRD ZU EINEM MEDIZINMANN DES SARCEE-STAMMS, ZU SHAMAN. GLEICHZEITIG LÖST SICH ANNIES KÖRPER SCHEINBAR IN RAUCH AUF. ALS SIE WIEDER GESTALT ANNIMMT, IST DER JUNGE MOUNTIE FORT.
ES ERSCHEINT SNOWBIRD. EINE GESTALTWANDLERIN VON MÄRCHENHAFTER SCHÖNHEIT, DIE JEDOCH NICHT MEHR VÖLLIG MENSCHLICH IST.
SNOWBIRD! RAUS!
BEGRÜSSE UNSERE GÄSTE! ABER SACHTE! ICH WILL KEINEN ÄRGER.
NACH UNSEREN ERLEBNISSEN HIER HOFFE ICH, DASS ES DIE KREATUR IST. MAL SEHEN, WIE SIE SICH GEGEN JEMANDEN SCHLÄGT, DER SICH WEHREN KANN!
KEINE SORGE. ICH PASS AUF. BIS GLEICH, JUNGS.
ICH WEISS, DASS SNOWBIRD AUF SICH ACHTGEBEN KANN. SIE HAT ES OFT BEWIESEN. ETWAS ANDERES BEUNRUHIGT MICH.
OFFENBAR NIMMT SIE DIE EIGENARTEN DER TIERE AN, IN DIE SIE SICH VERWANDELT. SOLLTE SIE JE DIE KONTROLLE VERLIEREN UND DAS TIER DIE OBERHAND GEWINNEN ...
HEY, MAC! WOZU DER AUFRISS? NUR WEGEN UNS?
WAS--?!
LASS STECKEN.
ICH HOFFE-- NEIN, ICH BETE-- DU WEISST, WAS DU TUST.
REG DICH AB.
WOLVERINE! NIGHTCRAWLER!
WAS SUCHEN DIE X-MEN HIER?!
KEINE AHNUNG, SHAMAN. ABER WENN SIE ALTE RECHNUNGEN BEGLEICHEN WOLLEN ... SIND WIR BEREIT!

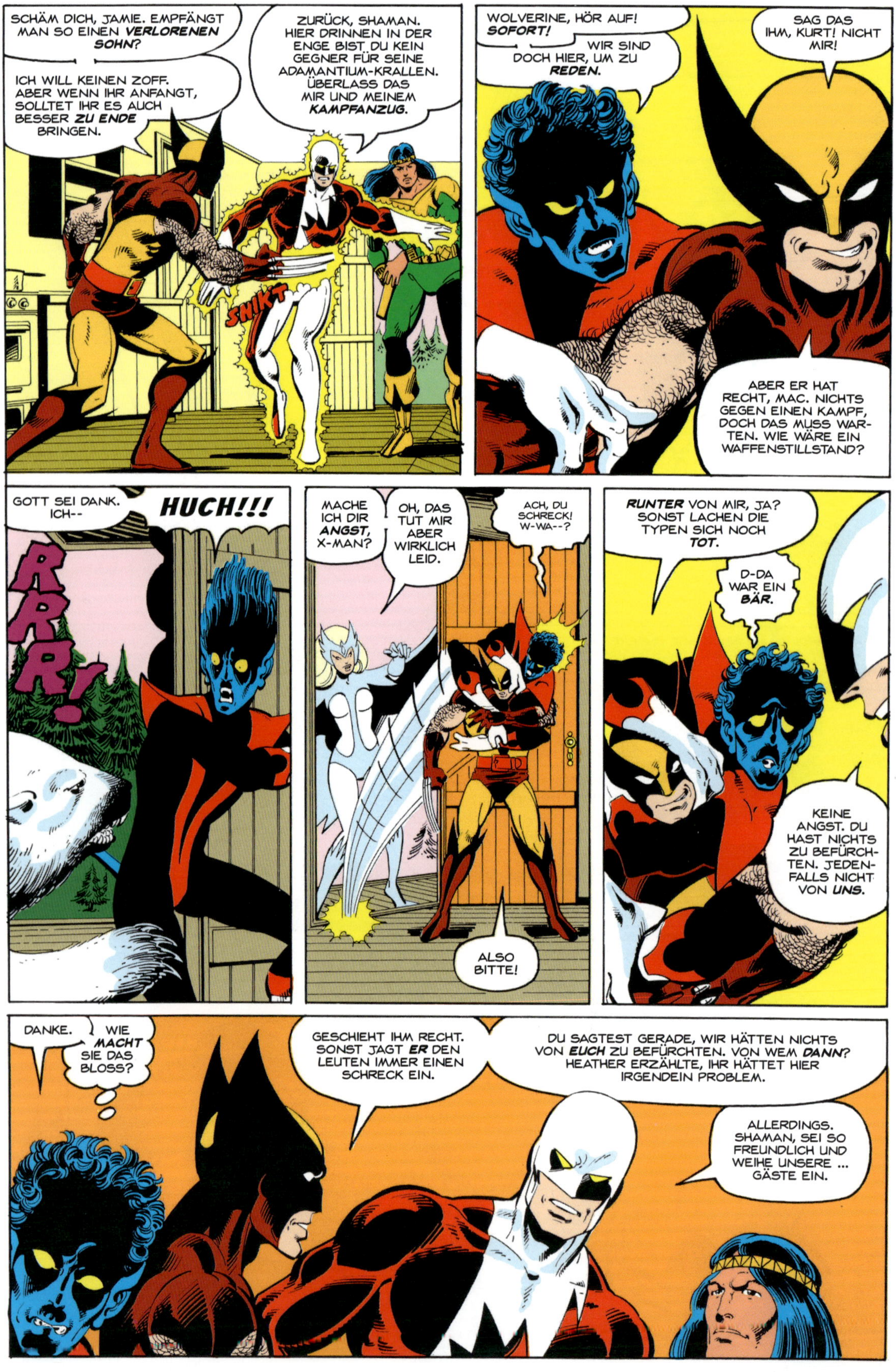
SCHÄM DICH, JAMIE. EMPFÄNGT MAN SO EINEN VERLORENEN SOHN?
ICH WILL KEINEN ZOFF. ABER WENN IHR ANFANGT, SOLLTET IHR ES AUCH BESSER ZU ENDE BRINGEN.
ZURÜCK, SHAMAN. HIER DRINNEN IN DER ENGE BIST DU KEIN GEGNER FÜR SEINE ADAMANTIUM-KRALLEN. ÜBERLASS DAS MIR UND MEINEM KAMPFANZUG.
SNIKT
WOLVERINE, HÖR AUF! SOFORT!
WIR SIND DOCH HIER, UM ZU REDEN.
SAG DAS IHM, KURT! NICHT MIR!
ABER ER HAT RECHT, MAC. NICHTS GEGEN EINEN KAMPF, DOCH DAS MUSS WARTEN. WIE WÄRE EIN WAFFENSTILLSTAND?
GOTT SEI DANK. ICH--
HUCH!!!
RRRR!
MACHE ICH DIR ANGST, X-MAN?
OH, DAS TUT MIR ABER WIRKLICH LEID.
ACH, DU SCHRECK! W-WA--?
ALSO BITTE!
RUNTER VON MIR, JA? SONST LACHEN DIE TYPEN SICH NOCH TOT.
D-DA WAR EIN BÄR.
KEINE ANGST. DU HAST NICHTS ZU BEFÜRCHTEN. JEDENFALLS NICHT VON UNS.
DANKE.
WIE MACHT SIE DAS BLOSS?
GESCHIEHT IHM RECHT. SONST JAGT ER DEN LEUTEN IMMER EINEN SCHRECK EIN.
DU SAGTEST GERADE, WIR HÄTTEN NICHTS VON EUCH ZU BEFÜRCHTEN. VON WEM DANN? HEATHER ERZÄHLTE, IHR HÄTTET HIER IRGENDEIN PROBLEM.
ALLERDINGS. SHAMAN, SEI SO FREUNDLICH UND WEIHE UNSERE ... GÄSTE EIN.

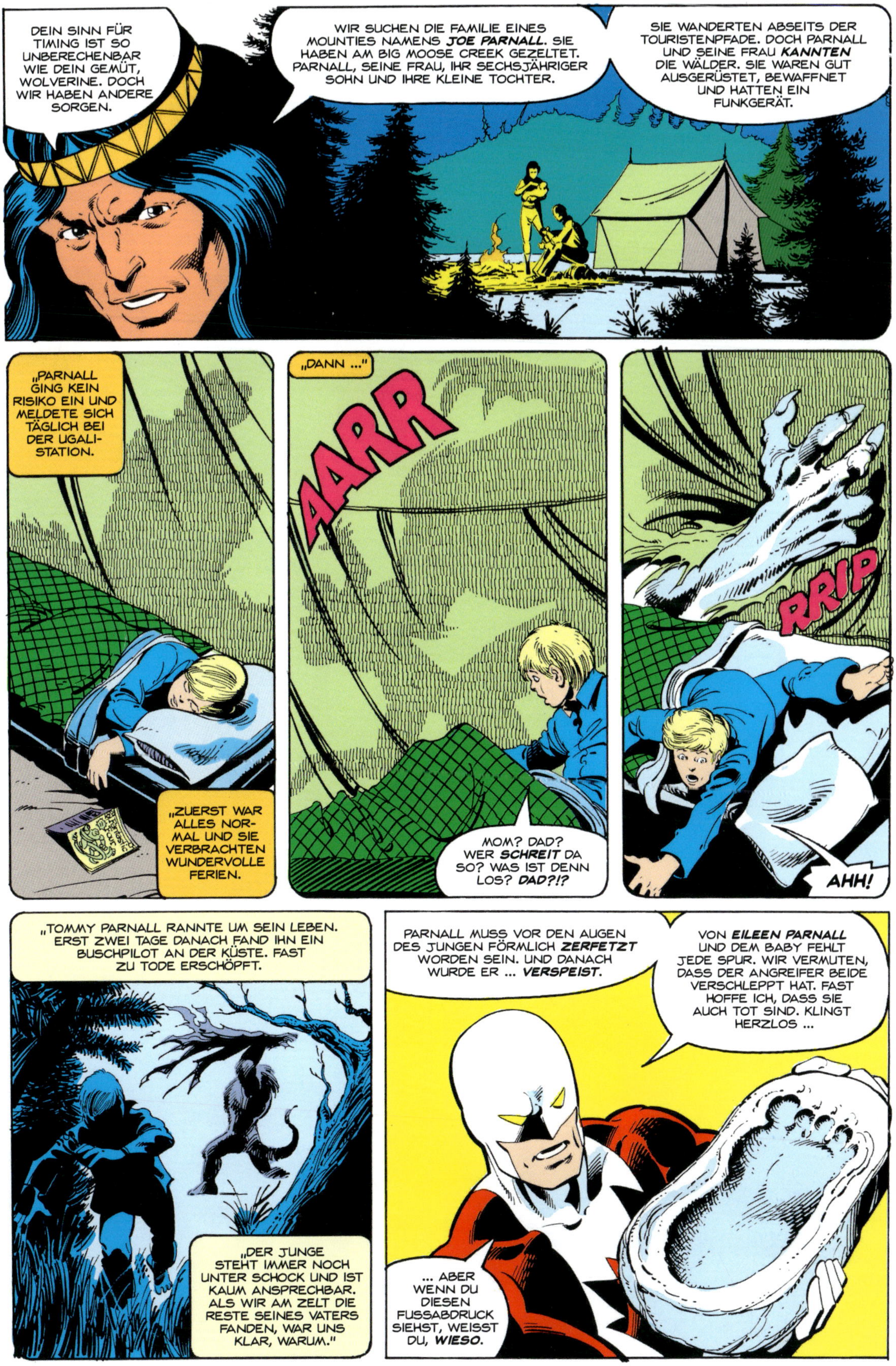
DEIN SINN FÜR TIMING IST SO UNBERECHENBAR WIE DEIN GEMÜT, WOLVERINE. DOCH WIR HABEN ANDERE SORGEN.
WIR SUCHEN DIE FAMILIE EINES MOUNTIES NAMENS JOE PARNALL. SIE HABEN AM BIG MOOSE CREEK GEZELTET. PARNALL, SEINE FRAU, IHR SECHSJÄHRIGER SOHN UND IHRE KLEINE TOCHTER.
SIE WANDERTEN ABSEITS DER TOURISTENPFADE. DOCH PARNALL UND SEINE FRAU KANNTEN DIE WÄLDER. SIE WAREN GUT AUSGERÜSTET, BEWAFFNET UND HATTEN EIN FUNKGERÄT.
„PARNALL GING KEIN RISIKO EIN UND MELDETE SICH TÄGLICH BEI DER UGALI-STATION.
„ZUERST WAR ALLES NORMAL UND SIE VERBRACHTEN WUNDERVOLLE FERIEN.
„DANN ..."
AARR
MOM? DAD? WER SCHREIT DA SO? WAS IST DENN LOS? DAD?!?
RRIP
AHH!
„TOMMY PARNALL RANNTE UM SEIN LEBEN. ERST ZWEI TAGE DANACH FAND IHN EIN BUSCHPILOT AN DER KÜSTE. FAST ZU TODE ERSCHÖPFT.
„DER JUNGE STEHT IMMER NOCH UNTER SCHOCK UND IST KAUM ANSPRECHBAR. ALS WIR AM ZELT DIE RESTE SEINES VATERS FANDEN, WAR UNS KLAR, WARUM."
PARNALL MUSS VOR DEN AUGEN DES JUNGEN FÖRMLICH ZERFETZT WORDEN SEIN. UND DANACH WURDE ER ... VERSPEIST.
VON EILEEN PARNALL UND DEM BABY FEHLT JEDE SPUR. WIR VERMUTEN, DASS DER ANGREIFER BEIDE VERSCHLEPPT HAT. FAST HOFFE ICH, DASS SIE AUCH TOT SIND. KLINGT HERZLOS ...
... ABER WENN DU DIESEN FUSSABDRUCK SIEHST, WEISST DU, WIESO.

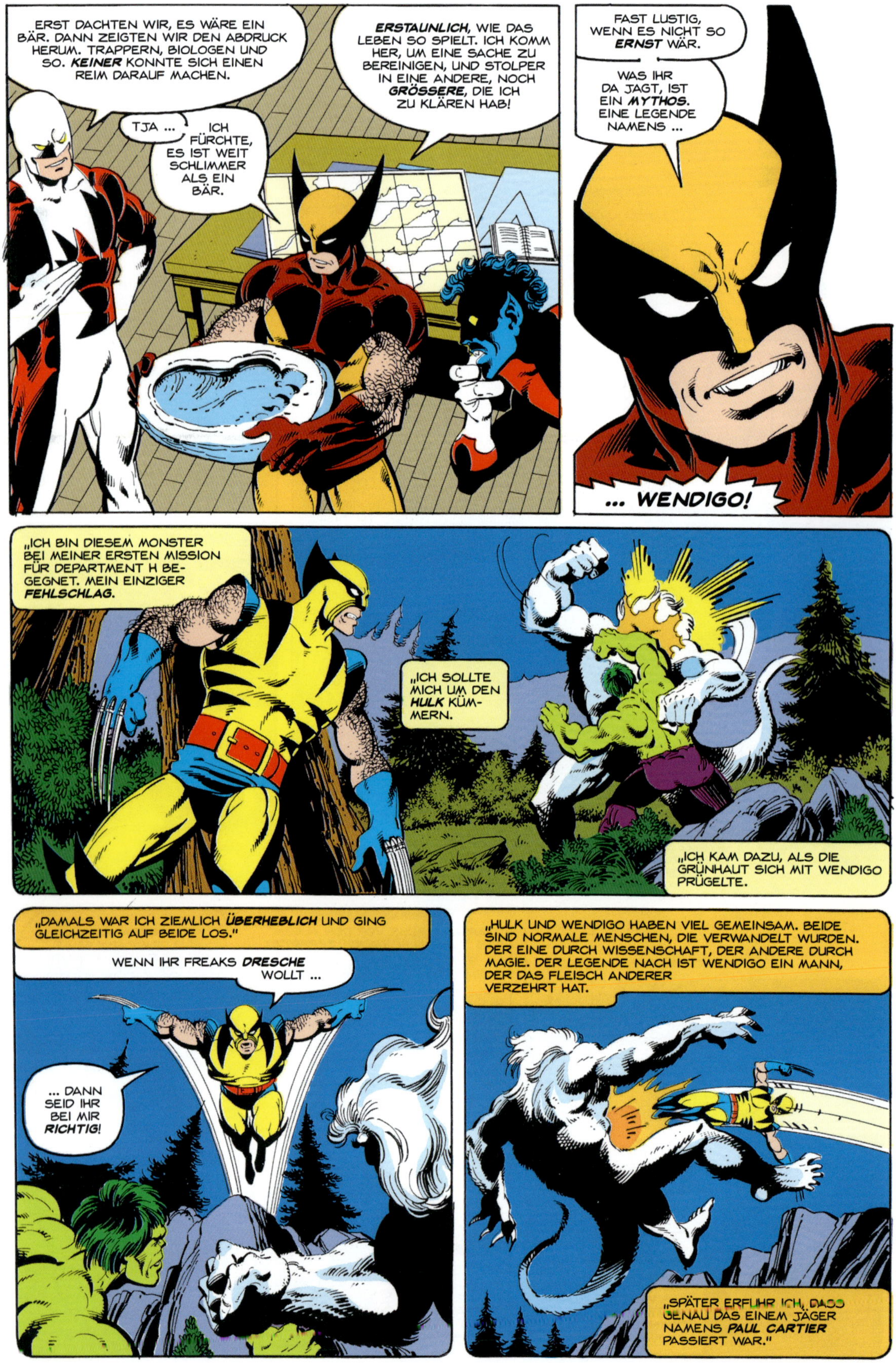
ERST DACHTEN WIR, ES WÄRE EIN BÄR. DANN ZEIGTEN WIR DEN ABDRUCK HERUM. TRAPPERN, BIOLOGEN UND SO. KEINER KONNTE SICH EINEN REIM DARAUF MACHEN.
TJA ...
ICH FÜRCHTE, ES IST WEIT SCHLIMMER ALS EIN BÄR.
ERSTAUNLICH, WIE DAS LEBEN SO SPIELT. ICH KOMM HER, UM EINE SACHE ZU BEREINIGEN, UND STOLPER IN EINE ANDERE, NOCH GRÖSSERE, DIE ICH ZU KLÄREN HAB!
FAST LUSTIG, WENN ES NICHT SO ERNST WÄR.
WAS IHR DA JAGT, IST EIN MYTHOS. EINE LEGENDE NAMENS ...
... WENDIGO!
„ICH BIN DIESEM MONSTER BEI MEINER ERSTEN MISSION FÜR DEPARTMENT H BEGEGNET. MEIN EINZIGER FEHLSCHLAG.
„ICH SOLLTE MICH UM DEN HULK KÜMMERN.
„ICH KAM DAZU, ALS DIE GRÜNHAUT SICH MIT WENDIGO PRÜGELTE.
„DAMALS WAR ICH ZIEMLICH ÜBERHEBLICH UND GING GLEICHZEITIG AUF BEIDE LOS."
WENN IHR FREAKS DRESCHE WOLLT ...
... DANN SEID IHR BEI MIR RICHTIG!
„HULK UND WENDIGO HABEN VIEL GEMEINSAM. BEIDE SIND NORMALE MENSCHEN, DIE VERWANDELT WURDEN. DER EINE DURCH WISSENSCHAFT, DER ANDERE DURCH MAGIE. DER LEGENDE NACH IST WENDIGO EIN MANN, DER DAS FLEISCH ANDERER VERZEHRT HAT.
„SPÄTER ERFUHR ICH, DASS GENAU DAS EINEM JÄGER NAMENS PAUL CARTIER PASSIERT WAR."

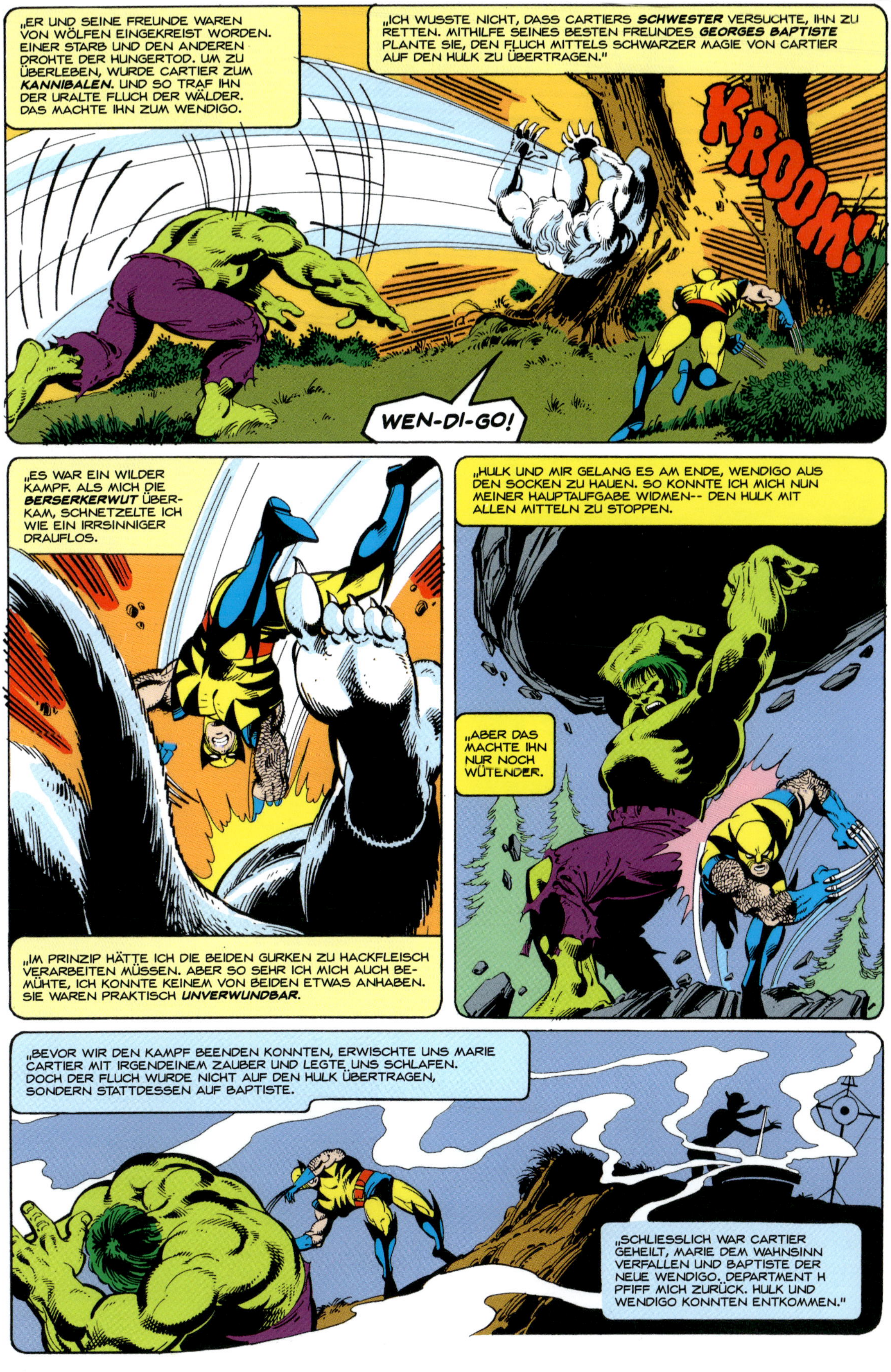
„ER UND SEINE FREUNDE WAREN VON WÖLFEN EINGEKREIST WORDEN. EINER STARB UND DEN ANDEREN DROHTE DER HUNGERTOD. UM ZU ÜBERLEBEN, WURDE CARTIER ZUM KANNIBALEN. UND SO TRAF IHN DER URALTE FLUCH DER WÄLDER. DAS MACHTE IHN ZUM WENDIGO.
„ICH WUSSTE NICHT, DASS CARTIERS SCHWESTER VERSUCHTE, IHN ZU RETTEN. MITHILFE SEINES BESTEN FREUNDES GEORGES BAPTISTE PLANTE SIE, DEN FLUCH MITTELS SCHWARZER MAGIE VON CARTIER AUF DEN HULK ZU ÜBERTRAGEN."
KROOM!
WEN-DI-GO!
„ES WAR EIN WILDER KAMPF. ALS MICH DIE BERSERKERWUT ÜBERKAM, SCHNETZELTE ICH WIE EIN IRRSINNIGER DRAUFLOS.
„IM PRINZIP HÄTTE ICH DIE BEIDEN GURKEN ZU HACKFLEISCH VERARBEITEN MÜSSEN. ABER SO SEHR ICH MICH AUCH BEMÜHTE, ICH KONNTE KEINEM VON BEIDEN ETWAS ANHABEN. SIE WAREN PRAKTISCH UNVERWUNDBAR.
„HULK UND MIR GELANG ES AM ENDE, WENDIGO AUS DEN SOCKEN ZU HAUEN. SO KONNTE ICH MICH NUN MEINER HAUPTAUFGABE WIDMEN-- DEN HULK MIT ALLEN MITTELN ZU STOPPEN.
„ABER DAS MACHTE IHN NUR NOCH WÜTENDER.
„BEVOR WIR DEN KAMPF BEENDEN KONNTEN, ERWISCHTE UNS MARIE CARTIER MIT IRGENDEINEM ZAUBER UND LEGTE UNS SCHLAFEN. DOCH DER FLUCH WURDE NICHT AUF DEN HULK ÜBERTRAGEN, SONDERN STATTDESSEN AUF BAPTISTE.
„SCHLIESSLICH WAR CARTIER GEHEILT, MARIE DEM WAHNSINN VERFALLEN UND BAPTISTE DER NEUE WENDIGO. DEPARTMENT H PFIFF MICH ZURÜCK. HULK UND WENDIGO KONNTEN ENTKOMMEN."

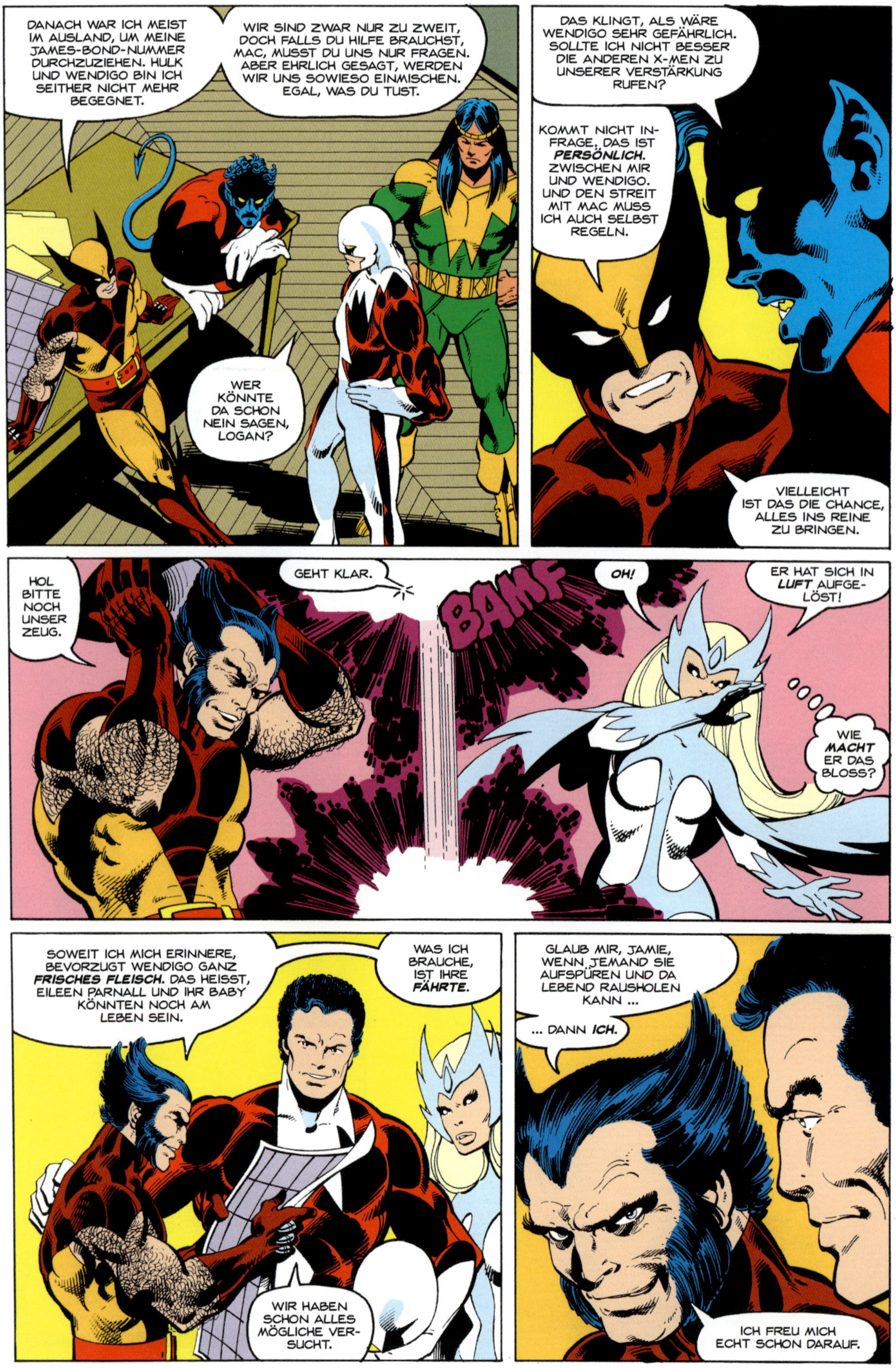
DANACH WAR ICH MEIST IM AUSLAND, UM MEINE JAMES-BOND-NUMMER DURCHZUZIEHEN. HULK UND WENDIGO BIN ICH SEITHER NICHT MEHR BEGEGNET.
WIR SIND ZWAR NUR ZU ZWEIT, DOCH FALLS DU HILFE BRAUCHST, MAC, MUSST DU UNS NUR FRAGEN. ABER EHRLICH GESAGT, WERDEN WIR UNS SOWIESO EINMISCHEN. EGAL, WAS DU TUST.
WER KÖNNTE DA SCHON NEIN SAGEN, LOGAN?
DAS KLINGT, ALS WÄRE WENDIGO SEHR GEFÄHRLICH. SOLLTE ICH NICHT BESSER DIE ANDEREN X-MEN ZU UNSERER VERSTÄRKUNG RUFEN?
KOMMT NICHT INFRAGE. DAS IST PERSÖNLICH. ZWISCHEN MIR UND WENDIGO. UND DEN STREIT MIT MAC MUSS ICH AUCH SELBST REGELN.
VIELLEICHT IST DAS DIE CHANCE, ALLES INS REINE ZU BRINGEN.
HOL BITTE NOCH UNSER ZEUG.
GEHT KLAR.
BAMF
OH!
ER HAT SICH IN LUFT AUFGELÖST!
WIE MACHT ER DAS BLOSS?
SOWEIT ICH MICH ERINNERE, BEVORZUGT WENDIGO GANZ FRISCHES FLEISCH. DAS HEISST, EILEEN PARNALL UND IHR BABY KÖNNTEN NOCH AM LEBEN SEIN.
WAS ICH BRAUCHE, IST IHRE FÄHRTE.
WIR HABEN SCHON ALLES MÖGLICHE VERSUCHT.
GLAUB MIR, JAMIE, WENN JEMAND SIE AUFSPÜREN UND DA LEBEND RAUSHOLEN KANN ...
... DANN ICH.
ICH FREU MICH ECHT SCHON DARAUF.

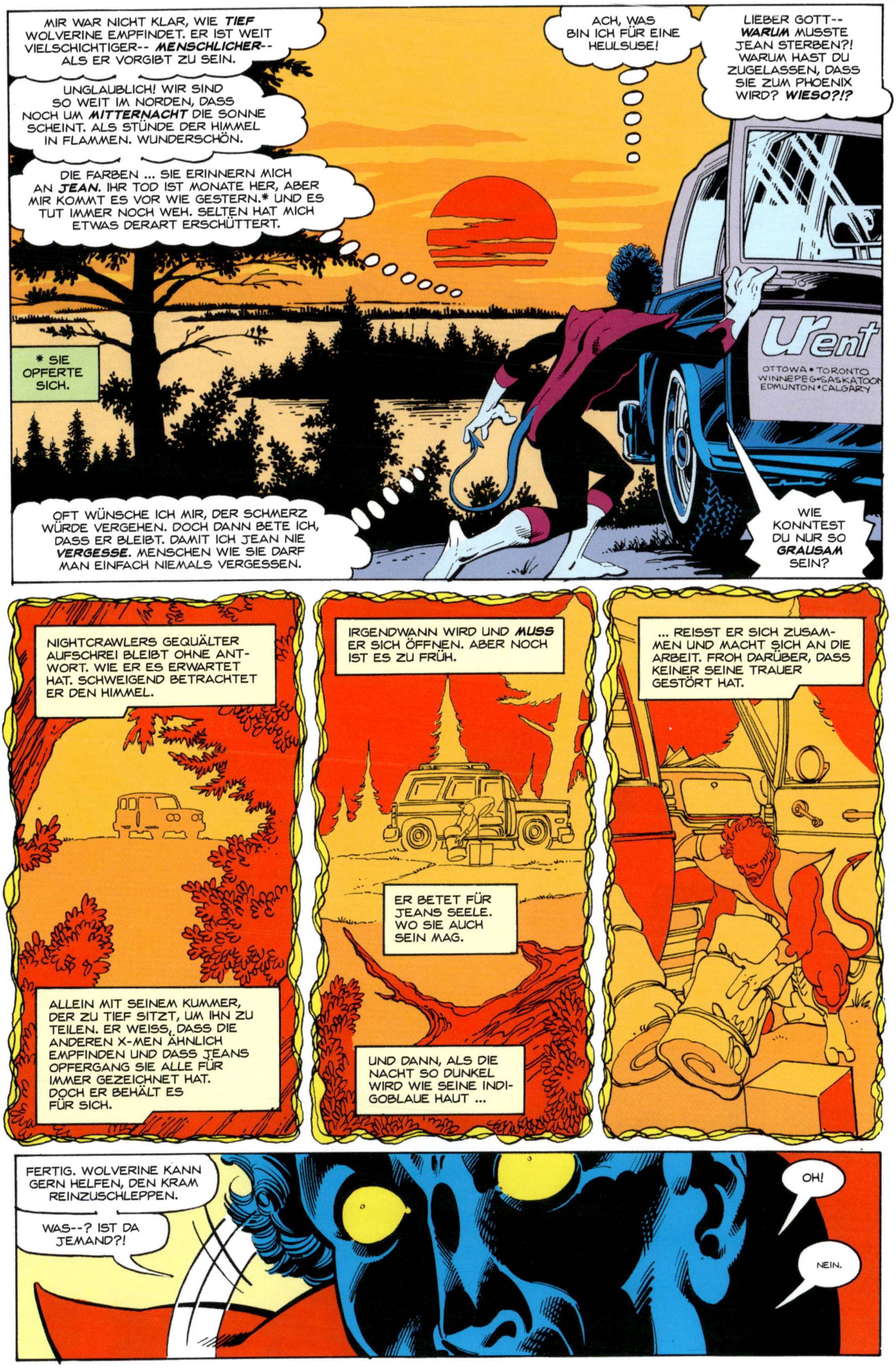

MIR WAR NICHT KLAR, WIE TIEF WOLVERINE EMPFINDET. ER IST WEIT VIELSCHICHTIGER-- MENSCHLICHER-- ALS ER VORGIBT ZU SEIN.
UNGLAUBLICH! WIR SIND SO WEIT IM NORDEN, DASS NOCH UM MITTERNACHT DIE SONNE SCHEINT. ALS STÜNDE DER HIMMEL IN FLAMMEN. WUNDERSCHÖN.
DIE FARBEN ... SIE ERINNERN MICH AN JEAN. IHR TOD IST MONATE HER, ABER MIR KOMMT ES VOR WIE GESTERN.* UND ES TUT IMMER NOCH WEH. SELTEN HAT MICH ETWAS DERART ERSCHÜTTERT.
ACH, WAS BIN ICH FÜR EINE HEULSUSE!
LIEBER GOTT-- WARUM MUSSTE JEAN STERBEN?! WARUM HAST DU ZUGELASSEN, DASS SIE ZUM PHOENIX WIRD? WIESO?!?
* SIE OPFERTE SICH.
U-rent
OTTOWA • TORONTO
WINNEPEG • SASKATOON
EDMUNTON • CALGARY
OFT WÜNSCHE ICH MIR, DER SCHMERZ WÜRDE VERGEHEN. DOCH DANN BETE ICH, DASS ER BLEIBT. DAMIT ICH JEAN NIE VERGESSE. MENSCHEN WIE SIE DARF MAN EINFACH NIEMALS VERGESSEN.
WIE KONNTEST DU NUR SO GRAUSAM SEIN?
NIGHTCRAWLERS GEQUÄLTER AUFSCHREI BLEIBT OHNE ANTWORT. WIE ER ES ERWARTET HAT. SCHWEIGEND BETRACHTET ER DEN HIMMEL.
ALLEIN MIT SEINEM KUMMER, DER ZU TIEF SITZT, UM IHN ZU TEILEN. ER WEISS, DASS DIE ANDEREN X-MEN ÄHNLICH EMPFINDEN UND DASS JEANS OPFERGANG SIE ALLE FÜR IMMER GEZEICHNET HAT. DOCH ER BEHÄLT ES FÜR SICH.
IRGENDWANN WIRD UND MUSS ER SICH ÖFFNEN. ABER NOCH IST ES ZU FRÜH.
ER BETET FÜR JEANS SEELE. WO SIE AUCH SEIN MAG.
UND DANN, ALS DIE NACHT SO DUNKEL WIRD WIE SEINE INDIGOBLAUE HAUT ...
... REISST ER SICH ZUSAMMEN UND MACHT SICH AN DIE ARBEIT. FROH DARÜBER, DASS KEINER SEINE TRAUER GESTÖRT HAT.
FERTIG. WOLVERINE KANN GERN HELFEN, DEN KRAM REINZUSCHLEPPEN.
WAS--? IST DA JEMAND?!
OH!
NEIN.

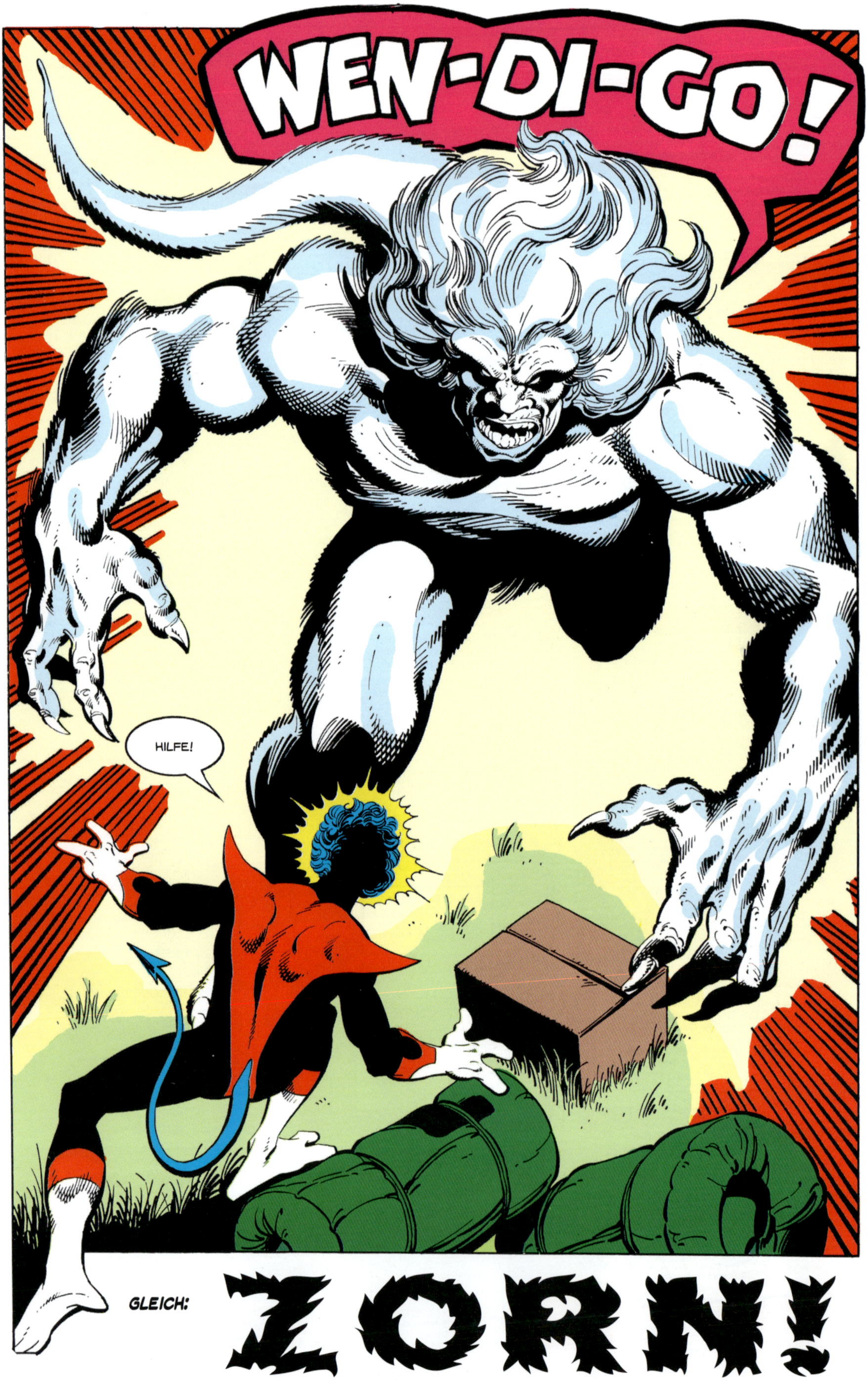
WEN-DI-GO!
HILFE!
GLEICH:
ZORN!

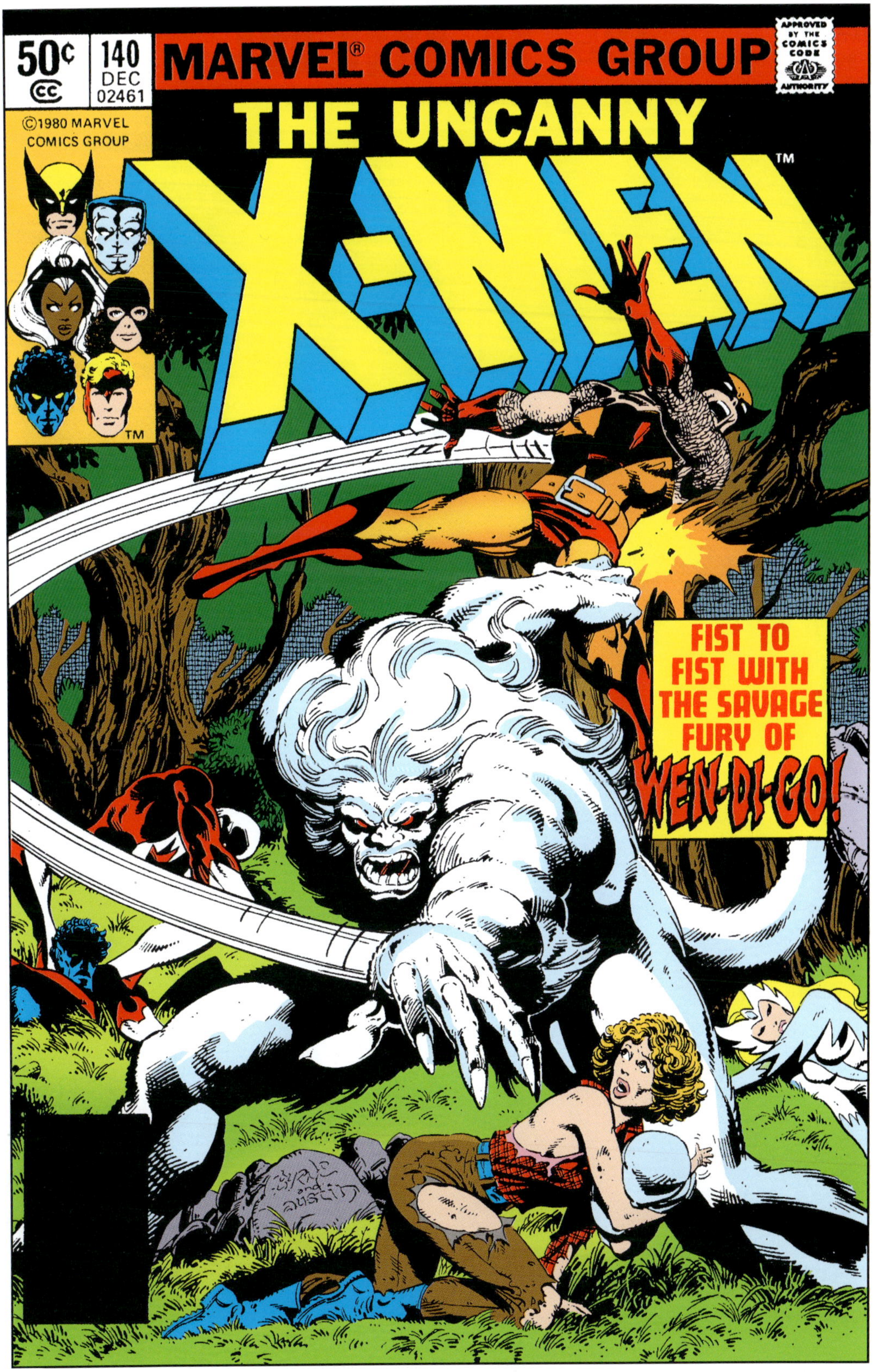

Uncanny X-Men (1963) 140
Cover von **JOHN BYRNE**

CYCLOPS, STORM, NIGHTCRAWLER, WOLVERINE, COLOSSUS. KINDER DES ATOMS. SCHÜLER CHARLES XAVIERS. MUTANTEN! GEFÜRCHTET UND GEHASST VON EINER WELT, DIE ZU BESCHÜTZEN SIE GESCHWOREN HABEN. SIE SIND DIE UNGEWÖHNLICHSTEN HELDEN VON ALLEN!

Stan Lee PRÄSENTIERT:

DIE X-MEN!

CHRIS CLAREMONT STORY | **JOHN BYRNE** STORY & ZEICHNUNGEN | **TERRY AUSTIN** TUSCHE | **GLYNIS WEIN** FARBEN | **ELLETI** LETTERING | **JÜRGEN PETZ** ÜBERSETZUNG

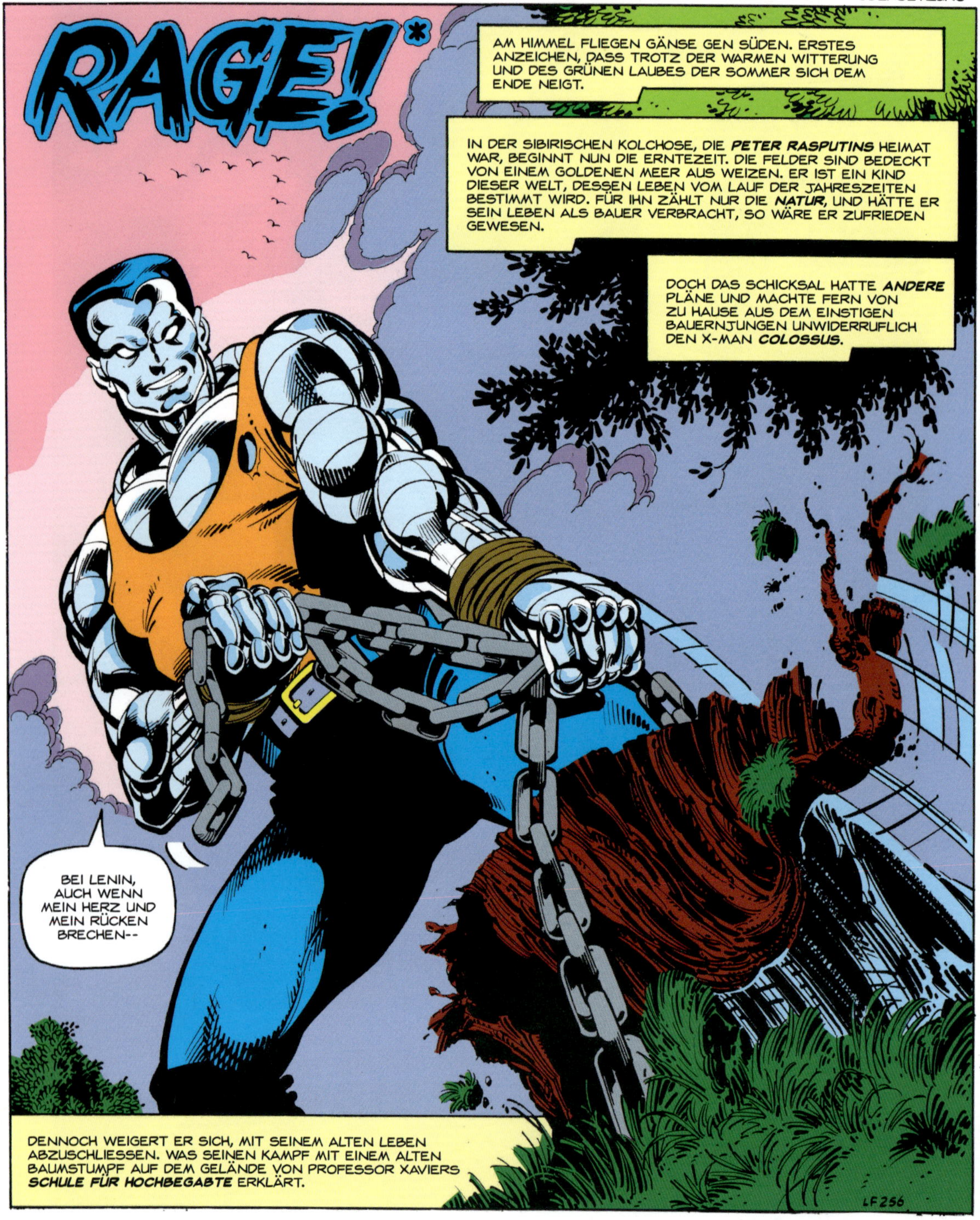

* ZORN!

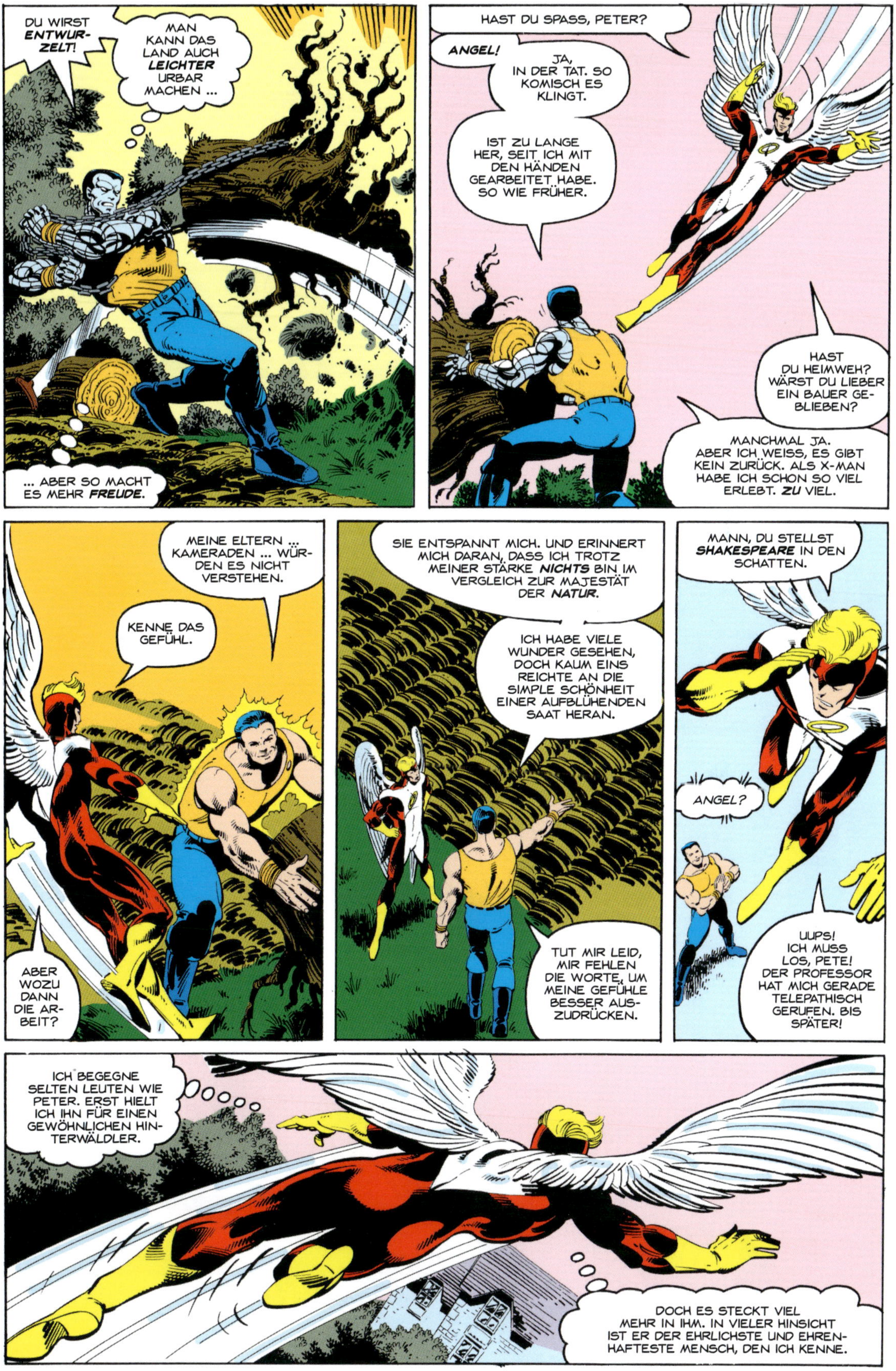
DU WIRST ***ENTWURZELT!***
MAN KANN DAS LAND AUCH ***LEICHTER*** URBAR MACHEN ...
... ABER SO MACHT ES MEHR ***FREUDE.***
HAST DU SPASS, PETER?
ANGEL!
JA, IN DER TAT. SO KOMISCH ES KLINGT.
IST ZU LANGE HER, SEIT ICH MIT DEN HÄNDEN GEARBEITET HABE. SO WIE FRÜHER.
HAST DU HEIMWEH? WÄRST DU LIEBER EIN BAUER GEBLIEBEN?
MANCHMAL JA. ABER ICH WEISS, ES GIBT KEIN ZURÜCK. ALS X-MAN HABE ICH SCHON SO VIEL ERLEBT. ***ZU*** VIEL.
MEINE ELTERN ... KAMERADEN ... WÜRDEN ES NICHT VERSTEHEN.
KENNE DAS GEFÜHL.
ABER WOZU DANN DIE ARBEIT?
SIE ENTSPANNT MICH. UND ERINNERT MICH DARAN, DASS ICH TROTZ MEINER STÄRKE ***NICHTS*** BIN IM VERGLEICH ZUR MAJESTÄT DER ***NATUR.***
ICH HABE VIELE WUNDER GESEHEN, DOCH KAUM EINS REICHTE AN DIE SIMPLE SCHÖNHEIT EINER AUFBLÜHENDEN SAAT HERAN.
TUT MIR LEID, MIR FEHLEN DIE WORTE, UM MEINE GEFÜHLE BESSER AUSZUDRÜCKEN.
MANN, DU STELLST ***SHAKESPEARE*** IN DEN SCHATTEN.
ANGEL?
UUPS! ICH MUSS LOS, PETE! DER PROFESSOR HAT MICH GERADE TELEPATHISCH GERUFEN. BIS SPÄTER!
ICH BEGEGNE SELTEN LEUTEN WIE PETER. ERST HIELT ICH IHN FÜR EINEN GEWÖHNLICHEN HINTERWÄLDLER.
DOCH ES STECKT VIEL MEHR IN IHM. IN VIELER HINSICHT IST ER DER EHRLICHSTE UND EHRENHAFTESTE MENSCH, DEN ICH KENNE.

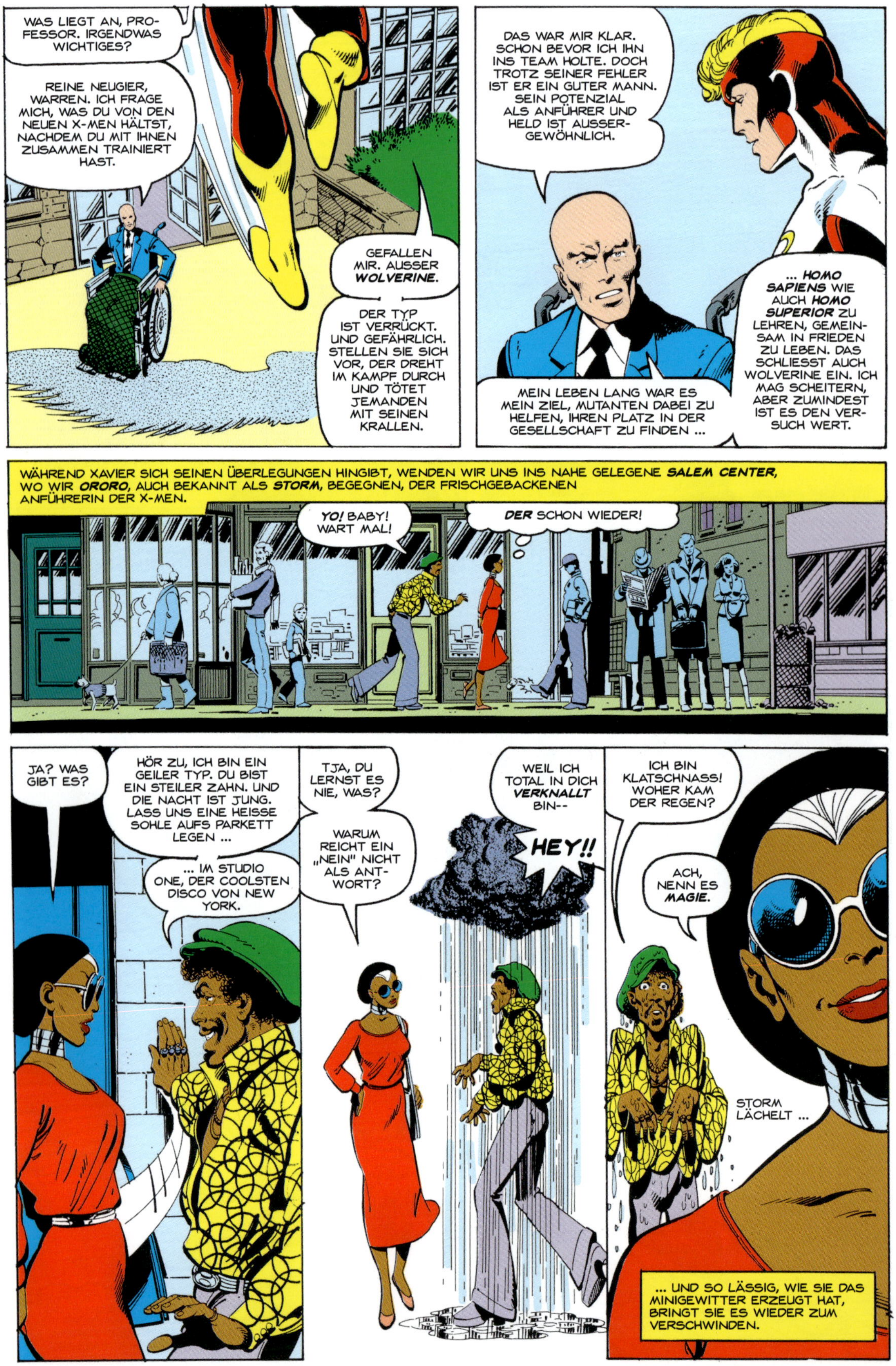
WAS LIEGT AN, PROFESSOR. IRGENDWAS WICHTIGES?
REINE NEUGIER, WARREN. ICH FRAGE MICH, WAS DU VON DEN NEUEN X-MEN HÄLTST, NACHDEM DU MIT IHNEN ZUSAMMEN TRAINIERT HAST.
GEFALLEN MIR. AUSSER WOLVERINE.
DER TYP IST VERRÜCKT. UND GEFÄHRLICH. STELLEN SIE SICH VOR, DER DREHT IM KAMPF DURCH UND TÖTET JEMANDEN MIT SEINEN KRALLEN.
DAS WAR MIR KLAR. SCHON BEVOR ICH IHN INS TEAM HOLTE. DOCH TROTZ SEINER FEHLER IST ER EIN GUTER MANN. SEIN POTENZIAL ALS ANFÜHRER UND HELD IST AUSSERGEWÖHNLICH.
MEIN LEBEN LANG WAR ES MEIN ZIEL, MUTANTEN DABEI ZU HELFEN, IHREN PLATZ IN DER GESELLSCHAFT ZU FINDEN ...
... HOMO SAPIENS WIE AUCH HOMO SUPERIOR ZU LEHREN, GEMEINSAM IN FRIEDEN ZU LEBEN. DAS SCHLIESST AUCH WOLVERINE EIN. ICH MAG SCHEITERN, ABER ZUMINDEST IST ES DEN VERSUCH WERT.
WÄHREND XAVIER SICH SEINEN ÜBERLEGUNGEN HINGIBT, WENDEN WIR UNS INS NAHE GELEGENE SALEM CENTER, WO WIR ORORO, AUCH BEKANNT ALS STORM, BEGEGNEN, DER FRISCHGEBACKENEN ANFÜHRERIN DER X-MEN.
YO! BABY! WART MAL!
DER SCHON WIEDER!
JA? WAS GIBT ES?
HÖR ZU, ICH BIN EIN GEILER TYP. DU BIST EIN STEILER ZAHN. UND DIE NACHT IST JUNG. LASS UNS EINE HEISSE SOHLE AUFS PARKETT LEGEN ...
... IM STUDIO ONE, DER COOLSTEN DISCO VON NEW YORK.
TJA, DU LERNST ES NIE, WAS?
WARUM REICHT EIN „NEIN" NICHT ALS ANTWORT?
WEIL ICH TOTAL IN DICH VERKNALLT BIN--
HEY!!
ICH BIN KLATSCHNASS! WOHER KAM DER REGEN?
ACH, NENN ES MAGIE.
STORM LÄCHELT ...
... UND SO LÄSSIG, WIE SIE DAS MINIGEWITTER ERZEUGT HAT, BRINGT SIE ES WIEDER ZUM VERSCHWINDEN.

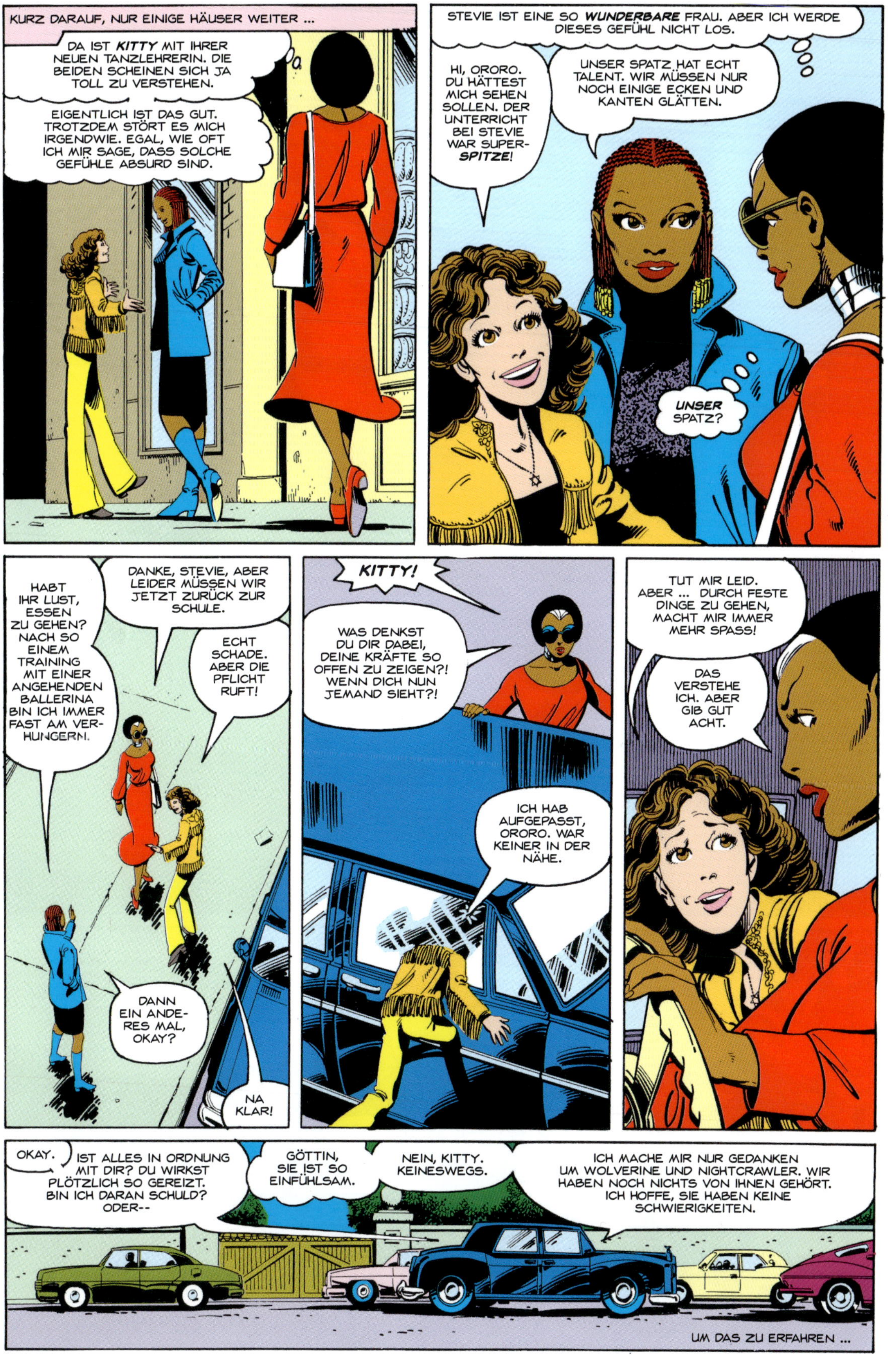
KURZ DARAUF, NUR EINIGE HÄUSER WEITER ...
DA IST KITTY MIT IHRER NEUEN TANZLEHRERIN. DIE BEIDEN SCHEINEN SICH JA TOLL ZU VERSTEHEN.
EIGENTLICH IST DAS GUT. TROTZDEM STÖRT ES MICH IRGENDWIE. EGAL, WIE OFT ICH MIR SAGE, DASS SOLCHE GEFÜHLE ABSURD SIND.
STEVIE IST EINE SO WUNDERBARE FRAU. ABER ICH WERDE DIESES GEFÜHL NICHT LOS.
HI, ORORO. DU HÄTTEST MICH SEHEN SOLLEN. DER UNTERRICHT BEI STEVIE WAR SUPER-SPITZE!
UNSER SPATZ HAT ECHT TALENT. WIR MÜSSEN NUR NOCH EINIGE ECKEN UND KANTEN GLÄTTEN.
UNSER SPATZ?
HABT IHR LUST, ESSEN ZU GEHEN? NACH SO EINEM TRAINING MIT EINER ANGEHENDEN BALLERINA BIN ICH IMMER FAST AM VERHUNGERN.
DANKE, STEVIE, ABER LEIDER MÜSSEN WIR JETZT ZURÜCK ZUR SCHULE.
ECHT SCHADE. ABER DIE PFLICHT RUFT!
DANN EIN ANDERES MAL, OKAY?
NA KLAR!
KITTY!
WAS DENKST DU DIR DABEI, DEINE KRÄFTE SO OFFEN ZU ZEIGEN?! WENN DICH NUN JEMAND SIEHT?!
ICH HAB AUFGEPASST, ORORO. WAR KEINER IN DER NÄHE.
TUT MIR LEID. ABER ... DURCH FESTE DINGE ZU GEHEN, MACHT MIR IMMER MEHR SPASS!
DAS VERSTEHE ICH. ABER GIB GUT ACHT.
OKAY.
IST ALLES IN ORDNUNG MIT DIR? DU WIRKST PLÖTZLICH SO GEREIZT. BIN ICH DARAN SCHULD? ODER--
GÖTTIN, SIE IST SO EINFÜHLSAM.
NEIN, KITTY. KEINESWEGS.
ICH MACHE MIR NUR GEDANKEN UM WOLVERINE UND NIGHTCRAWLER. WIR HABEN NOCH NICHTS VON IHNEN GEHÖRT. ICH HOFFE, SIE HABEN KEINE SCHWIERIGKEITEN.
UM DAS ZU ERFAHREN ...

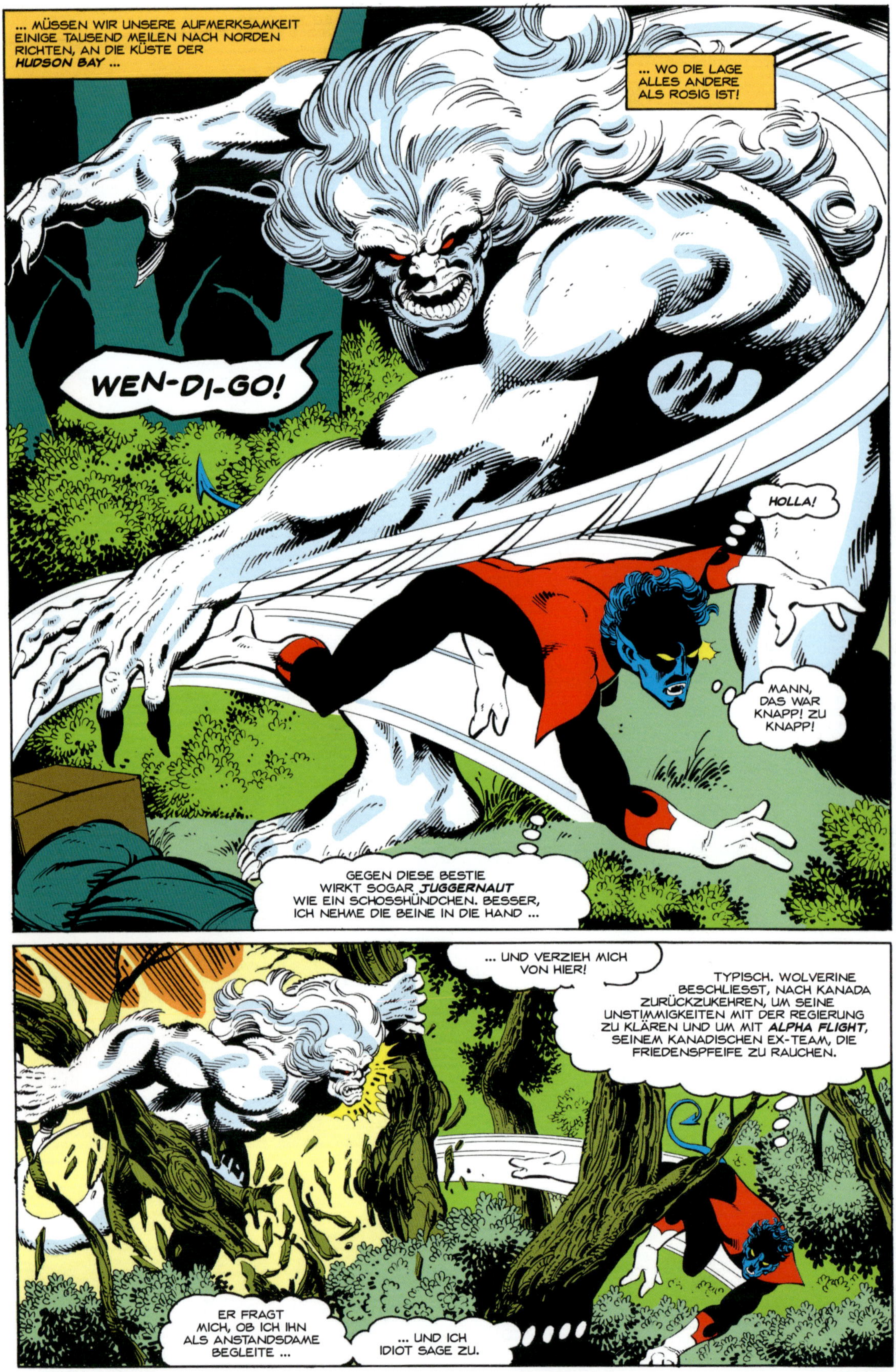
... MÜSSEN WIR UNSERE AUFMERKSAMKEIT EINIGE TAUSEND MEILEN NACH NORDEN RICHTEN, AN DIE KÜSTE DER HUDSON BAY ...
... WO DIE LAGE ALLES ANDERE ALS ROSIG IST!
WEN-DI-GO!
HOLLA!
MANN, DAS WAR KNAPP! ZU KNAPP!
GEGEN DIESE BESTIE WIRKT SOGAR JUGGERNAUT WIE EIN SCHOSSHÜNDCHEN. BESSER, ICH NEHME DIE BEINE IN DIE HAND ...
... UND VERZIEH MICH VON HIER!
TYPISCH. WOLVERINE BESCHLIESST, NACH KANADA ZURÜCKZUKEHREN, UM SEINE UNSTIMMIGKEITEN MIT DER REGIERUNG ZU KLÄREN UND UM MIT ALPHA FLIGHT, SEINEM KANADISCHEN EX-TEAM, DIE FRIEDENSPFEIFE ZU RAUCHEN.
ER FRAGT MICH, OB ICH IHN ALS ANSTANDSDAME BEGLEITE ...
... UND ICH IDIOT SAGE ZU.

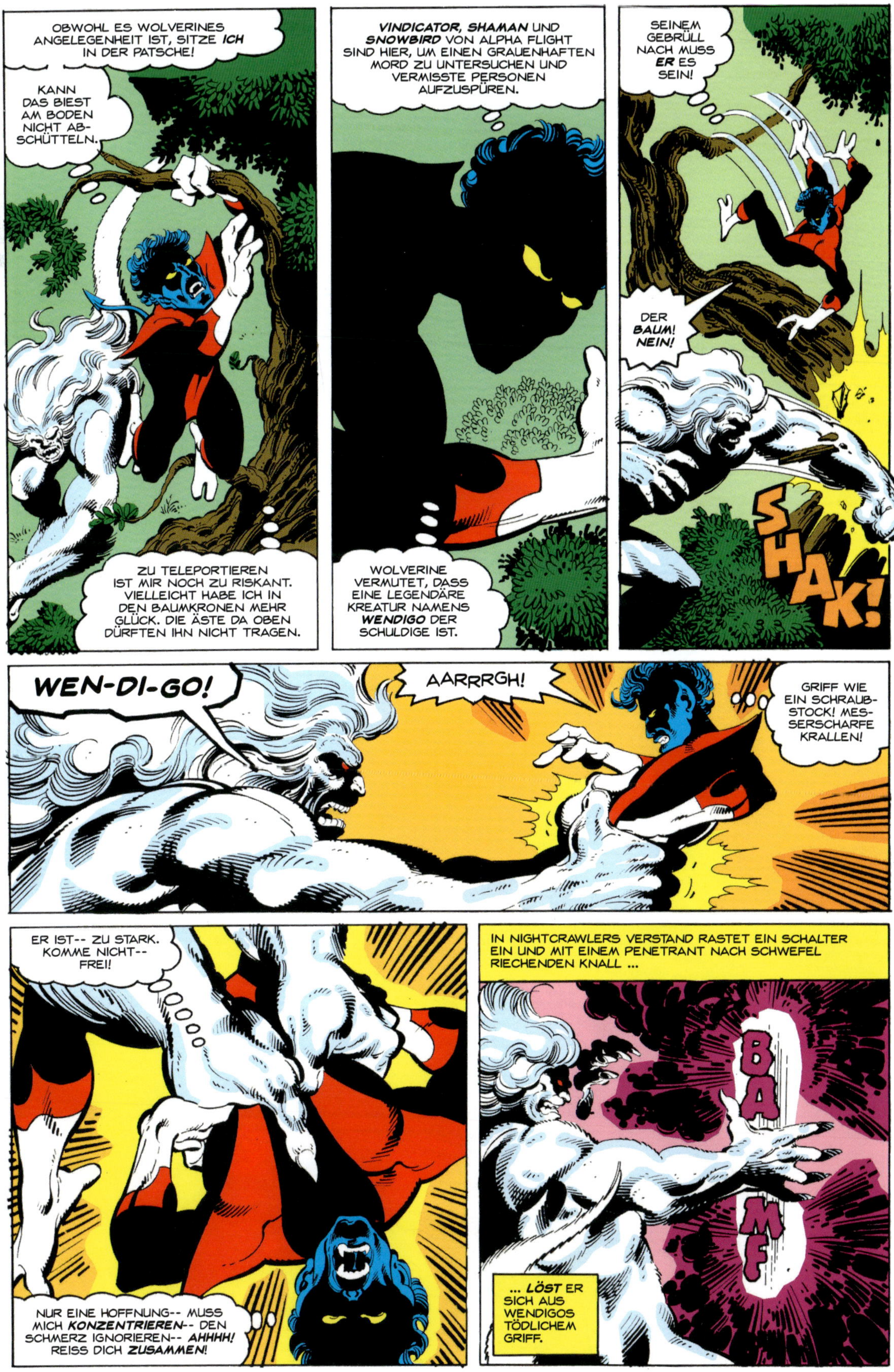

OBWOHL ES WOLVERINES ANGELEGENHEIT IST, SITZE ICH IN DER PATSCHE!
KANN DAS BIEST AM BODEN NICHT ABSCHÜTTELN.
ZU TELEPORTIEREN IST MIR NOCH ZU RISKANT. VIELLEICHT HABE ICH IN DEN BAUMKRONEN MEHR GLÜCK. DIE ÄSTE DA OBEN DÜRFTEN IHN NICHT TRAGEN.
VINDICATOR, SHAMAN UND SNOWBIRD VON ALPHA FLIGHT SIND HIER, UM EINEN GRAUENHAFTEN MORD ZU UNTERSUCHEN UND VERMISSTE PERSONEN AUFZUSPÜREN.
WOLVERINE VERMUTET, DASS EINE LEGENDÄRE KREATUR NAMENS WENDIGO DER SCHULDIGE IST.
SEINEM GEBRÜLL NACH MUSS ER ES SEIN!
DER BAUM! NEIN!
SHAK!
WEN-DI-GO!
AARRRGH!
GRIFF WIE EIN SCHRAUBSTOCK! MESSERSCHARFE KRALLEN!
ER IST-- ZU STARK. KOMME NICHT-- FREI!
NUR EINE HOFFNUNG-- MUSS MICH KONZENTRIEREN-- DEN SCHMERZ IGNORIEREN-- AHHHH! REISS DICH ZUSAMMEN!
IN NIGHTCRAWLERS VERSTAND RASTET EIN SCHALTER EIN UND MIT EINEM PENETRANT NACH SCHWEFEL RIECHENDEN KNALL ...
BAMF
... LÖST ER SICH AUS WENDIGOS TÖDLICHEM GRIFF.

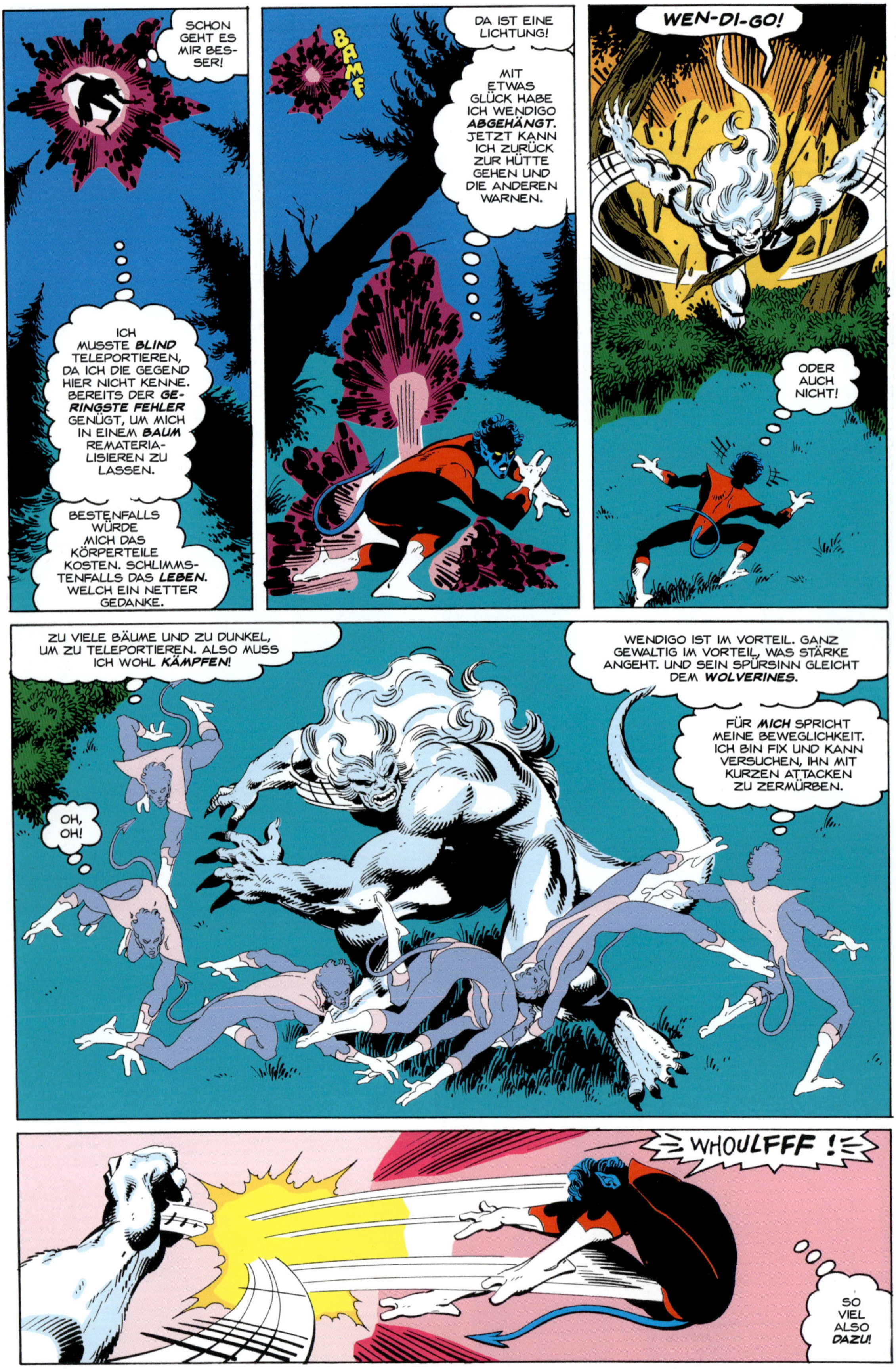
SCHON GEHT ES MIR BESSER!
ICH MUSSTE BLIND TELEPORTIEREN, DA ICH DIE GEGEND HIER NICHT KENNE. BEREITS DER GERINGSTE FEHLER GENÜGT, UM MICH IN EINEM BAUM REMATERIALISIEREN ZU LASSEN.
BESTENFALLS WÜRDE MICH DAS KÖRPERTEILE KOSTEN. SCHLIMMSTENFALLS DAS LEBEN. WELCH EIN NETTER GEDANKE.
BAMF
DA IST EINE LICHTUNG!
MIT ETWAS GLÜCK HABE ICH WENDIGO ABGEHÄNGT. JETZT KANN ICH ZURÜCK ZUR HÜTTE GEHEN UND DIE ANDEREN WARNEN.
WEN-DI-GO!
ODER AUCH NICHT!
ZU VIELE BÄUME UND ZU DUNKEL, UM ZU TELEPORTIEREN. ALSO MUSS ICH WOHL KÄMPFEN!
OH, OH!
WENDIGO IST IM VORTEIL. GANZ GEWALTIG IM VORTEIL, WAS STÄRKE ANGEHT. UND SEIN SPÜRSINN GLEICHT DEM WOLVERINES.
FÜR MICH SPRICHT MEINE BEWEGLICHKEIT. ICH BIN FIX UND KANN VERSUCHEN, IHN MIT KURZEN ATTACKEN ZU ZERMÜRBEN.
WHOULFFF!
SO VIEL ALSO DAZU!

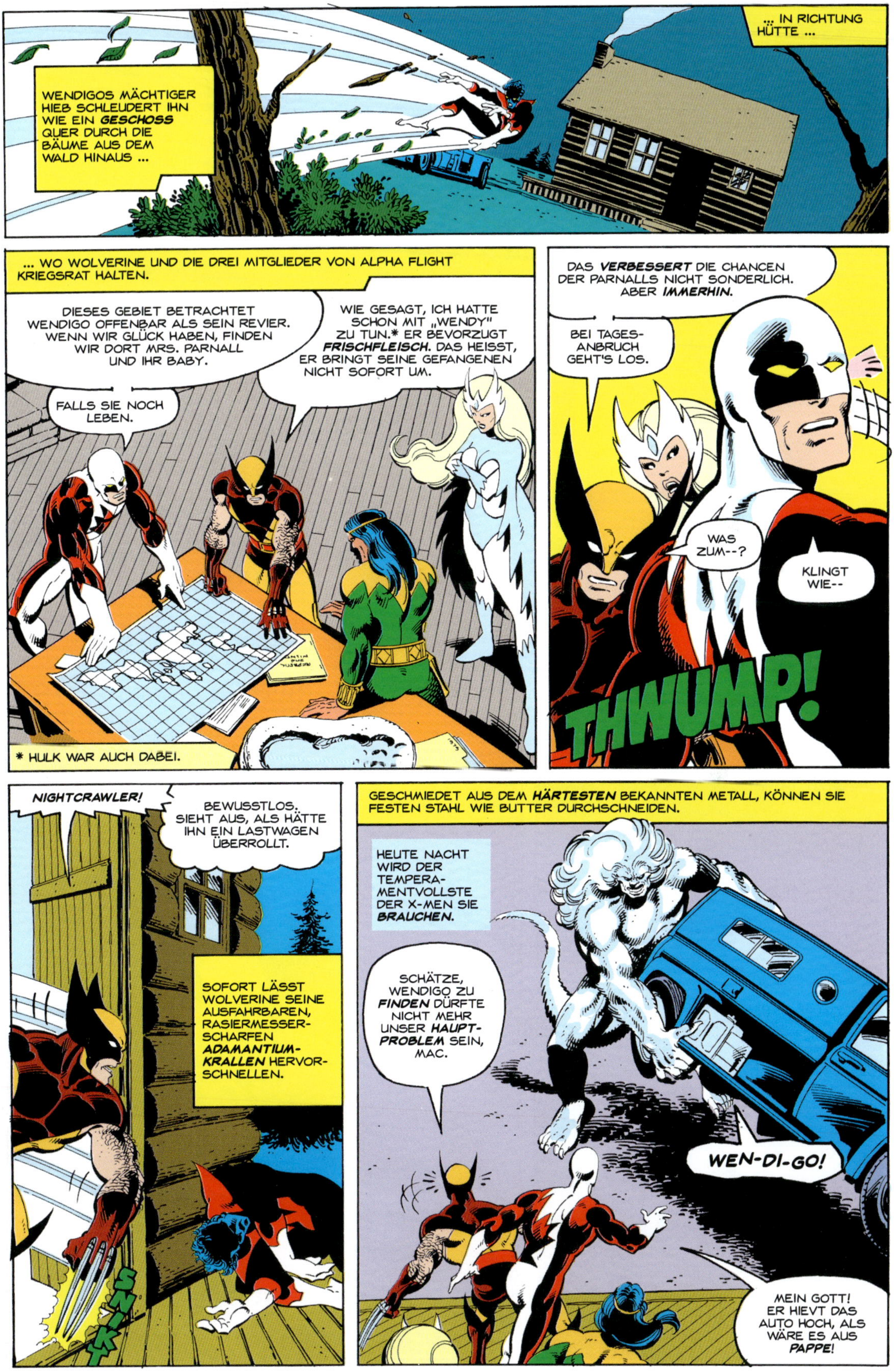
WENDIGOS MÄCHTIGER HIEB SCHLEUDERT IHN WIE EIN **GESCHOSS** QUER DURCH DIE BÄUME AUS DEM WALD HINAUS ...
... IN RICHTUNG HÜTTE ...
... WO WOLVERINE UND DIE DREI MITGLIEDER VON ALPHA FLIGHT KRIEGSRAT HALTEN.
DIESES GEBIET BETRACHTET WENDIGO OFFENBAR ALS SEIN REVIER. WENN WIR GLÜCK HABEN, FINDEN WIR DORT MRS. PARNALL UND IHR BABY.
FALLS SIE NOCH LEBEN.
WIE GESAGT, ICH HATTE SCHON MIT „WENDY" ZU TUN.* ER BEVORZUGT **FRISCHFLEISCH**. DAS HEISST, ER BRINGT SEINE GEFANGENEN NICHT SOFORT UM.
* HULK WAR AUCH DABEI.
DAS **VERBESSERT** DIE CHANCEN DER PARNALLS NICHT SONDERLICH. ABER **IMMERHIN**.
BEI TAGES-ANBRUCH GEHT'S LOS.
WAS ZUM--?
KLINGT WIE--
THWUMP!
NIGHTCRAWLER!
BEWUSSTLOS. SIEHT AUS, ALS HÄTTE IHN EIN LASTWAGEN ÜBERROLLT.
SOFORT LÄSST WOLVERINE SEINE AUSFAHRBAREN, RASIERMESSER-SCHARFEN **ADAMANTIUM-KRALLEN** HERVOR-SCHNELLEN.
SNIKT
GESCHMIEDET AUS DEM **HÄRTESTEN** BEKANNTEN METALL, KÖNNEN SIE FESTEN STAHL WIE BUTTER DURCHSCHNEIDEN.
HEUTE NACHT WIRD DER TEMPERA-MENTVOLLSTE DER X-MEN SIE **BRAUCHEN**.
SCHÄTZE, WENDIGO ZU **FINDEN** DÜRFTE NICHT MEHR UNSER **HAUPT-PROBLEM** SEIN, MAC.
WEN-DI-GO!
MEIN GOTT! ER HIEVT DAS AUTO HOCH, ALS WÄRE ES AUS **PAPPE**!

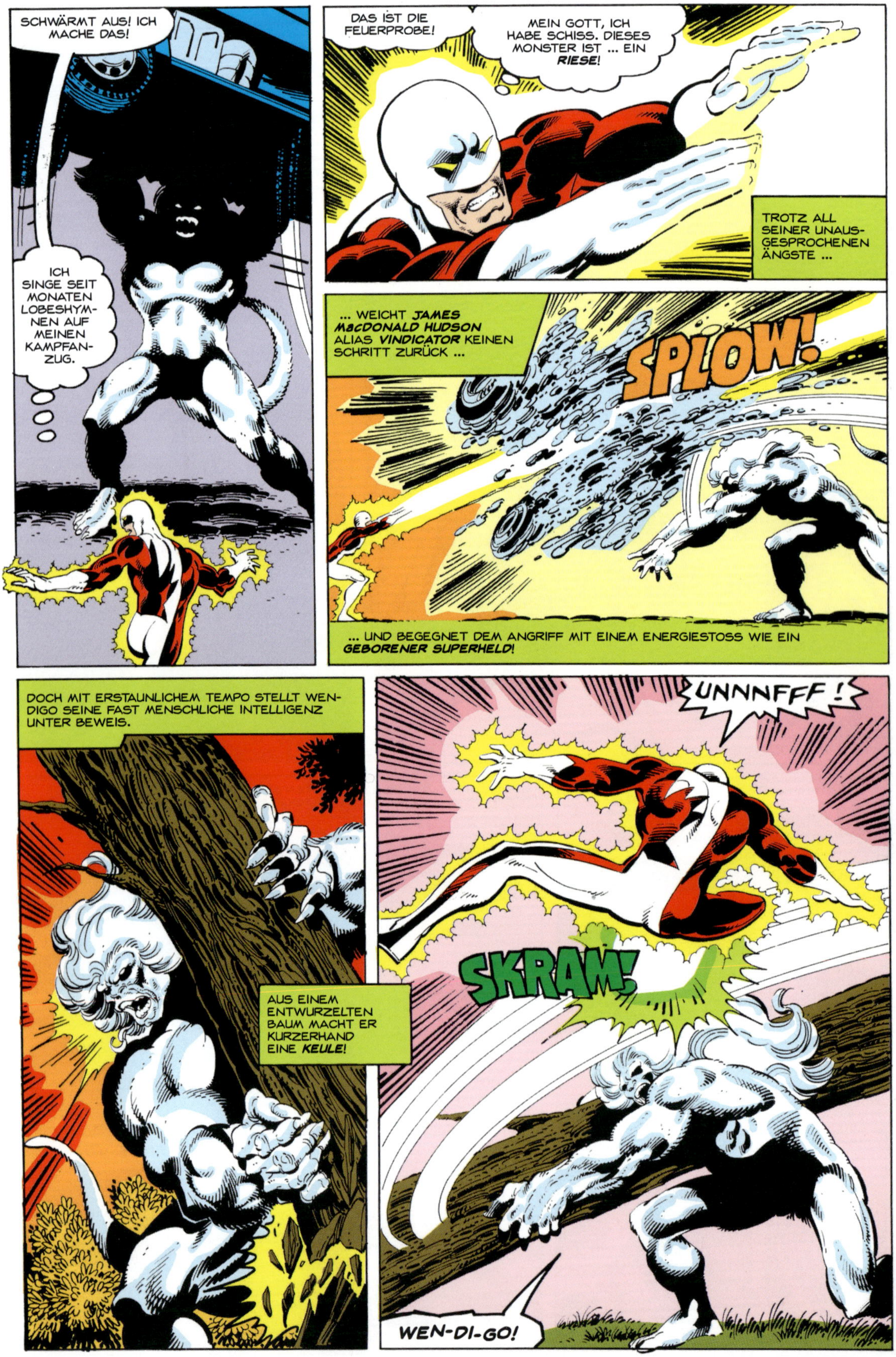
SCHWÄRMT AUS! ICH MACHE DAS!
ICH SINGE SEIT MONATEN LOBESHYMNEN AUF MEINEN KAMPFANZUG.
DAS IST DIE FEUERPROBE!
MEIN GOTT, ICH HABE SCHISS. DIESES MONSTER IST ... EIN RIESE!
TROTZ ALL SEINER UNAUSGESPROCHENEN ÄNGSTE ...
... WEICHT JAMES MacDONALD HUDSON ALIAS VINDICATOR KEINEN SCHRITT ZURÜCK ...
SPLOW!
... UND BEGEGNET DEM ANGRIFF MIT EINEM ENERGIESTOSS WIE EIN GEBORENER SUPERHELD!
DOCH MIT ERSTAUNLICHEM TEMPO STELLT WENDIGO SEINE FAST MENSCHLICHE INTELLIGENZ UNTER BEWEIS.
AUS EINEM ENTWURZELTEN BAUM MACHT ER KURZERHAND EINE KEULE!
UNNNFFF!
SKRAM!
WEN-DI-GO!

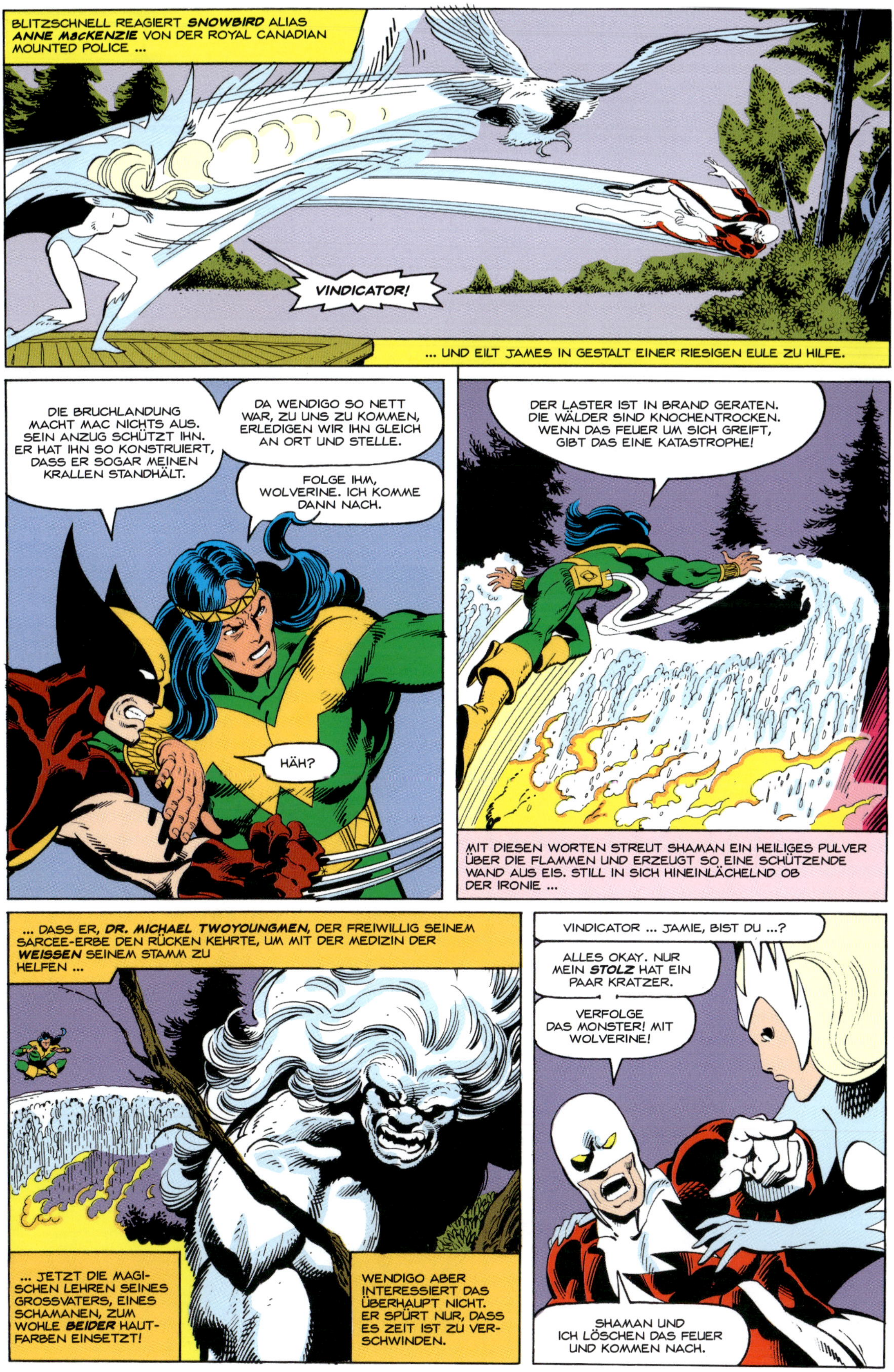
BLITZSCHNELL REAGIERT **SNOWBIRD** ALIAS **ANNE McKENZIE** VON DER ROYAL CANADIAN MOUNTED POLICE ...
VINDICATOR!
... UND EILT JAMES IN GESTALT EINER RIESIGEN EULE ZU HILFE.
DIE BRUCHLANDUNG MACHT MAC NICHTS AUS. SEIN ANZUG SCHÜTZT IHN. ER HAT IHN SO KONSTRUIERT, DASS ER SOGAR MEINEN KRALLEN STANDHÄLT.
DA WENDIGO SO NETT WAR, ZU UNS ZU KOMMEN, ERLEDIGEN WIR IHN GLEICH AN ORT UND STELLE.
FOLGE IHM, WOLVERINE. ICH KOMME DANN NACH.
HÄH?
DER LASTER IST IN BRAND GERATEN. DIE WÄLDER SIND KNOCHENTROCKEN. WENN DAS FEUER UM SICH GREIFT, GIBT DAS EINE KATASTROPHE!
MIT DIESEN WORTEN STREUT SHAMAN EIN HEILIGES PULVER ÜBER DIE FLAMMEN UND ERZEUGT SO EINE SCHÜTZENDE WAND AUS EIS. STILL IN SICH HINEINLÄCHELND OB DER IRONIE ...
... DASS ER, **DR. MICHAEL TWOYOUNGMEN**, DER FREIWILLIG SEINEM SARCEE-ERBE DEN RÜCKEN KEHRTE, UM MIT DER MEDIZIN DER **WEISSEN** SEINEM STAMM ZU HELFEN ...
... JETZT DIE MAGISCHEN LEHREN SEINES GROSSVATERS, EINES SCHAMANEN, ZUM WOHLE **BEIDER** HAUTFARBEN EINSETZT!
WENDIGO ABER INTERESSIERT DAS ÜBERHAUPT NICHT. ER SPÜRT NUR, DASS ES ZEIT IST ZU VERSCHWINDEN.
VINDICATOR ... JAMIE, BIST DU ...?
ALLES OKAY. NUR MEIN **STOLZ** HAT EIN PAAR KRATZER.
VERFOLGE DAS MONSTER! MIT WOLVERINE!
SHAMAN UND ICH LÖSCHEN DAS FEUER UND KOMMEN NACH.

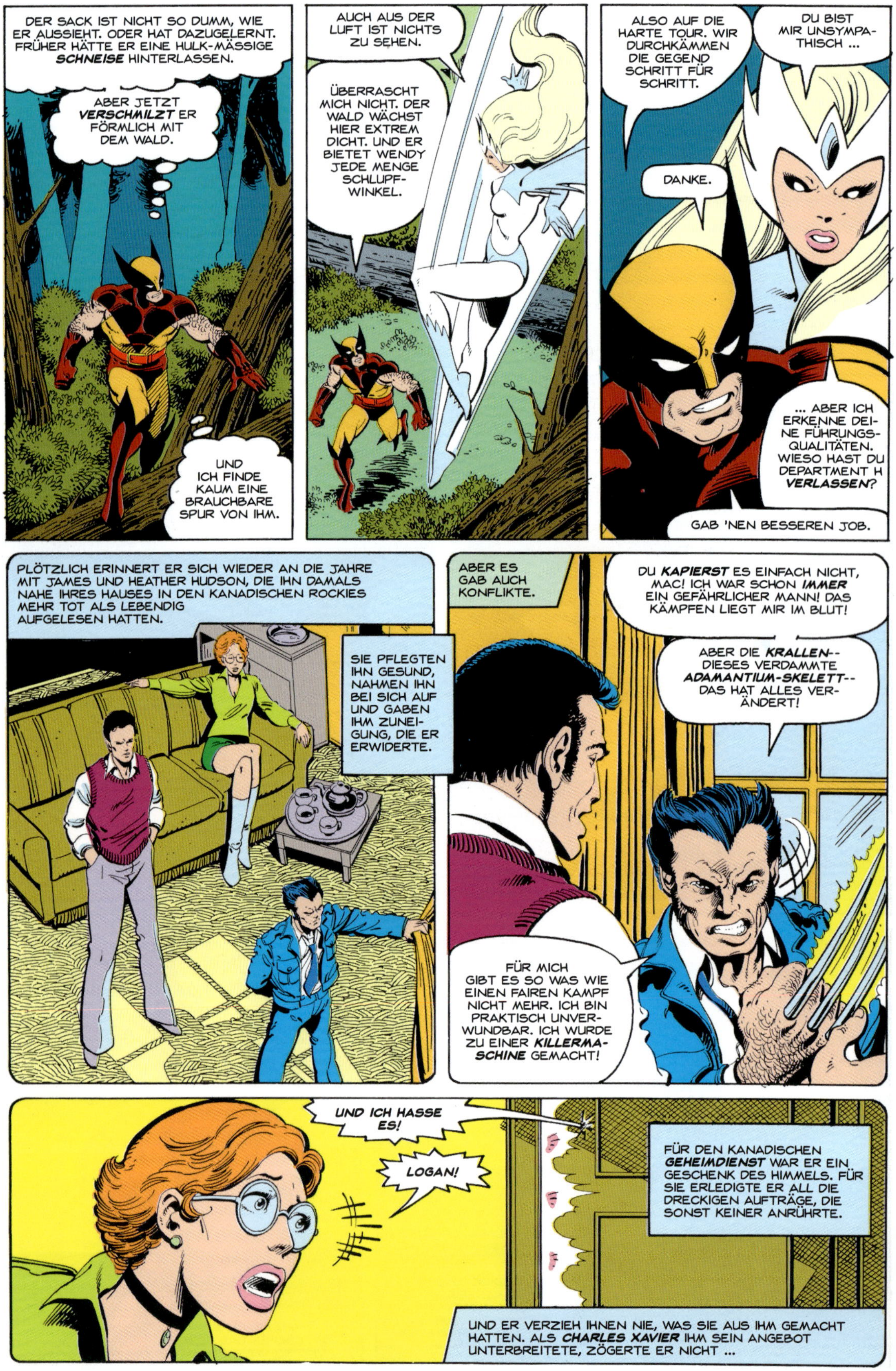
DER SACK IST NICHT SO DUMM, WIE ER AUSSIEHT. ODER HAT DAZUGELERNT. FRÜHER HÄTTE ER EINE HULK-MÄSSIGE SCHNEISE HINTERLASSEN.
ABER JETZT VERSCHMILZT ER FÖRMLICH MIT DEM WALD.
UND ICH FINDE KAUM EINE BRAUCHBARE SPUR VON IHM.
AUCH AUS DER LUFT IST NICHTS ZU SEHEN.
ÜBERRASCHT MICH NICHT. DER WALD WÄCHST HIER EXTREM DICHT. UND ER BIETET WENDY JEDE MENGE SCHLUPF-WINKEL.
ALSO AUF DIE HARTE TOUR. WIR DURCHKÄMMEN DIE GEGEND SCHRITT FÜR SCHRITT.
DU BIST MIR UNSYMPA-THISCH ...
DANKE.
... ABER ICH ERKENNE DEI-NE FÜHRUNGS-QUALITÄTEN. WIESO HAST DU DEPARTMENT H VERLASSEN?
GAB 'NEN BESSEREN JOB.
PLÖTZLICH ERINNERT ER SICH WIEDER AN DIE JAHRE MIT JAMES UND HEATHER HUDSON, DIE IHN DAMALS NAHE IHRES HAUSES IN DEN KANADISCHEN ROCKIES MEHR TOT ALS LEBENDIG AUFGELESEN HATTEN.
SIE PFLEGTEN IHN GESUND, NAHMEN IHN BEI SICH AUF UND GABEN IHM ZUNEI-GUNG, DIE ER ERWIDERTE.
ABER ES GAB AUCH KONFLIKTE.
DU KAPIERST ES EINFACH NICHT, MAC! ICH WAR SCHON IMMER EIN GEFÄHRLICHER MANN! DAS KÄMPFEN LIEGT MIR IM BLUT!
ABER DIE KRALLEN-- DIESES VERDAMMTE ADAMANTIUM-SKELETT-- DAS HAT ALLES VER-ÄNDERT!
FÜR MICH GIBT ES SO WAS WIE EINEN FAIREN KAMPF NICHT MEHR. ICH BIN PRAKTISCH UNVER-WUNDBAR. ICH WURDE ZU EINER KILLERMA-SCHINE GEMACHT!
UND ICH HASSE ES!
LOGAN!
FÜR DEN KANADISCHEN GEHEIMDIENST WAR ER EIN GESCHENK DES HIMMELS. FÜR SIE ERLEDIGTE ER ALL DIE DRECKIGEN AUFTRÄGE, DIE SONST KEINER ANRÜHRTE.
UND ER VERZIEH IHNEN NIE, WAS SIE AUS IHM GEMACHT HATTEN. ALS CHARLES XAVIER IHM SEIN ANGEBOT UNTERBREITETE, ZÖGERTE ER NICHT ...

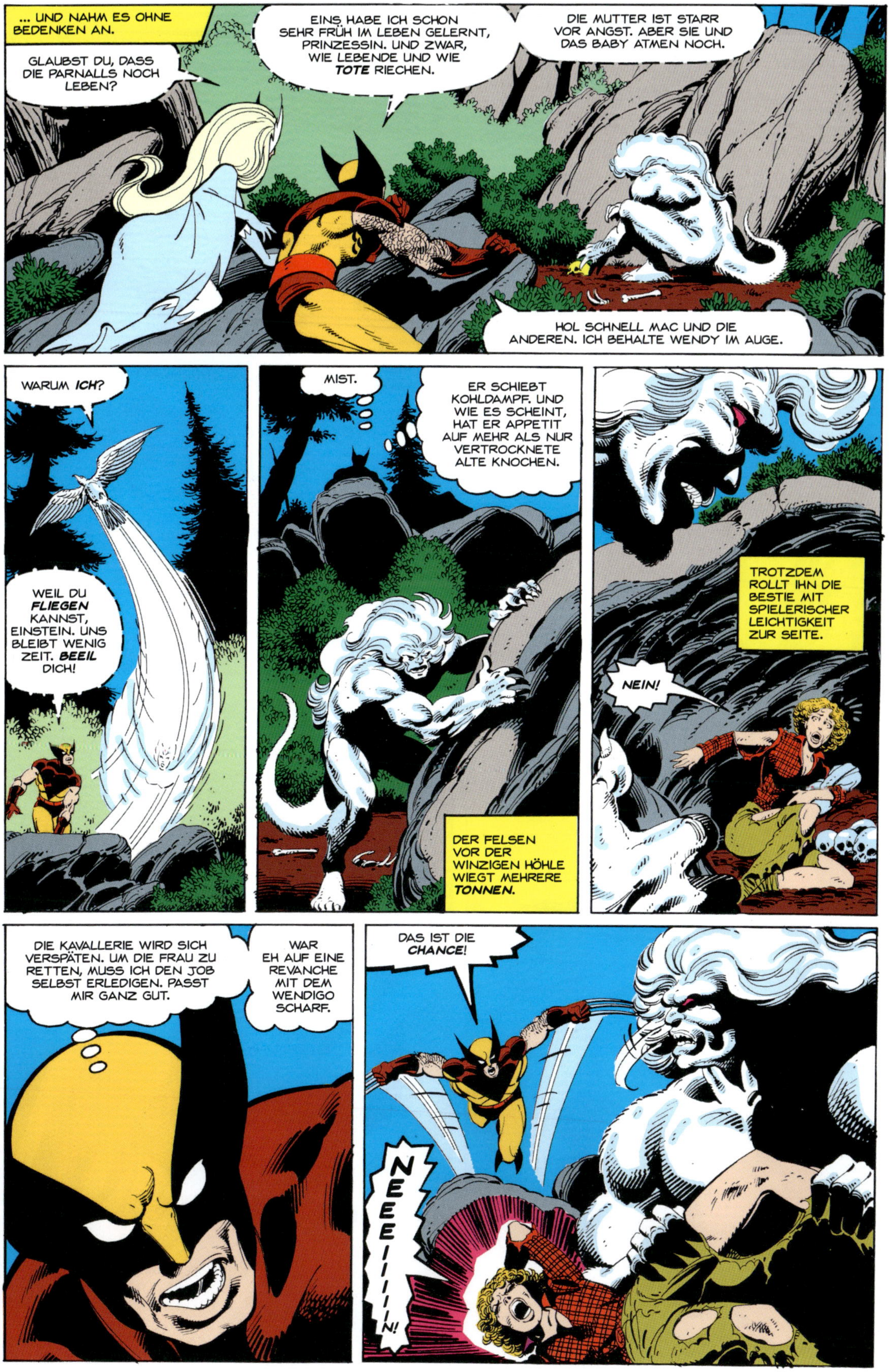

... UND NAHM ES OHNE BEDENKEN AN.
GLAUBST DU, DASS DIE PARNALLS NOCH LEBEN?
EINS HABE ICH SCHON SEHR FRÜH IM LEBEN GELERNT, PRINZESSIN. UND ZWAR, WIE LEBENDE UND WIE TOTE RIECHEN.
DIE MUTTER IST STARR VOR ANGST. ABER SIE UND DAS BABY ATMEN NOCH.
HOL SCHNELL MAC UND DIE ANDEREN. ICH BEHALTE WENDY IM AUGE.
WARUM ICH?
WEIL DU FLIEGEN KANNST, EINSTEIN. UNS BLEIBT WENIG ZEIT. BEEIL DICH!
MIST.
ER SCHIEBT KOHLDAMPF. UND WIE ES SCHEINT, HAT ER APPETIT AUF MEHR ALS NUR VERTROCKNETE ALTE KNOCHEN.
DER FELSEN VOR DER WINZIGEN HÖHLE WIEGT MEHRERE TONNEN.
TROTZDEM ROLLT IHN DIE BESTIE MIT SPIELERISCHER LEICHTIGKEIT ZUR SEITE.
NEIN!
DIE KAVALLERIE WIRD SICH VERSPÄTEN. UM DIE FRAU ZU RETTEN, MUSS ICH DEN JOB SELBST ERLEDIGEN. PASST MIR GANZ GUT.
WAR EH AUF EINE REVANCHE MIT DEM WENDIGO SCHARF.
DAS IST DIE CHANCE!
NEEEIIIIIN!

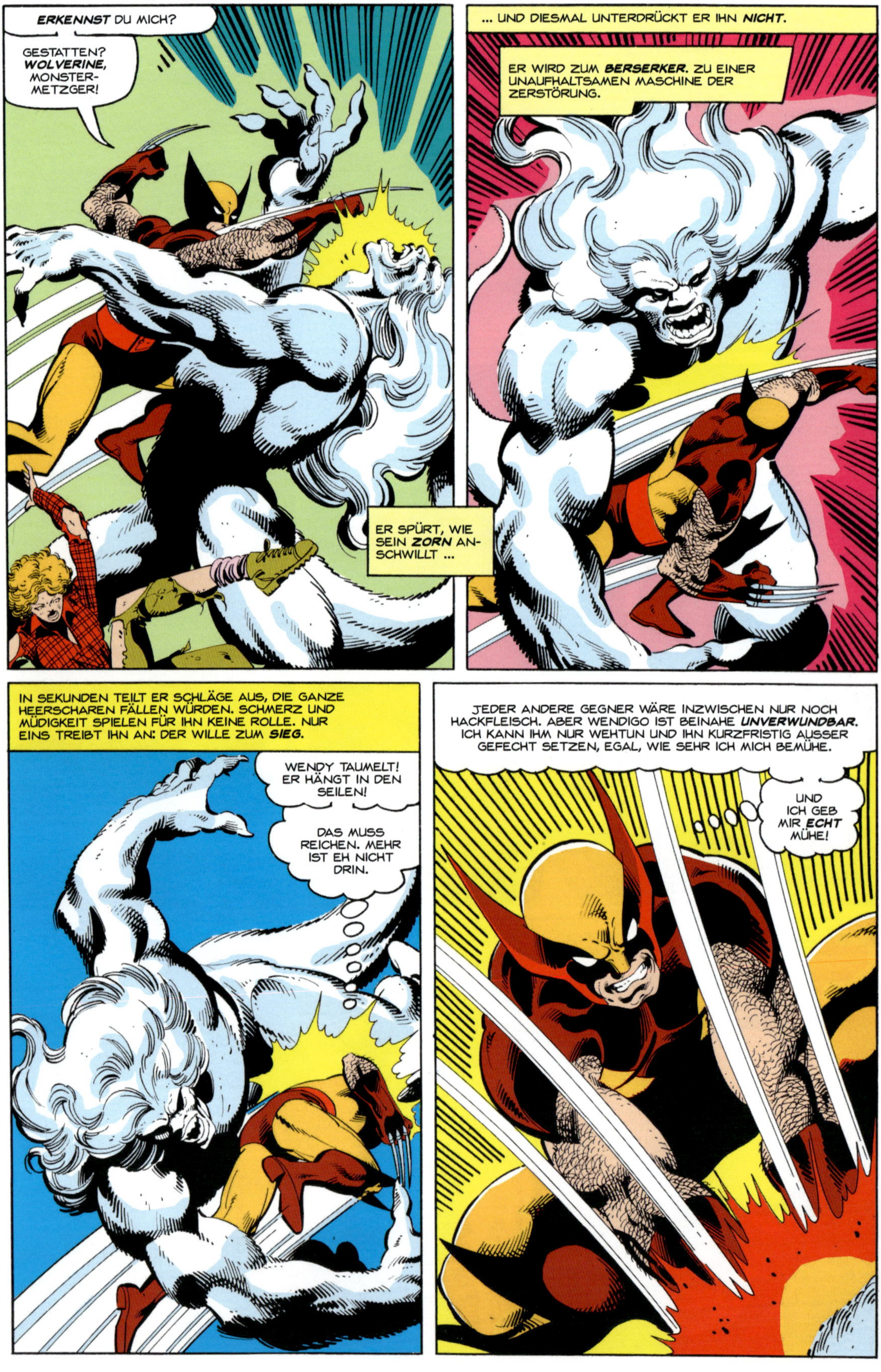
ERKENNST DU MICH?
GESTATTEN? WOLVERINE, MONSTER-METZGER!
ER SPÜRT, WIE SEIN ZORN AN-SCHWILLT ...
... UND DIESMAL UNTERDRÜCKT ER IHN NICHT.
ER WIRD ZUM BERSERKER. ZU EINER UNAUFHALTSAMEN MASCHINE DER ZERSTÖRUNG.
IN SEKUNDEN TEILT ER SCHLÄGE AUS, DIE GANZE HEERSCHAREN FÄLLEN WÜRDEN. SCHMERZ UND MÜDIGKEIT SPIELEN FÜR IHN KEINE ROLLE. NUR EINS TREIBT IHN AN: DER WILLE ZUM SIEG.
WENDY TAUMELT! ER HÄNGT IN DEN SEILEN!
DAS MUSS REICHEN. MEHR IST EH NICHT DRIN.
JEDER ANDERE GEGNER WÄRE INZWISCHEN NUR NOCH HACKFLEISCH. ABER WENDIGO IST BEINAHE UNVERWUNDBAR. ICH KANN IHM NUR WEHTUN UND IHN KURZFRISTIG AUSSER GEFECHT SETZEN, EGAL, WIE SEHR ICH MICH BEMÜHE.
UND ICH GEB MIR ECHT MÜHE!

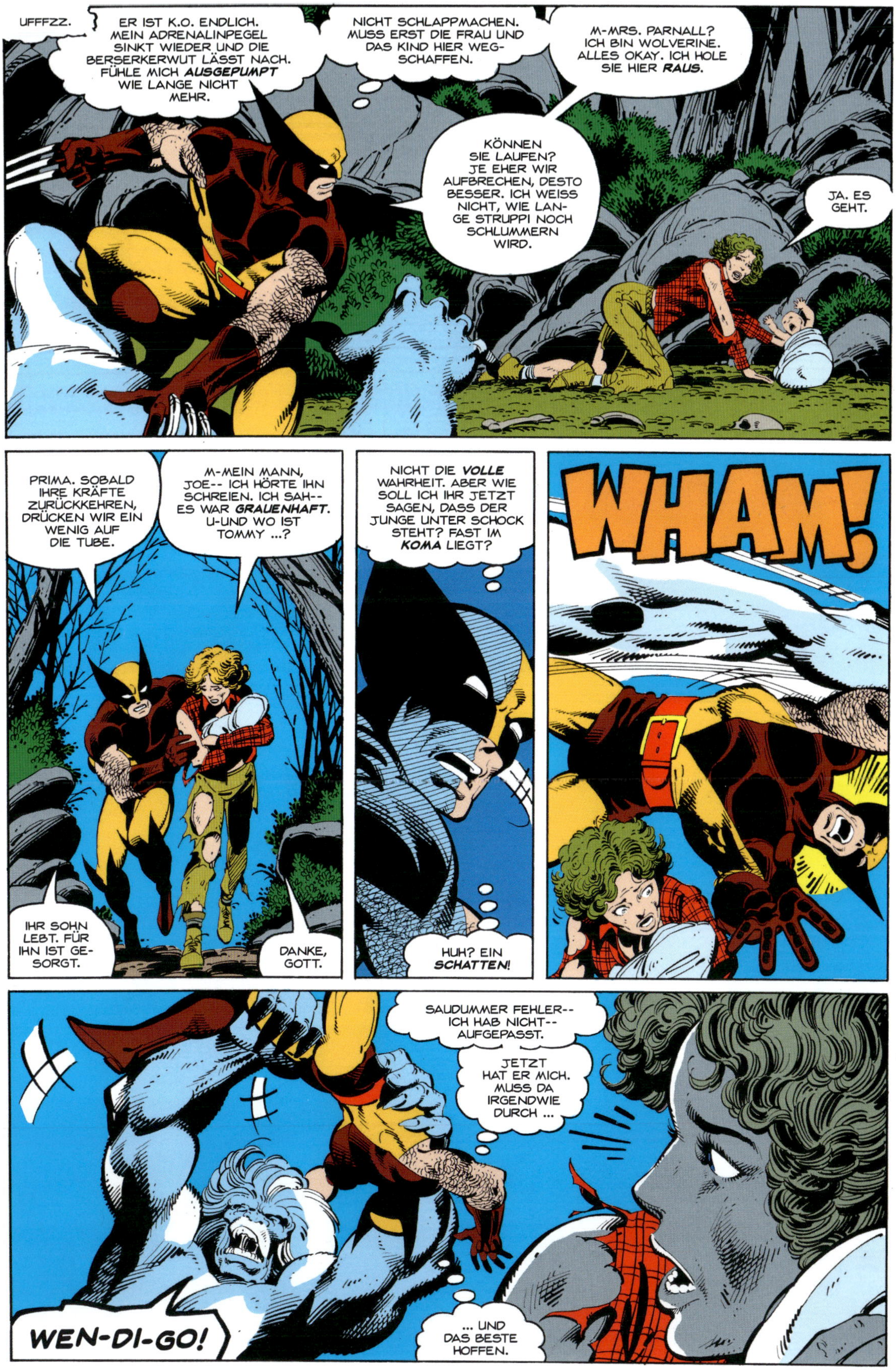
UFFFZZ.
ER IST K.O. ENDLICH. MEIN ADRENALINPEGEL SINKT WIEDER UND DIE BERSERKERWUT LÄSST NACH. FÜHLE MICH AUSGEPUMPT WIE LANGE NICHT MEHR.
NICHT SCHLAPPMACHEN. MUSS ERST DIE FRAU UND DAS KIND HIER WEG-SCHAFFEN.
M-MRS. PARNALL? ICH BIN WOLVERINE. ALLES OKAY. ICH HOLE SIE HIER RAUS.
KÖNNEN SIE LAUFEN? JE EHER WIR AUFBRECHEN, DESTO BESSER. ICH WEISS NICHT, WIE LAN-GE STRUPPI NOCH SCHLUMMERN WIRD.
JA. ES GEHT.
PRIMA. SOBALD IHRE KRÄFTE ZURÜCKKEHREN, DRÜCKEN WIR EIN WENIG AUF DIE TUBE.
M-MEIN MANN, JOE-- ICH HÖRTE IHN SCHREIEN. ICH SAH-- ES WAR GRAUENHAFT. U-UND WO IST TOMMY ...?
IHR SOHN LEBT. FÜR IHN IST GE-SORGT.
DANKE, GOTT.
NICHT DIE VOLLE WAHRHEIT. ABER WIE SOLL ICH IHR JETZT SAGEN, DASS DER JUNGE UNTER SCHOCK STEHT? FAST IM KOMA LIEGT?
HUH? EIN SCHATTEN!
WHAM!
SAUDUMMER FEHLER-- ICH HAB NICHT-- AUFGEPASST.
JETZT HAT ER MICH. MUSS DA IRGENDWIE DURCH ...
... UND DAS BESTE HOFFEN.
WEN-DI-GO!

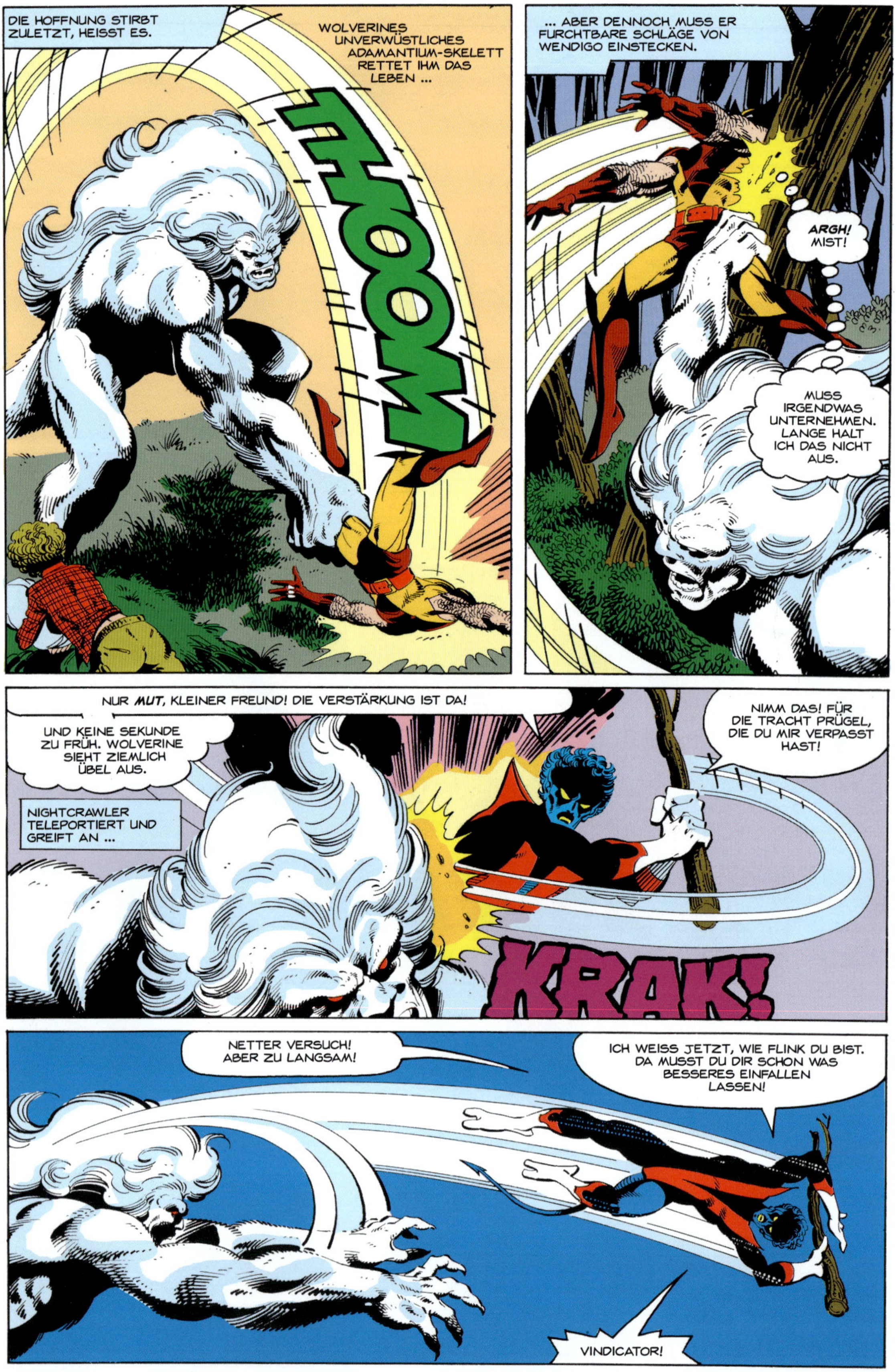
DIE HOFFNUNG STIRBT ZULETZT, HEISST ES.
WOLVERINES UNVERWÜSTLICHES ADAMANTIUM-SKELETT RETTET IHM DAS LEBEN ...
THOOM!
... ABER DENNOCH MUSS ER FURCHTBARE SCHLÄGE VON WENDIGO EINSTECKEN.
ARGH! MIST!
MUSS IRGENDWAS UNTERNEHMEN. LANGE HALT ICH DAS NICHT AUS.
NUR MUT, KLEINER FREUND! DIE VERSTÄRKUNG IST DA!
UND KEINE SEKUNDE ZU FRÜH. WOLVERINE SIEHT ZIEMLICH ÜBEL AUS.
NIGHTCRAWLER TELEPORTIERT UND GREIFT AN ...
NIMM DAS! FÜR DIE TRACHT PRÜGEL, DIE DU MIR VERPASST HAST!
KRAK!
NETTER VERSUCH! ABER ZU LANGSAM!
ICH WEISS JETZT, WIE FLINK DU BIST. DA MUSST DU DIR SCHON WAS BESSERES EINFALLEN LASSEN!
VINDICATOR!

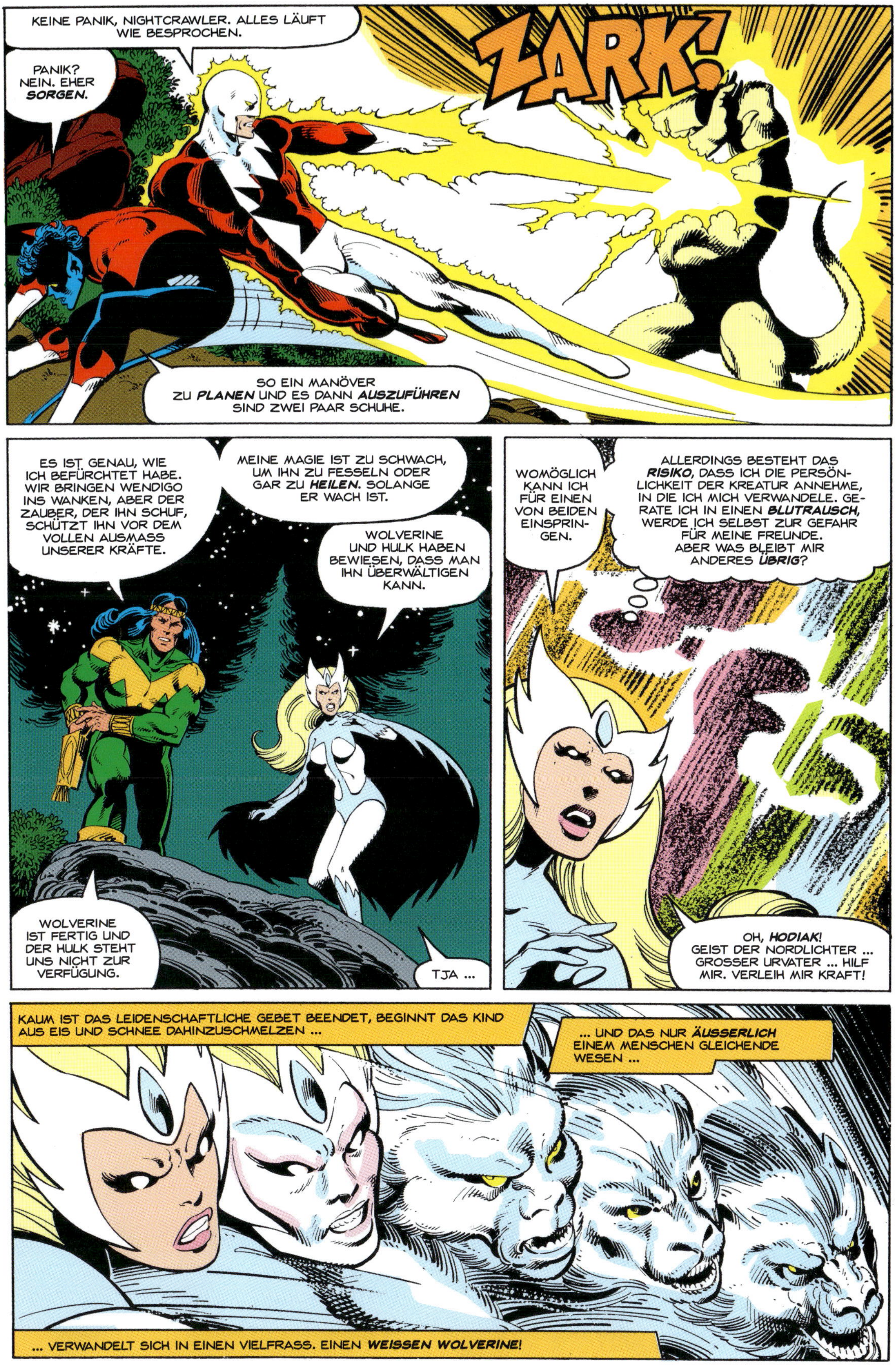
KEINE PANIK, NIGHTCRAWLER. ALLES LÄUFT WIE BESPROCHEN.
PANIK? NEIN. EHER SORGEN.
ZARK!
SO EIN MANÖVER ZU PLANEN UND ES DANN AUSZUFÜHREN SIND ZWEI PAAR SCHUHE.
ES IST GENAU, WIE ICH BEFÜRCHTET HABE. WIR BRINGEN WENDIGO INS WANKEN, ABER DER ZAUBER, DER IHN SCHUF, SCHÜTZT IHN VOR DEM VOLLEN AUSMASS UNSERER KRÄFTE.
MEINE MAGIE IST ZU SCHWACH, UM IHN ZU FESSELN ODER GAR ZU HEILEN. SOLANGE ER WACH IST.
WOLVERINE UND HULK HABEN BEWIESEN, DASS MAN IHN ÜBERWÄLTIGEN KANN.
WOLVERINE IST FERTIG UND DER HULK STEHT UNS NICHT ZUR VERFÜGUNG.
TJA ...
WOMÖGLICH KANN ICH FÜR EINEN VON BEIDEN EINSPRINGEN.
ALLERDINGS BESTEHT DAS RISIKO, DASS ICH DIE PERSÖNLICHKEIT DER KREATUR ANNEHME, IN DIE ICH MICH VERWANDELE. GERATE ICH IN EINEN BLUTRAUSCH, WERDE ICH SELBST ZUR GEFAHR FÜR MEINE FREUNDE. ABER WAS BLEIBT MIR ANDERES ÜBRIG?
OH, HODIAK! GEIST DER NORDLICHTER ... GROSSER URVATER ... HILF MIR. VERLEIH MIR KRAFT!
KAUM IST DAS LEIDENSCHAFTLICHE GEBET BEENDET, BEGINNT DAS KIND AUS EIS UND SCHNEE DAHINZUSCHMELZEN ...
... UND DAS NUR ÄUSSERLICH EINEM MENSCHEN GLEICHENDE WESEN ...
... VERWANDELT SICH IN EINEN VIELFRASS. EINEN WEISSEN WOLVERINE!

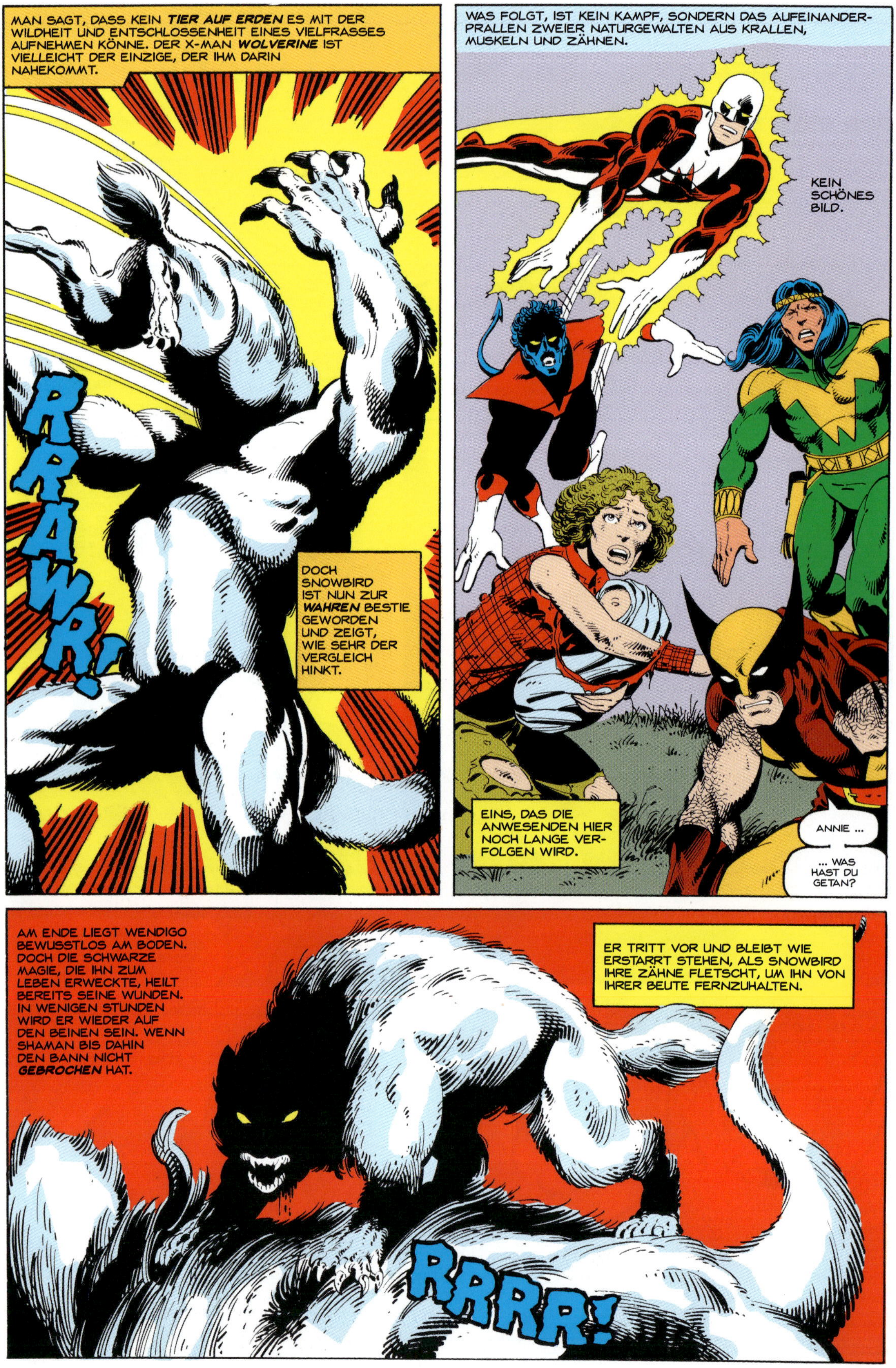
MAN SAGT, DASS KEIN TIER AUF ERDEN ES MIT DER WILDHEIT UND ENTSCHLOSSENHEIT EINES VIELFRASSES AUFNEHMEN KÖNNE. DER X-MAN WOLVERINE IST VIELLEICHT DER EINZIGE, DER IHM DARIN NAHEKOMMT.
RRAWR!
DOCH SNOWBIRD IST NUN ZUR WAHREN BESTIE GEWORDEN UND ZEIGT, WIE SEHR DER VERGLEICH HINKT.
WAS FOLGT, IST KEIN KAMPF, SONDERN DAS AUFEINANDERPRALLEN ZWEIER NATURGEWALTEN AUS KRALLEN, MUSKELN UND ZÄHNEN.
KEIN SCHÖNES BILD.
EINS, DAS DIE ANWESENDEN HIER NOCH LANGE VERFOLGEN WIRD.
ANNIE ...
... WAS HAST DU GETAN?
AM ENDE LIEGT WENDIGO BEWUSSTLOS AM BODEN. DOCH DIE SCHWARZE MAGIE, DIE IHN ZUM LEBEN ERWECKTE, HEILT BEREITS SEINE WUNDEN. IN WENIGEN STUNDEN WIRD ER WIEDER AUF DEN BEINEN SEIN. WENN SHAMAN BIS DAHIN DEN BANN NICHT GEBROCHEN HAT.
ER TRITT VOR UND BLEIBT WIE ERSTARRT STEHEN, ALS SNOWBIRD IHRE ZÄHNE FLETSCHT, UM IHN VON IHRER BEUTE FERNZUHALTEN.
RRRRR!

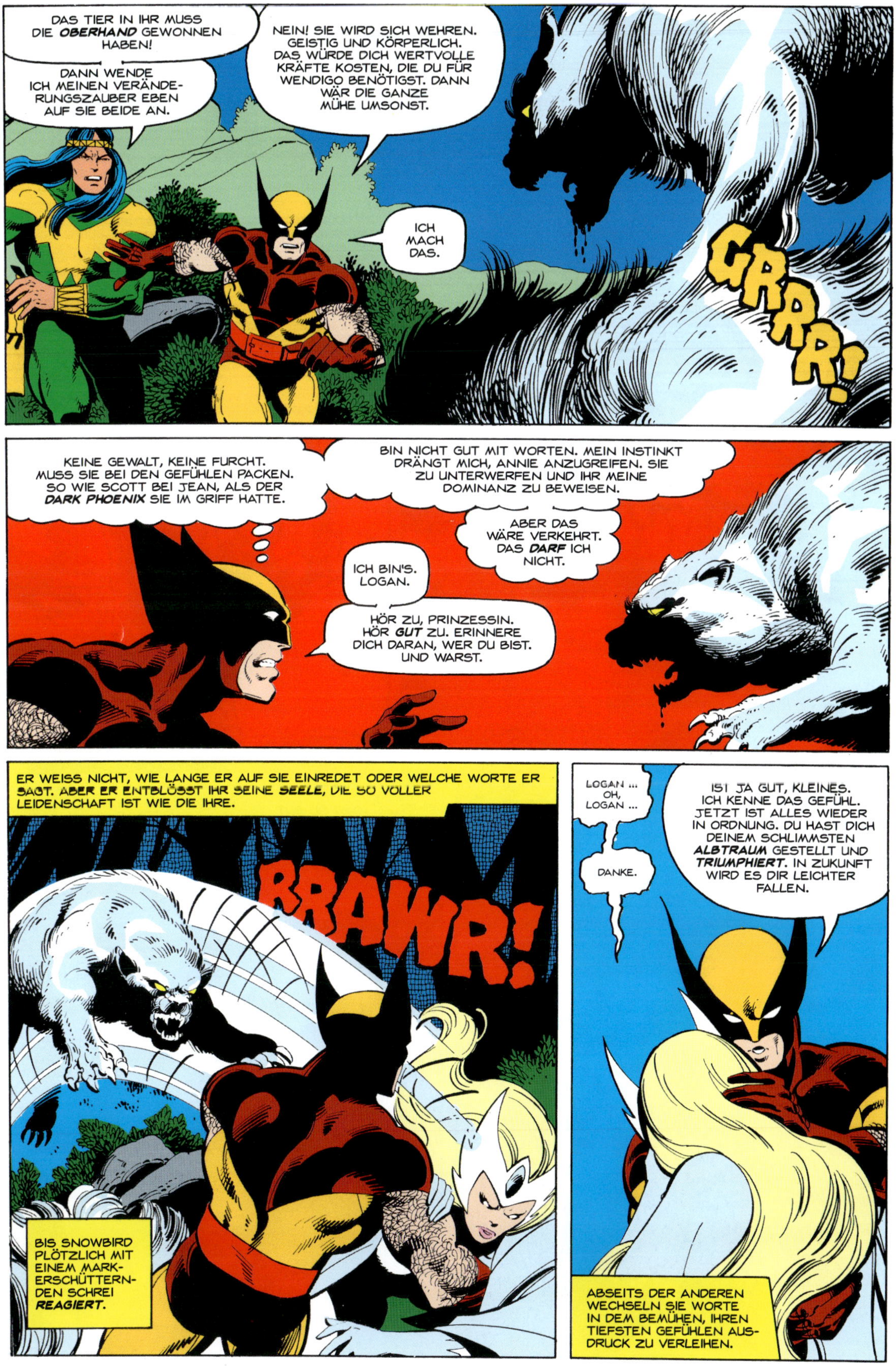
DAS TIER IN IHR MUSS DIE OBERHAND GEWONNEN HABEN!
DANN WENDE ICH MEINEN VERÄNDE-RUNGSZAUBER EBEN AUF SIE BEIDE AN.
NEIN! SIE WIRD SICH WEHREN. GEISTIG UND KÖRPERLICH. DAS WÜRDE DICH WERTVOLLE KRÄFTE KOSTEN, DIE DU FÜR WENDIGO BENÖTIGST. DANN WÄR DIE GANZE MÜHE UMSONST.
ICH MACH DAS.
GRRRR!
KEINE GEWALT, KEINE FURCHT. MUSS SIE BEI DEN GEFÜHLEN PACKEN. SO WIE SCOTT BEI JEAN, ALS DER DARK PHOENIX SIE IM GRIFF HATTE.
BIN NICHT GUT MIT WORTEN. MEIN INSTINKT DRÄNGT MICH, ANNIE ANZUGREIFEN. SIE ZU UNTERWERFEN UND IHR MEINE DOMINANZ ZU BEWEISEN.
ABER DAS WÄRE VERKEHRT. DAS DARF ICH NICHT.
ICH BIN'S. LOGAN.
HÖR ZU, PRINZESSIN. HÖR GUT ZU. ERINNERE DICH DARAN, WER DU BIST. UND WARST.
ER WEISS NICHT, WIE LANGE ER AUF SIE EINREDET ODER WELCHE WORTE ER SAGT. ABER ER ENTBLÖSST IHR SEINE SEELE, DIE SO VOLLER LEIDENSCHAFT IST WIE DIE IHRE.
BRAWR!
BIS SNOWBIRD PLÖTZLICH MIT EINEM MARK-ERSCHÜTTERN-DEN SCHREI REAGIERT.
LOGAN ... OH, LOGAN ...
DANKE.
IST JA GUT, KLEINES. ICH KENNE DAS GEFÜHL. JETZT IST ALLES WIEDER IN ORDNUNG. DU HAST DICH DEINEM SCHLIMMSTEN ALBTRAUM GESTELLT UND TRIUMPHIERT. IN ZUKUNFT WIRD ES DIR LEICHTER FALLEN.
ABSEITS DER ANDEREN WECHSELN SIE WORTE IN DEM BEMÜHEN, IHREN TIEFSTEN GEFÜHLEN AUS-DRUCK ZU VERLEIHEN.

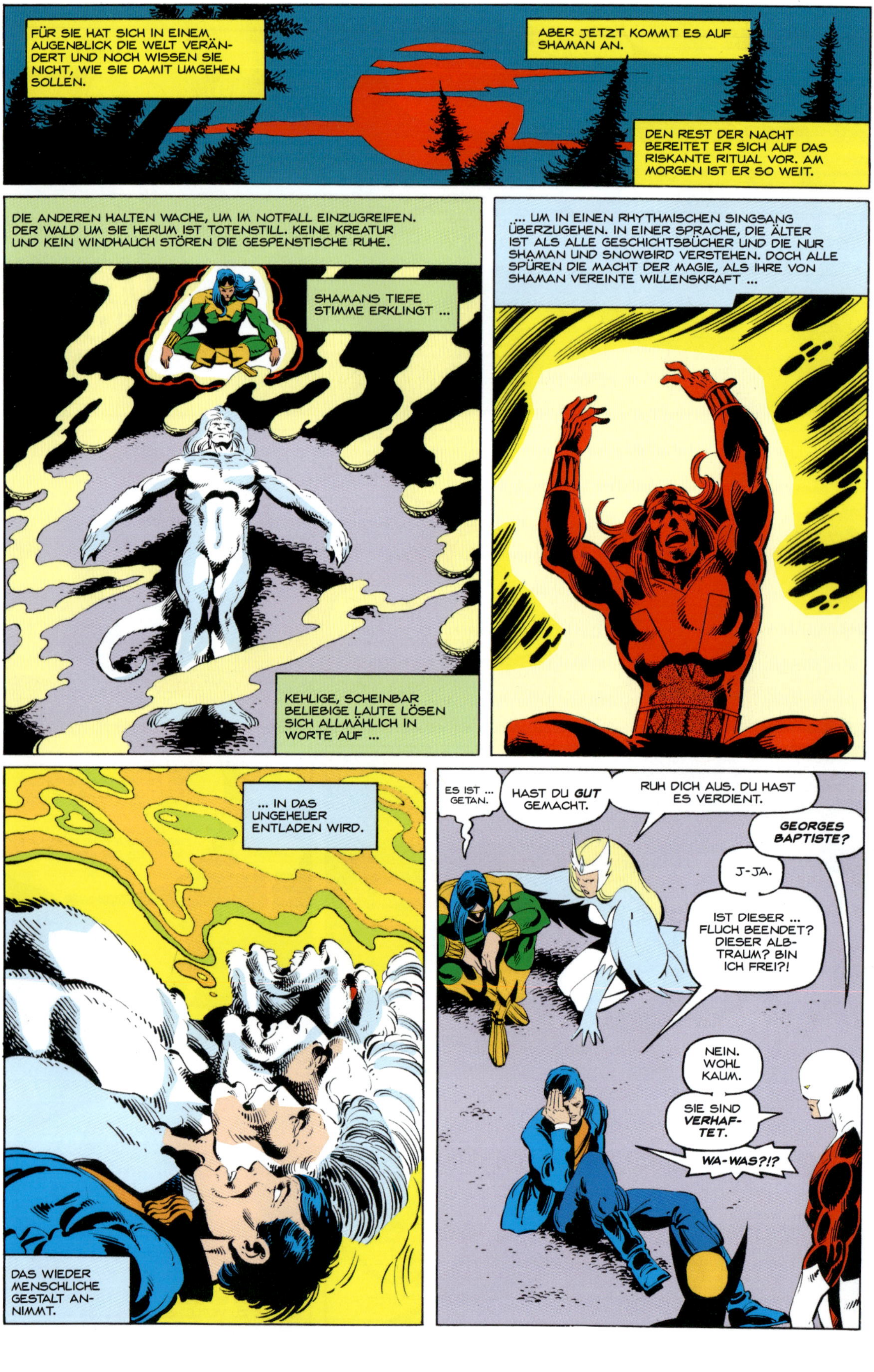
FÜR SIE HAT SICH IN EINEM AUGENBLICK DIE WELT VERÄNDERT UND NOCH WISSEN SIE NICHT, WIE SIE DAMIT UMGEHEN SOLLEN.
ABER JETZT KOMMT ES AUF SHAMAN AN.
DEN REST DER NACHT BEREITET ER SICH AUF DAS RISKANTE RITUAL VOR. AM MORGEN IST ER SO WEIT.
DIE ANDEREN HALTEN WACHE, UM IM NOTFALL EINZUGREIFEN. DER WALD UM SIE HERUM IST TOTENSTILL. KEINE KREATUR UND KEIN WINDHAUCH STÖREN DIE GESPENSTISCHE RUHE.
SHAMANS TIEFE STIMME ERKLINGT ...
KEHLIGE, SCHEINBAR BELIEBIGE LAUTE LÖSEN SICH ALLMÄHLICH IN WORTE AUF ...
... UM IN EINEN RHYTHMISCHEN SINGSANG ÜBERZUGEHEN. IN EINER SPRACHE, DIE ÄLTER IST ALS ALLE GESCHICHTSBÜCHER UND DIE NUR SHAMAN UND SNOWBIRD VERSTEHEN. DOCH ALLE SPÜREN DIE MACHT DER MAGIE, ALS IHRE VON SHAMAN VEREINTE WILLENSKRAFT ...
... IN DAS UNGEHEUER ENTLADEN WIRD.
DAS WIEDER MENSCHLICHE GESTALT ANNIMMT.
ES IST ... GETAN.
HAST DU GUT GEMACHT.
RUH DICH AUS. DU HAST ES VERDIENT.
GEORGES BAPTISTE?
J-JA.
IST DIESER ... FLUCH BEENDET? DIESER ALBTRAUM? BIN ICH FREI?!
NEIN. WOHL KAUM.
SIE SIND VERHAFTET.
WA-WAS?!?

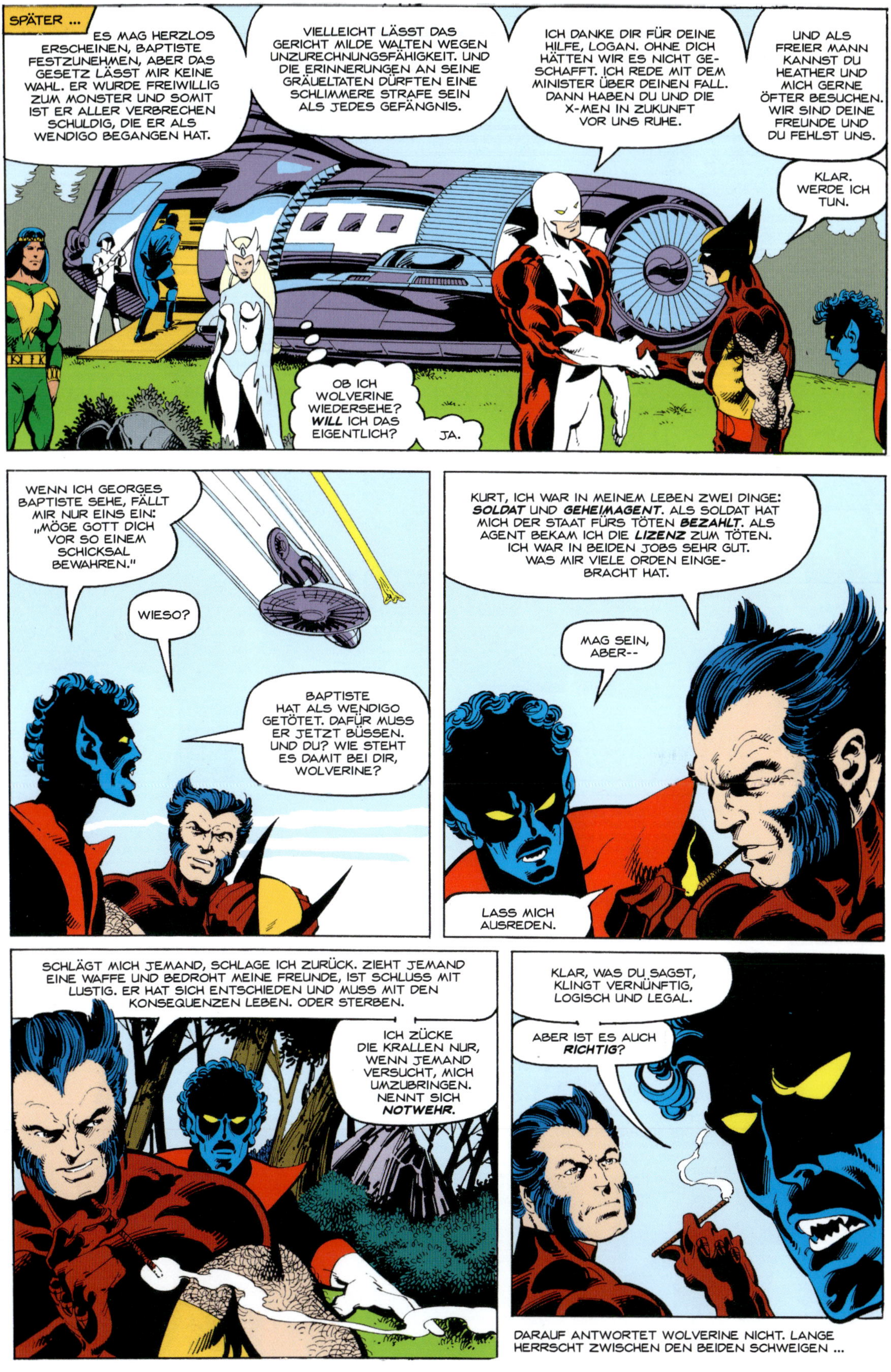
SPÄTER ...
ES MAG HERZLOS ERSCHEINEN, BAPTISTE FESTZUNEHMEN, ABER DAS GESETZ LÄSST MIR KEINE WAHL. ER WURDE FREIWILLIG ZUM MONSTER UND SOMIT IST ER ALLER VERBRECHEN SCHULDIG, DIE ER ALS WENDIGO BEGANGEN HAT.
VIELLEICHT LÄSST DAS GERICHT MILDE WALTEN WEGEN UNZURECHNUNGSFÄHIGKEIT. UND DIE ERINNERUNGEN AN SEINE GRÄUELTATEN DÜRFTEN EINE SCHLIMMERE STRAFE SEIN ALS JEDES GEFÄNGNIS.
ICH DANKE DIR FÜR DEINE HILFE, LOGAN. OHNE DICH HÄTTEN WIR ES NICHT GESCHAFFT. ICH REDE MIT DEM MINISTER ÜBER DEINEN FALL. DANN HABEN DU UND DIE X-MEN IN ZUKUNFT VOR UNS RUHE.
UND ALS FREIER MANN KANNST DU HEATHER UND MICH GERNE ÖFTER BESUCHEN. WIR SIND DEINE FREUNDE UND DU FEHLST UNS.
KLAR. WERDE ICH TUN.
OB ICH WOLVERINE WIEDERSEHE? **WILL** ICH DAS EIGENTLICH?
JA.
WENN ICH GEORGES BAPTISTE SEHE, FÄLLT MIR NUR EINS EIN: „MÖGE GOTT DICH VOR SO EINEM SCHICKSAL BEWAHREN."
WIESO?
BAPTISTE HAT ALS WENDIGO GETÖTET. DAFÜR MUSS ER JETZT BÜSSEN. UND DU? WIE STEHT ES DAMIT BEI DIR, WOLVERINE?
KURT, ICH WAR IN MEINEM LEBEN ZWEI DINGE: **SOLDAT** UND **GEHEIMAGENT**. ALS SOLDAT HAT MICH DER STAAT FÜRS TÖTEN **BEZAHLT**. ALS AGENT BEKAM ICH DIE **LIZENZ** ZUM TÖTEN. ICH WAR IN BEIDEN JOBS SEHR GUT. WAS MIR VIELE ORDEN EINGEBRACHT HAT.
MAG SEIN, ABER--
LASS MICH AUSREDEN.
SCHLÄGT MICH JEMAND, SCHLAGE ICH ZURÜCK. ZIEHT JEMAND EINE WAFFE UND BEDROHT MEINE FREUNDE, IST SCHLUSS MIT LUSTIG. ER HAT SICH ENTSCHIEDEN UND MUSS MIT DEN KONSEQUENZEN LEBEN. ODER STERBEN.
ICH ZÜCKE DIE KRALLEN NUR, WENN JEMAND VERSUCHT, MICH UMZUBRINGEN. NENNT SICH **NOTWEHR**.
KLAR, WAS DU SAGST, KLINGT VERNÜNFTIG, LOGISCH UND LEGAL.
ABER IST ES AUCH **RICHTIG**?
DARAUF ANTWORTET WOLVERINE NICHT. LANGE HERRSCHT ZWISCHEN DEN BEIDEN SCHWEIGEN ...

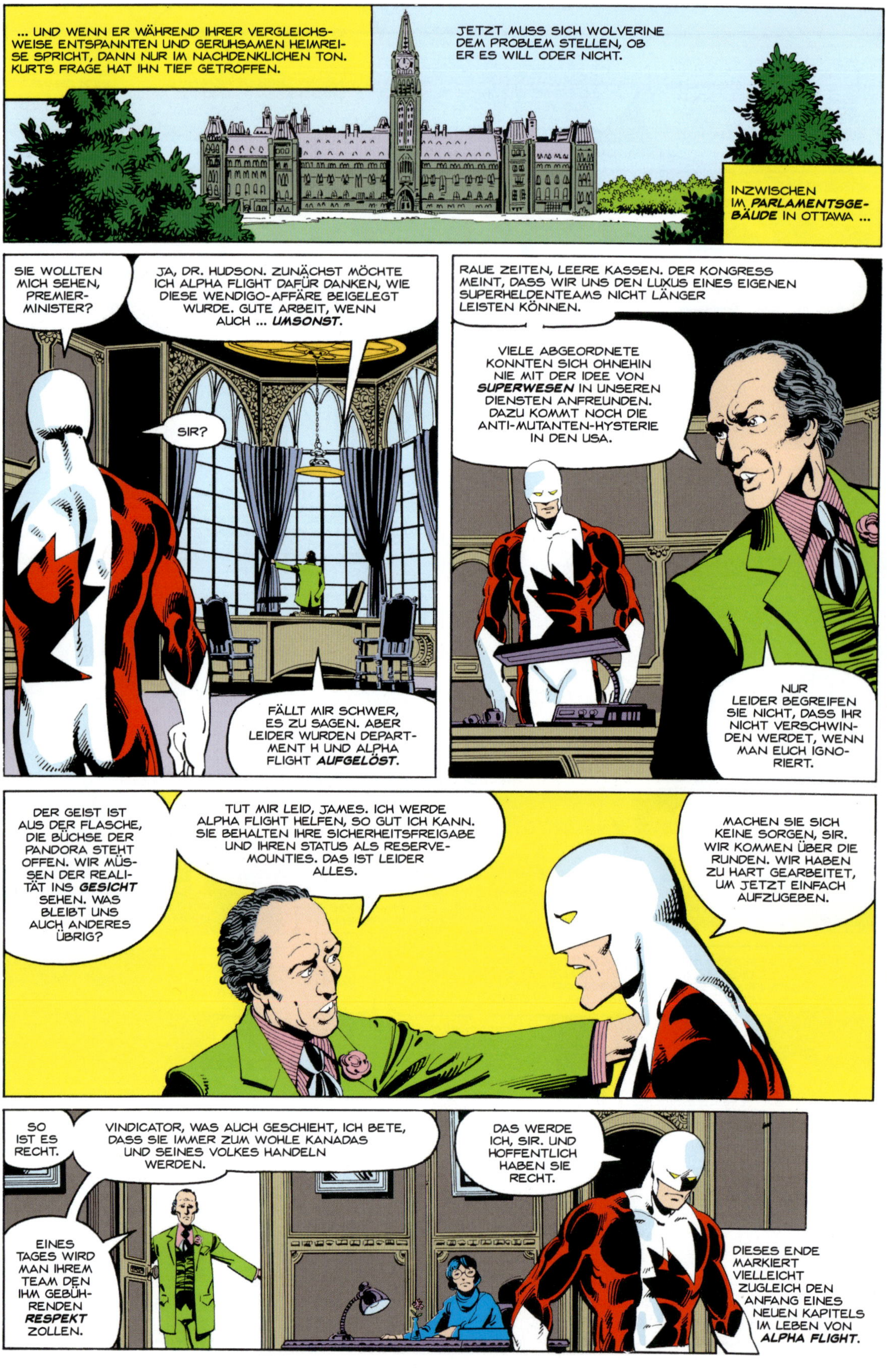
... UND WENN ER WÄHREND IHRER VERGLEICHSWEISE ENTSPANNTEN UND GERUHSAMEN HEIMREISE SPRICHT, DANN NUR IM NACHDENKLICHEN TON. KURTS FRAGE HAT IHN TIEF GETROFFEN.
JETZT MUSS SICH WOLVERINE DEM PROBLEM STELLEN, OB ER ES WILL ODER NICHT.
INZWISCHEN IM PARLAMENTSGEBÄUDE IN OTTAWA ...
SIE WOLLTEN MICH SEHEN, PREMIERMINISTER?
JA, DR. HUDSON. ZUNÄCHST MÖCHTE ICH ALPHA FLIGHT DAFÜR DANKEN, WIE DIESE WENDIGO-AFFÄRE BEIGELEGT WURDE. GUTE ARBEIT, WENN AUCH ... UMSONST.
SIR?
FÄLLT MIR SCHWER, ES ZU SAGEN. ABER LEIDER WURDEN DEPARTMENT H UND ALPHA FLIGHT AUFGELÖST.
RAUE ZEITEN, LEERE KASSEN. DER KONGRESS MEINT, DASS WIR UNS DEN LUXUS EINES EIGENEN SUPERHELDENTEAMS NICHT LÄNGER LEISTEN KÖNNEN.
VIELE ABGEORDNETE KONNTEN SICH OHNEHIN NIE MIT DER IDEE VON SUPERWESEN IN UNSEREN DIENSTEN ANFREUNDEN. DAZU KOMMT NOCH DIE ANTI-MUTANTEN-HYSTERIE IN DEN USA.
NUR LEIDER BEGREIFEN SIE NICHT, DASS IHR NICHT VERSCHWINDEN WERDET, WENN MAN EUCH IGNORIERT.
DER GEIST IST AUS DER FLASCHE, DIE BÜCHSE DER PANDORA STEHT OFFEN. WIR MÜSSEN DER REALITÄT INS GESICHT SEHEN. WAS BLEIBT UNS AUCH ANDERES ÜBRIG?
TUT MIR LEID, JAMES. ICH WERDE ALPHA FLIGHT HELFEN, SO GUT ICH KANN. SIE BEHALTEN IHRE SICHERHEITSFREIGABE UND IHREN STATUS ALS RESERVE-MOUNTIES. DAS IST LEIDER ALLES.
MACHEN SIE SICH KEINE SORGEN, SIR. WIR KOMMEN ÜBER DIE RUNDEN. WIR HABEN ZU HART GEARBEITET, UM JETZT EINFACH AUFZUGEBEN.
SO IST ES RECHT.
VINDICATOR, WAS AUCH GESCHIEHT, ICH BETE, DASS SIE IMMER ZUM WOHLE KANADAS UND SEINES VOLKES HANDELN WERDEN.
EINES TAGES WIRD MAN IHREM TEAM DEN IHM GEBÜHRENDEN RESPEKT ZOLLEN.
DAS WERDE ICH, SIR. UND HOFFENTLICH HABEN SIE RECHT.
DIESES ENDE MARKIERT VIELLEICHT ZUGLEICH DEN ANFANG EINES NEUEN KAPITELS IM LEBEN VON ALPHA FLIGHT.

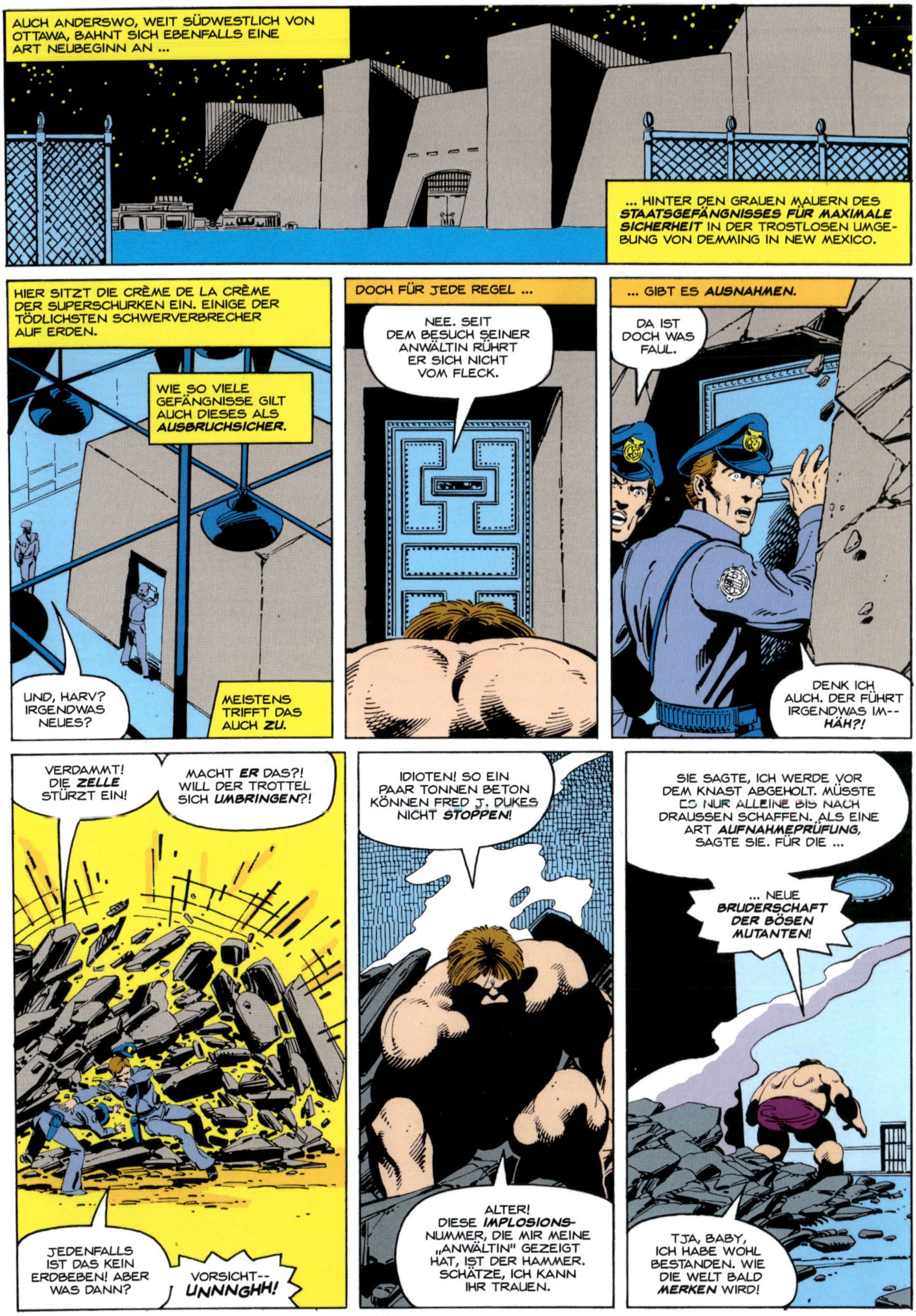

GLEICH:

ZUKUNFT IST VERGANGENHEIT!

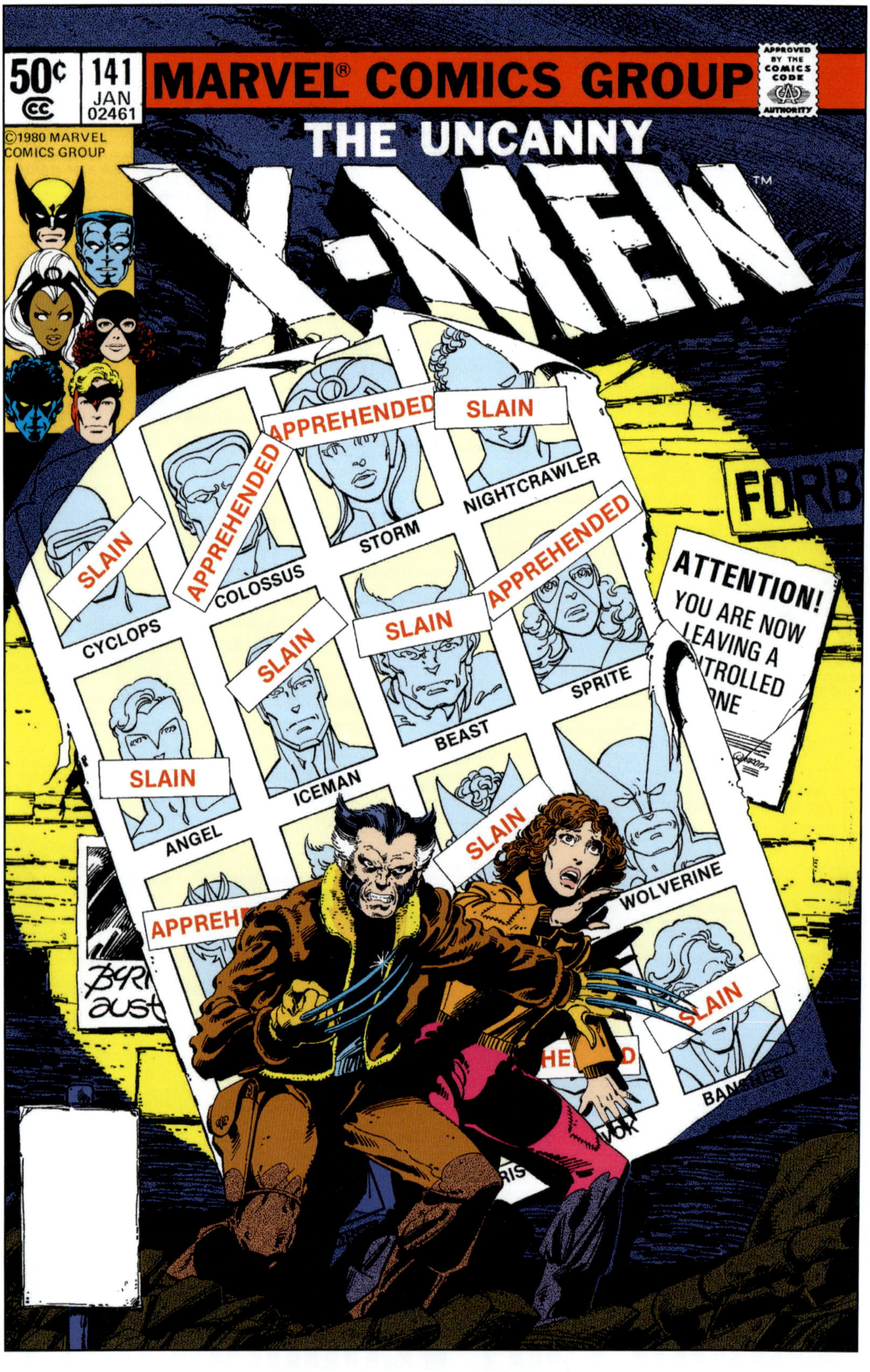

Uncanny X-Men (1963) 141
Cover von **JOHN BYRNE**

Stan Lee präsentiert:

DIE X-MEN!

CHRIS CLAREMONT STORY | JOHN BYRNE STORY & ZEICHNUNGEN | TERRY AUSTIN TUSCHE | GLYNIS WEIN FARBEN | ELLETI LETTERING | JÜRGEN PETZ ÜBERSETZUNG

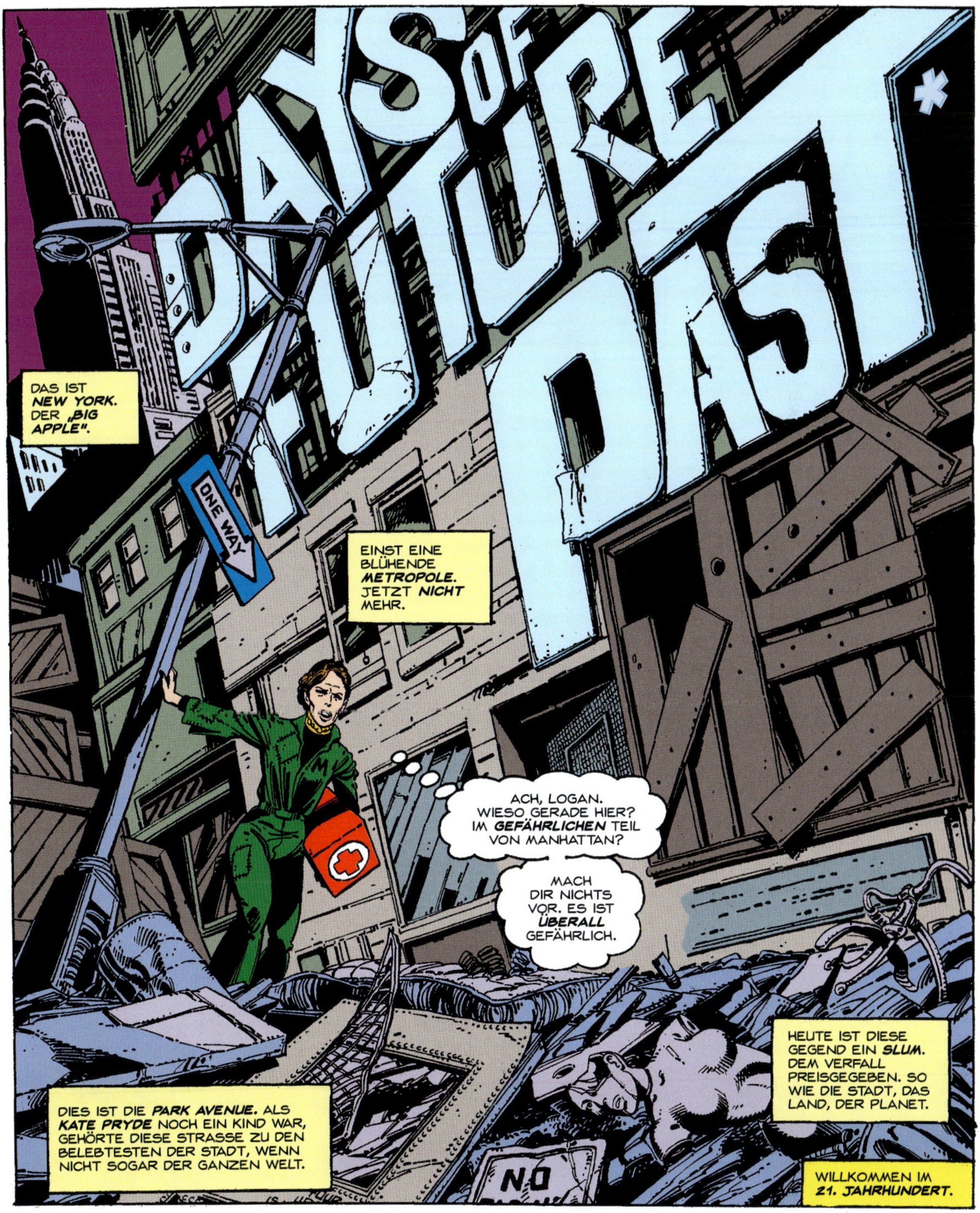

* ZUKUNFT IST VERGANGENHEIT

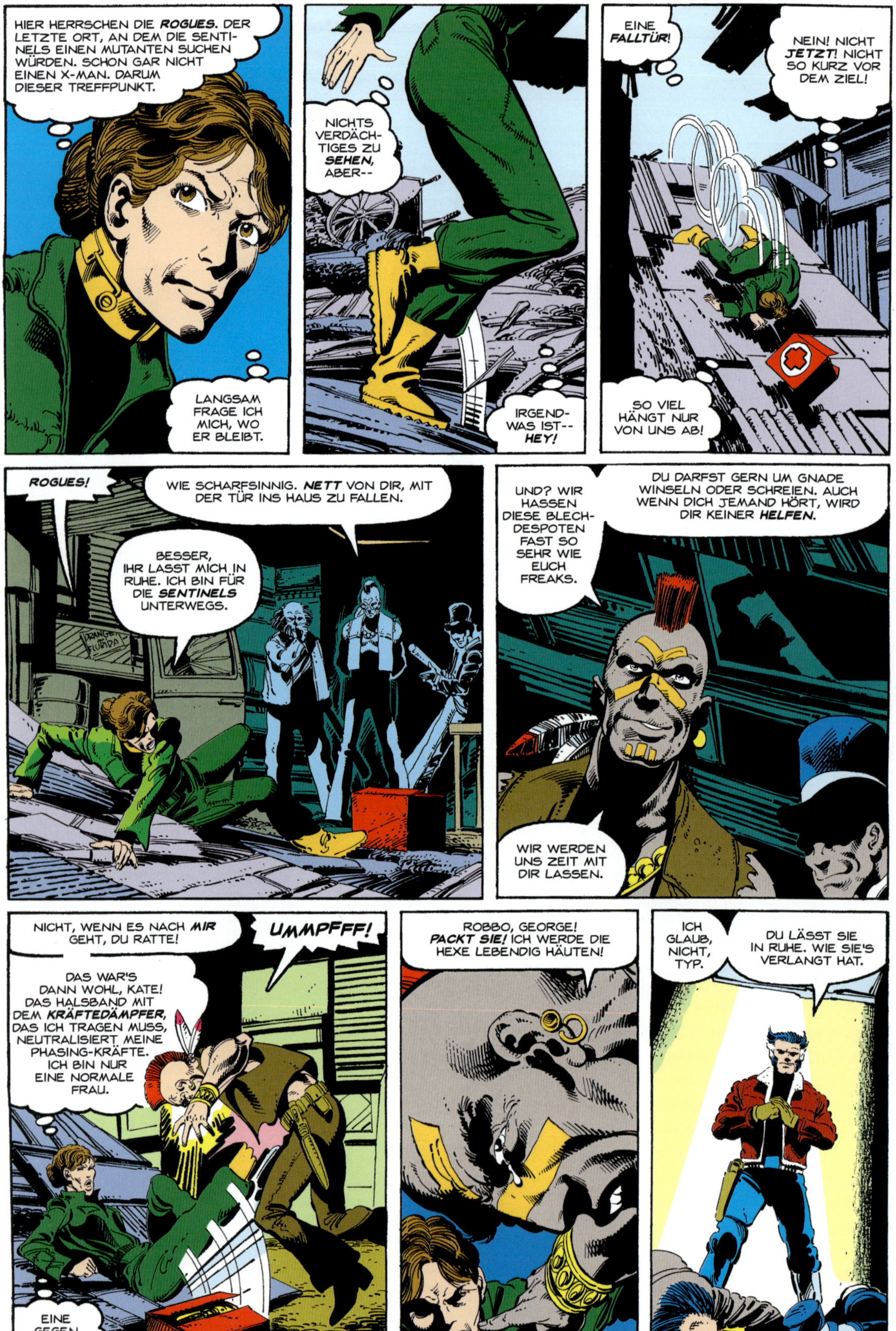

HIER HERRSCHEN DIE ROGUES. DER LETZTE ORT, AN DEM DIE SENTINELS EINEN MUTANTEN SUCHEN WÜRDEN. SCHON GAR NICHT EINEN X-MAN. DARUM DIESER TREFFPUNKT.
LANGSAM FRAGE ICH MICH, WO ER BLEIBT.
NICHTS VERDÄCHTIGES ZU SEHEN, ABER--
IRGENDWAS IST-- HEY!
EINE FALLTÜR!
NEIN! NICHT JETZT! NICHT SO KURZ VOR DEM ZIEL!
SO VIEL HÄNGT NUR VON UNS AB!
ROGUES!
WIE SCHARFSINNIG. NETT VON DIR, MIT DER TÜR INS HAUS ZU FALLEN.
BESSER, IHR LASST MICH IN RUHE. ICH BIN FÜR DIE SENTINELS UNTERWEGS.
ORANGE FLORIDA
UND? WIR HASSEN DIESE BLECHDESPOTEN FAST SO SEHR WIE EUCH FREAKS.
DU DARFST GERN UM GNADE WINSELN ODER SCHREIEN. AUCH WENN DICH JEMAND HÖRT, WIRD DIR KEINER HELFEN.
WIR WERDEN UNS ZEIT MIT DIR LASSEN.
NICHT, WENN ES NACH MIR GEHT, DU RATTE!
UMMPFFF!
DAS WAR'S DANN WOHL, KATE! DAS HALSBAND MIT DEM KRÄFTEDÄMPFER, DAS ICH TRAGEN MUSS, NEUTRALISIERT MEINE PHASING-KRÄFTE. ICH BIN NUR EINE NORMALE FRAU.
EINE GEGEN DREI!
ROBBO, GEORGE! PACKT SIE! ICH WERDE DIE HEXE LEBENDIG HÄUTEN!
ICH GLAUB, NICHT, TYP.
DU LÄSST SIE IN RUHE. WIE SIE'S VERLANGT HAT.

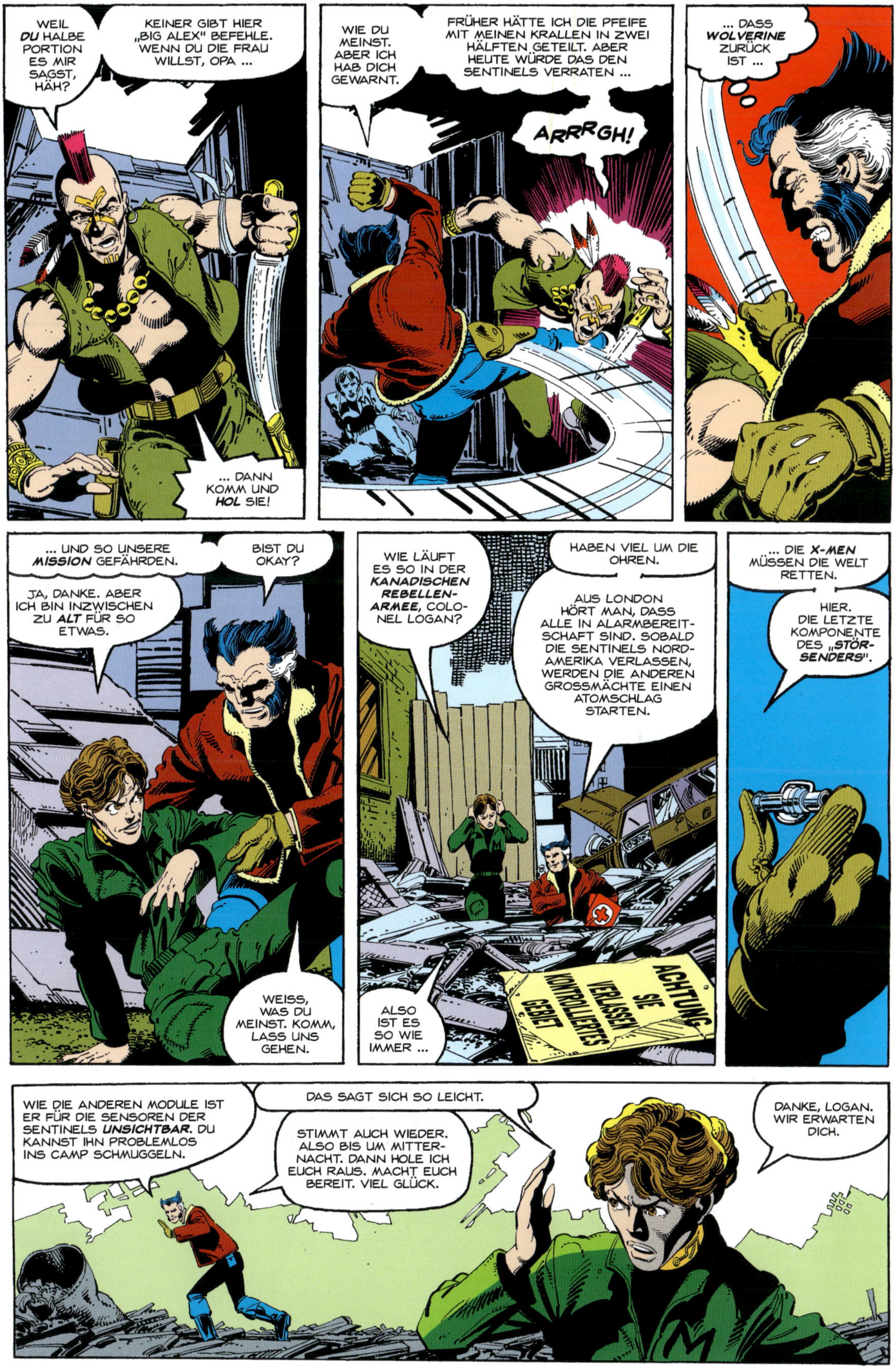
WEIL DU HALBE PORTION ES MIR SAGST, HÄH?
KEINER GIBT HIER „BIG ALEX" BEFEHLE. WENN DU DIE FRAU WILLST, OPA ...
... DANN KOMM UND HOL SIE!
WIE DU MEINST. ABER ICH HAB DICH GEWARNT.
FRÜHER HÄTTE ICH DIE PFEIFE MIT MEINEN KRALLEN IN ZWEI HÄLFTEN GETEILT. ABER HEUTE WÜRDE DAS DEN SENTINELS VERRATEN ...
ARRRGH!
... DASS WOLVERINE ZURÜCK IST ...
... UND SO UNSERE MISSION GEFÄHRDEN.
BIST DU OKAY?
JA, DANKE. ABER ICH BIN INZWISCHEN ZU ALT FÜR SO ETWAS.
WEISS, WAS DU MEINST. KOMM, LASS UNS GEHEN.
WIE LÄUFT ES SO IN DER KANADISCHEN REBELLEN-ARMEE, COLONEL LOGAN?
HABEN VIEL UM DIE OHREN.
AUS LONDON HÖRT MAN, DASS ALLE IN ALARMBEREITSCHAFT SIND. SOBALD DIE SENTINELS NORDAMERIKA VERLASSEN, WERDEN DIE ANDEREN GROSSMÄCHTE EINEN ATOMSCHLAG STARTEN.
ALSO IST ES SO WIE IMMER ...
ACHTUNG SIE VERLASSEN KONTROLLIERTES GEBIET
... DIE X-MEN MÜSSEN DIE WELT RETTEN.
HIER. DIE LETZTE KOMPONENTE DES „STÖRSENDERS".
WIE DIE ANDEREN MODULE IST ER FÜR DIE SENSOREN DER SENTINELS UNSICHTBAR. DU KANNST IHN PROBLEMLOS INS CAMP SCHMUGGELN.
DAS SAGT SICH SO LEICHT.
STIMMT AUCH WIEDER. ALSO BIS UM MITTERNACHT. DANN HOLE ICH EUCH RAUS. MACHT EUCH BEREIT. VIEL GLÜCK.
DANKE, LOGAN. WIR ERWARTEN DICH.

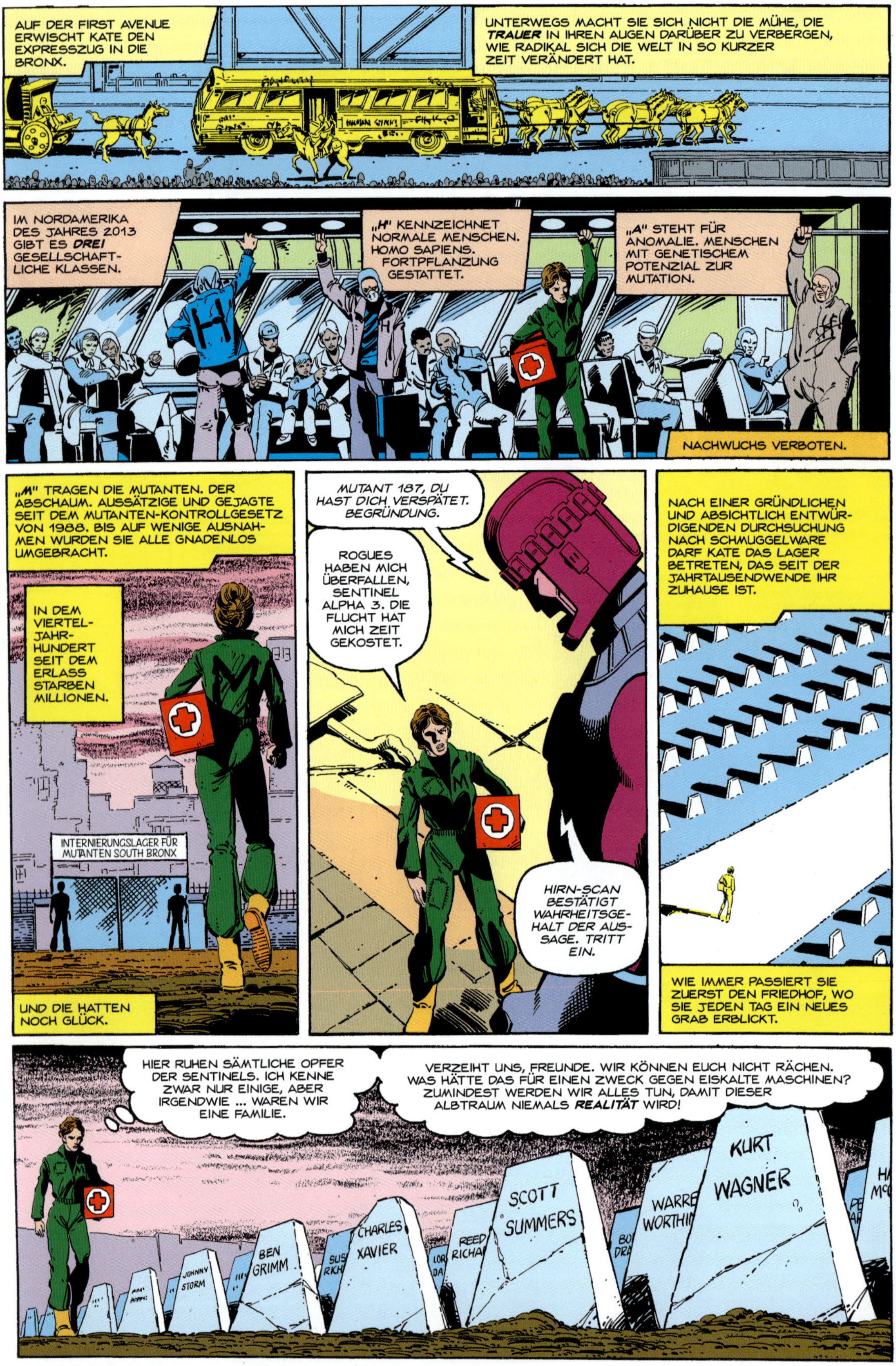

AUF DER FIRST AVENUE ERWISCHT KATE DEN EXPRESSZUG IN DIE BRONX.
UNTERWEGS MACHT SIE SICH NICHT DIE MÜHE, DIE TRAUER IN IHREN AUGEN DARÜBER ZU VERBERGEN, WIE RADIKAL SICH DIE WELT IN SO KURZER ZEIT VERÄNDERT HAT.
IM NORDAMERIKA DES JAHRES 2013 GIBT ES DREI GESELLSCHAFT-LICHE KLASSEN.
„H" KENNZEICHNET NORMALE MENSCHEN. HOMO SAPIENS. FORTPFLANZUNG GESTATTET.
„A" STEHT FÜR ANOMALIE. MENSCHEN MIT GENETISCHEM POTENZIAL ZUR MUTATION.
NACHWUCHS VERBOTEN.
„M" TRAGEN DIE MUTANTEN. DER ABSCHAUM. AUSSÄTZIGE UND GEJAGTE SEIT DEM MUTANTEN-KONTROLLGESETZ VON 1988. BIS AUF WENIGE AUSNAHMEN WURDEN SIE ALLE GNADENLOS UMGEBRACHT.
IN DEM VIERTEL-JAHR-HUNDERT SEIT DEM ERLASS STARBEN MILLIONEN.
INTERNIERUNGSLAGER FÜR MUTANTEN SOUTH BRONX
UND DIE HATTEN NOCH GLÜCK.
MUTANT 187, DU HAST DICH VERSPÄTET. BEGRÜNDUNG.
ROGUES HABEN MICH ÜBERFALLEN, SENTINEL ALPHA 3. DIE FLUCHT HAT MICH ZEIT GEKOSTET.
HIRN-SCAN BESTÄTIGT WAHRHEITSGE-HALT DER AUS-SAGE. TRITT EIN.
NACH EINER GRÜNDLICHEN UND ABSICHTLICH ENTWÜR-DIGENDEN DURCHSUCHUNG NACH SCHMUGGELWARE DARF KATE DAS LAGER BETRETEN, DAS SEIT DER JAHRTAUSENDWENDE IHR ZUHAUSE IST.
WIE IMMER PASSIERT SIE ZUERST DEN FRIEDHOF, WO SIE JEDEN TAG EIN NEUES GRAB ERBLICKT.
HIER RUHEN SÄMTLICHE OPFER DER SENTINELS. ICH KENNE ZWAR NUR EINIGE, ABER IRGENDWIE ... WAREN WIR EINE FAMILIE.
VERZEIHT UNS, FREUNDE. WIR KÖNNEN EUCH NICHT RÄCHEN. WAS HÄTTE DAS FÜR EINEN ZWECK GEGEN EISKALTE MASCHINEN? ZUMINDEST WERDEN WIR ALLES TUN, DAMIT DIESER ALBTRAUM NIEMALS REALITÄT WIRD!
KURT WAGNER
SCOTT SUMMERS
CHARLES XAVIER
BEN GRIMM
JOHNNY STORM

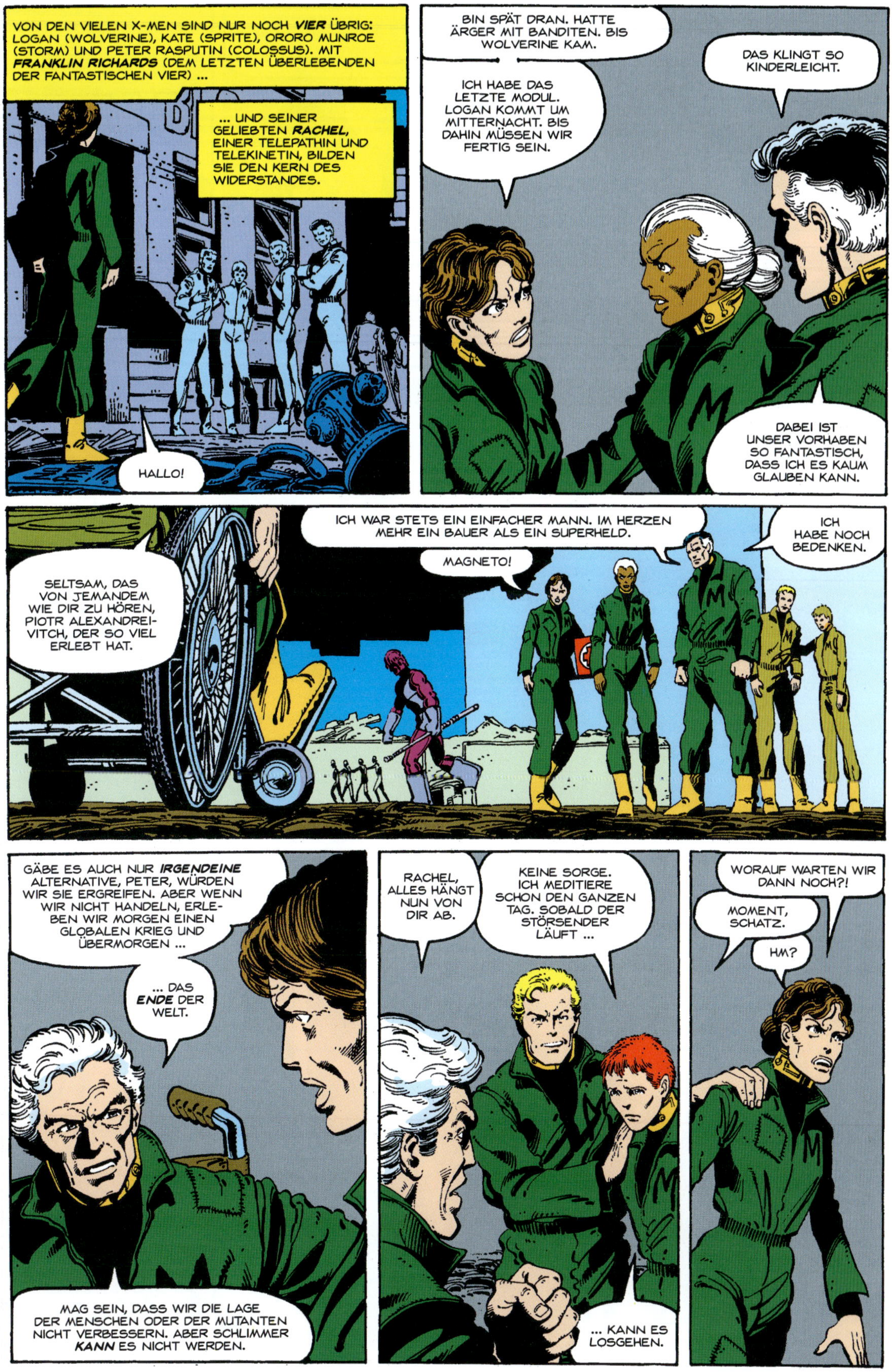

VON DEN VIELEN X-MEN SIND NUR NOCH VIER ÜBRIG: LOGAN (WOLVERINE), KATE (SPRITE), ORORO MUNROE (STORM) UND PETER RASPUTIN (COLOSSUS). MIT FRANKLIN RICHARDS (DEM LETZTEN ÜBERLEBENDEN DER FANTASTISCHEN VIER) ...
... UND SEINER GELIEBTEN RACHEL, EINER TELEPATHIN UND TELEKINETIN, BILDEN SIE DEN KERN DES WIDERSTANDES.
HALLO!
BIN SPÄT DRAN. HATTE ÄRGER MIT BANDITEN. BIS WOLVERINE KAM.
ICH HABE DAS LETZTE MODUL. LOGAN KOMMT UM MITTERNACHT. BIS DAHIN MÜSSEN WIR FERTIG SEIN.
DAS KLINGT SO KINDERLEICHT.
DABEI IST UNSER VORHABEN SO FANTASTISCH, DASS ICH ES KAUM GLAUBEN KANN.
ICH WAR STETS EIN EINFACHER MANN. IM HERZEN MEHR EIN BAUER ALS EIN SUPERHELD.
ICH HABE NOCH BEDENKEN.
MAGNETO!
SELTSAM, DAS VON JEMANDEM WIE DIR ZU HÖREN, PIOTR ALEXANDREI-VITCH, DER SO VIEL ERLEBT HAT.
GÄBE ES AUCH NUR IRGENDEINE ALTERNATIVE, PETER, WÜRDEN WIR SIE ERGREIFEN. ABER WENN WIR NICHT HANDELN, ERLE-BEN WIR MORGEN EINEN GLOBALEN KRIEG UND ÜBERMORGEN ...
... DAS ENDE DER WELT.
MAG SEIN, DASS WIR DIE LAGE DER MENSCHEN ODER DER MUTANTEN NICHT VERBESSERN. ABER SCHLIMMER KANN ES NICHT WERDEN.
RACHEL, ALLES HÄNGT NUN VON DIR AB.
KEINE SORGE. ICH MEDITIERE SCHON DEN GANZEN TAG. SOBALD DER STÖRSENDER LÄUFT ...
... KANN ES LOSGEHEN.
WORAUF WARTEN WIR DANN NOCH?!
MOMENT, SCHATZ.
HM?

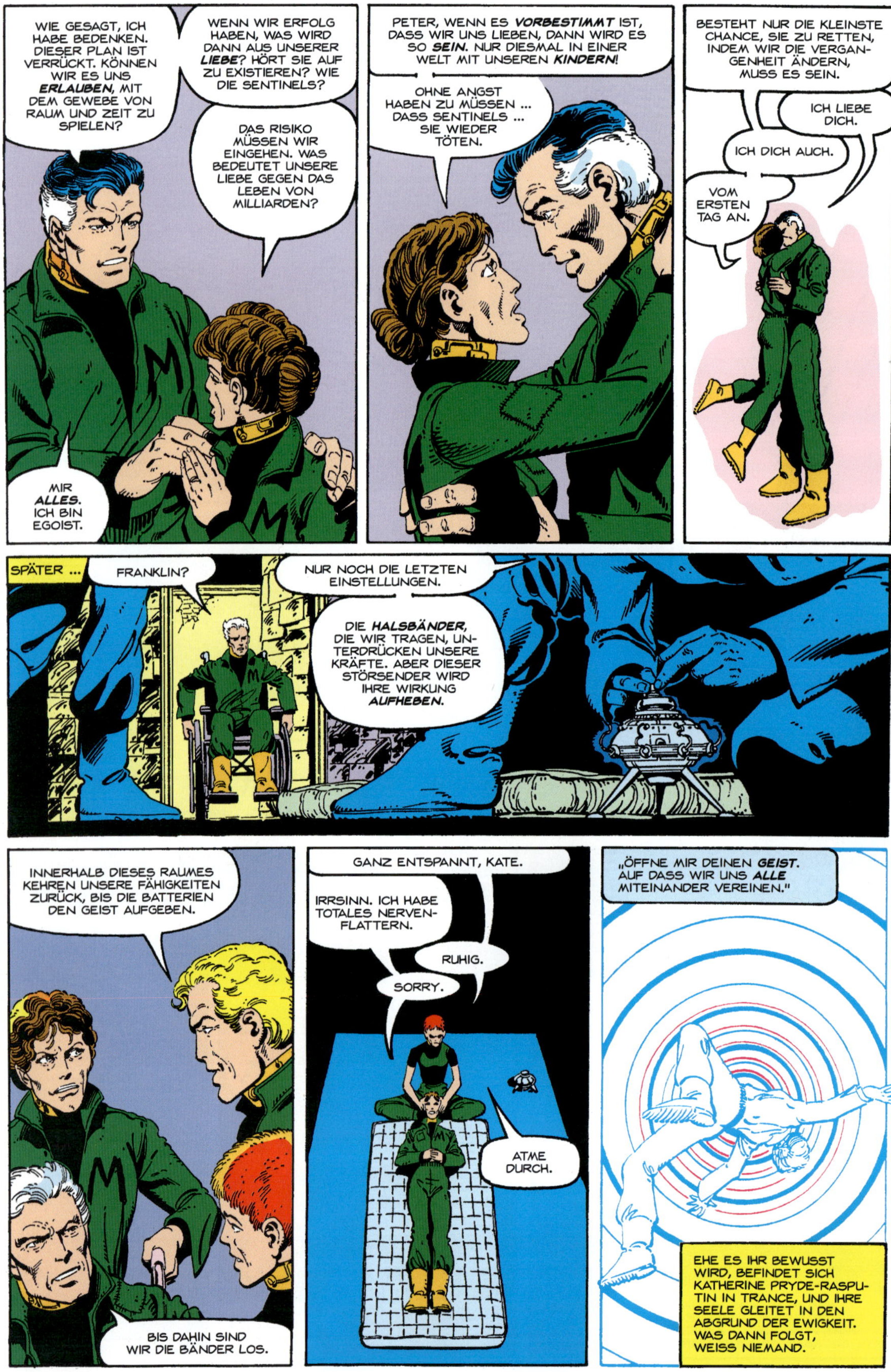
WIE GESAGT, ICH HABE BEDENKEN. DIESER PLAN IST VERRÜCKT. KÖNNEN WIR ES UNS ERLAUBEN, MIT DEM GEWEBE VON RAUM UND ZEIT ZU SPIELEN?
WENN WIR ERFOLG HABEN, WAS WIRD DANN AUS UNSERER LIEBE? HÖRT SIE AUF ZU EXISTIEREN? WIE DIE SENTINELS?
DAS RISIKO MÜSSEN WIR EINGEHEN. WAS BEDEUTET UNSERE LIEBE GEGEN DAS LEBEN VON MILLIARDEN?
MIR ALLES. ICH BIN EGOIST.
PETER, WENN ES VORBESTIMMT IST, DASS WIR UNS LIEBEN, DANN WIRD ES SO SEIN. NUR DIESMAL IN EINER WELT MIT UNSEREN KINDERN!
OHNE ANGST HABEN ZU MÜSSEN ... DASS SENTINELS ... SIE WIEDER TÖTEN.
BESTEHT NUR DIE KLEINSTE CHANCE, SIE ZU RETTEN, INDEM WIR DIE VERGANGENHEIT ÄNDERN, MUSS ES SEIN.
ICH LIEBE DICH.
ICH DICH AUCH.
VOM ERSTEN TAG AN.
SPÄTER ...
FRANKLIN?
NUR NOCH DIE LETZTEN EINSTELLUNGEN.
DIE HALSBÄNDER, DIE WIR TRAGEN, UNTERDRÜCKEN UNSERE KRÄFTE. ABER DIESER STÖRSENDER WIRD IHRE WIRKUNG AUFHEBEN.
INNERHALB DIESES RAUMES KEHREN UNSERE FÄHIGKEITEN ZURÜCK, BIS DIE BATTERIEN DEN GEIST AUFGEBEN.
BIS DAHIN SIND WIR DIE BÄNDER LOS.
GANZ ENTSPANNT, KATE.
IRRSINN. ICH HABE TOTALES NERVENFLATTERN.
RUHIG.
SORRY.
ATME DURCH.
„ÖFFNE MIR DEINEN GEIST. AUF DASS WIR UNS ALLE MITEINANDER VEREINEN."
EHE ES IHR BEWUSST WIRD, BEFINDET SICH KATHERINE PRYDE-RASPUTIN IN TRANCE, UND IHRE SEELE GLEITET IN DEN ABGRUND DER EWIGKEIT. WAS DANN FOLGT, WEISS NIEMAND.

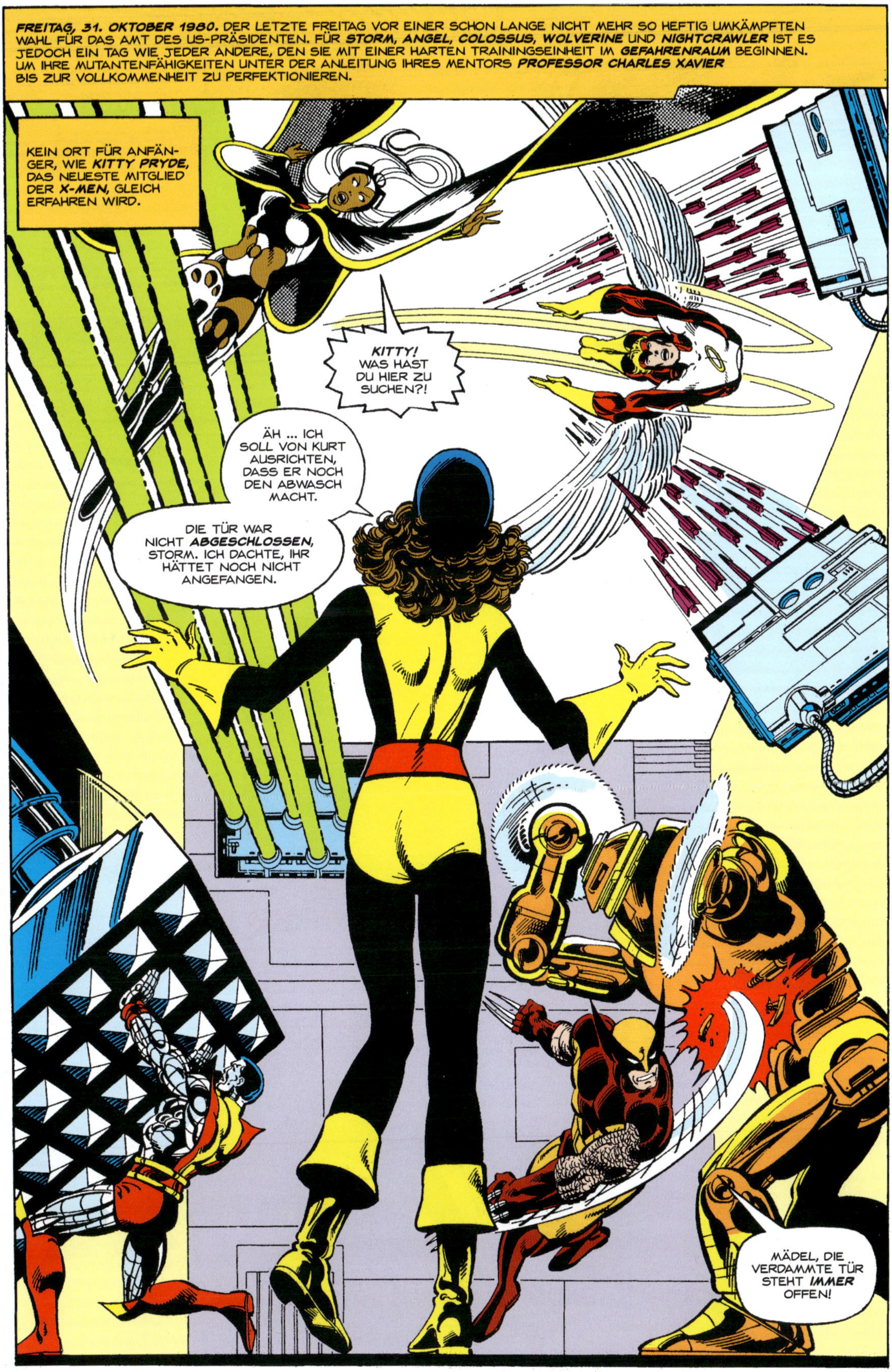
FREITAG, 31. OKTOBER 1980. DER LETZTE FREITAG VOR EINER SCHON LANGE NICHT MEHR SO HEFTIG UMKÄMPFTEN WAHL FÜR DAS AMT DES US-PRÄSIDENTEN. FÜR STORM, ANGEL, COLOSSUS, WOLVERINE UND NIGHTCRAWLER IST ES JEDOCH EIN TAG WIE JEDER ANDERE, DEN SIE MIT EINER HARTEN TRAININGSEINHEIT IM GEFAHRENRAUM BEGINNEN. UM IHRE MUTANTENFÄHIGKEITEN UNTER DER ANLEITUNG IHRES MENTORS PROFESSOR CHARLES XAVIER BIS ZUR VOLLKOMMENHEIT ZU PERFEKTIONIEREN.
KEIN ORT FÜR ANFÄNGER, WIE KITTY PRYDE, DAS NEUESTE MITGLIED DER X-MEN, GLEICH ERFAHREN WIRD.
KITTY! WAS HAST DU HIER ZU SUCHEN?!
DIE TÜR WAR NICHT ABGESCHLOSSEN, STORM. ICH DACHTE, IHR HÄTTET NOCH NICHT ANGEFANGEN.
ÄH ... ICH SOLL VON KURT AUSRICHTEN, DASS ER NOCH DEN ABWASCH MACHT.
MÄDEL, DIE VERDAMMTE TÜR STEHT IMMER OFFEN!

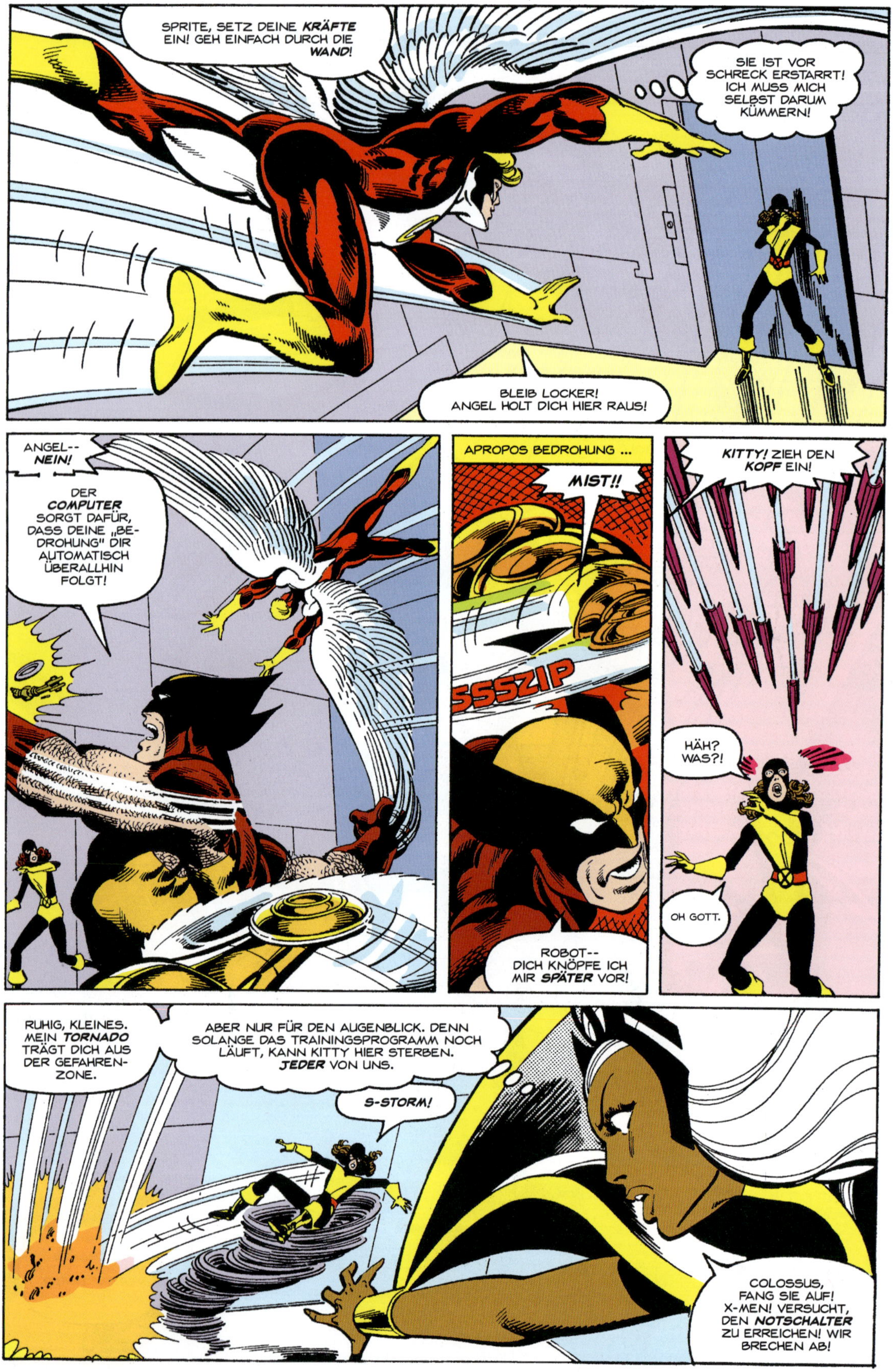

SPRITE, SETZ DEINE KRÄFTE EIN! GEH EINFACH DURCH DIE WAND!
SIE IST VOR SCHRECK ERSTARRT! ICH MUSS MICH SELBST DARUM KÜMMERN!
BLEIB LOCKER! ANGEL HOLT DICH HIER RAUS!
ANGEL-- NEIN!
DER COMPUTER SORGT DAFÜR, DASS DEINE „BEDROHUNG" DIR AUTOMATISCH ÜBERALLHIN FOLGT!
APROPOS BEDROHUNG ...
MIST!!
SSSZIP
ROBOT-- DICH KNÖPFE ICH MIR SPÄTER VOR!
KITTY! ZIEH DEN KOPF EIN!
HÄH? WAS?!
OH GOTT.
RUHIG, KLEINES. MEIN TORNADO TRÄGT DICH AUS DER GEFAHRENZONE.
ABER NUR FÜR DEN AUGENBLICK. DENN SOLANGE DAS TRAININGSPROGRAMM NOCH LÄUFT, KANN KITTY HIER STERBEN. JEDER VON UNS.
S-STORM!
COLOSSUS, FANG SIE AUF! X-MEN! VERSUCHT, DEN NOTSCHALTER ZU ERREICHEN! WIR BRECHEN AB!

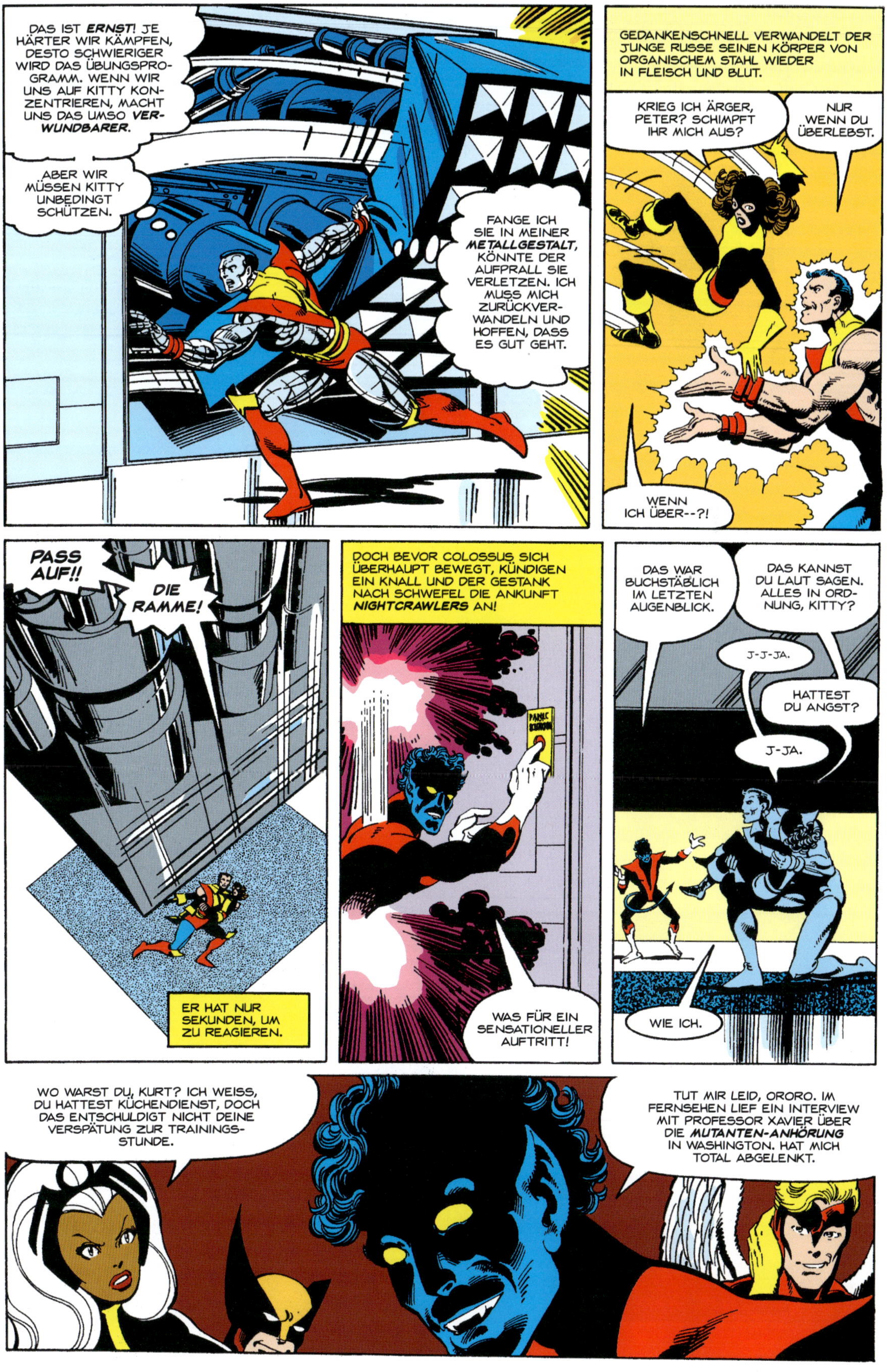
DAS IST ERNST! JE HÄRTER WIR KÄMPFEN, DESTO SCHWIERIGER WIRD DAS ÜBUNGSPROGRAMM. WENN WIR UNS AUF KITTY KONZENTRIEREN, MACHT UNS DAS UMSO VERWUNDBARER.
ABER WIR MÜSSEN KITTY UNBEDINGT SCHÜTZEN.
FANGE ICH SIE IN MEINER METALLGESTALT, KÖNNTE DER AUFPRALL SIE VERLETZEN. ICH MUSS MICH ZURÜCKVERWANDELN UND HOFFEN, DASS ES GUT GEHT.
GEDANKENSCHNELL VERWANDELT DER JUNGE RUSSE SEINEN KÖRPER VON ORGANISCHEM STAHL WIEDER IN FLEISCH UND BLUT.
KRIEG ICH ÄRGER, PETER? SCHIMPFT IHR MICH AUS?
NUR WENN DU ÜBERLEBST.
WENN ICH ÜBER--?!
PASS AUF!!
DIE RAMME!
ER HAT NUR SEKUNDEN, UM ZU REAGIEREN.
DOCH BEVOR COLOSSUS SICH ÜBERHAUPT BEWEGT, KÜNDIGEN EIN KNALL UND DER GESTANK NACH SCHWEFEL DIE ANKUNFT NIGHTCRAWLERS AN!
WAS FÜR EIN SENSATIONELLER AUFTRITT!
DAS WAR BUCHSTÄBLICH IM LETZTEN AUGENBLICK.
DAS KANNST DU LAUT SAGEN. ALLES IN ORDNUNG, KITTY?
J-J-JA.
HATTEST DU ANGST?
J-JA.
WIE ICH.
WO WARST DU, KURT? ICH WEISS, DU HATTEST KÜCHENDIENST, DOCH DAS ENTSCHULDIGT NICHT DEINE VERSPÄTUNG ZUR TRAININGSSTUNDE.
TUT MIR LEID, ORORO. IM FERNSEHEN LIEF EIN INTERVIEW MIT PROFESSOR XAVIER ÜBER DIE MUTANTEN-ANHÖRUNG IN WASHINGTON. HAT MICH TOTAL ABGELENKT.

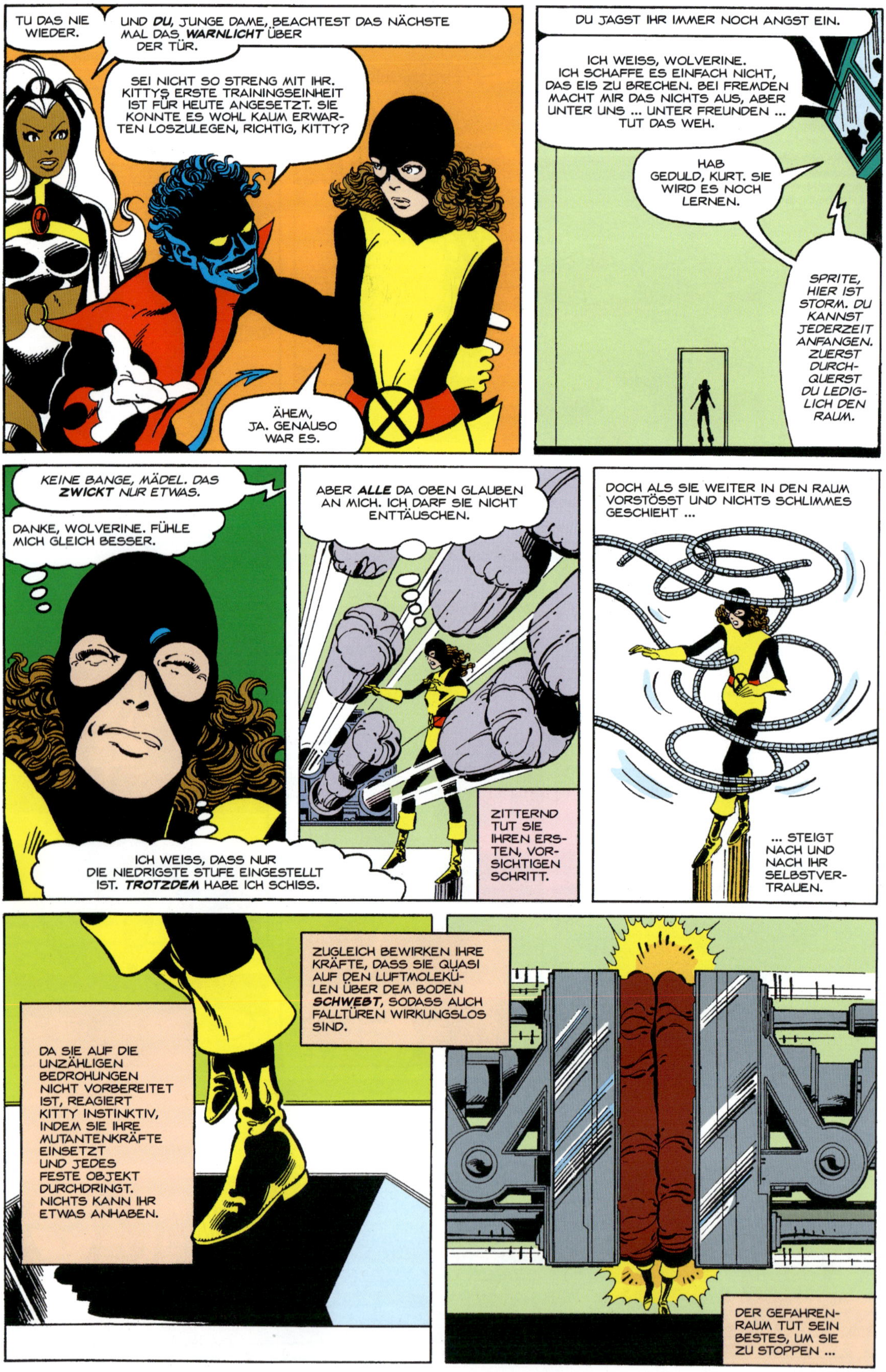
TU DAS NIE WIEDER.
UND *DU*, JUNGE DAME, BEACHTEST DAS NÄCHSTE MAL DAS *WARNLICHT* ÜBER DER TÜR.
SEI NICHT SO STRENG MIT IHR. KITTYS ERSTE TRAININGSEINHEIT IST FÜR HEUTE ANGESETZT. SIE KONNTE ES WOHL KAUM ERWARTEN LOSZULEGEN, RICHTIG, KITTY?
ÄHEM, JA. GENAUSO WAR ES.
DU JAGST IHR IMMER NOCH ANGST EIN.
ICH WEISS, WOLVERINE. ICH SCHAFFE ES EINFACH NICHT, DAS EIS ZU BRECHEN. BEI FREMDEN MACHT MIR DAS NICHTS AUS, ABER UNTER UNS ... UNTER FREUNDEN ... TUT DAS WEH.
HAB GEDULD, KURT. SIE WIRD ES NOCH LERNEN.
SPRITE, HIER IST STORM. DU KANNST JEDERZEIT ANFANGEN. ZUERST DURCHQUERST DU LEDIGLICH DEN RAUM.
KEINE BANGE, MÄDEL. DAS *ZWICKT* NUR ETWAS.
DANKE, WOLVERINE. FÜHLE MICH GLEICH BESSER.
ICH WEISS, DASS NUR DIE NIEDRIGSTE STUFE EINGESTELLT IST. *TROTZDEM* HABE ICH SCHISS.
ABER *ALLE* DA OBEN GLAUBEN AN MICH. ICH DARF SIE NICHT ENTTÄUSCHEN.
ZITTERND TUT SIE IHREN ERSTEN, VORSICHTIGEN SCHRITT.
DOCH ALS SIE WEITER IN DEN RAUM VORSTÖSST UND NICHTS SCHLIMMES GESCHIEHT ...
... STEIGT NACH UND NACH IHR SELBSTVERTRAUEN.
DA SIE AUF DIE UNZÄHLIGEN BEDROHUNGEN NICHT VORBEREITET IST, REAGIERT KITTY INSTINKTIV, INDEM SIE IHRE MUTANTENKRÄFTE EINSETZT UND JEDES FESTE OBJEKT DURCHDRINGT. NICHTS KANN IHR ETWAS ANHABEN.
ZUGLEICH BEWIRKEN IHRE KRÄFTE, DASS SIE QUASI AUF DEN LUFTMOLEKÜLEN ÜBER DEM BODEN *SCHWEBT*, SODASS AUCH FALLTÜREN WIRKUNGSLOS SIND.
DER GEFAHRENRAUM TUT SEIN BESTES, UM SIE ZU STOPPEN ...

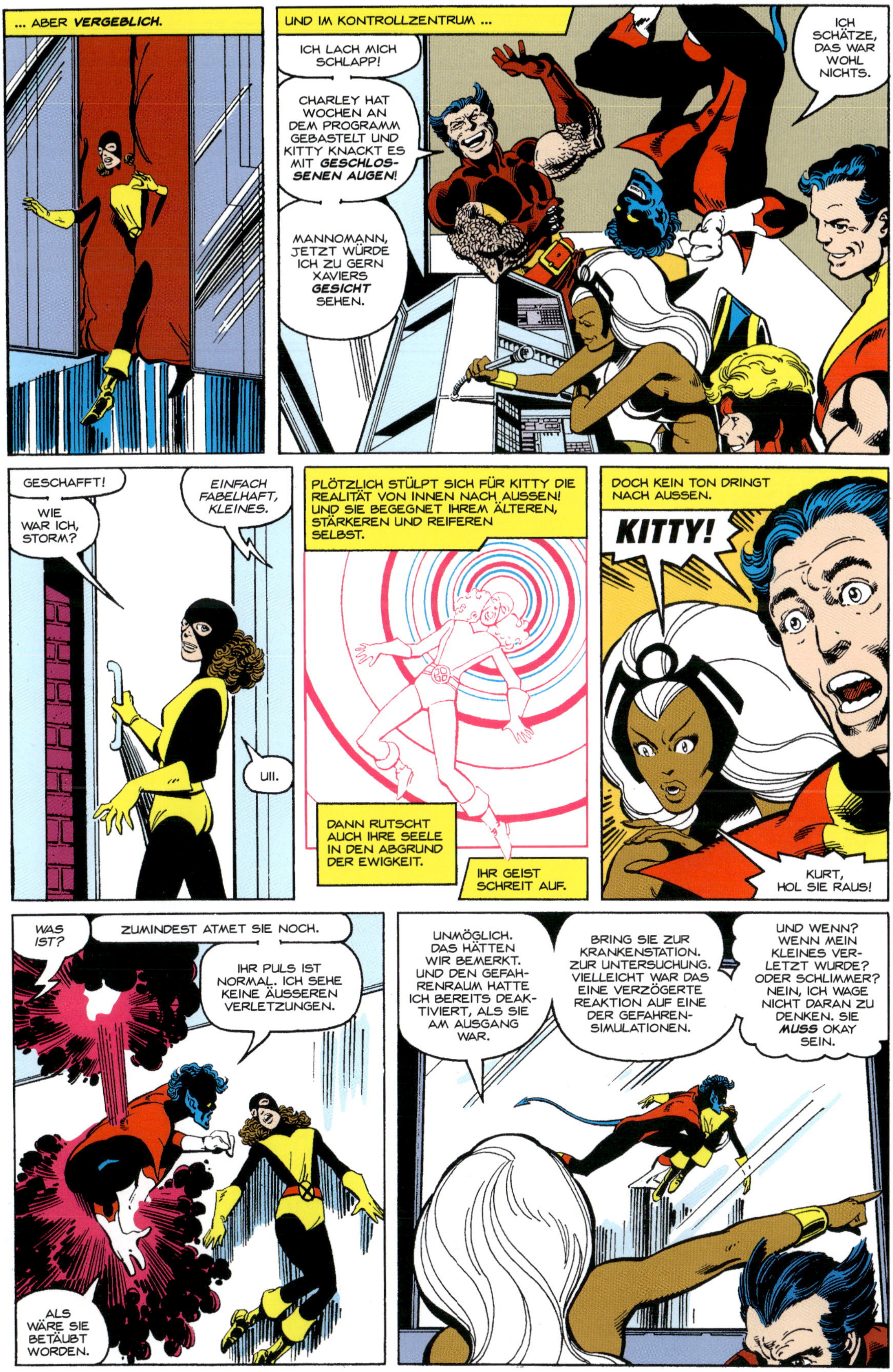
... ABER VERGEBLICH.
UND IM KONTROLLZENTRUM ...
ICH LACH MICH SCHLAPP!
CHARLEY HAT WOCHEN AN DEM PROGRAMM GEBASTELT UND KITTY KNACKT ES MIT GESCHLOSSENEN AUGEN!
MANNOMANN, JETZT WÜRDE ICH ZU GERN XAVIERS GESICHT SEHEN.
ICH SCHÄTZE, DAS WAR WOHL NICHTS.
GESCHAFFT!
WIE WAR ICH, STORM?
EINFACH FABELHAFT, KLEINES.
UII.
PLÖTZLICH STÜLPT SICH FÜR KITTY DIE REALITÄT VON INNEN NACH AUSSEN! UND SIE BEGEGNET IHREM ÄLTEREN, STÄRKEREN UND REIFEREN SELBST.
DANN RUTSCHT AUCH IHRE SEELE IN DEN ABGRUND DER EWIGKEIT.
IHR GEIST SCHREIT AUF.
DOCH KEIN TON DRINGT NACH AUSSEN.
KITTY!
KURT, HOL SIE RAUS!
WAS IST?
ZUMINDEST ATMET SIE NOCH.
IHR PULS IST NORMAL. ICH SEHE KEINE ÄUSSEREN VERLETZUNGEN.
ALS WÄRE SIE BETÄUBT WORDEN.
UNMÖGLICH. DAS HÄTTEN WIR BEMERKT. UND DEN GEFAHRENRAUM HATTE ICH BEREITS DEAKTIVIERT, ALS SIE AM AUSGANG WAR.
BRING SIE ZUR KRANKENSTATION. ZUR UNTERSUCHUNG. VIELLEICHT WAR DAS EINE VERZÖGERTE REAKTION AUF EINE DER GEFAHRENSIMULATIONEN.
UND WENN? WENN MEIN KLEINES VERLETZT WURDE? ODER SCHLIMMER? NEIN, ICH WAGE NICHT DARAN ZU DENKEN. SIE MUSS OKAY SEIN.

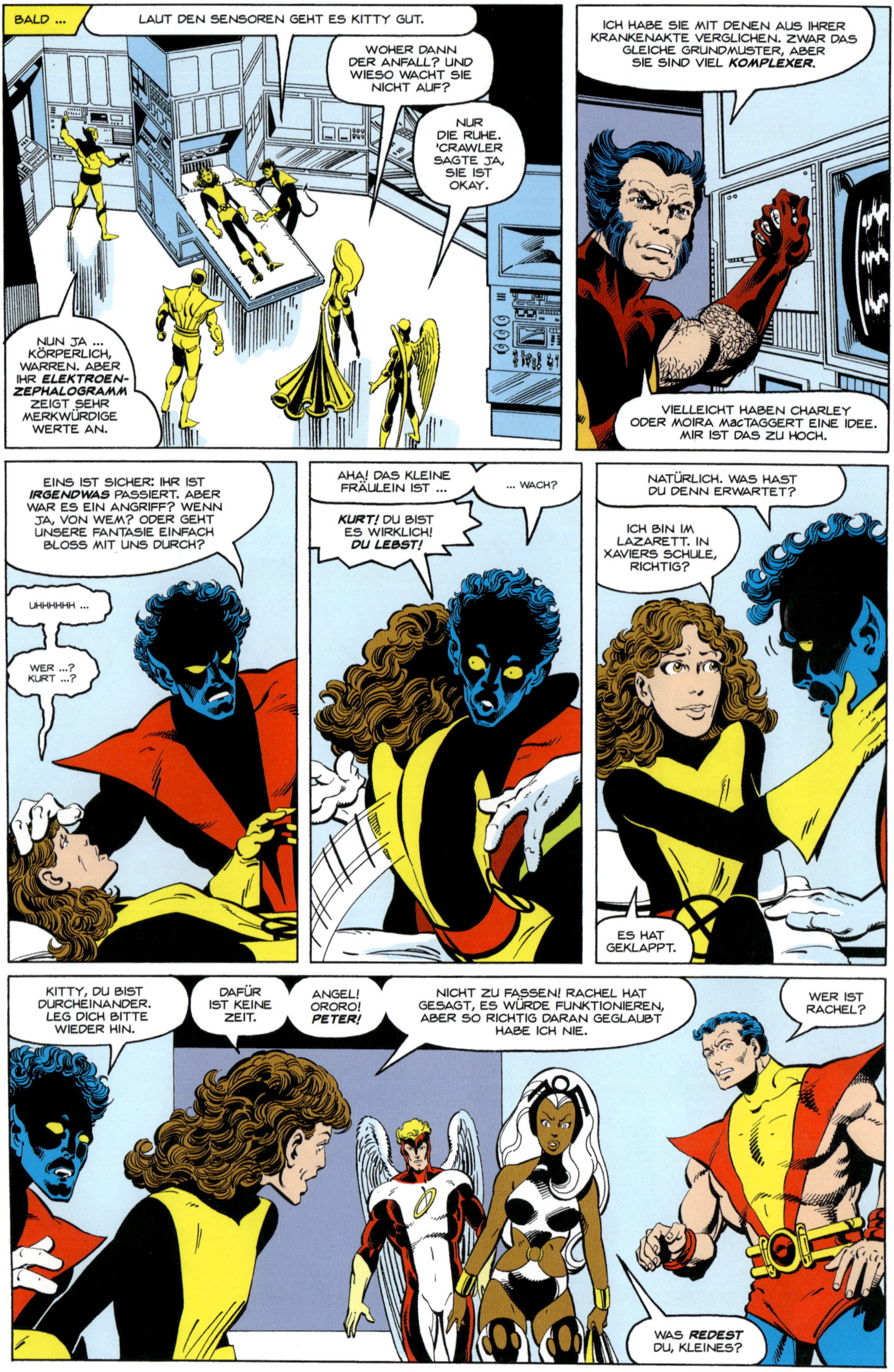
BALD ...
LAUT DEN SENSOREN GEHT ES KITTY GUT.
WOHER DANN DER ANFALL? UND WIESO WACHT SIE NICHT AUF?
NUR DIE RUHE. 'CRAWLER SAGTE JA, SIE IST OKAY.
NUN JA ... KÖRPERLICH, WARREN. ABER IHR ELEKTROEN-ZEPHALOGRAMM ZEIGT SEHR MERKWÜRDIGE WERTE AN.
ICH HABE SIE MIT DENEN AUS IHRER KRANKENAKTE VERGLICHEN. ZWAR DAS GLEICHE GRUNDMUSTER, ABER SIE SIND VIEL KOMPLEXER.
VIELLEICHT HABEN CHARLEY ODER MOIRA MacTAGGERT EINE IDEE. MIR IST DAS ZU HOCH.
EINS IST SICHER: IHR IST IRGENDWAS PASSIERT. ABER WAR ES EIN ANGRIFF? WENN JA, VON WEM? ODER GEHT UNSERE FANTASIE EINFACH BLOSS MIT UNS DURCH?
UHHHHHH ...
WER ...? KURT ...?
AHA! DAS KLEINE FRÄULEIN IST ...
... WACH?
KURT! DU BIST ES WIRKLICH! DU LEBST!
NATÜRLICH. WAS HAST DU DENN ERWARTET?
ICH BIN IM LAZARETT. IN XAVIERS SCHULE, RICHTIG?
ES HAT GEKLAPPT.
KITTY, DU BIST DURCHEINANDER. LEG DICH BITTE WIEDER HIN.
DAFÜR IST KEINE ZEIT.
ANGEL! ORORO! PETER!
NICHT ZU FASSEN! RACHEL HAT GESAGT, ES WÜRDE FUNKTIONIEREN, ABER SO RICHTIG DARAN GEGLAUBT HABE ICH NIE.
WER IST RACHEL?
WAS REDEST DU, KLEINES?

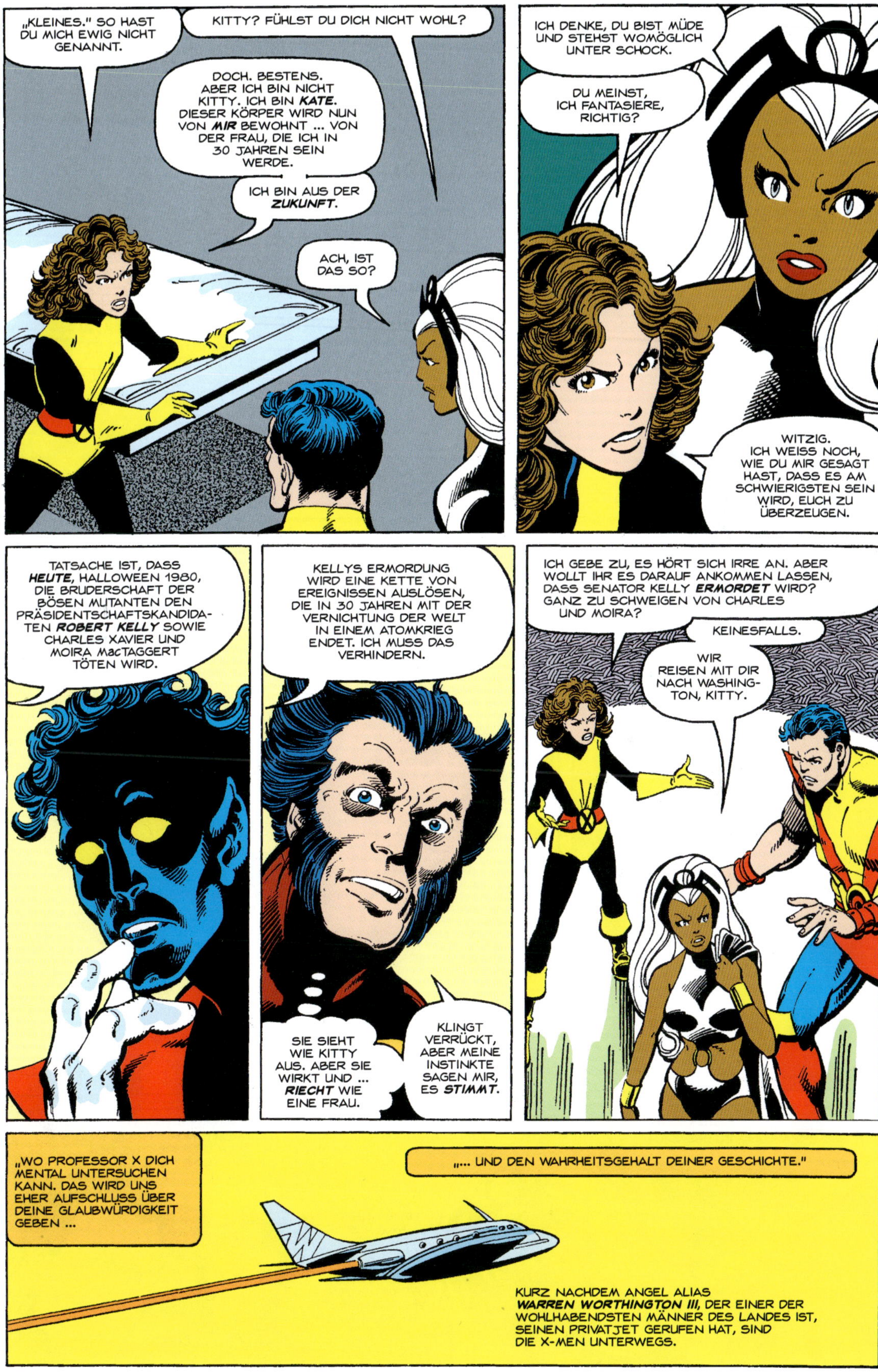
„KLEINES." SO HAST DU MICH EWIG NICHT GENANNT.
KITTY? FÜHLST DU DICH NICHT WOHL?
DOCH. BESTENS. ABER ICH BIN NICHT KITTY. ICH BIN KATE. DIESER KÖRPER WIRD NUN VON MIR BEWOHNT ... VON DER FRAU, DIE ICH IN 30 JAHREN SEIN WERDE.
ICH BIN AUS DER ZUKUNFT.
ACH, IST DAS SO?
ICH DENKE, DU BIST MÜDE UND STEHST WOMÖGLICH UNTER SCHOCK.
DU MEINST, ICH FANTASIERE, RICHTIG?
WITZIG. ICH WEISS NOCH, WIE DU MIR GESAGT HAST, DASS ES AM SCHWIERIGSTEN SEIN WIRD, EUCH ZU ÜBERZEUGEN.
TATSACHE IST, DASS HEUTE, HALLOWEEN 1980, DIE BRUDERSCHAFT DER BÖSEN MUTANTEN DEN PRÄSIDENTSCHAFTSKANDIDATEN ROBERT KELLY SOWIE CHARLES XAVIER UND MOIRA MacTAGGERT TÖTEN WIRD.
KELLYS ERMORDUNG WIRD EINE KETTE VON EREIGNISSEN AUSLÖSEN, DIE IN 30 JAHREN MIT DER VERNICHTUNG DER WELT IN EINEM ATOMKRIEG ENDET. ICH MUSS DAS VERHINDERN.
SIE SIEHT WIE KITTY AUS. ABER SIE WIRKT UND ... RIECHT WIE EINE FRAU.
KLINGT VERRÜCKT, ABER MEINE INSTINKTE SAGEN MIR, ES STIMMT.
ICH GEBE ZU, ES HÖRT SICH IRRE AN. ABER WOLLT IHR ES DARAUF ANKOMMEN LASSEN, DASS SENATOR KELLY ERMORDET WIRD? GANZ ZU SCHWEIGEN VON CHARLES UND MOIRA?
KEINESFALLS.
WIR REISEN MIT DIR NACH WASHINGTON, KITTY.
„WO PROFESSOR X DICH MENTAL UNTERSUCHEN KANN. DAS WIRD UNS EHER AUFSCHLUSS ÜBER DEINE GLAUBWÜRDIGKEIT GEBEN ...
„... UND DEN WAHRHEITSGEHALT DEINER GESCHICHTE."
KURZ NACHDEM ANGEL ALIAS WARREN WORTHINGTON III, DER EINER DER WOHLHABENDSTEN MÄNNER DES LANDES IST, SEINEN PRIVATJET GERUFEN HAT, SIND DIE X-MEN UNTERWEGS.

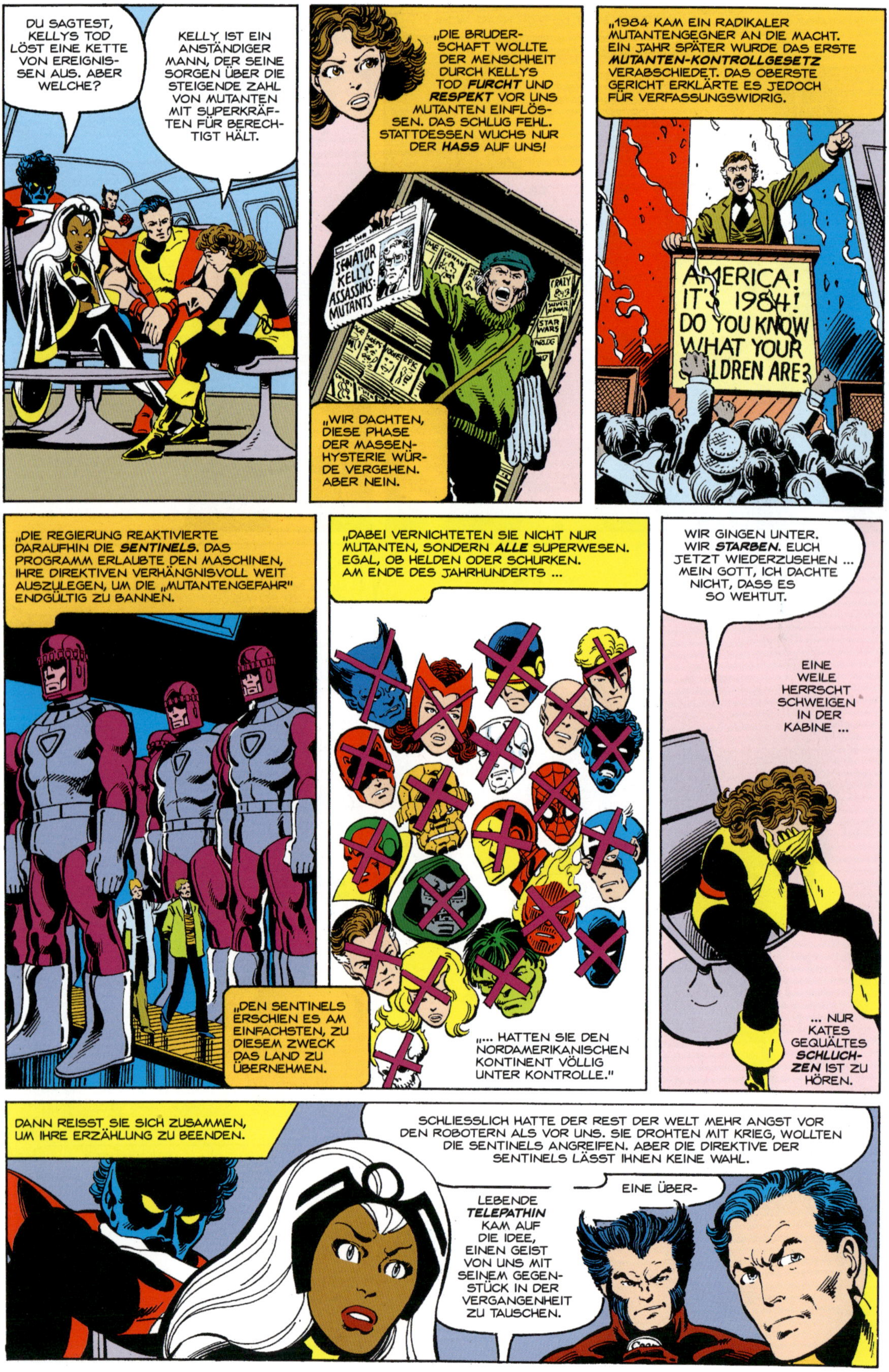

DU SAGTEST, KELLYS TOD LÖST EINE KETTE VON EREIGNISSEN AUS. ABER WELCHE?
KELLY IST EIN ANSTÄNDIGER MANN, DER SEINE SORGEN ÜBER DIE STEIGENDE ZAHL VON MUTANTEN MIT SUPERKRÄFTEN FÜR BERECHTIGT HÄLT.
„DIE BRUDERSCHAFT WOLLTE DER MENSCHHEIT DURCH KELLYS TOD **FURCHT** UND **RESPEKT** VOR UNS MUTANTEN EINFLÖSSEN. DAS SCHLUG FEHL. STATTDESSEN WUCHS NUR DER **HASS** AUF UNS!
SENATOR KELLY'S ASSASSINS: MUTANTS
„WIR DACHTEN, DIESE PHASE DER MASSENHYSTERIE WÜRDE VERGEHEN. ABER NEIN.
„1984 KAM EIN RADIKALER MUTANTENGEGNER AN DIE MACHT. EIN JAHR SPÄTER WURDE DAS ERSTE **MUTANTEN-KONTROLLGESETZ** VERABSCHIEDET. DAS OBERSTE GERICHT ERKLÄRTE ES JEDOCH FÜR VERFASSUNGSWIDRIG.
AMERICA! IT'S 1984! DO YOU KNOW WHAT YOUR
LDREN ARE?
„DIE REGIERUNG REAKTIVIERTE DARAUFHIN DIE **SENTINELS**. DAS PROGRAMM ERLAUBTE DEN MASCHINEN, IHRE DIREKTIVEN VERHÄNGNISVOLL WEIT AUSZULEGEN, UM DIE „MUTANTENGEFAHR" ENDGÜLTIG ZU BANNEN.
„DEN SENTINELS ERSCHIEN ES AM EINFACHSTEN, ZU DIESEM ZWECK DAS LAND ZU ÜBERNEHMEN.
„DABEI VERNICHTETEN SIE NICHT NUR MUTANTEN, SONDERN **ALLE** SUPERWESEN. EGAL, OB HELDEN ODER SCHURKEN. AM ENDE DES JAHRHUNDERTS ...
„... HATTEN SIE DEN NORDAMERIKANISCHEN KONTINENT VÖLLIG UNTER KONTROLLE."
WIR GINGEN UNTER. WIR **STARBEN**. EUCH JETZT WIEDERZUSEHEN ... MEIN GOTT, ICH DACHTE NICHT, DASS ES SO WEHTUT.
EINE WEILE HERRSCHT SCHWEIGEN IN DER KABINE ...
... NUR KATES GEQUÄLTES **SCHLUCHZEN** IST ZU HÖREN.
DANN REISST SIE SICH ZUSAMMEN, UM IHRE ERZÄHLUNG ZU BEENDEN.
SCHLIESSLICH HATTE DER REST DER WELT MEHR ANGST VOR DEN ROBOTERN ALS VOR UNS. SIE DROHTEN MIT KRIEG, WOLLTEN DIE SENTINELS ANGREIFEN. ABER DIE DIREKTIVE DER SENTINELS LÄSST IHNEN KEINE WAHL.
EINE ÜBER-
LEBENDE **TELEPATHIN** KAM AUF DIE IDEE, EINEN GEIST VON UNS MIT SEINEM GEGENSTÜCK IN DER VERGANGENHEIT ZU TAUSCHEN.

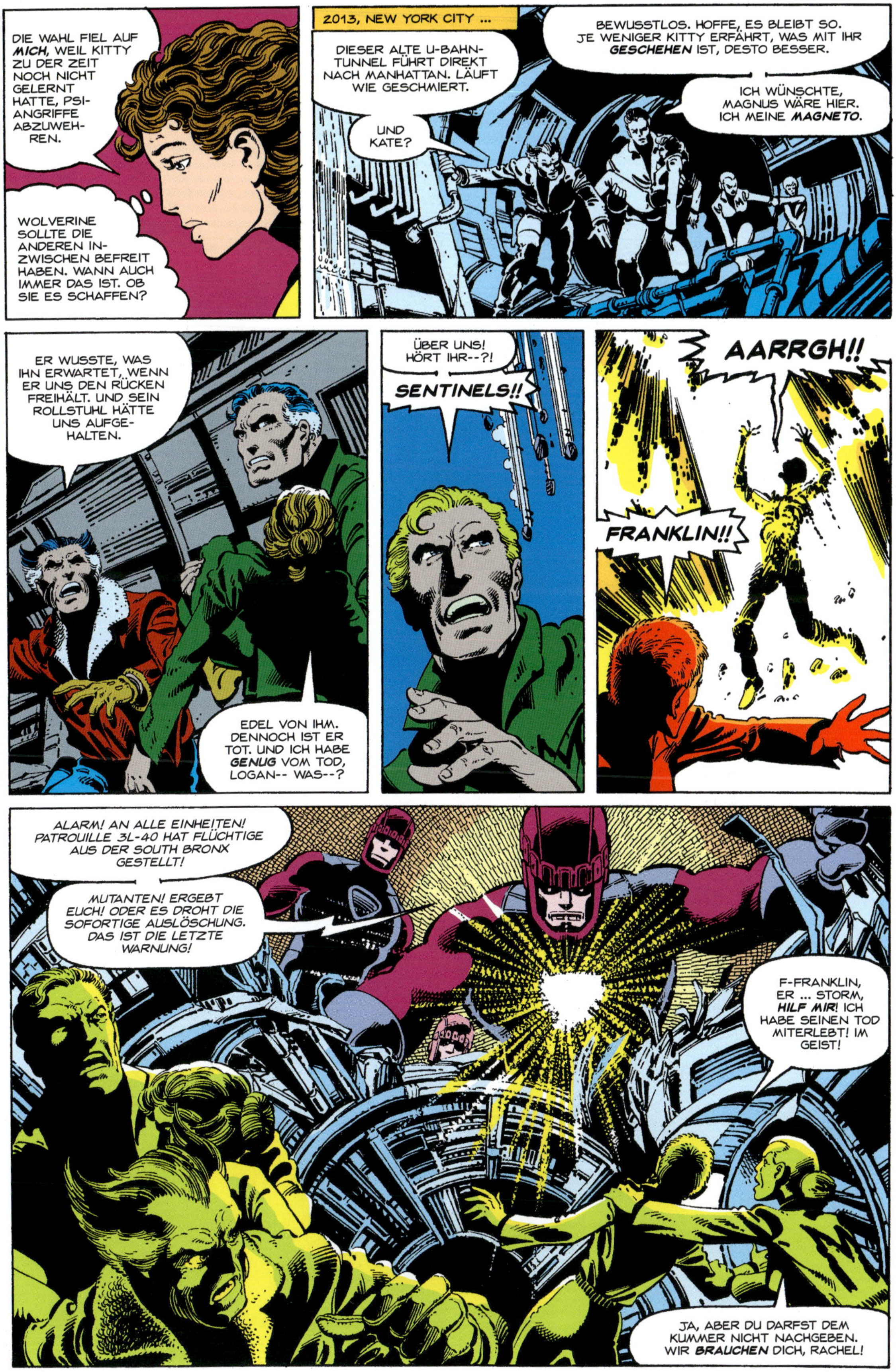
DIE WAHL FIEL AUF MICH, WEIL KITTY ZU DER ZEIT NOCH NICHT GELERNT HATTE, PSI-ANGRIFFE ABZUWEHREN.
WOLVERINE SOLLTE DIE ANDEREN INZWISCHEN BEFREIT HABEN. WANN AUCH IMMER DAS IST. OB SIE ES SCHAFFEN?
2013, NEW YORK CITY ...
DIESER ALTE U-BAHN-TUNNEL FÜHRT DIREKT NACH MANHATTAN. LÄUFT WIE GESCHMIERT.
UND KATE?
BEWUSSTLOS. HOFFE, ES BLEIBT SO. JE WENIGER KITTY ERFÄHRT, WAS MIT IHR GESCHEHEN IST, DESTO BESSER.
ICH WÜNSCHTE, MAGNUS WÄRE HIER. ICH MEINE MAGNETO.
ER WUSSTE, WAS IHN ERWARTET, WENN ER UNS DEN RÜCKEN FREIHÄLT. UND SEIN ROLLSTUHL HÄTTE UNS AUFGEHALTEN.
EDEL VON IHM. DENNOCH IST ER TOT. UND ICH HABE GENUG VOM TOD, LOGAN-- WAS--?
ÜBER UNS! HÖRT IHR--?!
SENTINELS!!
AARRGH!!
FRANKLIN!!
ALARM! AN ALLE EINHEITEN! PATROUILLE 3L-40 HAT FLÜCHTIGE AUS DER SOUTH BRONX GESTELLT!
MUTANTEN! ERGEBT EUCH! ODER ES DROHT DIE SOFORTIGE AUSLÖSCHUNG. DAS IST DIE LETZTE WARNUNG!
F-FRANKLIN, ER ... STORM, HILF MIR! ICH HABE SEINEN TOD MITERLEBT! IM GEIST!
JA, ABER DU DARFST DEM KUMMER NICHT NACHGEBEN. WIR BRAUCHEN DICH, RACHEL!

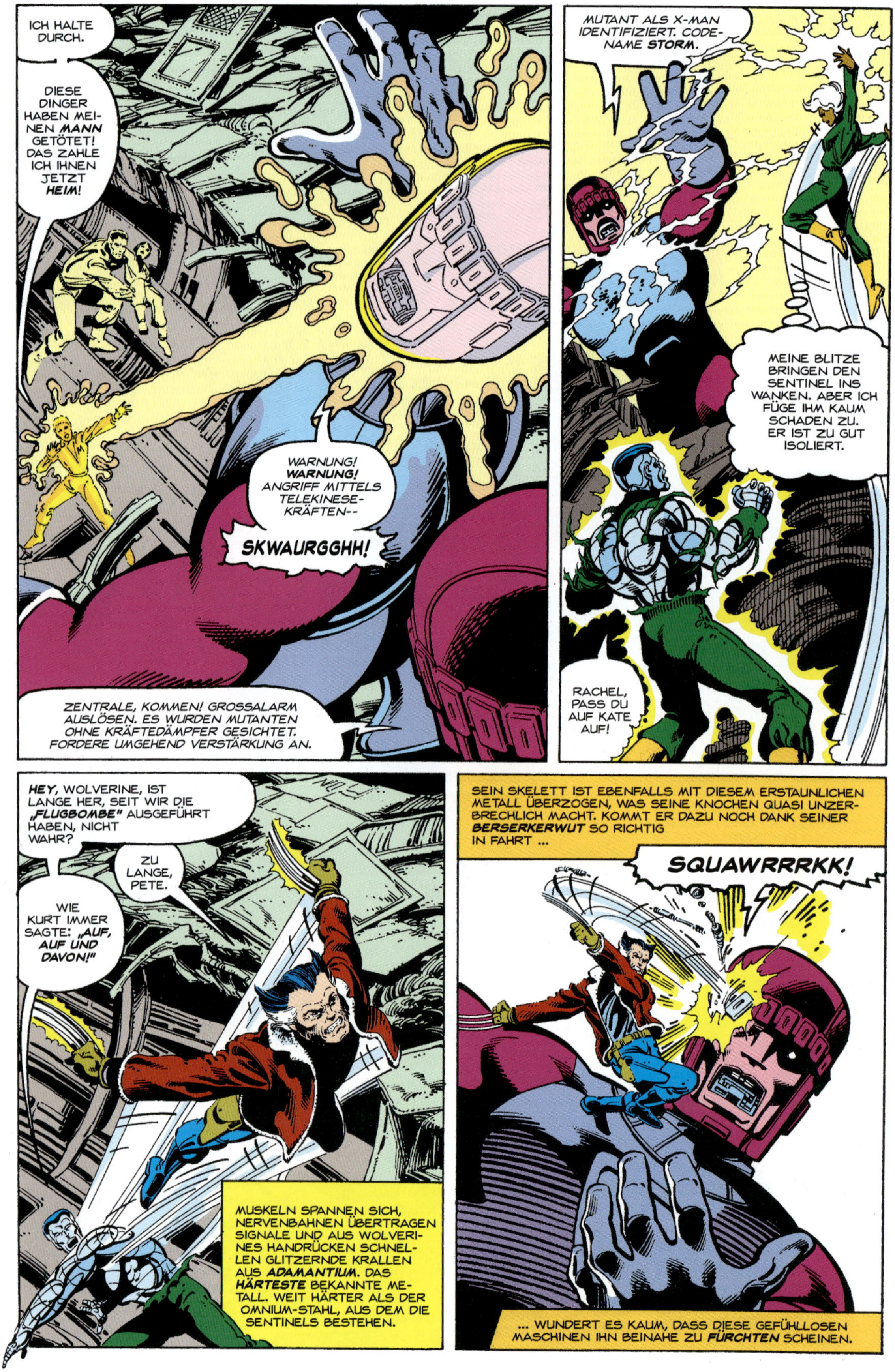

ICH HALTE DURCH.
DIESE DINGER HABEN MEINEN **MANN** GETÖTET! DAS ZAHLE ICH IHNEN JETZT **HEIM**!
WARNUNG! **WARNUNG!** ANGRIFF MITTELS TELEKINESE-KRÄFTEN--
SKWAURGGHH!
ZENTRALE, KOMMEN! GROSSALARM AUSLÖSEN. ES WURDEN MUTANTEN OHNE KRÄFTEDÄMPFER GESICHTET. FORDERE UMGEHEND VERSTÄRKUNG AN.
MUTANT ALS X-MAN IDENTIFIZIERT. CODENAME **STORM**.
MEINE BLITZE BRINGEN DEN SENTINEL INS WANKEN. ABER ICH FÜGE IHM KAUM SCHADEN ZU. ER IST ZU GUT ISOLIERT.
RACHEL, PASS DU AUF KATE AUF!
HEY, WOLVERINE, IST LANGE HER, SEIT WIR DIE **„FLUGBOMBE"** AUSGEFÜHRT HABEN, NICHT WAHR?
ZU LANGE, PETE.
WIE KURT IMMER SAGTE: **„AUF, AUF UND DAVON!"**
MUSKELN SPANNEN SICH, NERVENBAHNEN ÜBERTRAGEN SIGNALE UND AUS WOLVERINES HANDRÜCKEN SCHNELLEN GLITZERNDE KRALLEN AUS **ADAMANTIUM**. DAS **HÄRTESTE** BEKANNTE METALL. WEIT HÄRTER ALS DER OMNIUM-STAHL, AUS DEM DIE SENTINELS BESTEHEN.
SEIN SKELETT IST EBENFALLS MIT DIESEM ERSTAUNLICHEN METALL ÜBERZOGEN, WAS SEINE KNOCHEN QUASI UNZERBRECHLICH MACHT. KOMMT ER DAZU NOCH DANK SEINER **BERSERKERWUT** SO RICHTIG IN FAHRT ...
SQUAWRRRKK!
... WUNDERT ES KAUM, DASS DIESE GEFÜHLLOSEN MASCHINEN IHN BEINAHE ZU **FÜRCHTEN** SCHEINEN.

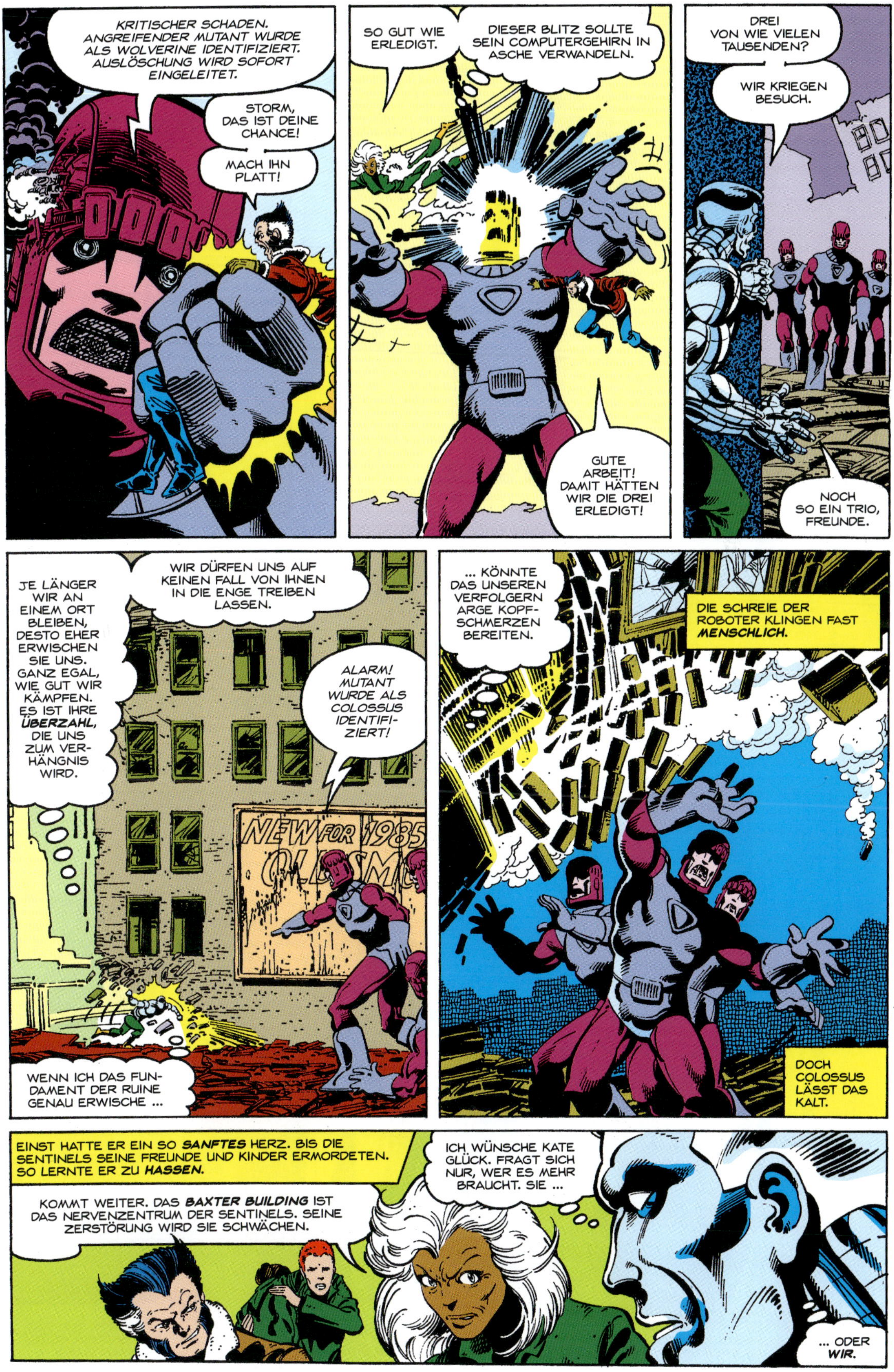
KRITISCHER SCHADEN. ANGREIFENDER MUTANT WURDE ALS WOLVERINE IDENTIFIZIERT. AUSLÖSCHUNG WIRD SOFORT EINGELEITET.
STORM, DAS IST DEINE CHANCE!
MACH IHN PLATT!
SO GUT WIE ERLEDIGT.
DIESER BLITZ SOLLTE SEIN COMPUTERGEHIRN IN ASCHE VERWANDELN.
GUTE ARBEIT! DAMIT HÄTTEN WIR DIE DREI ERLEDIGT!
DREI VON WIE VIELEN TAUSENDEN?
WIR KRIEGEN BESUCH.
NOCH SO EIN TRIO, FREUNDE.
JE LÄNGER WIR AN EINEM ORT BLEIBEN, DESTO EHER ERWISCHEN SIE UNS. GANZ EGAL, WIE GUT WIR KÄMPFEN. ES IST IHRE ÜBERZAHL, DIE UNS ZUM VERHÄNGNIS WIRD.
WIR DÜRFEN UNS AUF KEINEN FALL VON IHNEN IN DIE ENGE TREIBEN LASSEN.
ALARM! MUTANT WURDE ALS COLOSSUS IDENTIFIZIERT!
NEW FOR 1985
WENN ICH DAS FUNDAMENT DER RUINE GENAU ERWISCHE ...
... KÖNNTE DAS UNSEREN VERFOLGERN ARGE KOPFSCHMERZEN BEREITEN.
DIE SCHREIE DER ROBOTER KLINGEN FAST MENSCHLICH.
DOCH COLOSSUS LÄSST DAS KALT.
EINST HATTE ER EIN SO SANFTES HERZ. BIS DIE SENTINELS SEINE FREUNDE UND KINDER ERMORDETEN. SO LERNTE ER ZU HASSEN.
KOMMT WEITER. DAS BAXTER BUILDING IST DAS NERVENZENTRUM DER SENTINELS. SEINE ZERSTÖRUNG WIRD SIE SCHWÄCHEN.
ICH WÜNSCHE KATE GLÜCK. FRAGT SICH NUR, WER ES MEHR BRAUCHT. SIE ...
... ODER WIR.

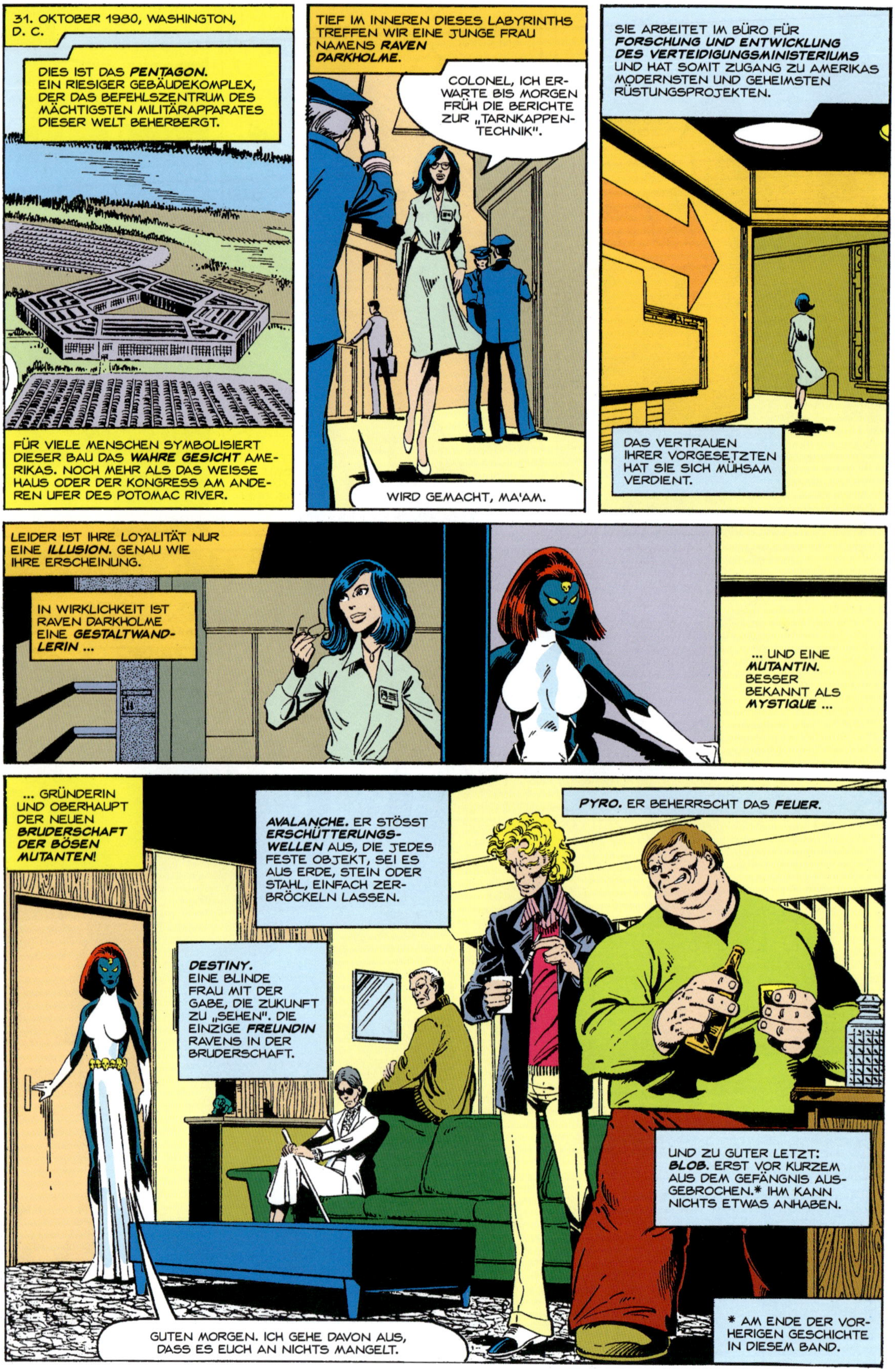
31. OKTOBER 1980, WASHINGTON, D. C.
DIES IST DAS PENTAGON. EIN RIESIGER GEBÄUDEKOMPLEX, DER DAS BEFEHLSZENTRUM DES MÄCHTIGSTEN MILITÄRAPPARATES DIESER WELT BEHERBERGT.
FÜR VIELE MENSCHEN SYMBOLISIERT DIESER BAU DAS WAHRE GESICHT AMERIKAS. NOCH MEHR ALS DAS WEISSE HAUS ODER DER KONGRESS AM ANDEREN UFER DES POTOMAC RIVER.
TIEF IM INNEREN DIESES LABYRINTHS TREFFEN WIR EINE JUNGE FRAU NAMENS RAVEN DARKHOLME.
COLONEL, ICH ERWARTE BIS MORGEN FRÜH DIE BERICHTE ZUR „TARNKAPPENTECHNIK".
WIRD GEMACHT, MA'AM.
SIE ARBEITET IM BÜRO FÜR FORSCHUNG UND ENTWICKLUNG DES VERTEIDIGUNGSMINISTERIUMS UND HAT SOMIT ZUGANG ZU AMERIKAS MODERNSTEN UND GEHEIMSTEN RÜSTUNGSPROJEKTEN.
DAS VERTRAUEN IHRER VORGESETZTEN HAT SIE SICH MÜHSAM VERDIENT.
LEIDER IST IHRE LOYALITÄT NUR EINE ILLUSION. GENAU WIE IHRE ERSCHEINUNG.
IN WIRKLICHKEIT IST RAVEN DARKHOLME EINE GESTALTWANDLERIN ...
... UND EINE MUTANTIN. BESSER BEKANNT ALS MYSTIQUE ...
... GRÜNDERIN UND OBERHAUPT DER NEUEN BRUDERSCHAFT DER BÖSEN MUTANTEN!
AVALANCHE. ER STÖSST ERSCHÜTTERUNGSWELLEN AUS, DIE JEDES FESTE OBJEKT, SEI ES AUS ERDE, STEIN ODER STAHL, EINFACH ZERBRÖCKELN LASSEN.
PYRO. ER BEHERRSCHT DAS FEUER.
DESTINY. EINE BLINDE FRAU MIT DER GABE, DIE ZUKUNFT ZU „SEHEN". DIE EINZIGE FREUNDIN RAVENS IN DER BRUDERSCHAFT.
UND ZU GUTER LETZT: BLOB. ERST VOR KURZEM AUS DEM GEFÄNGNIS AUSGEBROCHEN.* IHM KANN NICHTS ETWAS ANHABEN.
GUTEN MORGEN. ICH GEHE DAVON AUS, DASS ES EUCH AN NICHTS MANGELT.
* AM ENDE DER VORHERIGEN GESCHICHTE IN DIESEM BAND.

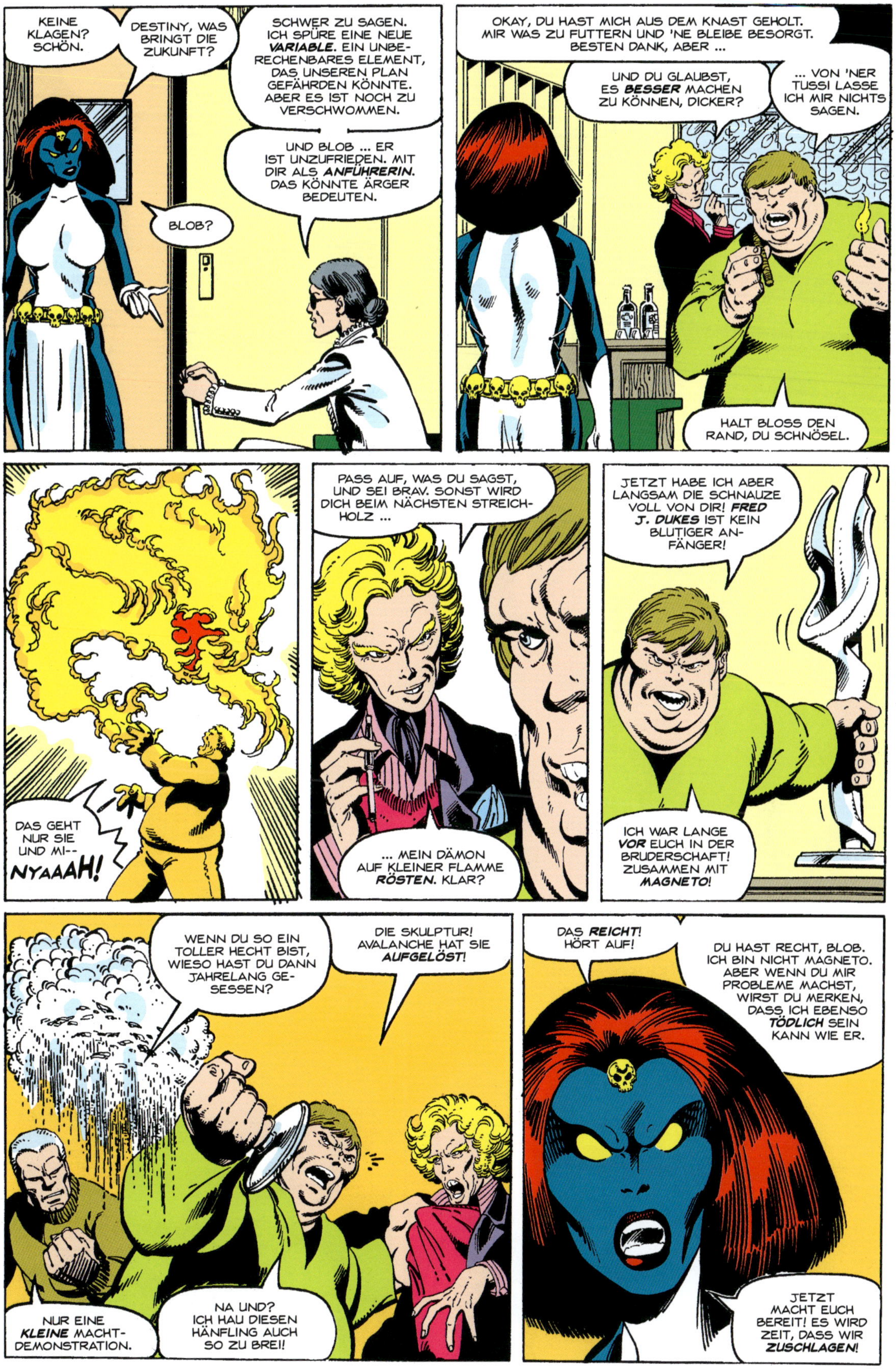
KEINE KLAGEN? SCHÖN.
DESTINY, WAS BRINGT DIE ZUKUNFT?
SCHWER ZU SAGEN. ICH SPÜRE EINE NEUE VARIABLE. EIN UNBERECHENBARES ELEMENT, DAS UNSEREN PLAN GEFÄHRDEN KÖNNTE. ABER ES IST NOCH ZU VERSCHWOMMEN.
UND BLOB ... ER IST UNZUFRIEDEN. MIT DIR ALS ANFÜHRERIN. DAS KÖNNTE ÄRGER BEDEUTEN.
BLOB?
OKAY, DU HAST MICH AUS DEM KNAST GEHOLT. MIR WAS ZU FUTTERN UND 'NE BLEIBE BESORGT. BESTEN DANK, ABER ...
... VON 'NER TUSSI LASSE ICH MIR NICHTS SAGEN.
UND DU GLAUBST, ES BESSER MACHEN ZU KÖNNEN, DICKER?
HALT BLOSS DEN RAND, DU SCHNÖSEL.
DAS GEHT NUR SIE UND MI-- NYAAAH!
PASS AUF, WAS DU SAGST, UND SEI BRAV. SONST WIRD DICH BEIM NÄCHSTEN STREICHHOLZ ...
... MEIN DÄMON AUF KLEINER FLAMME RÖSTEN. KLAR?
JETZT HABE ICH ABER LANGSAM DIE SCHNAUZE VOLL VON DIR! FRED J. DUKES IST KEIN BLUTIGER ANFÄNGER!
ICH WAR LANGE VOR EUCH IN DER BRUDERSCHAFT! ZUSAMMEN MIT MAGNETO!
WENN DU SO EIN TOLLER HECHT BIST, WIESO HAST DU DANN JAHRELANG GESESSEN?
DIE SKULPTUR! AVALANCHE HAT SIE AUFGELÖST!
NUR EINE KLEINE MACHT-DEMONSTRATION.
NA UND? ICH HAU DIESEN HÄNFLING AUCH SO ZU BREI!
DAS REICHT! HÖRT AUF!
DU HAST RECHT, BLOB. ICH BIN NICHT MAGNETO. ABER WENN DU MIR PROBLEME MACHST, WIRST DU MERKEN, DASS ICH EBENSO TÖDLICH SEIN KANN WIE ER.
JETZT MACHT EUCH BEREIT! ES WIRD ZEIT, DASS WIR ZUSCHLAGEN!

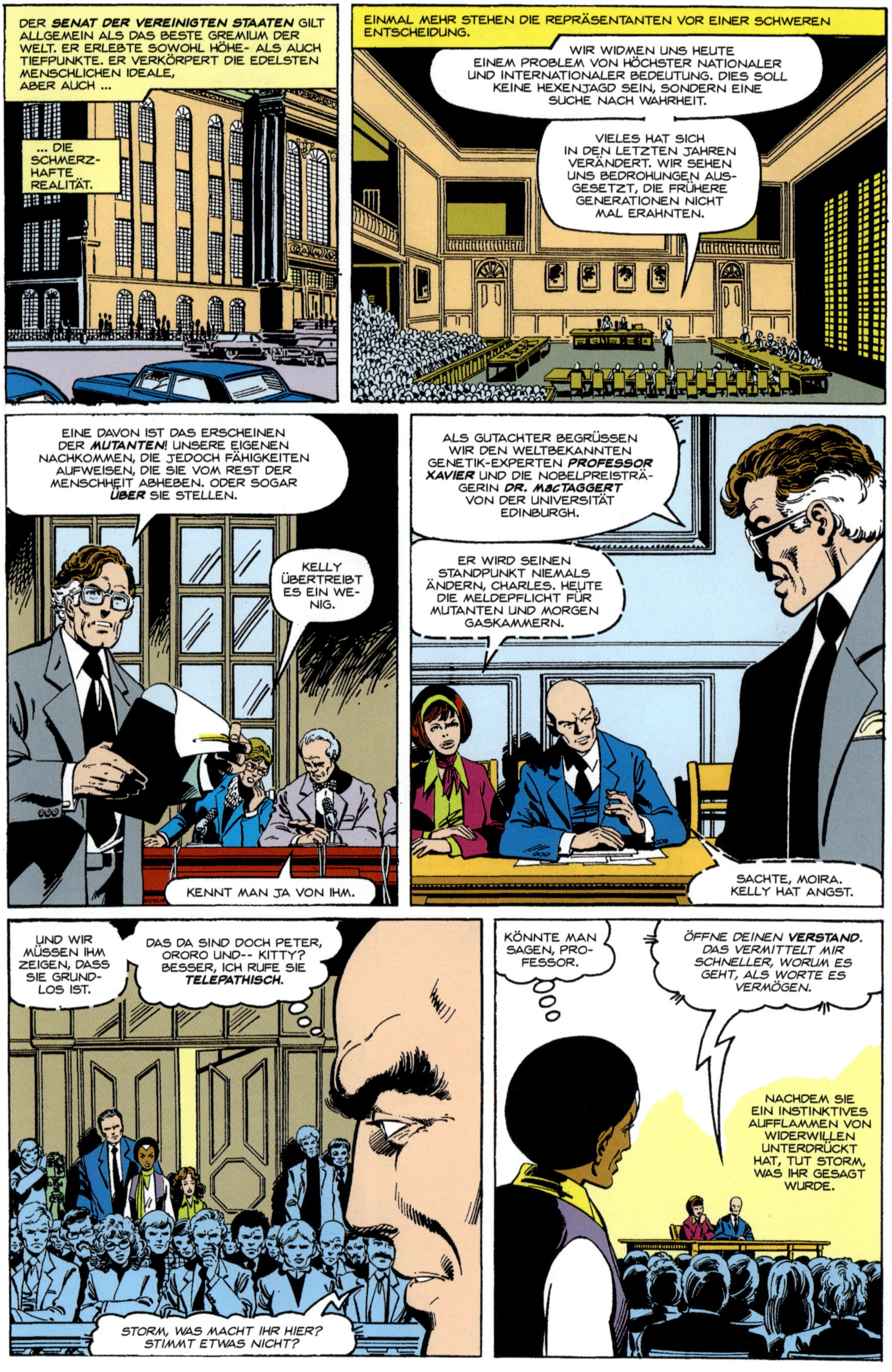
DER SENAT DER VEREINIGTEN STAATEN GILT ALLGEMEIN ALS DAS BESTE GREMIUM DER WELT. ER ERLEBTE SOWOHL HÖHE- ALS AUCH TIEFPUNKTE. ER VERKÖRPERT DIE EDELSTEN MENSCHLICHEN IDEALE, ABER AUCH ...
... DIE SCHMERZHAFTE REALITÄT.
EINMAL MEHR STEHEN DIE REPRÄSENTANTEN VOR EINER SCHWEREN ENTSCHEIDUNG.
WIR WIDMEN UNS HEUTE EINEM PROBLEM VON HÖCHSTER NATIONALER UND INTERNATIONALER BEDEUTUNG. DIES SOLL KEINE HEXENJAGD SEIN, SONDERN EINE SUCHE NACH WAHRHEIT.
VIELES HAT SICH IN DEN LETZTEN JAHREN VERÄNDERT. WIR SEHEN UNS BEDROHUNGEN AUSGESETZT, DIE FRÜHERE GENERATIONEN NICHT MAL ERAHNTEN.
EINE DAVON IST DAS ERSCHEINEN DER MUTANTEN! UNSERE EIGENEN NACHKOMMEN, DIE JEDOCH FÄHIGKEITEN AUFWEISEN, DIE SIE VOM REST DER MENSCHHEIT ABHEBEN. ODER SOGAR ÜBER SIE STELLEN.
KELLY ÜBERTREIBT ES EIN WENIG.
KENNT MAN JA VON IHM.
ALS GUTACHTER BEGRÜSSEN WIR DEN WELTBEKANNTEN GENETIK-EXPERTEN PROFESSOR XAVIER UND DIE NOBELPREISTRÄGERIN DR. MacTAGGERT VON DER UNIVERSITÄT EDINBURGH.
ER WIRD SEINEN STANDPUNKT NIEMALS ÄNDERN, CHARLES. HEUTE DIE MELDEPFLICHT FÜR MUTANTEN UND MORGEN GASKAMMERN.
SACHTE, MOIRA. KELLY HAT ANGST.
UND WIR MÜSSEN IHM ZEIGEN, DASS SIE GRUNDLOS IST.
DAS DA SIND DOCH PETER, ORORO UND-- KITTY? BESSER, ICH RUFE SIE TELEPATHISCH.
STORM, WAS MACHT IHR HIER? STIMMT ETWAS NICHT?
KÖNNTE MAN SAGEN, PROFESSOR.
ÖFFNE DEINEN VERSTAND. DAS VERMITTELT MIR SCHNELLER, WORUM ES GEHT, ALS WORTE ES VERMÖGEN.
NACHDEM SIE EIN INSTINKTIVES AUFFLAMMEN VON WIDERWILLEN UNTERDRÜCKT HAT, TUT STORM, WAS IHR GESAGT WURDE.

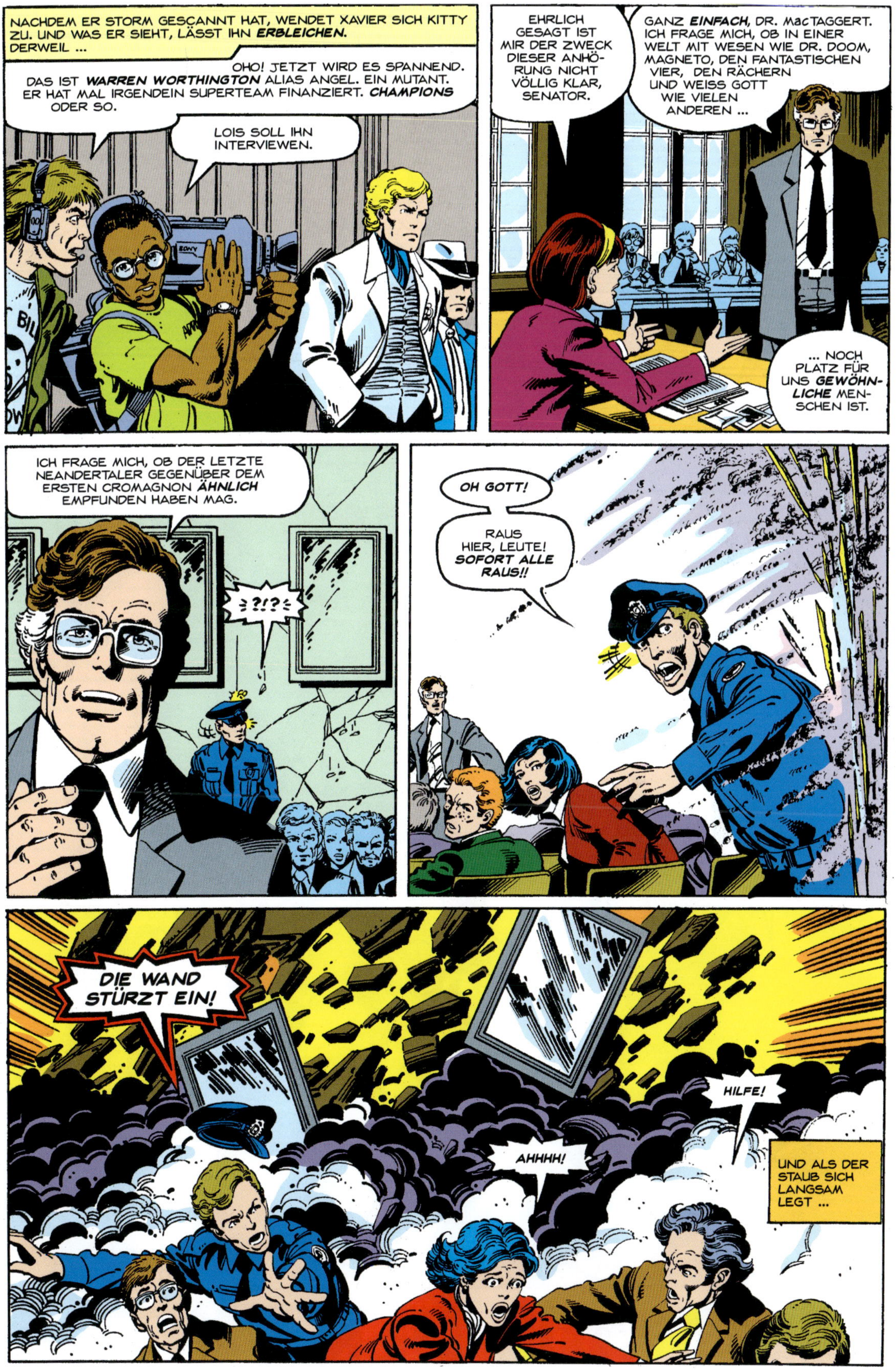
NACHDEM ER STORM GESCANNT HAT, WENDET XAVIER SICH KITTY ZU. UND WAS ER SIEHT, LÄSST IHN ERBLEICHEN. DERWEIL ...
OHO! JETZT WIRD ES SPANNEND. DAS IST WARREN WORTHINGTON ALIAS ANGEL. EIN MUTANT. ER HAT MAL IRGENDEIN SUPERTEAM FINANZIERT. CHAMPIONS ODER SO.
LOIS SOLL IHN INTERVIEWEN.
EHRLICH GESAGT IST MIR DER ZWECK DIESER ANHÖRUNG NICHT VÖLLIG KLAR, SENATOR.
GANZ EINFACH, DR. MacTAGGERT. ICH FRAGE MICH, OB IN EINER WELT MIT WESEN WIE DR. DOOM, MAGNETO, DEN FANTASTISCHEN VIER, DEN RÄCHERN UND WEISS GOTT WIE VIELEN ANDEREN ...
... NOCH PLATZ FÜR UNS GEWÖHNLICHE MENSCHEN IST.
ICH FRAGE MICH, OB DER LETZTE NEANDERTALER GEGENÜBER DEM ERSTEN CROMAGNON ÄHNLICH EMPFUNDEN HABEN MAG.
?!?
OH GOTT!
RAUS HIER, LEUTE! SOFORT ALLE RAUS!!
DIE WAND STÜRZT EIN!
HILFE!
AHHHH!
UND ALS DER STAUB SICH LANGSAM LEGT ...

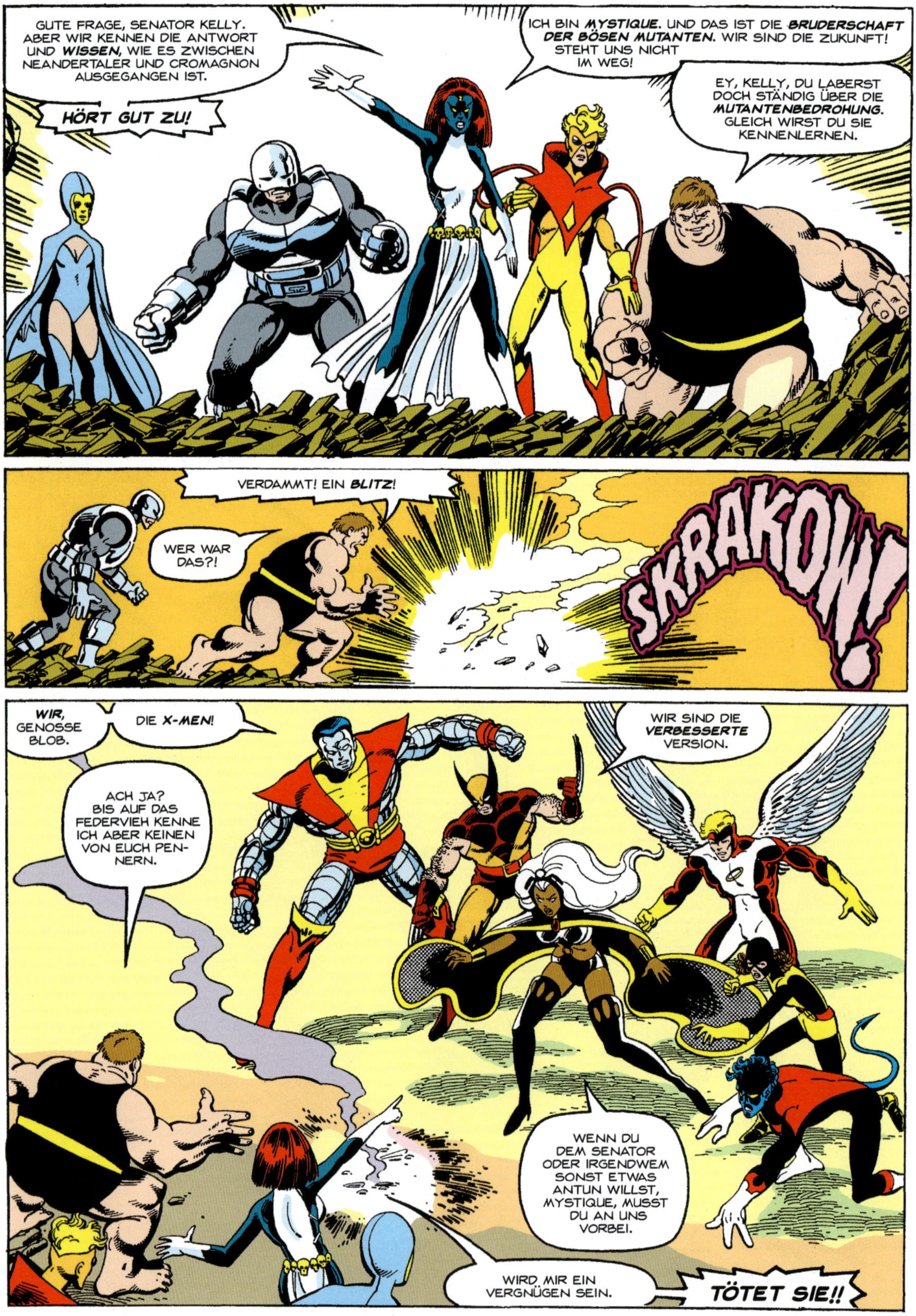

GLEICH: **ZEIT AUS DEN FUGEN!**

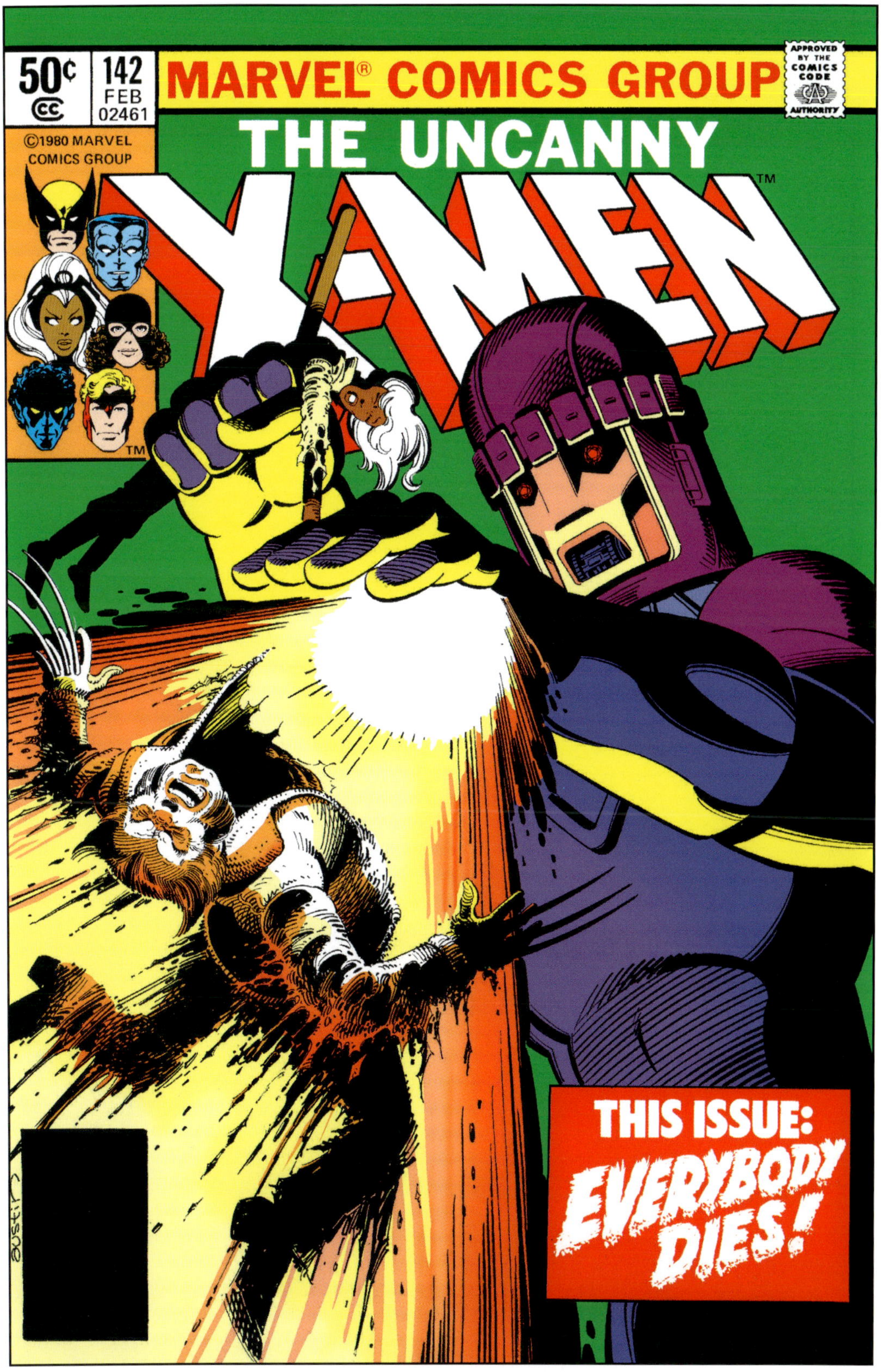

Uncanny X-Men (1963) 142
Cover von **TERRY AUSTIN**

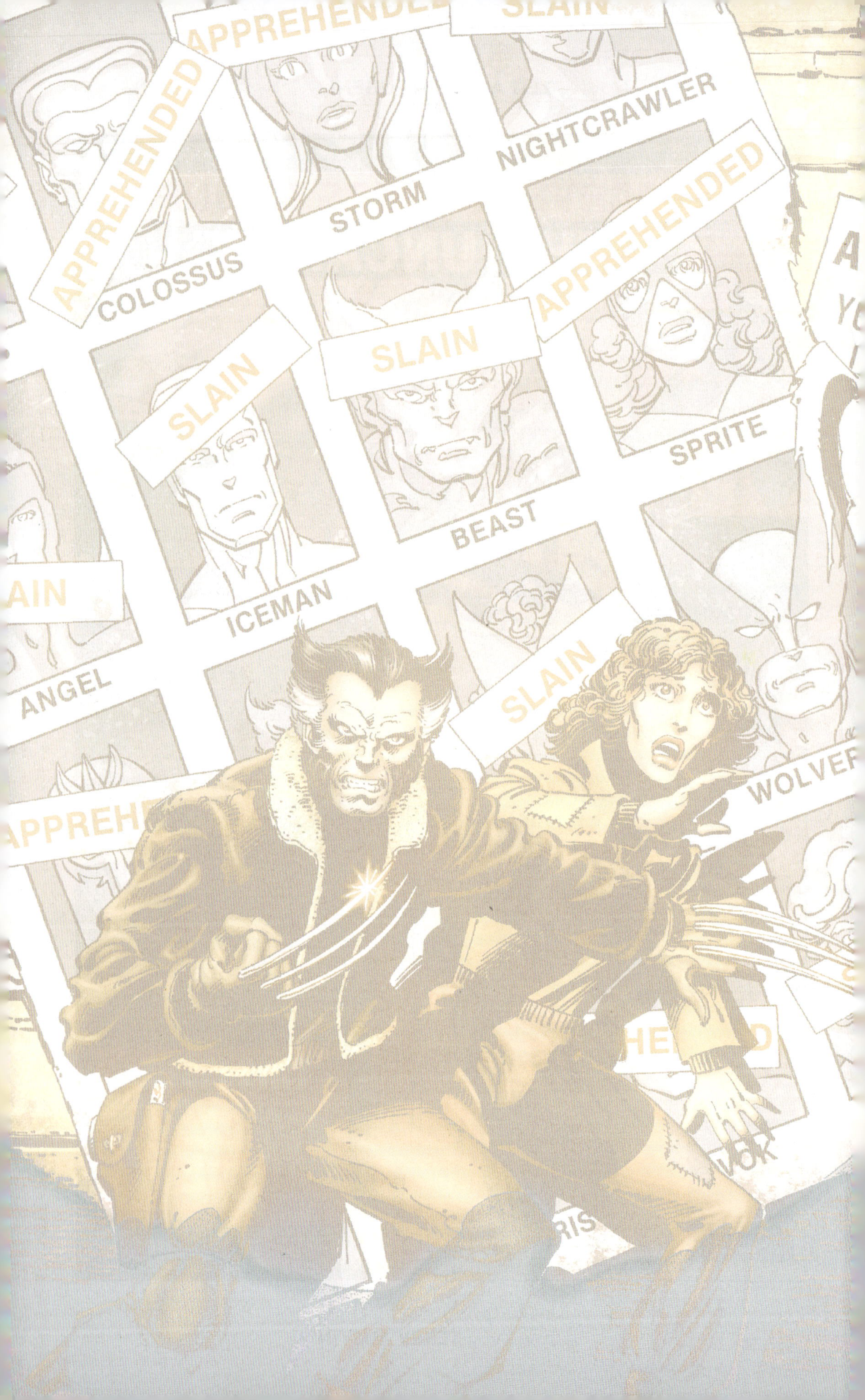
APPREHENDED
SLAIN
APPREHENDED
STORM
NIGHTCRAWLER
COLOSSUS
APPREHENDED
SLAIN
SLAIN
APPREHENDED
SPRITE
ICEMAN
BEAST
ANGEL
SLAIN

STAN LEE PRÄSENTIERT:

DIE X-MEN!

CHRIS CLAREMONT	JOHN BYRNE	TERRY AUSTIN	GLYNIS WEIN	ELLETI	JÜRGEN PETZ
STORY	STORY & ZEICHNUNGEN	TUSCHE	FARBEN	LETTERING	ÜBERSETZUNG

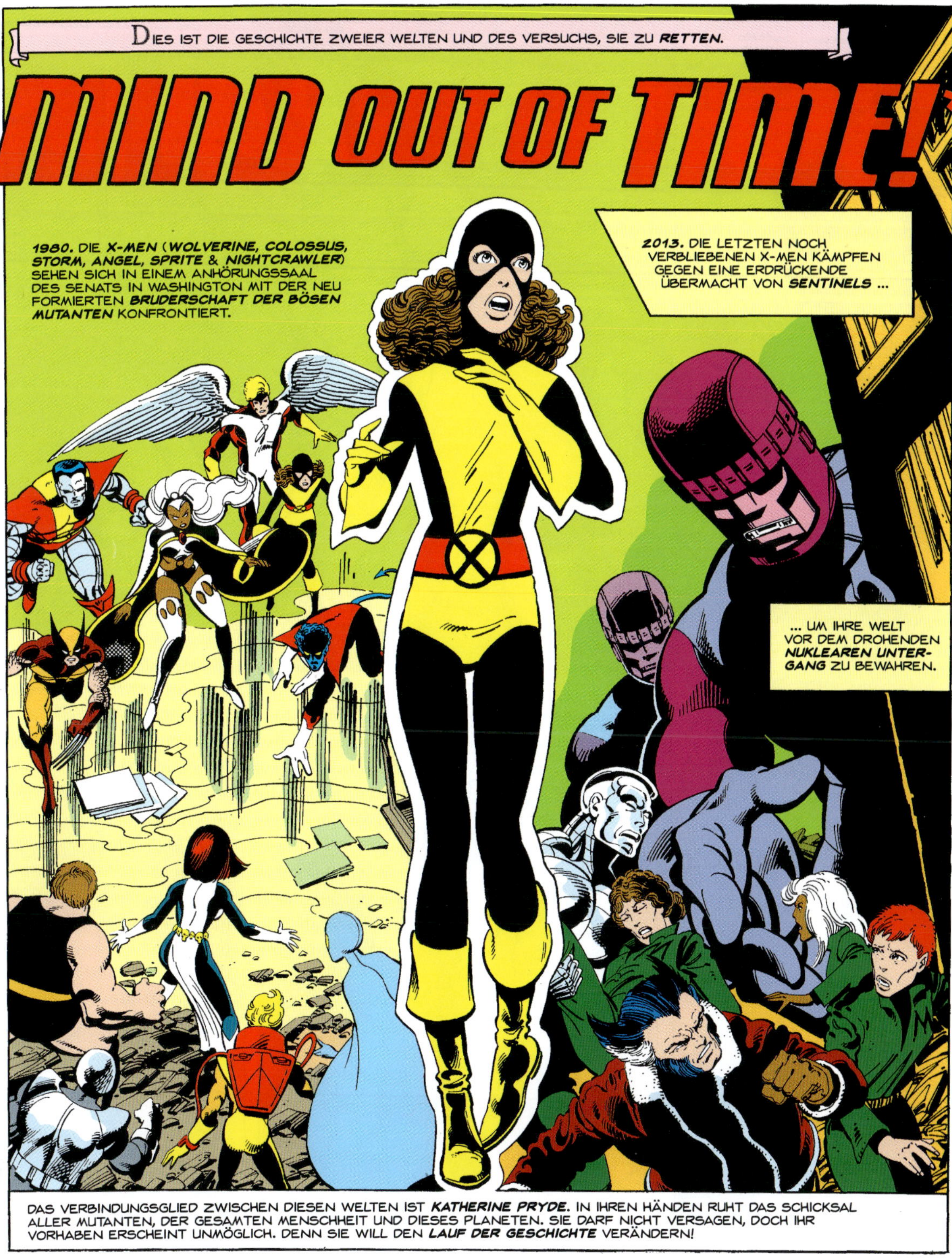

* ZEIT AUS DEN FUGEN!

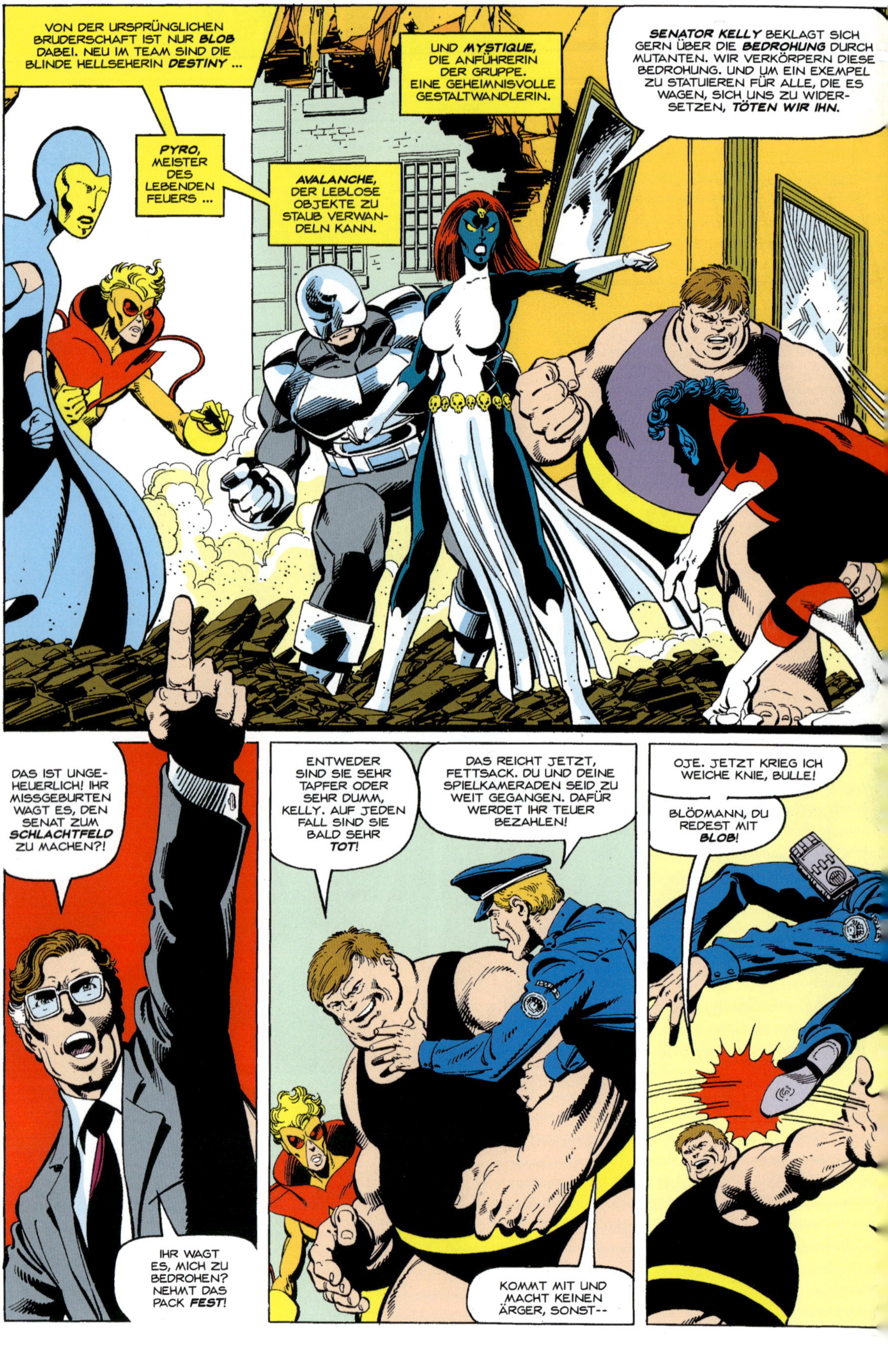

VON DER URSPRÜNGLICHEN BRUDERSCHAFT IST NUR BLOB DABEI. NEU IM TEAM SIND DIE BLINDE HELLSEHERIN DESTINY ...
PYRO, MEISTER DES LEBENDEN FEUERS ...
AVALANCHE, DER LEBLOSE OBJEKTE ZU STAUB VERWANDELN KANN.
UND MYSTIQUE, DIE ANFÜHRERIN DER GRUPPE. EINE GEHEIMNISVOLLE GESTALTWANDLERIN.
SENATOR KELLY BEKLAGT SICH GERN ÜBER DIE BEDROHUNG DURCH MUTANTEN. WIR VERKÖRPERN DIESE BEDROHUNG. UND UM EIN EXEMPEL ZU STATUIEREN FÜR ALLE, DIE ES WAGEN, SICH UNS ZU WIDERSETZEN, TÖTEN WIR IHN.
DAS IST UNGEHEUERLICH! IHR MISSGEBURTEN WAGT ES, DEN SENAT ZUM SCHLACHTFELD ZU MACHEN?!
IHR WAGT ES, MICH ZU BEDROHEN? NEHMT DAS PACK FEST!
ENTWEDER SIND SIE SEHR TAPFER ODER SEHR DUMM, KELLY. AUF JEDEN FALL SIND SIE BALD SEHR TOT!
DAS REICHT JETZT, FETTSACK. DU UND DEINE SPIELKAMERADEN SEID ZU WEIT GEGANGEN. DAFÜR WERDET IHR TEUER BEZAHLEN!
KOMMT MIT UND MACHT KEINEN ÄRGER, SONST--
OJE. JETZT KRIEG ICH WEICHE KNIE, BULLE!
BLÖDMANN, DU REDEST MIT BLOB!

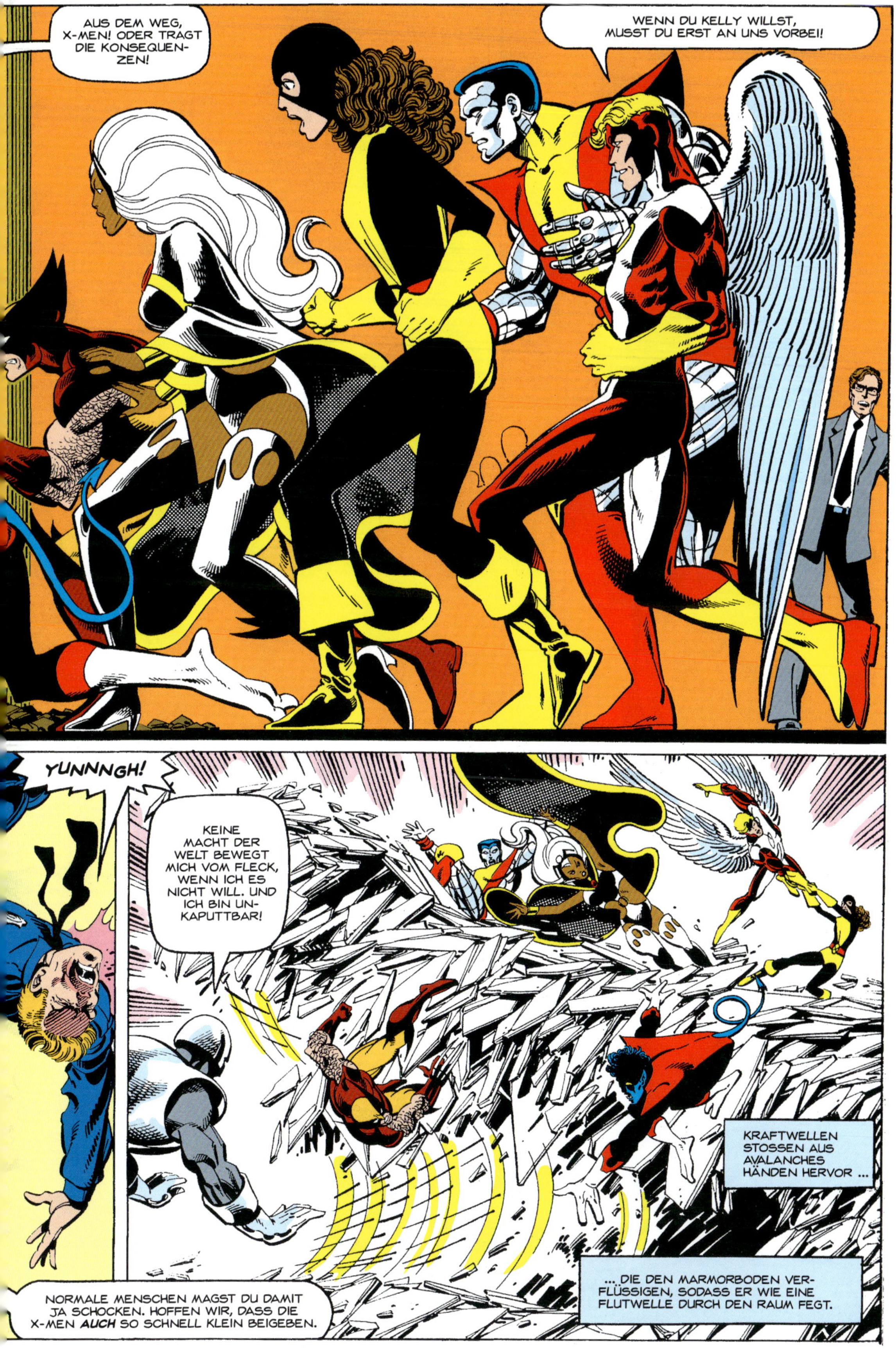
AUS DEM WEG, X-MEN! ODER TRAGT DIE KONSEQUENZEN!
WENN DU KELLY WILLST, MUSST DU ERST AN UNS VORBEI!
YUNNNGH!
KEINE MACHT DER WELT BEWEGT MICH VOM FLECK, WENN ICH ES NICHT WILL. UND ICH BIN UNKAPUTTBAR!
KRAFTWELLEN STOSSEN AUS AVALANCHES HÄNDEN HERVOR ...
... DIE DEN MARMORBODEN VERFLÜSSIGEN, SODASS ER WIE EINE FLUTWELLE DURCH DEN RAUM FEGT.
NORMALE MENSCHEN MAGST DU DAMIT JA SCHOCKEN. HOFFEN WIR, DASS DIE X-MEN *AUCH* SO SCHNELL KLEIN BEIGEBEN.

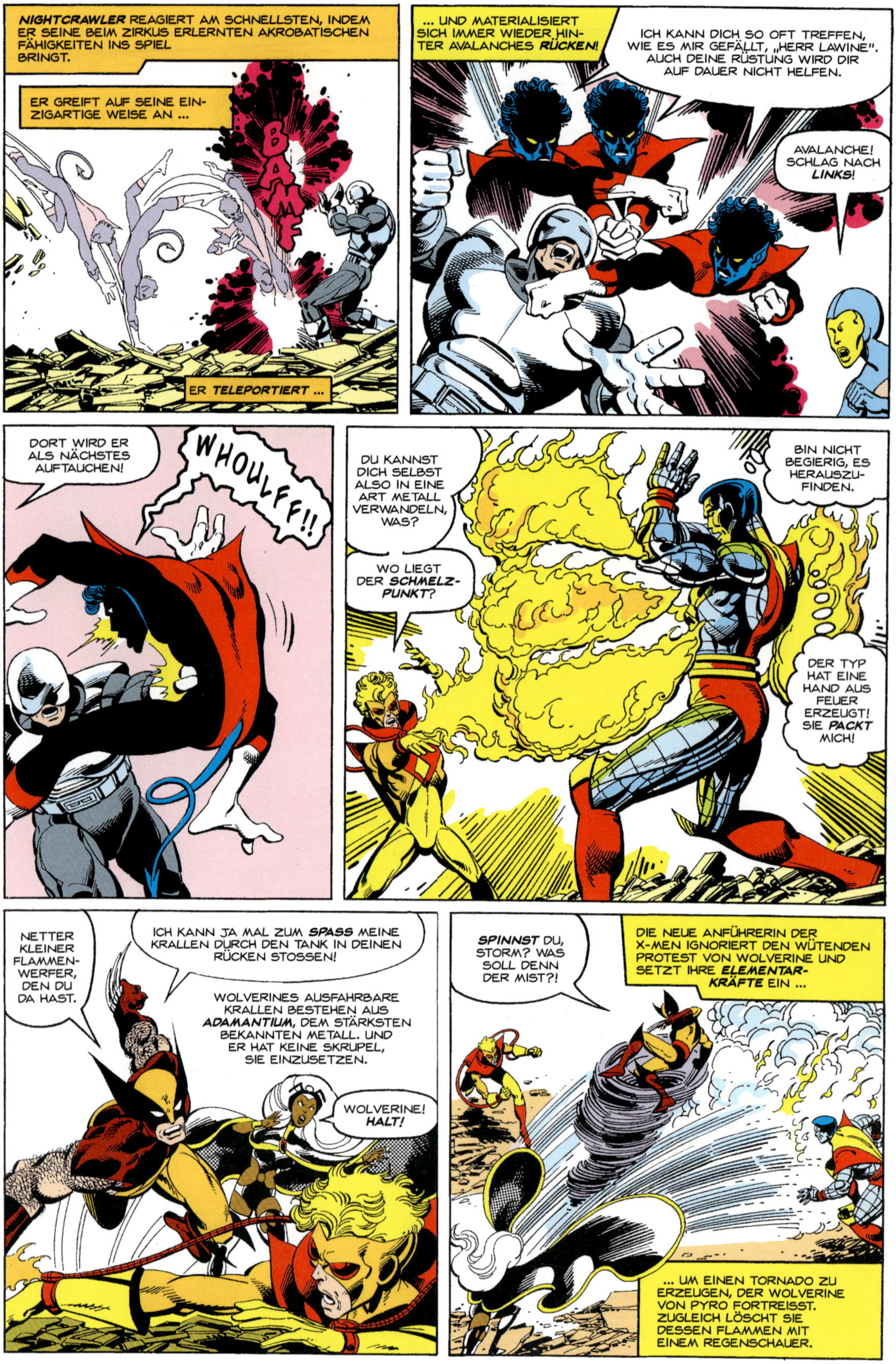

NIGHTCRAWLER REAGIERT AM SCHNELLSTEN, INDEM ER SEINE BEIM ZIRKUS ERLERNTEN AKROBATISCHEN FÄHIGKEITEN INS SPIEL BRINGT.
ER GREIFT AUF SEINE EINZIGARTIGE WEISE AN ...
BAMF
ER TELEPORTIERT ...
... UND MATERIALISIERT SICH IMMER WIEDER HINTER AVALANCHES RÜCKEN!
ICH KANN DICH SO OFT TREFFEN, WIE ES MIR GEFÄLLT, „HERR LAWINE". AUCH DEINE RÜSTUNG WIRD DIR AUF DAUER NICHT HELFEN.
AVALANCHE! SCHLAG NACH LINKS!
DORT WIRD ER ALS NÄCHSTES AUFTAUCHEN!
WHOULFF!!
DU KANNST DICH SELBST ALSO IN EINE ART METALL VERWANDELN, WAS?
WO LIEGT DER SCHMELZPUNKT?
BIN NICHT BEGIERIG, ES HERAUSZUFINDEN.
DER TYP HAT EINE HAND AUS FEUER ERZEUGT! SIE PACKT MICH!
NETTER KLEINER FLAMMENWERFER, DEN DU DA HAST.
ICH KANN JA MAL ZUM SPASS MEINE KRALLEN DURCH DEN TANK IN DEINEN RÜCKEN STOSSEN!
WOLVERINES AUSFAHRBARE KRALLEN BESTEHEN AUS ADAMANTIUM, DEM STÄRKSTEN BEKANNTEN METALL. UND ER HAT KEINE SKRUPEL, SIE EINZUSETZEN.
WOLVERINE! HALT!
SPINNST DU, STORM? WAS SOLL DENN DER MIST?!
DIE NEUE ANFÜHRERIN DER X-MEN IGNORIERT DEN WÜTENDEN PROTEST VON WOLVERINE UND SETZT IHRE ELEMENTARKRÄFTE EIN ...
... UM EINEN TORNADO ZU ERZEUGEN, DER WOLVERINE VON PYRO FORTREISST. ZUGLEICH LÖSCHT SIE DESSEN FLAMMEN MIT EINEM REGENSCHAUER.

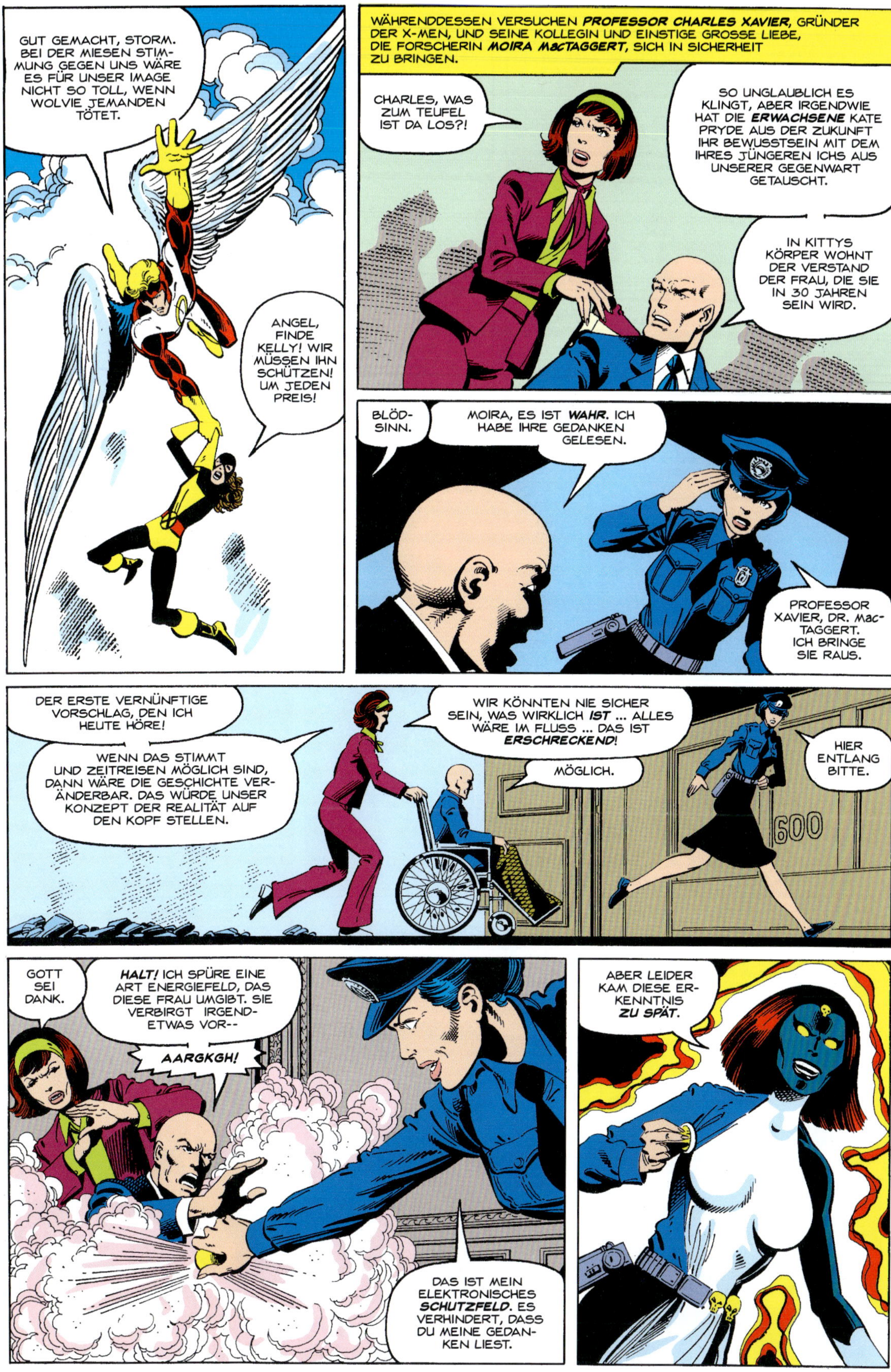
GUT GEMACHT, STORM. BEI DER MIESEN STIMMUNG GEGEN UNS WÄRE ES FÜR UNSER IMAGE NICHT SO TOLL, WENN WOLVIE JEMANDEN TÖTET.
ANGEL, FINDE KELLY! WIR MÜSSEN IHN SCHÜTZEN! UM JEDEN PREIS!
WÄHRENDDESSEN VERSUCHEN PROFESSOR CHARLES XAVIER, GRÜNDER DER X-MEN, UND SEINE KOLLEGIN UND EINSTIGE GROSSE LIEBE, DIE FORSCHERIN MOIRA MacTAGGERT, SICH IN SICHERHEIT ZU BRINGEN.
CHARLES, WAS ZUM TEUFEL IST DA LOS?!
SO UNGLAUBLICH ES KLINGT, ABER IRGENDWIE HAT DIE ERWACHSENE KATE PRYDE AUS DER ZUKUNFT IHR BEWUSSTSEIN MIT DEM IHRES JÜNGEREN ICHS AUS UNSERER GEGENWART GETAUSCHT.
IN KITTYS KÖRPER WOHNT DER VERSTAND DER FRAU, DIE SIE IN 30 JAHREN SEIN WIRD.
BLÖDSINN.
MOIRA, ES IST WAHR. ICH HABE IHRE GEDANKEN GELESEN.
PROFESSOR XAVIER, DR. MacTAGGERT. ICH BRINGE SIE RAUS.
DER ERSTE VERNÜNFTIGE VORSCHLAG, DEN ICH HEUTE HÖRE!
WENN DAS STIMMT UND ZEITREISEN MÖGLICH SIND, DANN WÄRE DIE GESCHICHTE VERÄNDERBAR. DAS WÜRDE UNSER KONZEPT DER REALITÄT AUF DEN KOPF STELLEN.
WIR KÖNNTEN NIE SICHER SEIN, WAS WIRKLICH IST ... ALLES WÄRE IM FLUSS ... DAS IST ERSCHRECKEND!
MÖGLICH.
HIER ENTLANG BITTE.
600
GOTT SEI DANK.
HALT! ICH SPÜRE EINE ART ENERGIEFELD, DAS DIESE FRAU UMGIBT. SIE VERBIRGT IRGENDETWAS VOR--
AARGKGH!
DAS IST MEIN ELEKTRONISCHES SCHUTZFELD. ES VERHINDERT, DASS DU MEINE GEDANKEN LIEST.
ABER LEIDER KAM DIESE ERKENNTNIS ZU SPÄT.

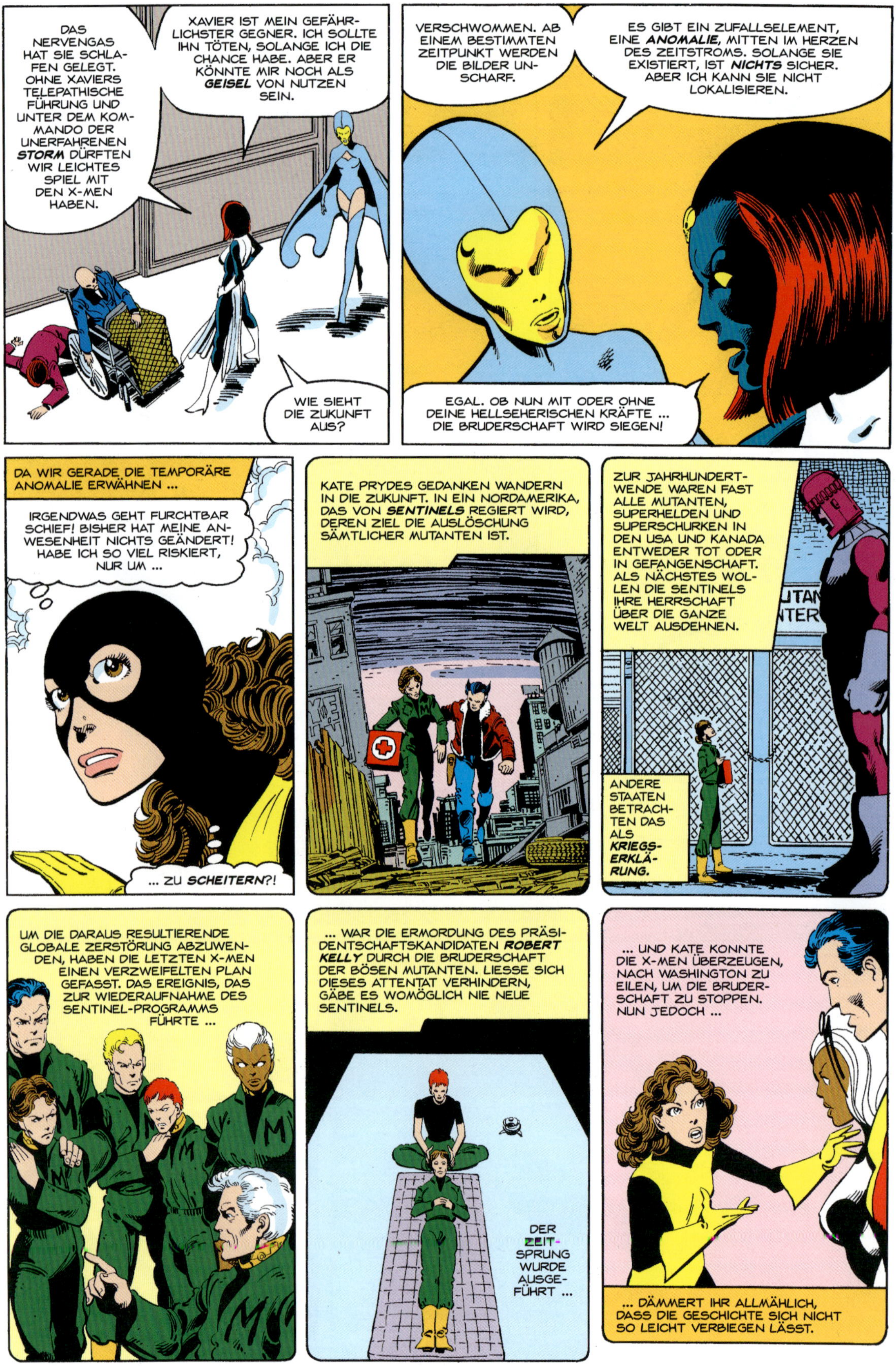
DAS NERVENGAS HAT SIE SCHLAFEN GELEGT. OHNE XAVIERS TELEPATHISCHE FÜHRUNG UND UNTER DEM KOMMANDO DER UNERFAHRENEN STORM DÜRFTEN WIR LEICHTES SPIEL MIT DEN X-MEN HABEN.
XAVIER IST MEIN GEFÄHRLICHSTER GEGNER. ICH SOLLTE IHN TÖTEN, SOLANGE ICH DIE CHANCE HABE. ABER ER KÖNNTE MIR NOCH ALS GEISEL VON NUTZEN SEIN.
WIE SIEHT DIE ZUKUNFT AUS?
VERSCHWOMMEN. AB EINEM BESTIMMTEN ZEITPUNKT WERDEN DIE BILDER UNSCHARF.
ES GIBT EIN ZUFALLSELEMENT, EINE ANOMALIE, MITTEN IM HERZEN DES ZEITSTROMS. SOLANGE SIE EXISTIERT, IST NICHTS SICHER. ABER ICH KANN SIE NICHT LOKALISIEREN.
EGAL. OB NUN MIT ODER OHNE DEINE HELLSEHERISCHEN KRÄFTE ... DIE BRUDERSCHAFT WIRD SIEGEN!
DA WIR GERADE DIE TEMPORÄRE ANOMALIE ERWÄHNEN ...
IRGENDWAS GEHT FURCHTBAR SCHIEF! BISHER HAT MEINE ANWESENHEIT NICHTS GEÄNDERT! HABE ICH SO VIEL RISKIERT, NUR UM ...
... ZU SCHEITERN?!
KATE PRYDES GEDANKEN WANDERN IN DIE ZUKUNFT. IN EIN NORDAMERIKA, DAS VON SENTINELS REGIERT WIRD, DEREN ZIEL DIE AUSLÖSCHUNG SÄMTLICHER MUTANTEN IST.
ZUR JAHRHUNDERTWENDE WAREN FAST ALLE MUTANTEN, SUPERHELDEN UND SUPERSCHURKEN IN DEN USA UND KANADA ENTWEDER TOT ODER IN GEFANGENSCHAFT. ALS NÄCHSTES WOLLEN DIE SENTINELS IHRE HERRSCHAFT ÜBER DIE GANZE WELT AUSDEHNEN.
ANDERE STAATEN BETRACHTEN DAS ALS KRIEGSERKLÄRUNG.
UM DIE DARAUS RESULTIERENDE GLOBALE ZERSTÖRUNG ABZUWENDEN, HABEN DIE LETZTEN X-MEN EINEN VERZWEIFELTEN PLAN GEFASST. DAS EREIGNIS, DAS ZUR WIEDERAUFNAHME DES SENTINEL-PROGRAMMS FÜHRTE ...
... WAR DIE ERMORDUNG DES PRÄSIDENTSCHAFTSKANDIDATEN ROBERT KELLY DURCH DIE BRUDERSCHAFT DER BÖSEN MUTANTEN. LIESSE SICH DIESES ATTENTAT VERHINDERN, GÄBE ES WOMÖGLICH NIE NEUE SENTINELS.
DER ZEITSPRUNG WURDE AUSGEFÜHRT ...
... UND KATE KONNTE DIE X-MEN ÜBERZEUGEN, NACH WASHINGTON ZU EILEN, UM DIE BRUDERSCHAFT ZU STOPPEN. NUN JEDOCH ...
... DÄMMERT IHR ALLMÄHLICH, DASS DIE GESCHICHTE SICH NICHT SO LEICHT VERBIEGEN LÄSST.

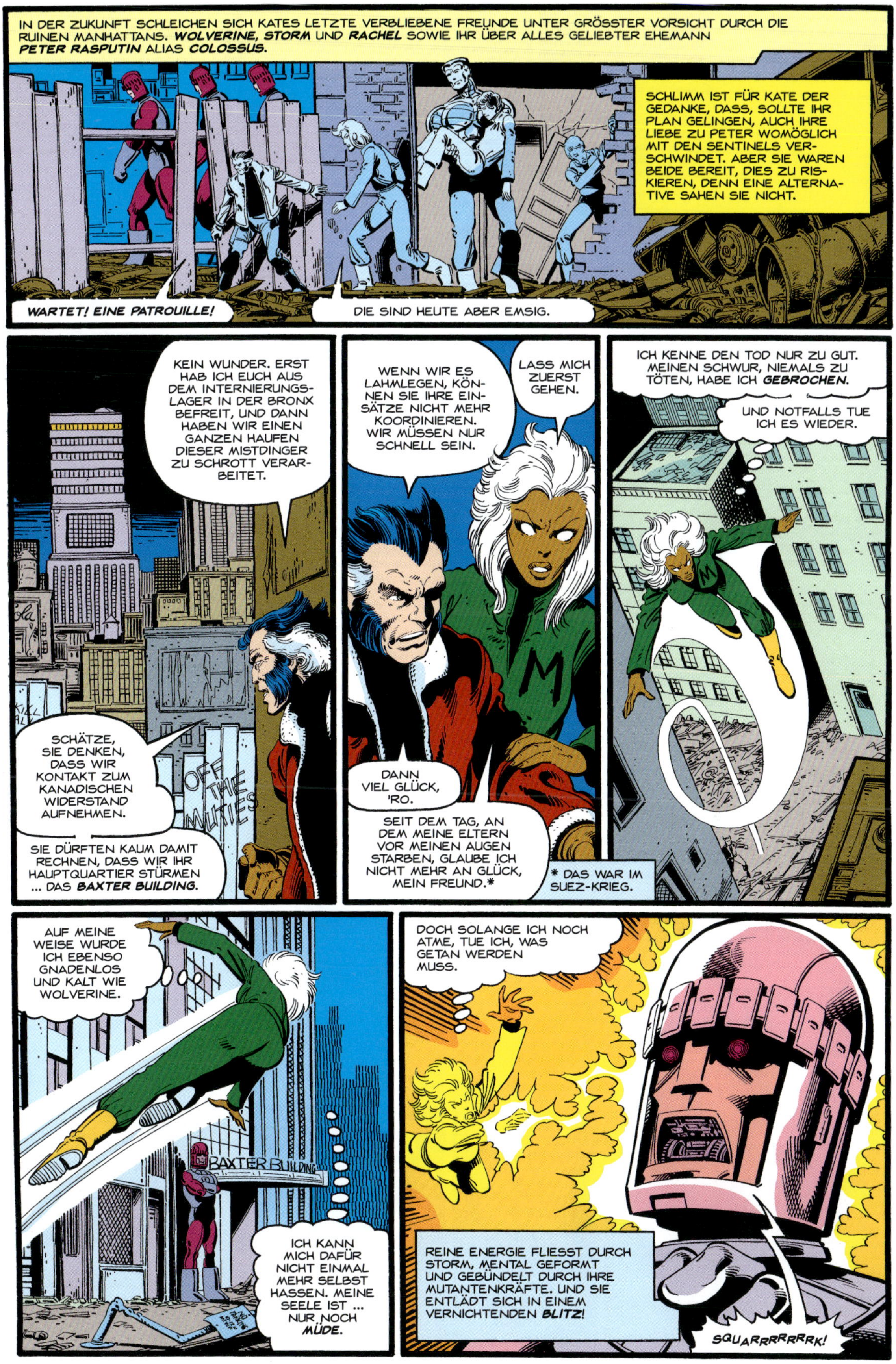
IN DER ZUKUNFT SCHLEICHEN SICH KATES LETZTE VERBLIEBENE FREUNDE UNTER GRÖSSTER VORSICHT DURCH DIE RUINEN MANHATTANS. WOLVERINE, STORM UND RACHEL SOWIE IHR ÜBER ALLES GELIEBTER EHEMANN PETER RASPUTIN ALIAS COLOSSUS.
SCHLIMM IST FÜR KATE DER GEDANKE, DASS, SOLLTE IHR PLAN GELINGEN, AUCH IHRE LIEBE ZU PETER WOMÖGLICH MIT DEN SENTINELS VERSCHWINDET. ABER SIE WAREN BEIDE BEREIT, DIES ZU RISKIEREN, DENN EINE ALTERNATIVE SAHEN SIE NICHT.
WARTET! EINE PATROUILLE!
DIE SIND HEUTE ABER EMSIG.
KEIN WUNDER. ERST HAB ICH EUCH AUS DEM INTERNIERUNGSLAGER IN DER BRONX BEFREIT, UND DANN HABEN WIR EINEN GANZEN HAUFEN DIESER MISTDINGER ZU SCHROTT VERARBEITET.
SCHÄTZE, SIE DENKEN, DASS WIR KONTAKT ZUM KANADISCHEN WIDERSTAND AUFNEHMEN.
SIE DÜRFTEN KAUM DAMIT RECHNEN, DASS WIR IHR HAUPTQUARTIER STÜRMEN ... DAS BAXTER BUILDING.
OFF THE MUTIES
WENN WIR ES LAHMLEGEN, KÖNNEN SIE IHRE EINSÄTZE NICHT MEHR KOORDINIEREN. WIR MÜSSEN NUR SCHNELL SEIN.
LASS MICH ZUERST GEHEN.
DANN VIEL GLÜCK, 'RO.
SEIT DEM TAG, AN DEM MEINE ELTERN VOR MEINEN AUGEN STARBEN, GLAUBE ICH NICHT MEHR AN GLÜCK, MEIN FREUND.*
* DAS WAR IM SUEZ-KRIEG.
ICH KENNE DEN TOD NUR ZU GUT. MEINEN SCHWUR, NIEMALS ZU TÖTEN, HABE ICH GEBROCHEN.
UND NOTFALLS TUE ICH ES WIEDER.
AUF MEINE WEISE WURDE ICH EBENSO GNADENLOS UND KALT WIE WOLVERINE.
BAXTER BUILDING
ICH KANN MICH DAFÜR NICHT EINMAL MEHR SELBST HASSEN. MEINE SEELE IST ... NUR NOCH MÜDE.
DOCH SOLANGE ICH NOCH ATME, TUE ICH, WAS GETAN WERDEN MUSS.
REINE ENERGIE FLIESST DURCH STORM, MENTAL GEFORMT UND GEBÜNDELT DURCH IHRE MUTANTENKRÄFTE. UND SIE ENTLÄDT SICH IN EINEM VERNICHTENDEN BLITZ!
SQUARRRRRRK!

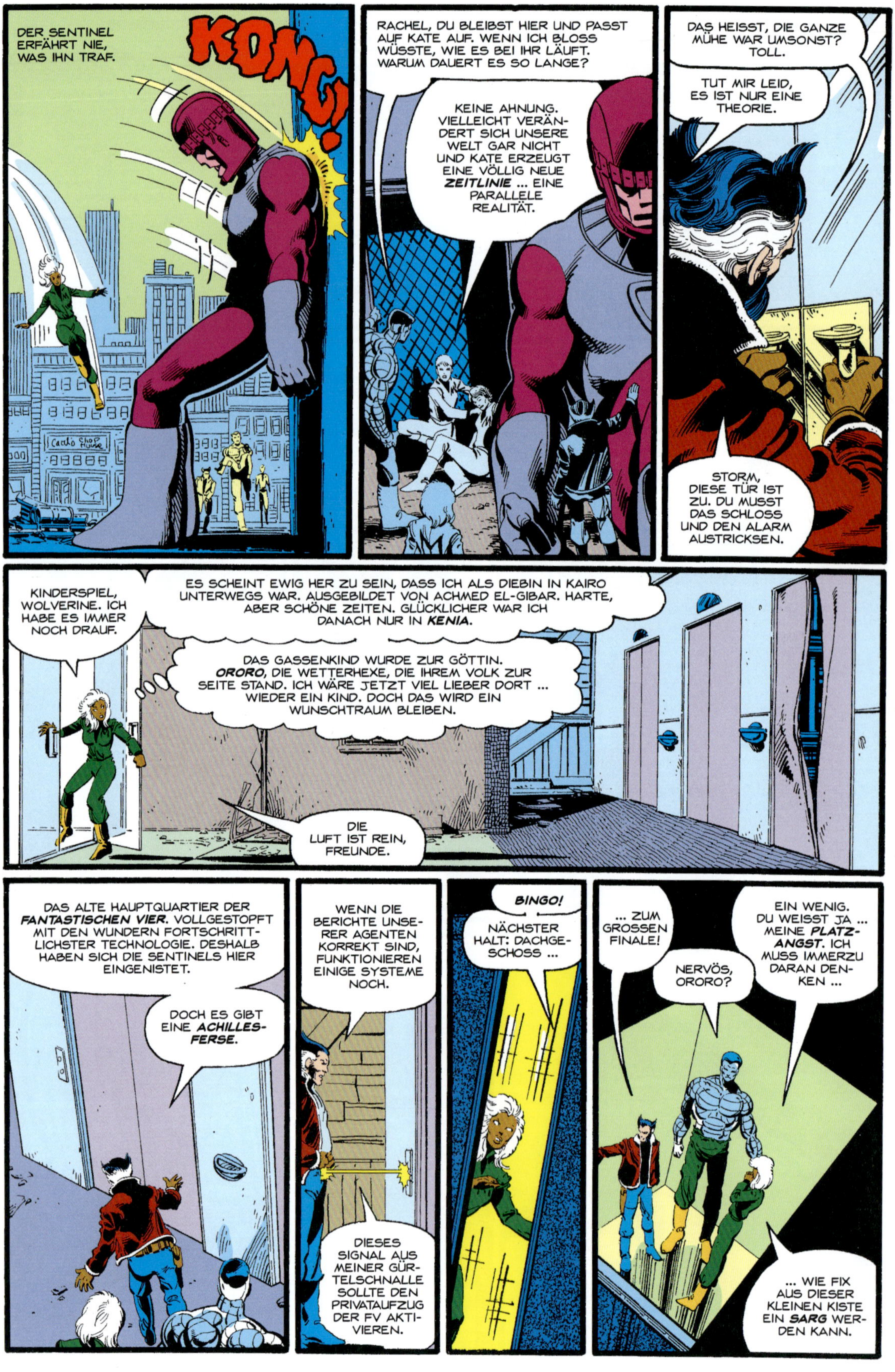

DER SENTINEL ERFÄHRT NIE, WAS IHN TRAF.
KONG!
RACHEL, DU BLEIBST HIER UND PASST AUF KATE AUF. WENN ICH BLOSS WÜSSTE, WIE ES BEI IHR LÄUFT. WARUM DAUERT ES SO LANGE?
KEINE AHNUNG. VIELLEICHT VERÄNDERT SICH UNSERE WELT GAR NICHT UND KATE ERZEUGT EINE VÖLLIG NEUE ZEITLINIE ... EINE PARALLELE REALITÄT.
DAS HEISST, DIE GANZE MÜHE WAR UMSONST? TOLL.
TUT MIR LEID, ES IST NUR EINE THEORIE.
STORM, DIESE TÜR IST ZU. DU MUSST DAS SCHLOSS UND DEN ALARM AUSTRICKSEN.
KINDERSPIEL, WOLVERINE. ICH HABE ES IMMER NOCH DRAUF.
ES SCHEINT EWIG HER ZU SEIN, DASS ICH ALS DIEBIN IN KAIRO UNTERWEGS WAR. AUSGEBILDET VON ACHMED EL-GIBAR. HARTE, ABER SCHÖNE ZEITEN. GLÜCKLICHER WAR ICH DANACH NUR IN KENIA.
DAS GASSENKIND WURDE ZUR GÖTTIN. ORORO, DIE WETTERHEXE, DIE IHREM VOLK ZUR SEITE STAND. ICH WÄRE JETZT VIEL LIEBER DORT ... WIEDER EIN KIND. DOCH DAS WIRD EIN WUNSCHTRAUM BLEIBEN.
DIE LUFT IST REIN, FREUNDE.
DAS ALTE HAUPTQUARTIER DER FANTASTISCHEN VIER. VOLLGESTOPFT MIT DEN WUNDERN FORTSCHRITTLICHSTER TECHNOLOGIE. DESHALB HABEN SICH DIE SENTINELS HIER EINGENISTET.
DOCH ES GIBT EINE ACHILLESFERSE.
WENN DIE BERICHTE UNSERER AGENTEN KORREKT SIND, FUNKTIONIEREN EINIGE SYSTEME NOCH.
DIESES SIGNAL AUS MEINER GÜRTELSCHNALLE SOLLTE DEN PRIVATAUFZUG DER FV AKTIVIEREN.
BINGO!
NÄCHSTER HALT: DACHGESCHOSS ...
... ZUM GROSSEN FINALE!
NERVÖS, ORORO?
EIN WENIG. DU WEISST JA ... MEINE PLATZANGST. ICH MUSS IMMERZU DARAN DENKEN ...
... WIE FIX AUS DIESER KLEINEN KISTE EIN SARG WERDEN KANN.

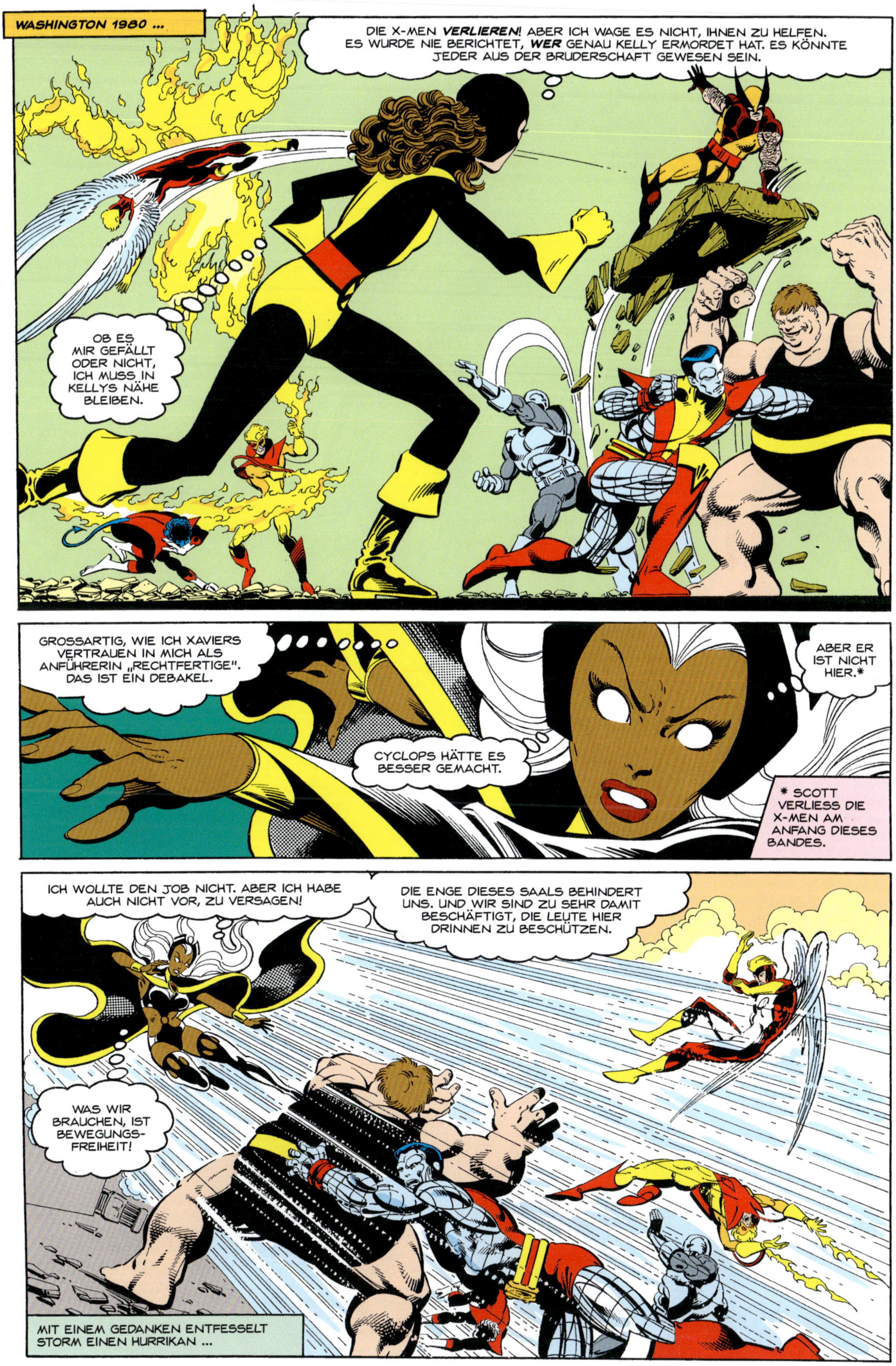
WASHINGTON 1980 ...
DIE X-MEN VERLIEREN! ABER ICH WAGE ES NICHT, IHNEN ZU HELFEN. ES WURDE NIE BERICHTET, WER GENAU KELLY ERMORDET HAT. ES KÖNNTE JEDER AUS DER BRUDERSCHAFT GEWESEN SEIN.
OB ES MIR GEFÄLLT ODER NICHT, ICH MUSS IN KELLYS NÄHE BLEIBEN.
GROSSARTIG, WIE ICH XAVIERS VERTRAUEN IN MICH ALS ANFÜHRERIN „RECHTFERTIGE". DAS IST EIN DEBAKEL.
CYCLOPS HÄTTE ES BESSER GEMACHT.
ABER ER IST NICHT HIER.*
* SCOTT VERLIESS DIE X-MEN AM ANFANG DIESES BANDES.
ICH WOLLTE DEN JOB NICHT. ABER ICH HABE AUCH NICHT VOR, ZU VERSAGEN!
DIE ENGE DIESES SAALS BEHINDERT UNS. UND WIR SIND ZU SEHR DAMIT BESCHÄFTIGT, DIE LEUTE HIER DRINNEN ZU BESCHÜTZEN.
WAS WIR BRAUCHEN, IST BEWEGUNGS-FREIHEIT!
MIT EINEM GEDANKEN ENTFESSELT STORM EINEN HURRIKAN ...

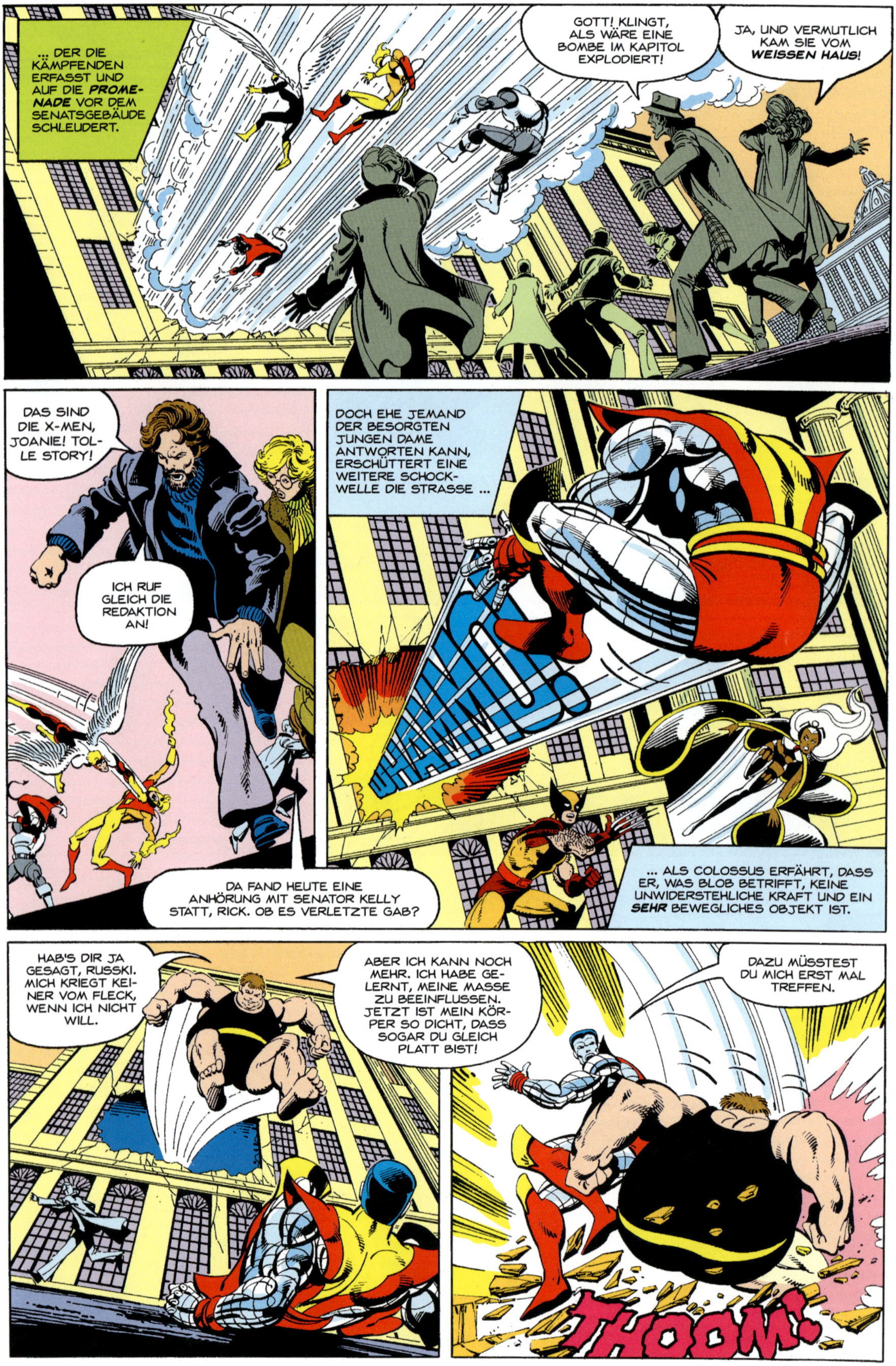

... DER DIE KÄMPFENDEN ERFASST UND AUF DIE PROMENADE VOR DEM SENATSGEBÄUDE SCHLEUDERT.
GOTT! KLINGT, ALS WÄRE EINE BOMBE IM KAPITOL EXPLODIERT!
JA, UND VERMUTLICH KAM SIE VOM WEISSEN HAUS!
DAS SIND DIE X-MEN, JOANIE! TOLLE STORY!
ICH RUF GLEICH DIE REDAKTION AN!
DA FAND HEUTE EINE ANHÖRUNG MIT SENATOR KELLY STATT, RICK. OB ES VERLETZTE GAB?
DOCH EHE JEMAND DER BESORGTEN JUNGEN DAME ANTWORTEN KANN, ERSCHÜTTERT EINE WEITERE SCHOCKWELLE DIE STRASSE ...
WHAMM!
... ALS COLOSSUS ERFÄHRT, DASS ER, WAS BLOB BETRIFFT, KEINE UNWIDERSTEHLICHE KRAFT UND EIN SEHR BEWEGLICHES OBJEKT IST.
HAB'S DIR JA GESAGT, RUSSKI. MICH KRIEGT KEINER VOM FLECK, WENN ICH NICHT WILL.
ABER ICH KANN NOCH MEHR. ICH HABE GELERNT, MEINE MASSE ZU BEEINFLUSSEN. JETZT IST MEIN KÖRPER SO DICHT, DASS SOGAR DU GLEICH PLATT BIST!
DAZU MÜSSTEST DU MICH ERST MAL TREFFEN.
THOOM!

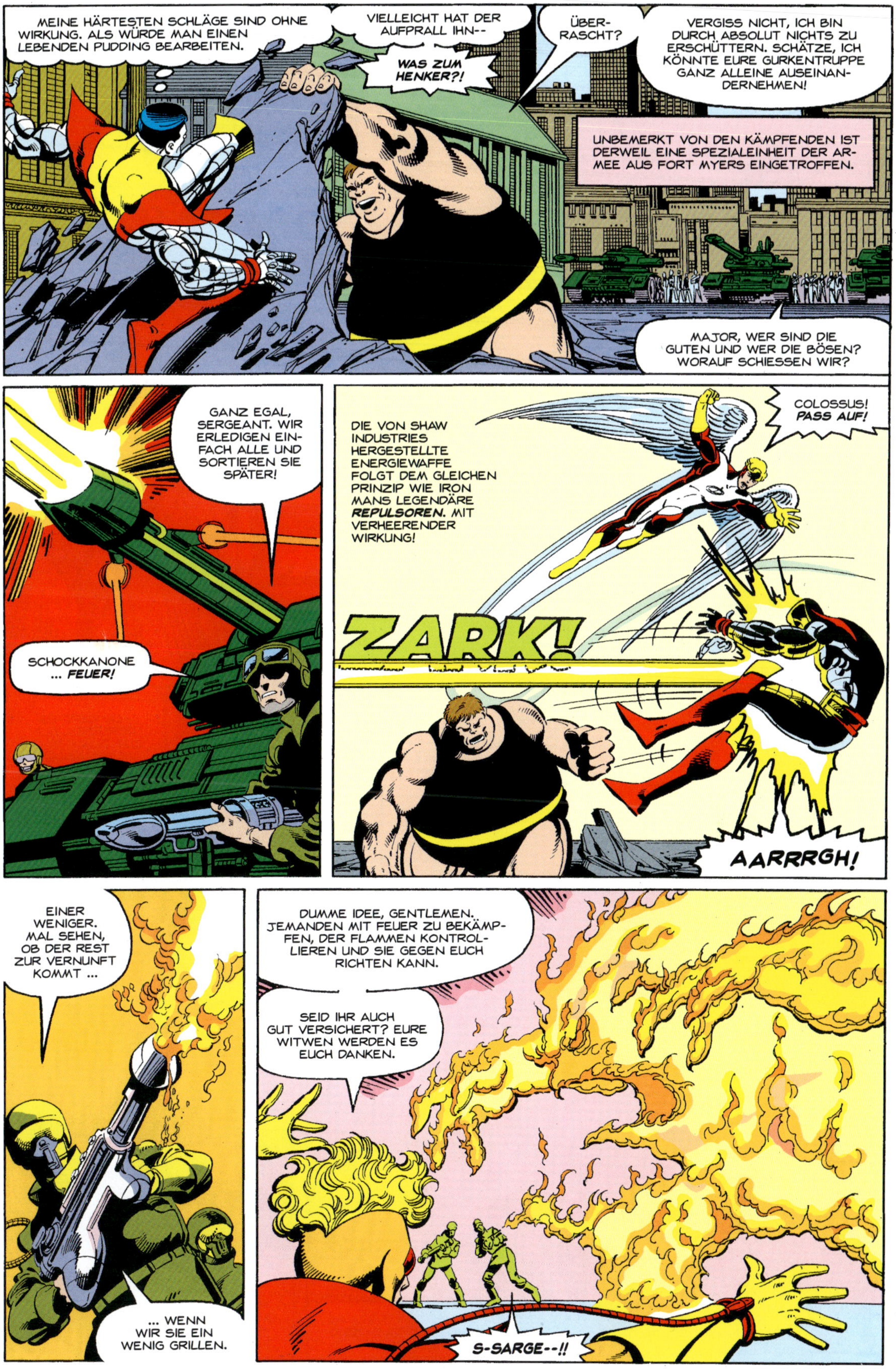

MEINE HÄRTESTEN SCHLÄGE SIND OHNE WIRKUNG. ALS WÜRDE MAN EINEN LEBENDEN PUDDING BEARBEITEN.
VIELLEICHT HAT DER AUFPRALL IHN--
WAS ZUM HENKER?!
ÜBER-RASCHT?
VERGISS NICHT, ICH BIN DURCH ABSOLUT NICHTS ZU ERSCHÜTTERN. SCHÄTZE, ICH KÖNNTE EURE GURKENTRUPPE GANZ ALLEINE AUSEINAN-DERNEHMEN!
UNBEMERKT VON DEN KÄMPFENDEN IST DERWEIL EINE SPEZIALEINHEIT DER AR-MEE AUS FORT MYERS EINGETROFFEN.
MAJOR, WER SIND DIE GUTEN UND WER DIE BÖSEN? WORAUF SCHIESSEN WIR?
GANZ EGAL, SERGEANT. WIR ERLEDIGEN EIN-FACH ALLE UND SORTIEREN SIE SPÄTER!
SCHOCKKANONE ... FEUER!
DIE VON SHAW INDUSTRIES HERGESTELLTE ENERGIEWAFFE FOLGT DEM GLEICHEN PRINZIP WIE IRON MANS LEGENDÄRE REPULSOREN. MIT VERHEERENDER WIRKUNG!
COLOSSUS! PASS AUF!
ZARK!
AARRRGH!
EINER WENIGER. MAL SEHEN, OB DER REST ZUR VERNUNFT KOMMT ...
... WENN WIR SIE EIN WENIG GRILLEN.
DUMME IDEE, GENTLEMEN. JEMANDEN MIT FEUER ZU BEKÄMP-FEN, DER FLAMMEN KONTROL-LIEREN UND SIE GEGEN EUCH RICHTEN KANN.
SEID IHR AUCH GUT VERSICHERT? EURE WITWEN WERDEN ES EUCH DANKEN.
S-SARGE--!!

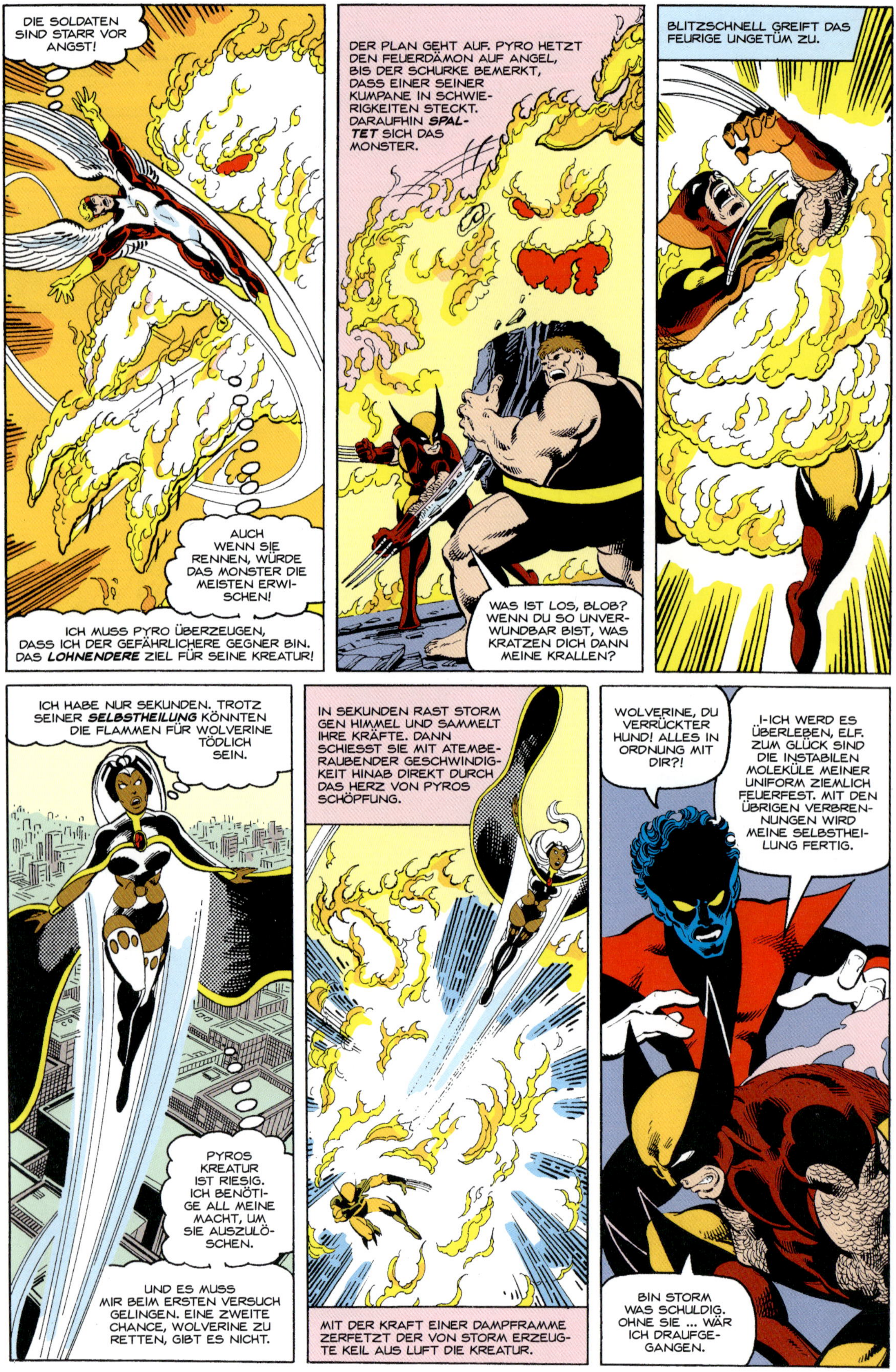
DIE SOLDATEN SIND STARR VOR ANGST!
AUCH WENN SIE RENNEN, WÜRDE DAS MONSTER DIE MEISTEN ERWISCHEN!
ICH MUSS PYRO ÜBERZEUGEN, DASS ICH DER GEFÄHRLICHERE GEGNER BIN. DAS LOHNENDERE ZIEL FÜR SEINE KREATUR!
DER PLAN GEHT AUF. PYRO HETZT DEN FEUERDÄMON AUF ANGEL, BIS DER SCHURKE BEMERKT, DASS EINER SEINER KUMPANE IN SCHWIERIGKEITEN STECKT. DARAUFHIN SPALTET SICH DAS MONSTER.
WAS IST LOS, BLOB? WENN DU SO UNVERWUNDBAR BIST, WAS KRATZEN DICH DANN MEINE KRALLEN?
BLITZSCHNELL GREIFT DAS FEURIGE UNGETÜM ZU.
ICH HABE NUR SEKUNDEN. TROTZ SEINER SELBSTHEILUNG KÖNNTEN DIE FLAMMEN FÜR WOLVERINE TÖDLICH SEIN.
PYROS KREATUR IST RIESIG. ICH BENÖTIGE ALL MEINE MACHT, UM SIE AUSZULÖSCHEN.
UND ES MUSS MIR BEIM ERSTEN VERSUCH GELINGEN. EINE ZWEITE CHANCE, WOLVERINE ZU RETTEN, GIBT ES NICHT.
IN SEKUNDEN RAST STORM GEN HIMMEL UND SAMMELT IHRE KRÄFTE. DANN SCHIESST SIE MIT ATEMBERAUBENDER GESCHWINDIGKEIT HINAB DIREKT DURCH DAS HERZ VON PYROS SCHÖPFUNG.
MIT DER KRAFT EINER DAMPFRAMME ZERFETZT DER VON STORM ERZEUGTE KEIL AUS LUFT DIE KREATUR.
WOLVERINE, DU VERRÜCKTER HUND! ALLES IN ORDNUNG MIT DIR?!
I-ICH WERD ES ÜBERLEBEN, ELF. ZUM GLÜCK SIND DIE INSTABILEN MOLEKÜLE MEINER UNIFORM ZIEMLICH FEUERFEST. MIT DEN ÜBRIGEN VERBRENNUNGEN WIRD MEINE SELBSTHEILUNG FERTIG.
BIN STORM WAS SCHULDIG. OHNE SIE ... WÄR ICH DRAUFGEGANGEN.

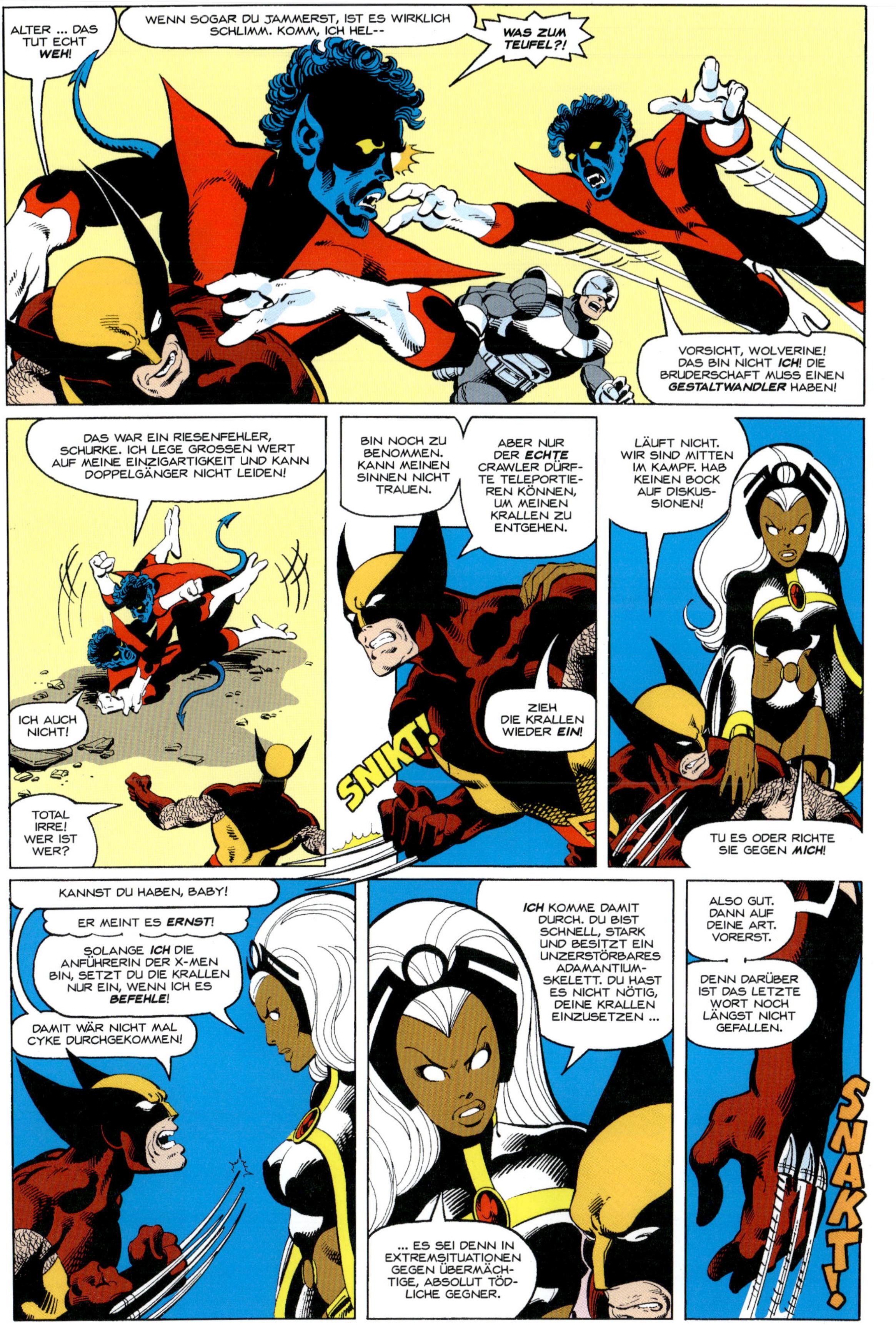
ALTER ... DAS TUT ECHT *WEH*!
WENN SOGAR DU JAMMERST, IST ES WIRKLICH SCHLIMM. KOMM, ICH HEL--
WAS ZUM TEUFEL?!
VORSICHT, WOLVERINE! DAS BIN NICHT *ICH*! DIE BRUDERSCHAFT MUSS EINEN *GESTALTWANDLER* HABEN!
DAS WAR EIN RIESENFEHLER, SCHURKE. ICH LEGE GROSSEN WERT AUF MEINE EINZIGARTIGKEIT UND KANN DOPPELGÄNGER NICHT LEIDEN!
ICH AUCH NICHT!
TOTAL IRRE! WER IST WER?
BIN NOCH ZU BENOMMEN. KANN MEINEN SINNEN NICHT TRAUEN.
ABER NUR DER *ECHTE* CRAWLER DÜRFTE TELEPORTIEREN KÖNNEN, UM MEINEN KRALLEN ZU ENTGEHEN.
SNIKT!
ZIEH DIE KRALLEN WIEDER *EIN*!
LÄUFT NICHT. WIR SIND MITTEN IM KAMPF. HAB KEINEN BOCK AUF DISKUSSIONEN!
TU ES ODER RICHTE SIE GEGEN *MICH*!
KANNST DU HABEN, BABY!
ER MEINT ES *ERNST*!
SOLANGE *ICH* DIE ANFÜHRERIN DER X-MEN BIN, SETZT DU DIE KRALLEN NUR EIN, WENN ICH ES *BEFEHLE*!
DAMIT WÄR NICHT MAL CYKE DURCHGEKOMMEN!
ICH KOMME DAMIT DURCH. DU BIST SCHNELL, STARK UND BESITZT EIN UNZERSTÖRBARES ADAMANTIUM-SKELETT. DU HAST ES NICHT NÖTIG, DEINE KRALLEN EINZUSETZEN ...
... ES SEI DENN IN EXTREMSITUATIONEN GEGEN ÜBERMÄCHTIGE, ABSOLUT TÖDLICHE GEGNER.
ALSO GUT. DANN AUF DEINE ART. VORERST.
DENN DARÜBER IST DAS LETZTE WORT NOCH LÄNGST NICHT GEFALLEN.
SNAKT!

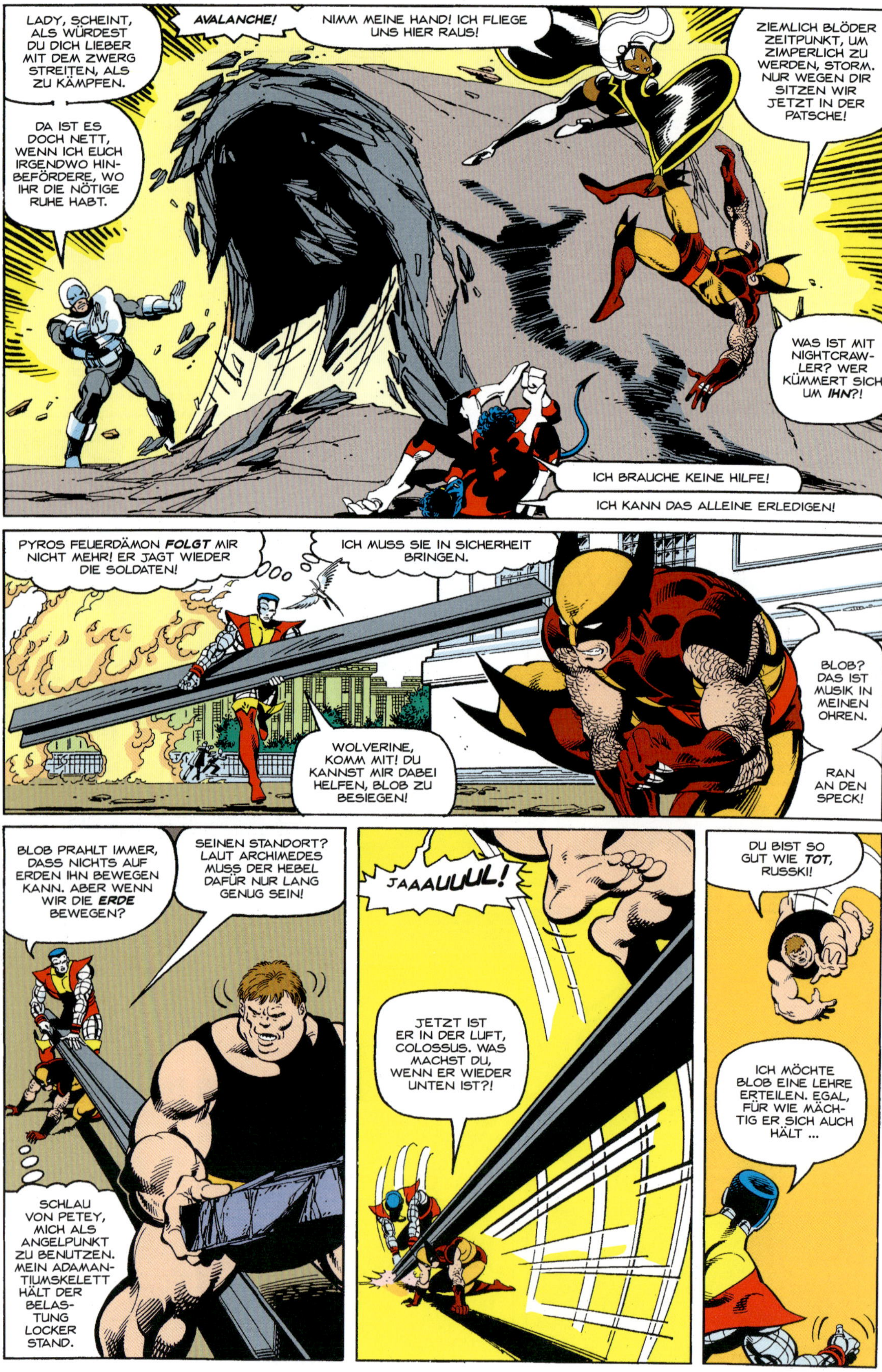
LADY, SCHEINT, ALS WÜRDEST DU DICH LIEBER MIT DEM ZWERG STREITEN, ALS ZU KÄMPFEN.
DA IST ES DOCH NETT, WENN ICH EUCH IRGENDWO HINBEFÖRDERE, WO IHR DIE NÖTIGE RUHE HABT.
AVALANCHE!
NIMM MEINE HAND! ICH FLIEGE UNS HIER RAUS!
ZIEMLICH BLÖDER ZEITPUNKT, UM ZIMPERLICH ZU WERDEN, STORM. NUR WEGEN DIR SITZEN WIR JETZT IN DER PATSCHE!
WAS IST MIT NIGHTCRAWLER? WER KÜMMERT SICH UM IHN?!
ICH BRAUCHE KEINE HILFE!
ICH KANN DAS ALLEINE ERLEDIGEN!
PYROS FEUERDÄMON FOLGT MIR NICHT MEHR! ER JAGT WIEDER DIE SOLDATEN!
ICH MUSS SIE IN SICHERHEIT BRINGEN.
WOLVERINE, KOMM MIT! DU KANNST MIR DABEI HELFEN, BLOB ZU BESIEGEN!
BLOB? DAS IST MUSIK IN MEINEN OHREN.
RAN AN DEN SPECK!
BLOB PRAHLT IMMER, DASS NICHTS AUF ERDEN IHN BEWEGEN KANN. ABER WENN WIR DIE ERDE BEWEGEN?
SEINEN STANDORT? LAUT ARCHIMEDES MUSS DER HEBEL DAFÜR NUR LANG GENUG SEIN!
SCHLAU VON PETEY, MICH ALS ANGELPUNKT ZU BENUTZEN. MEIN ADAMANTIUMSKELETT HÄLT DER BELASTUNG LOCKER STAND.
JAAAUUUL!
JETZT IST ER IN DER LUFT, COLOSSUS. WAS MACHST DU, WENN ER WIEDER UNTEN IST?!
DU BIST SO GUT WIE TOT, RUSSKI!
ICH MÖCHTE BLOB EINE LEHRE ERTEILEN. EGAL, FÜR WIE MÄCHTIG ER SICH AUCH HÄLT ...

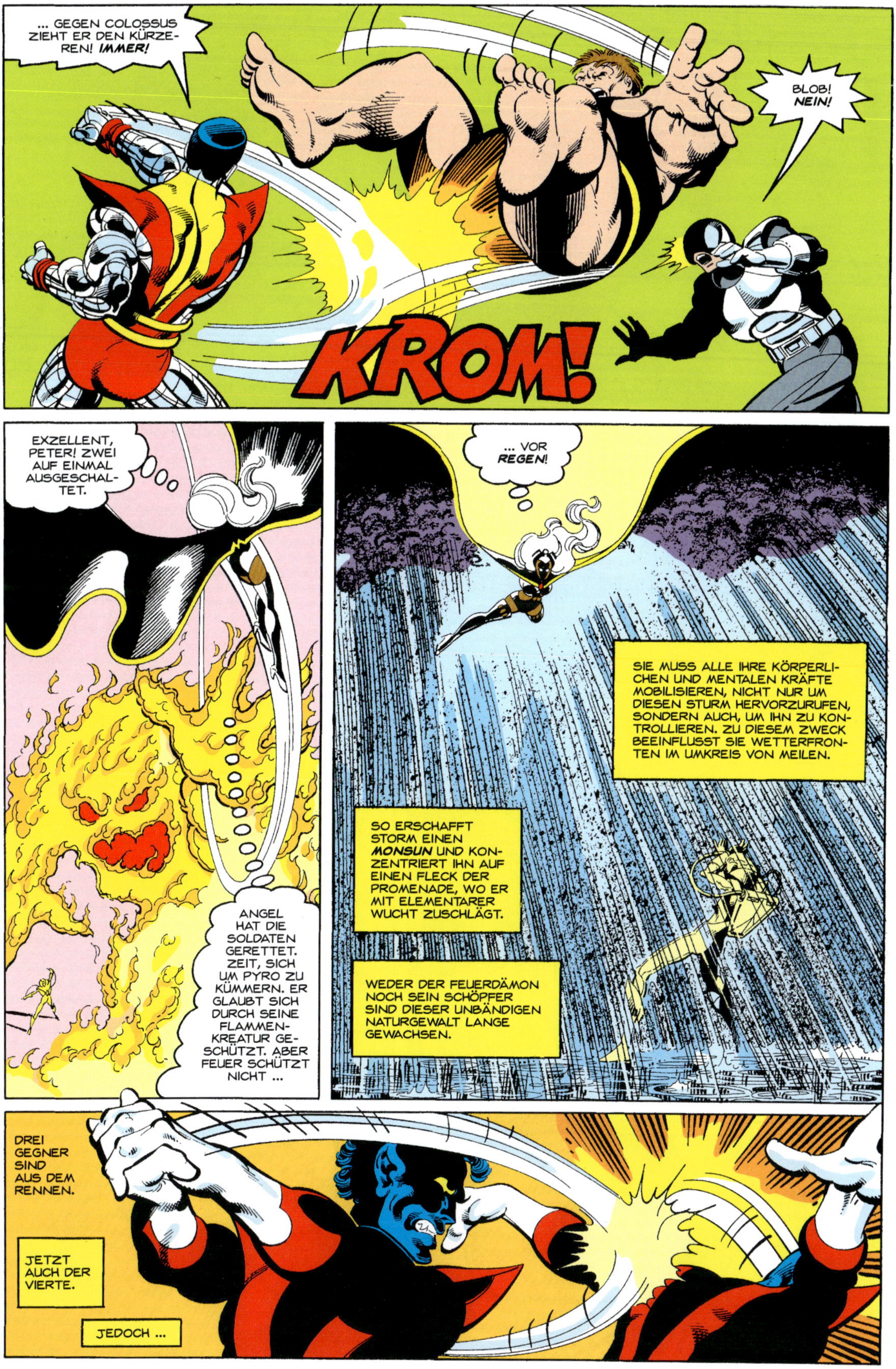

... GEGEN COLOSSUS ZIEHT ER DEN KÜRZEREN! *IMMER!*
BLOB! *NEIN!*
KROM!
EXZELLENT, PETER! ZWEI AUF EINMAL AUSGESCHALTET.
ANGEL HAT DIE SOLDATEN GERETTET. ZEIT, SICH UM PYRO ZU KÜMMERN. ER GLAUBT SICH DURCH SEINE FLAMMENKREATUR GESCHÜTZT. ABER FEUER SCHÜTZT NICHT ...
... VOR *REGEN!*
SIE MUSS ALLE IHRE KÖRPERLICHEN UND MENTALEN KRÄFTE MOBILISIEREN, NICHT NUR UM DIESEN STURM HERVORZURUFEN, SONDERN AUCH, UM IHN ZU KONTROLLIEREN. ZU DIESEM ZWECK BEEINFLUSST SIE WETTERFRONTEN IM UMKREIS VON MEILEN.
SO ERSCHAFFT STORM EINEN *MONSUN* UND KONZENTRIERT IHN AUF EINEN FLECK DER PROMENADE, WO ER MIT ELEMENTARER WUCHT ZUSCHLÄGT.
WEDER DER FEUERDÄMON NOCH SEIN SCHÖPFER SIND DIESER UNBÄNDIGEN NATURGEWALT LANGE GEWACHSEN.
DREI GEGNER SIND AUS DEM RENNEN.
JETZT AUCH DER VIERTE.
JEDOCH ...

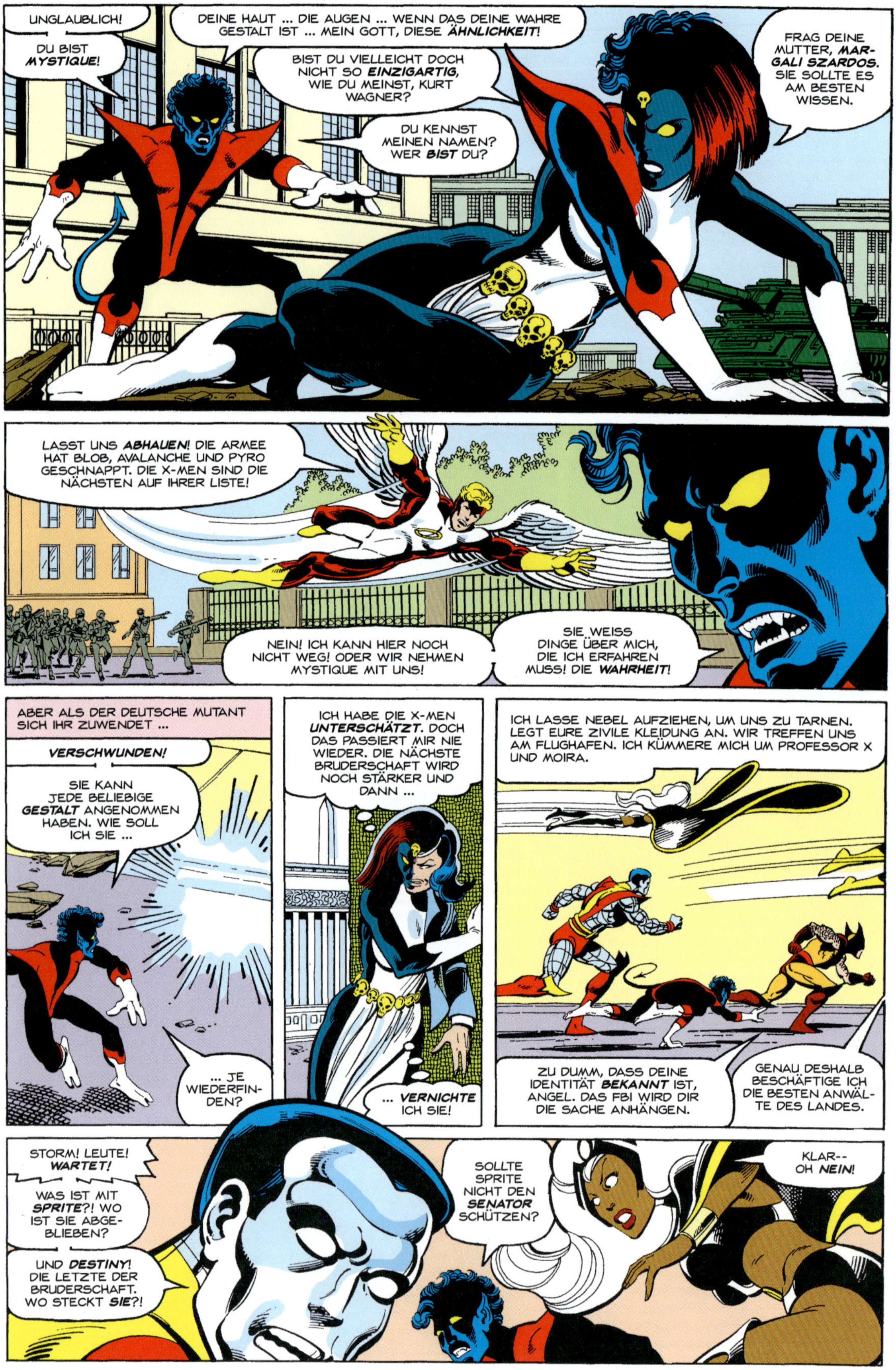
UNGLAUBLICH!
DU BIST MYSTIQUE!
DEINE HAUT ... DIE AUGEN ... WENN DAS DEINE WAHRE GESTALT IST ... MEIN GOTT, DIESE ÄHNLICHKEIT!
BIST DU VIELLEICHT DOCH NICHT SO EINZIGARTIG, WIE DU MEINST, KURT WAGNER?
DU KENNST MEINEN NAMEN? WER BIST DU?
FRAG DEINE MUTTER, MARGALI SZARDOS. SIE SOLLTE ES AM BESTEN WISSEN.
LASST UNS ABHAUEN! DIE ARMEE HAT BLOB, AVALANCHE UND PYRO GESCHNAPPT. DIE X-MEN SIND DIE NÄCHSTEN AUF IHRER LISTE!
NEIN! ICH KANN HIER NOCH NICHT WEG! ODER WIR NEHMEN MYSTIQUE MIT UNS!
SIE WEISS DINGE ÜBER MICH, DIE ICH ERFAHREN MUSS! DIE WAHRHEIT!
ABER ALS DER DEUTSCHE MUTANT SICH IHR ZUWENDET ...
VERSCHWUNDEN!
SIE KANN JEDE BELIEBIGE GESTALT ANGENOMMEN HABEN. WIE SOLL ICH SIE ...
... JE WIEDERFINDEN?
ICH HABE DIE X-MEN UNTERSCHÄTZT. DOCH DAS PASSIERT MIR NIE WIEDER. DIE NÄCHSTE BRUDERSCHAFT WIRD NOCH STÄRKER UND DANN ...
... VERNICHTE ICH SIE!
ICH LASSE NEBEL AUFZIEHEN, UM UNS ZU TARNEN. LEGT EURE ZIVILE KLEIDUNG AN. WIR TREFFEN UNS AM FLUGHAFEN. ICH KÜMMERE MICH UM PROFESSOR X UND MOIRA.
ZU DUMM, DASS DEINE IDENTITÄT BEKANNT IST, ANGEL. DAS FBI WIRD DIR DIE SACHE ANHÄNGEN.
GENAU DESHALB BESCHÄFTIGE ICH DIE BESTEN ANWÄLTE DES LANDES.
STORM! LEUTE! WARTET!
WAS IST MIT SPRITE?! WO IST SIE ABGEBLIEBEN?
UND DESTINY! DIE LETZTE DER BRUDERSCHAFT. WO STECKT SIE?!
SOLLTE SPRITE NICHT DEN SENATOR SCHÜTZEN?
KLAR-- OH NEIN!

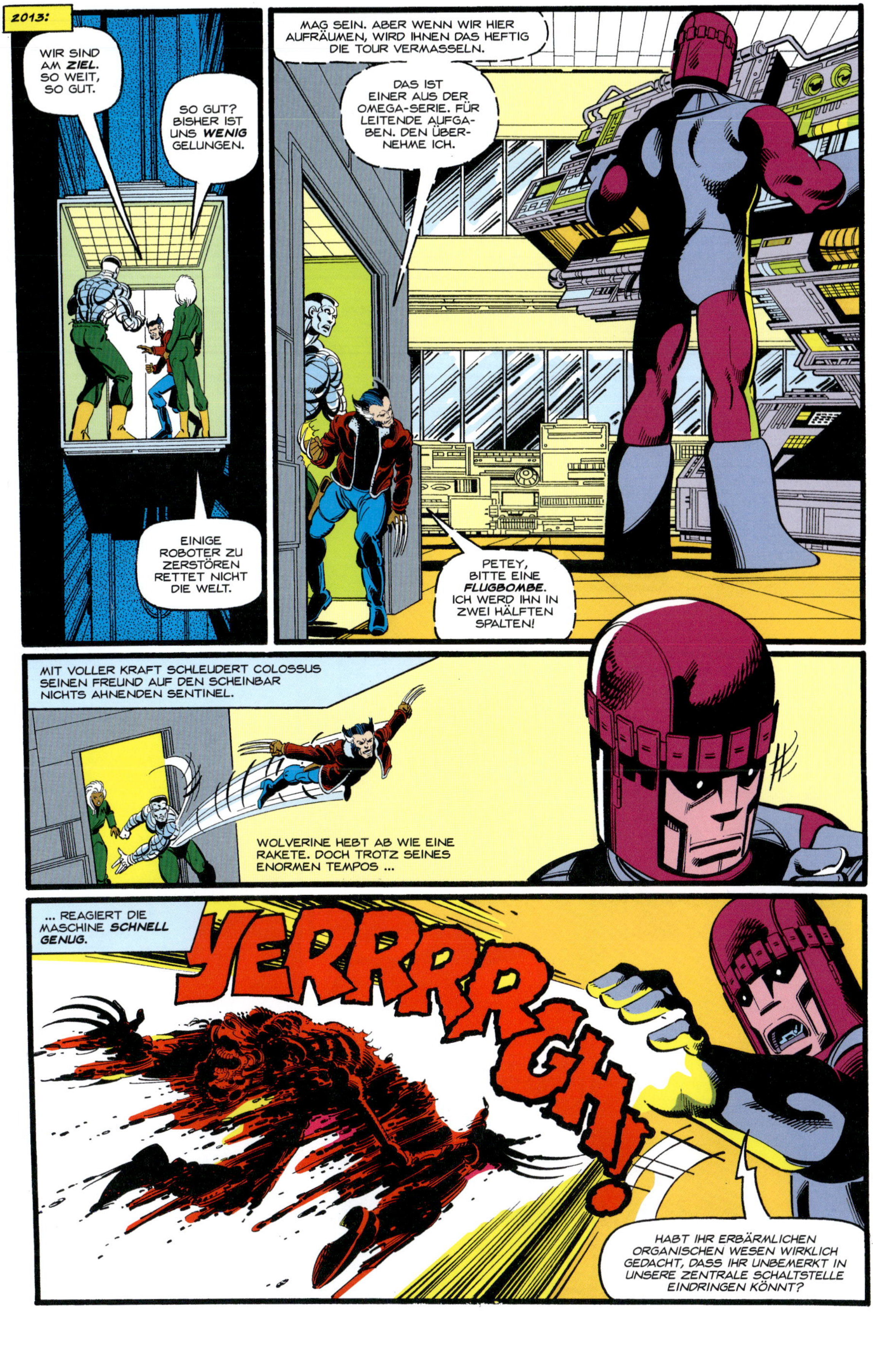

2013:
WIR SIND AM **ZIEL**. SO WEIT, SO GUT.
SO GUT? BISHER IST UNS **WENIG** GELUNGEN.
EINIGE ROBOTER ZU ZERSTÖREN RETTET NICHT DIE WELT.
MAG SEIN. ABER WENN WIR HIER AUFRÄUMEN, WIRD IHNEN DAS HEFTIG DIE TOUR VERMASSELN.
DAS IST EINER AUS DER OMEGA-SERIE. FÜR LEITENDE AUFGABEN. DEN ÜBERNEHME ICH.
PETEY, BITTE EINE **FLUGBOMBE**. ICH WERD IHN IN ZWEI HÄLFTEN SPALTEN!
MIT VOLLER KRAFT SCHLEUDERT COLOSSUS SEINEN FREUND AUF DEN SCHEINBAR NICHTS AHNENDEN SENTINEL.
WOLVERINE HEBT AB WIE EINE RAKETE. DOCH TROTZ SEINES ENORMEN TEMPOS ...
... REAGIERT DIE MASCHINE **SCHNELL GENUG**.
YERRRRGH!
HABT IHR ERBÄRMLICHEN ORGANISCHEN WESEN WIRKLICH GEDACHT, DASS IHR UNBEMERKT IN UNSERE ZENTRALE SCHALTSTELLE EINDRINGEN KÖNNT?

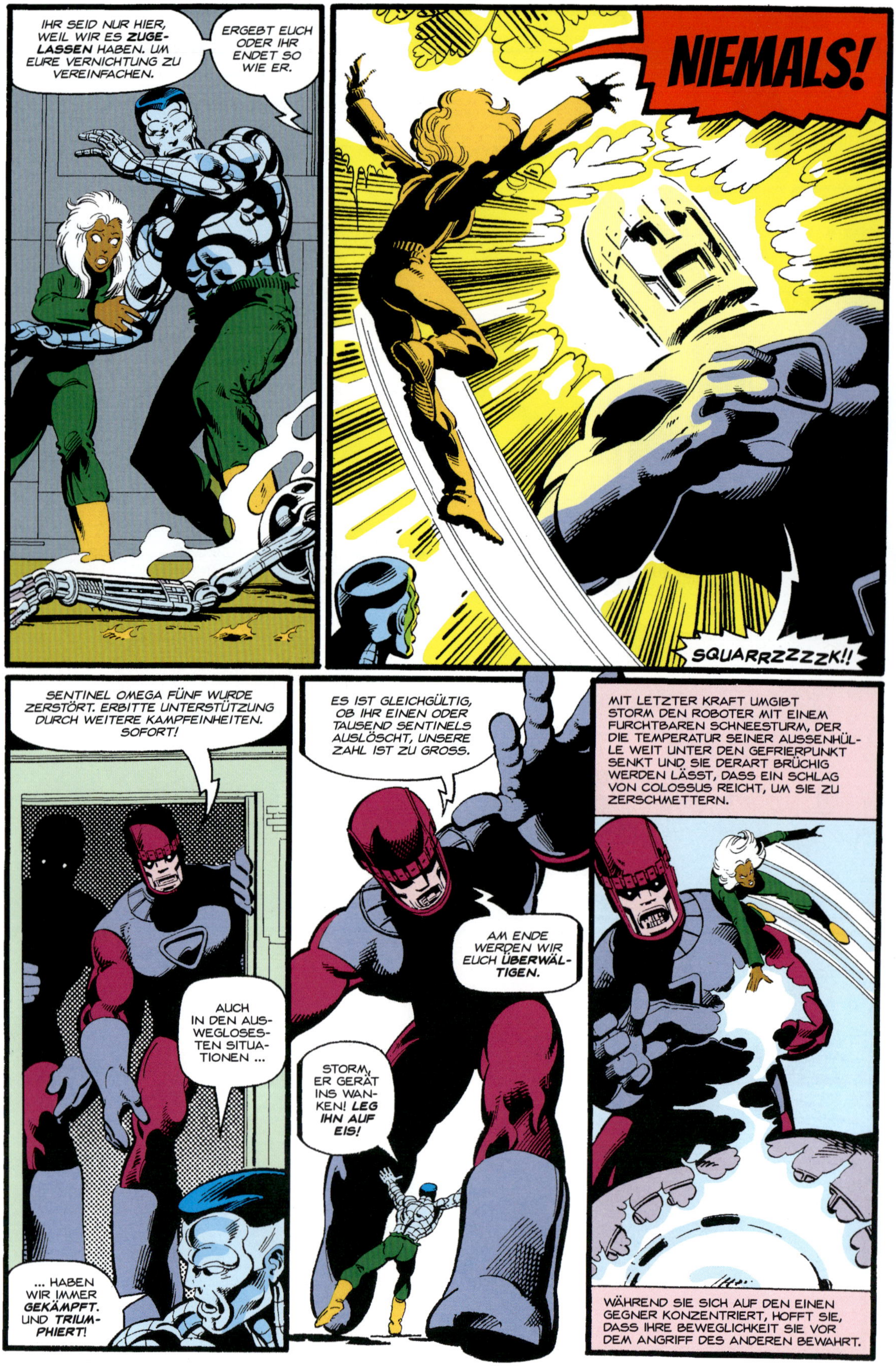
IHR SEID NUR HIER, WEIL WIR ES **ZUGELASSEN** HABEN. UM EURE VERNICHTUNG ZU VEREINFACHEN.
ERGEBT EUCH ODER IHR ENDET SO WIE ER.
NIEMALS!
SQUARRZZZZK!!
SENTINEL OMEGA FÜNF WURDE ZERSTÖRT. ERBITTE UNTERSTÜTZUNG DURCH WEITERE KAMPFEINHEITEN. SOFORT!
AUCH IN DEN AUSWEGLOSESTEN SITUATIONEN ...
... HABEN WIR IMMER ***GEKÄMPFT***. UND ***TRIUMPHIERT***!
ES IST GLEICHGÜLTIG, OB IHR EINEN ODER TAUSEND SENTINELS AUSLÖSCHT, UNSERE ZAHL IST ZU GROSS.
AM ENDE WERDEN WIR EUCH **ÜBERWÄLTIGEN**.
STORM, ER GERÄT INS WANKEN! ***LEG IHN AUF EIS!***
MIT LETZTER KRAFT UMGIBT STORM DEN ROBOTER MIT EINEM FURCHTBAREN SCHNEESTURM, DER DIE TEMPERATUR SEINER AUSSENHÜLLE WEIT UNTER DEN GEFRIERPUNKT SENKT UND SIE DERART BRÜCHIG WERDEN LÄSST, DASS EIN SCHLAG VON COLOSSUS REICHT, UM SIE ZU ZERSCHMETTERN.
WÄHREND SIE SICH AUF DEN EINEN GEGNER KONZENTRIERT, HOFFT SIE, DASS IHRE BEWEGLICHKEIT SIE VOR DEM ANGRIFF DES ANDEREN BEWAHRT.

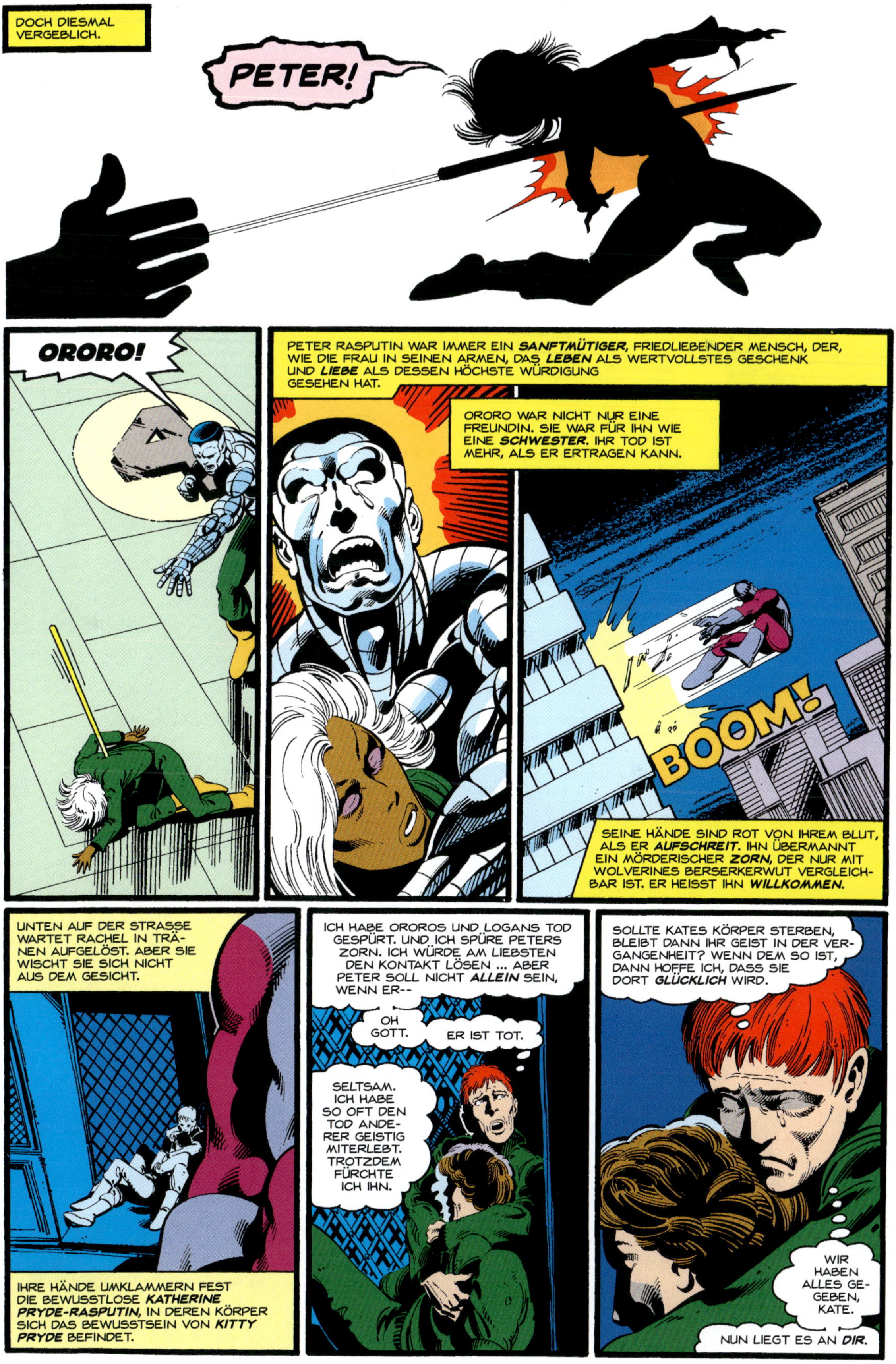
DOCH DIESMAL VERGEBLICH.
PETER!
ORORO!
PETER RASPUTIN WAR IMMER EIN SANFTMÜTIGER, FRIEDLIEBENDER MENSCH, DER, WIE DIE FRAU IN SEINEN ARMEN, DAS LEBEN ALS WERTVOLLSTES GESCHENK UND LIEBE ALS DESSEN HÖCHSTE WÜRDIGUNG GESEHEN HAT.
ORORO WAR NICHT NUR EINE FREUNDIN. SIE WAR FÜR IHN WIE EINE SCHWESTER. IHR TOD IST MEHR, ALS ER ERTRAGEN KANN.
BOOM!
SEINE HÄNDE SIND ROT VON IHREM BLUT, ALS ER AUFSCHREIT. IHN ÜBERMANNT EIN MÖRDERISCHER ZORN, DER NUR MIT WOLVERINES BERSERKERWUT VERGLEICHBAR IST. ER HEISST IHN WILLKOMMEN.
UNTEN AUF DER STRASSE WARTET RACHEL IN TRÄNEN AUFGELÖST. ABER SIE WISCHT SIE SICH NICHT AUS DEM GESICHT.
IHRE HÄNDE UMKLAMMERN FEST DIE BEWUSSTLOSE KATHERINE PRYDE-RASPUTIN, IN DEREN KÖRPER SICH DAS BEWUSSTSEIN VON KITTY PRYDE BEFINDET.
ICH HABE ORORO UND LOGANS TOD GESPÜRT. UND ICH SPÜRE PETERS ZORN. ICH WÜRDE AM LIEBSTEN DEN KONTAKT LÖSEN ... ABER PETER SOLL NICHT ALLEIN SEIN, WENN ER--
OH GOTT.
ER IST TOT.
SELTSAM. ICH HABE SO OFT DEN TOD ANDERER GEISTIG MITERLEBT. TROTZDEM FÜRCHTE ICH IHN.
SOLLTE KATES KÖRPER STERBEN, BLEIBT DANN IHR GEIST IN DER VERGANGENHEIT? WENN DEM SO IST, DANN HOFFE ICH, DASS SIE DORT GLÜCKLICH WIRD.
WIR HABEN ALLES GEGEBEN, KATE.
NUN LIEGT ES AN DIR.

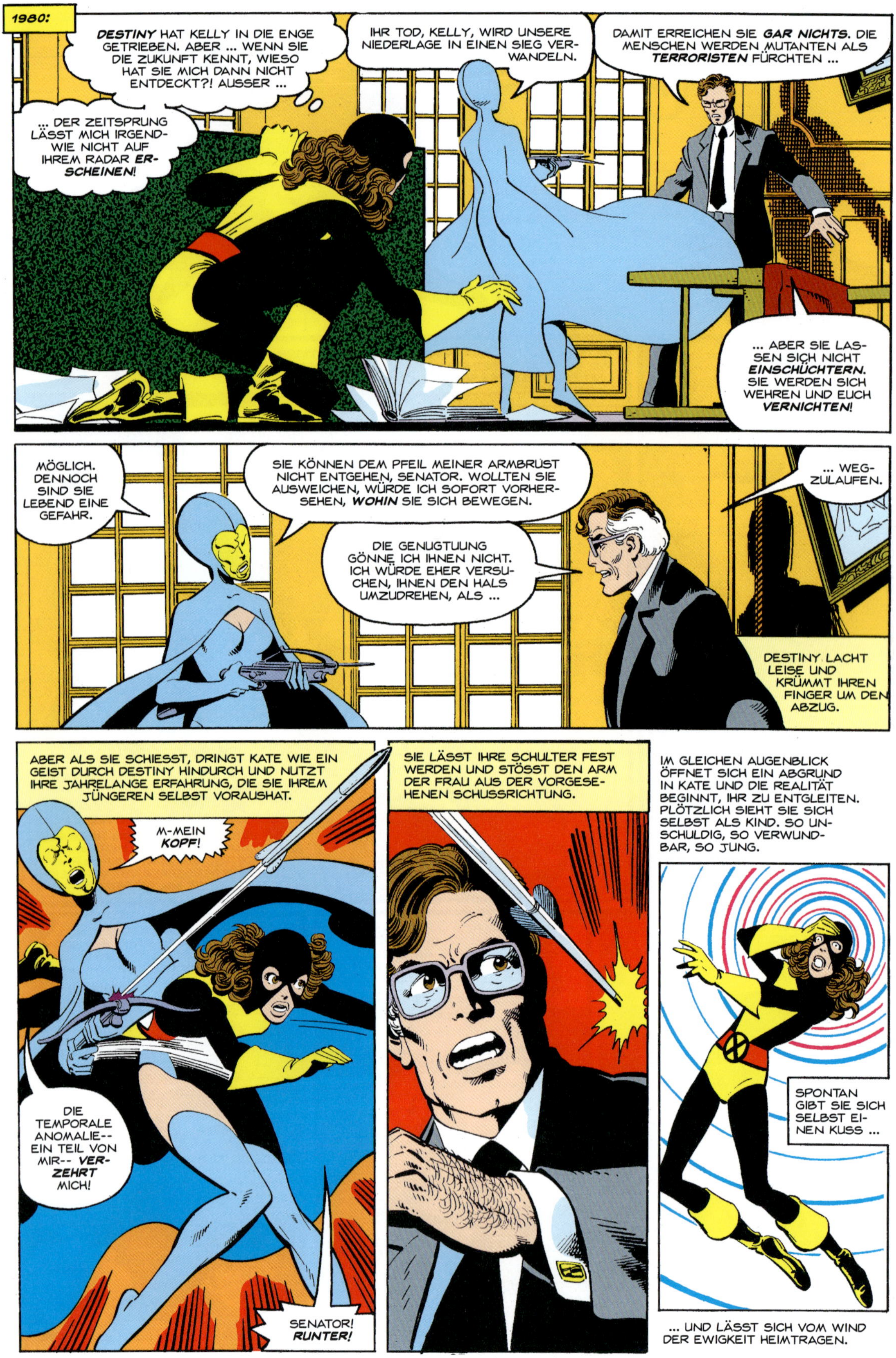
1980:
DESTINY HAT KELLY IN DIE ENGE GETRIEBEN. ABER ... WENN SIE DIE ZUKUNFT KENNT, WIESO HAT SIE MICH DANN NICHT ENTDECKT?! AUSSER ...
... DER ZEITSPRUNG LÄSST MICH IRGENDWIE NICHT AUF IHREM RADAR ERSCHEINEN!
IHR TOD, KELLY, WIRD UNSERE NIEDERLAGE IN EINEN SIEG VERWANDELN.
DAMIT ERREICHEN SIE GAR NICHTS. DIE MENSCHEN WERDEN MUTANTEN ALS TERRORISTEN FÜRCHTEN ...
... ABER SIE LASSEN SICH NICHT EINSCHÜCHTERN. SIE WERDEN SICH WEHREN UND EUCH VERNICHTEN!
MÖGLICH. DENNOCH SIND SIE LEBEND EINE GEFAHR.
SIE KÖNNEN DEM PFEIL MEINER ARMBRUST NICHT ENTGEHEN, SENATOR. WOLLTEN SIE AUSWEICHEN, WÜRDE ICH SOFORT VORHERSEHEN, WOHIN SIE SICH BEWEGEN.
DIE GENUGTUUNG GÖNNE ICH IHNEN NICHT. ICH WÜRDE EHER VERSUCHEN, IHNEN DEN HALS UMZUDREHEN, ALS ...
... WEGZULAUFEN.
DESTINY LACHT LEISE UND KRÜMMT IHREN FINGER UM DEN ABZUG.
ABER ALS SIE SCHIESST, DRINGT KATE WIE EIN GEIST DURCH DESTINY HINDURCH UND NUTZT IHRE JAHRELANGE ERFAHRUNG, DIE SIE IHREM JÜNGEREN SELBST VORAUSHAT.
M-MEIN KOPF!
DIE TEMPORALE ANOMALIE-- EIN TEIL VON MIR-- VERZEHRT MICH!
SENATOR! RUNTER!
SIE LÄSST IHRE SCHULTER FEST WERDEN UND STÖSST DEN ARM DER FRAU AUS DER VORGESEHENEN SCHUSSRICHTUNG.
IM GLEICHEN AUGENBLICK ÖFFNET SICH EIN ABGRUND IN KATE UND DIE REALITÄT BEGINNT, IHR ZU ENTGLEITEN. PLÖTZLICH SIEHT SIE SICH SELBST ALS KIND. SO UNSCHULDIG, SO VERWUNDBAR, SO JUNG.
SPONTAN GIBT SIE SICH SELBST EINEN KUSS ...
... UND LÄSST SICH VOM WIND DER EWIGKEIT HEIMTRAGEN.

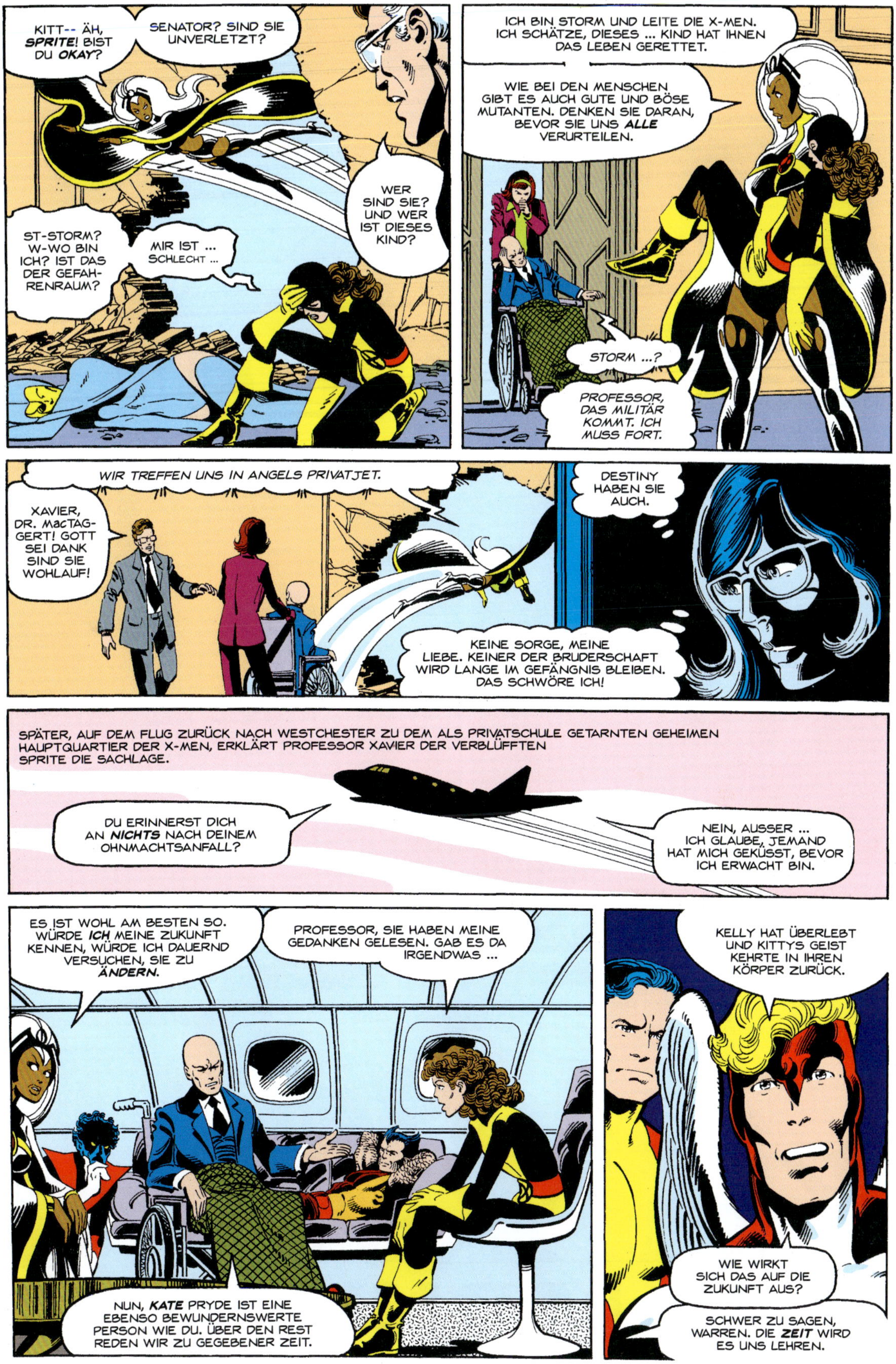
KITT-- ÄH, SPRITE! BIST DU OKAY?
SENATOR? SIND SIE UNVERLETZT?
WER SIND SIE? UND WER IST DIESES KIND?
ST-STORM? W-WO BIN ICH? IST DAS DER GEFAHRENRAUM?
MIR IST ... SCHLECHT ...
ICH BIN STORM UND LEITE DIE X-MEN. ICH SCHÄTZE, DIESES ... KIND HAT IHNEN DAS LEBEN GERETTET.
WIE BEI DEN MENSCHEN GIBT ES AUCH GUTE UND BÖSE MUTANTEN. DENKEN SIE DARAN, BEVOR SIE UNS ALLE VERURTEILEN.
STORM ...?
PROFESSOR, DAS MILITÄR KOMMT. ICH MUSS FORT.
WIR TREFFEN UNS IN ANGELS PRIVATJET.
XAVIER, DR. MacTAGGERT! GOTT SEI DANK SIND SIE WOHLAUF!
DESTINY HABEN SIE AUCH.
KEINE SORGE, MEINE LIEBE. KEINER DER BRUDERSCHAFT WIRD LANGE IM GEFÄNGNIS BLEIBEN. DAS SCHWÖRE ICH!
SPÄTER, AUF DEM FLUG ZURÜCK NACH WESTCHESTER ZU DEM ALS PRIVATSCHULE GETARNTEN GEHEIMEN HAUPTQUARTIER DER X-MEN, ERKLÄRT PROFESSOR XAVIER DER VERBLÜFFTEN SPRITE DIE SACHLAGE.
DU ERINNERST DICH AN NICHTS NACH DEINEM OHNMACHTSANFALL?
NEIN, AUSSER ... ICH GLAUBE, JEMAND HAT MICH GEKÜSST, BEVOR ICH ERWACHT BIN.
ES IST WOHL AM BESTEN SO. WÜRDE ICH MEINE ZUKUNFT KENNEN, WÜRDE ICH DAUERND VERSUCHEN, SIE ZU ÄNDERN.
PROFESSOR, SIE HABEN MEINE GEDANKEN GELESEN. GAB ES DA IRGENDWAS ...
NUN, KATE PRYDE IST EINE EBENSO BEWUNDERNSWERTE PERSON WIE DU. ÜBER DEN REST REDEN WIR ZU GEGEBENER ZEIT.
KELLY HAT ÜBERLEBT UND KITTYS GEIST KEHRTE IN IHREN KÖRPER ZURÜCK.
WIE WIRKT SICH DAS AUF DIE ZUKUNFT AUS?
SCHWER ZU SAGEN, WARREN. DIE ZEIT WIRD ES UNS LEHREN.

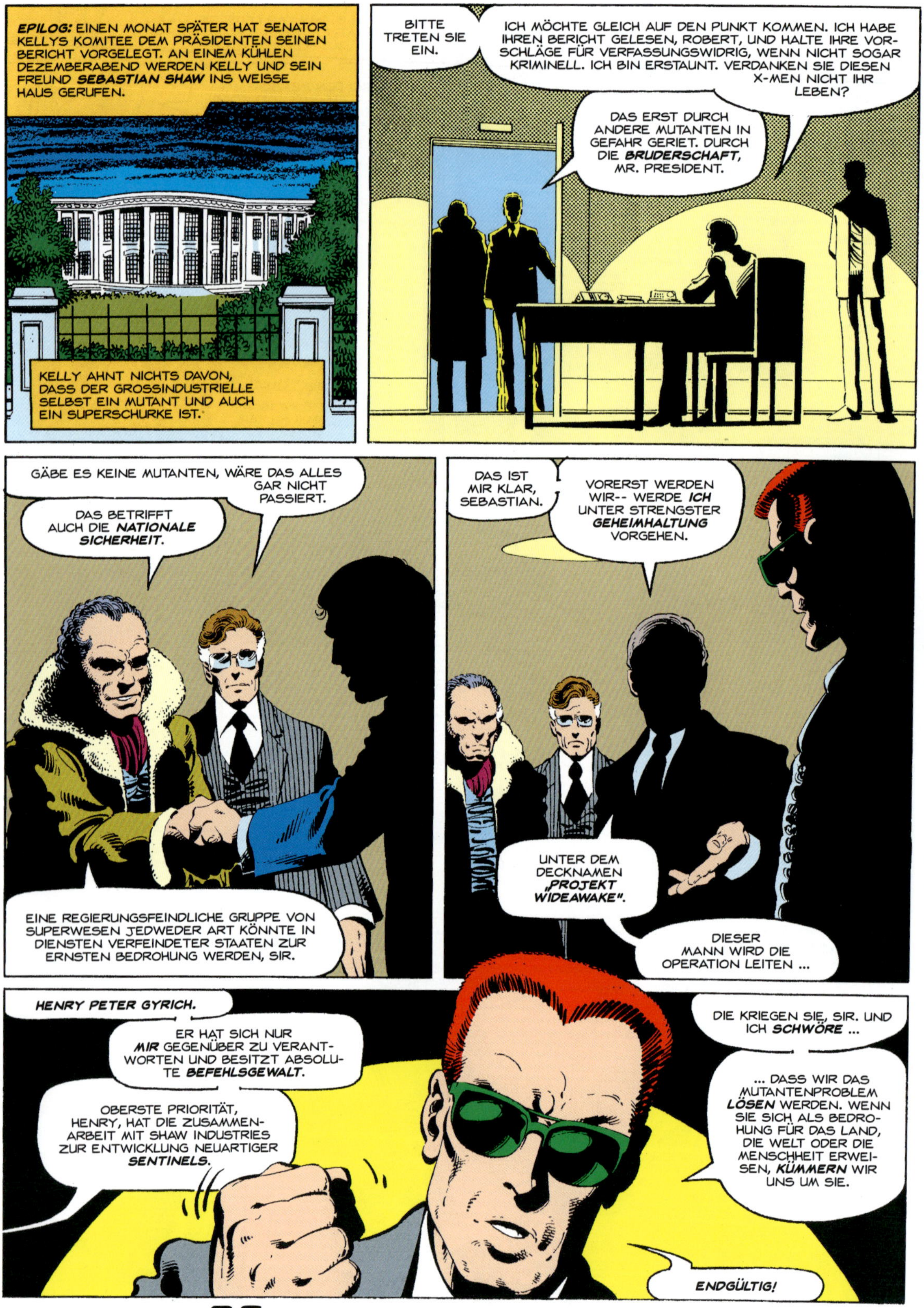

JETZT: **DÄMON!**

WENN DU ALLEIN BIST, KITTY PRYDE, DANN HÖRT DICH NIEMAND SCHREIEN!

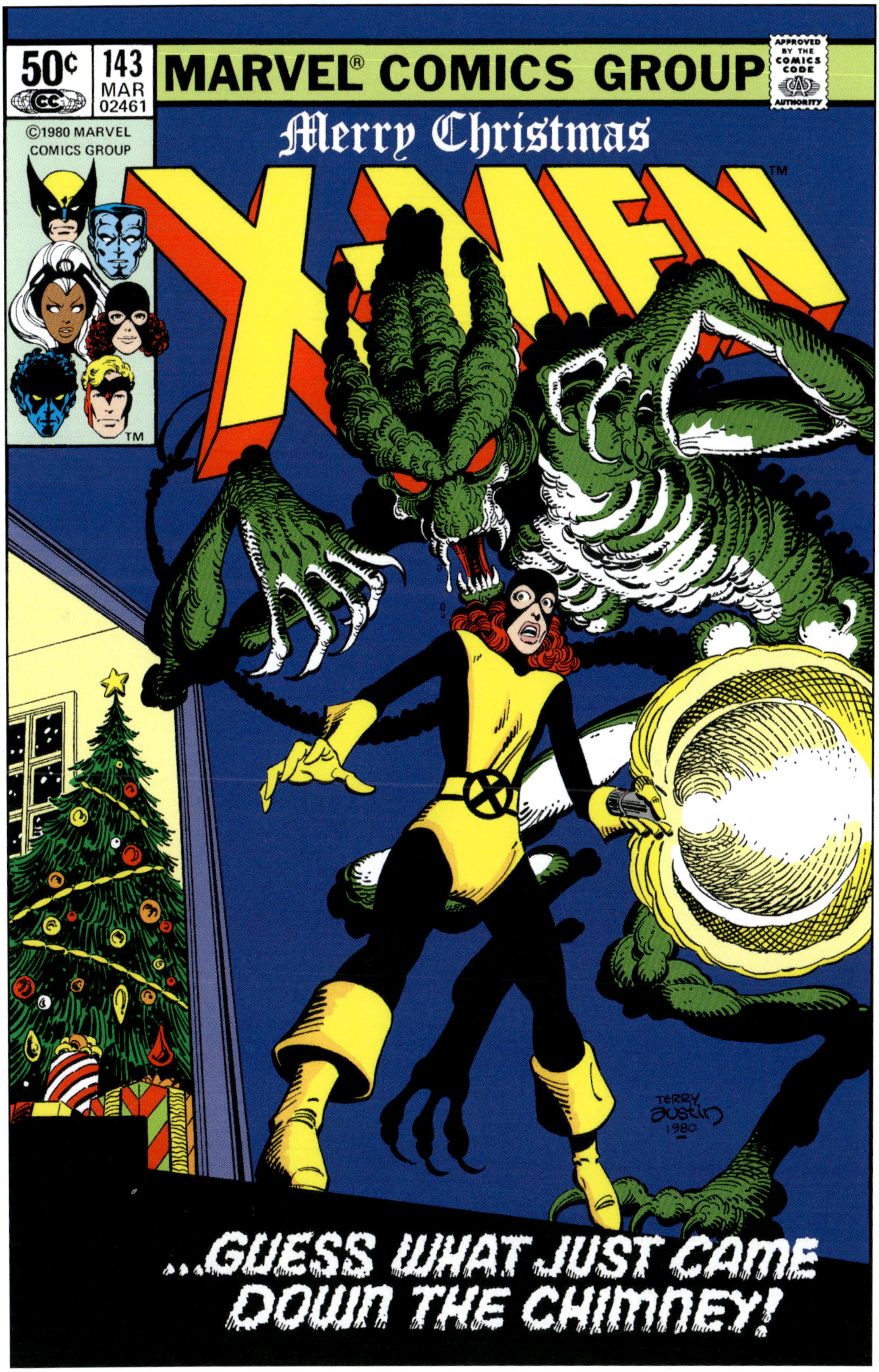

Uncanny X-Men (1963) 143
Cover von **TERRY AUSTIN**

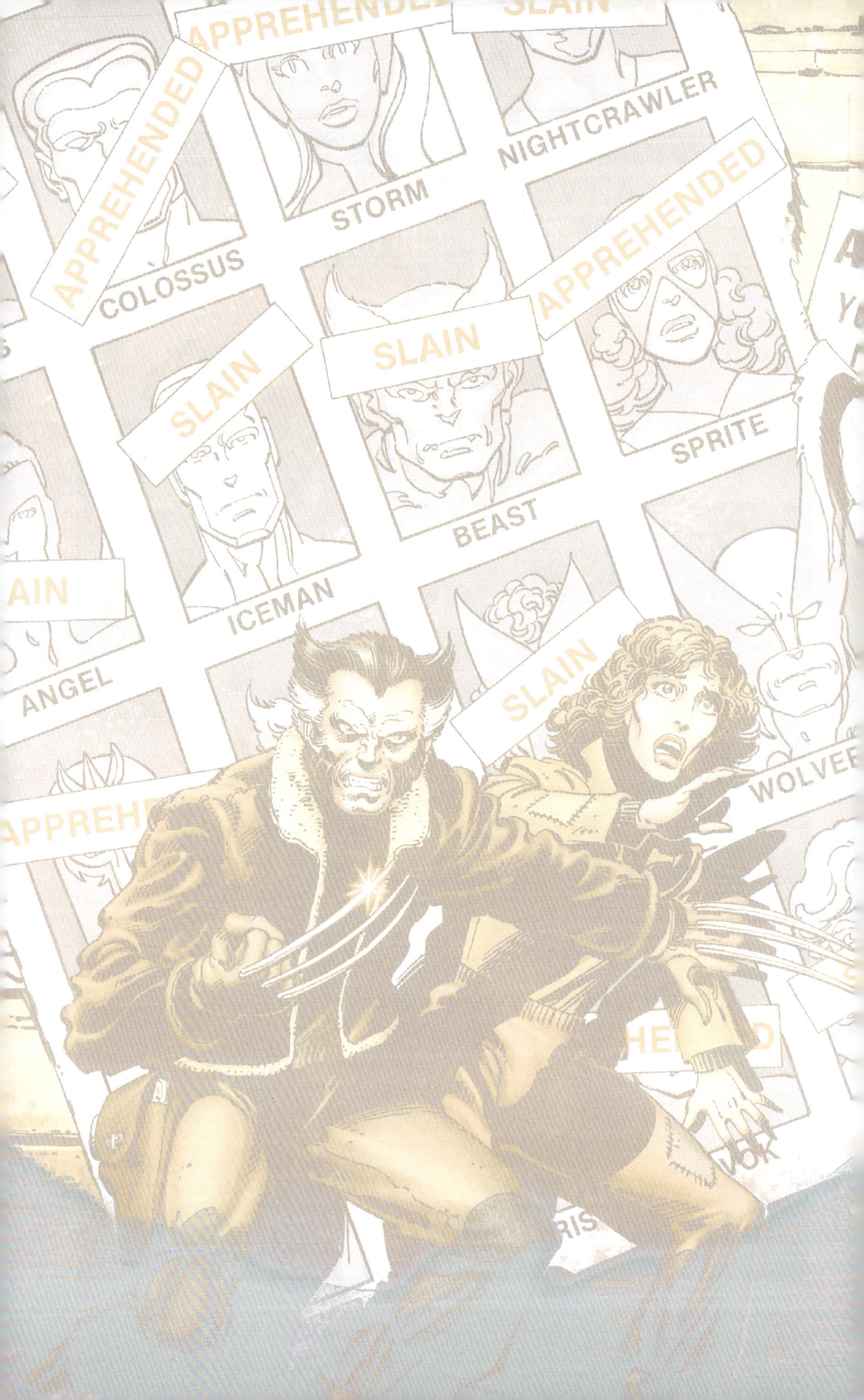
APPREHENDED
SLAIN
APPREHENDED
STORM
NIGHTCRAWLER
COLOSSUS
APPREHENDED
SLAIN
SLAIN
APPREHENDED
SPRITE
BEAST
ICEMAN
ANGEL
SLAIN

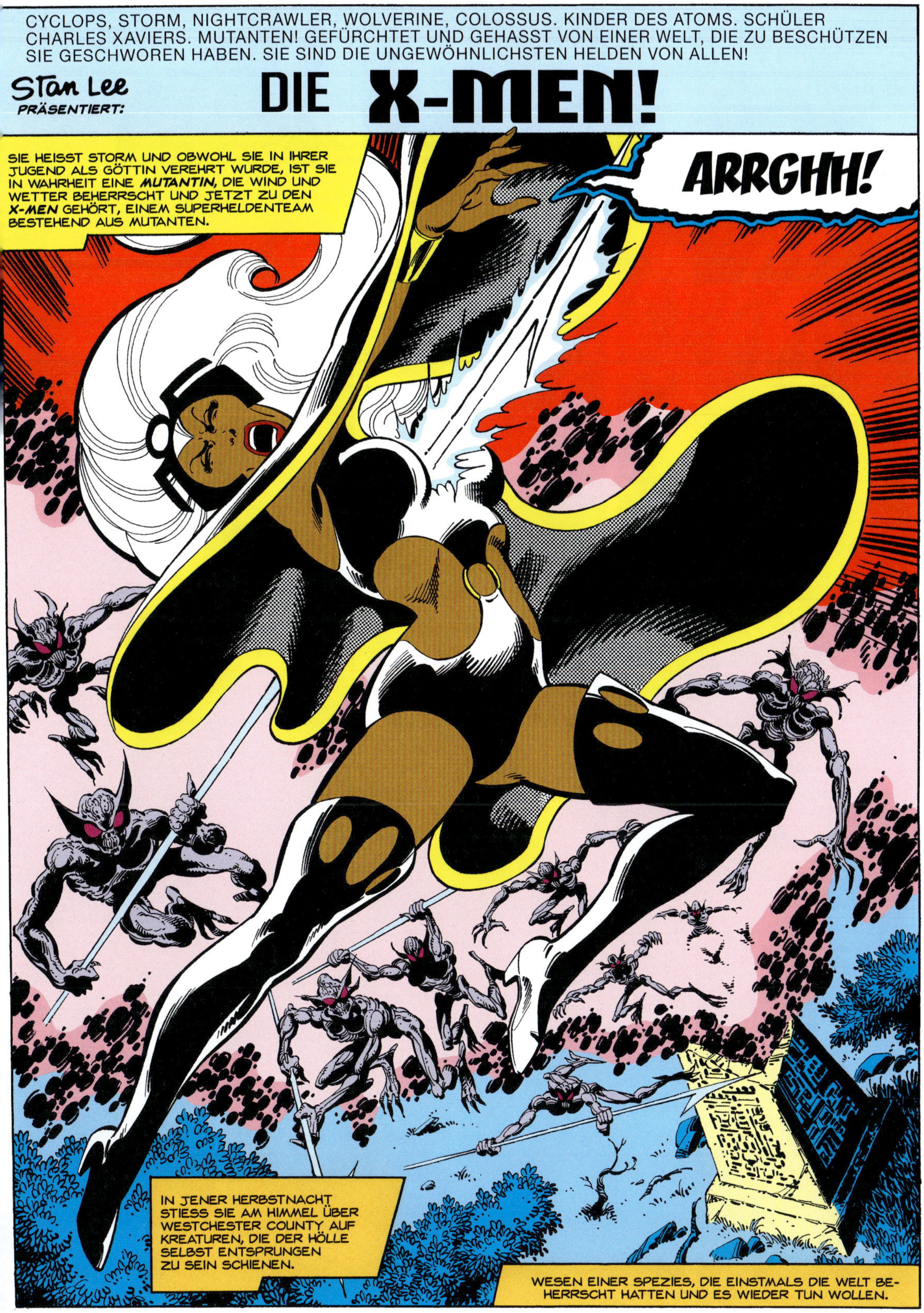
CYCLOPS, STORM, NIGHTCRAWLER, WOLVERINE, COLOSSUS. KINDER DES ATOMS. SCHÜLER CHARLES XAVIERS. MUTANTEN! GEFÜRCHTET UND GEHASST VON EINER WELT, DIE ZU BESCHÜTZEN SIE GESCHWOREN HABEN. SIE SIND DIE UNGEWÖHNLICHSTEN HELDEN VON ALLEN!
Stan Lee PRÄSENTIERT:
DIE X-MEN!
SIE HEISST STORM UND OBWOHL SIE IN IHRER JUGEND ALS GÖTTIN VEREHRT WURDE, IST SIE IN WAHRHEIT EINE MUTANTIN, DIE WIND UND WETTER BEHERRSCHT UND JETZT ZU DEN X-MEN GEHÖRT, EINEM SUPERHELDENTEAM BESTEHEND AUS MUTANTEN.
ARRGHH!
IN JENER HERBSTNACHT STIESS SIE AM HIMMEL ÜBER WESTCHESTER COUNTY AUF KREATUREN, DIE DER HÖLLE SELBST ENTSPRUNGEN ZU SEIN SCHIENEN.
WESEN EINER SPEZIES, DIE EINSTMALS DIE WELT BEHERRSCHT HATTEN UND ES WIEDER TUN WOLLEN.

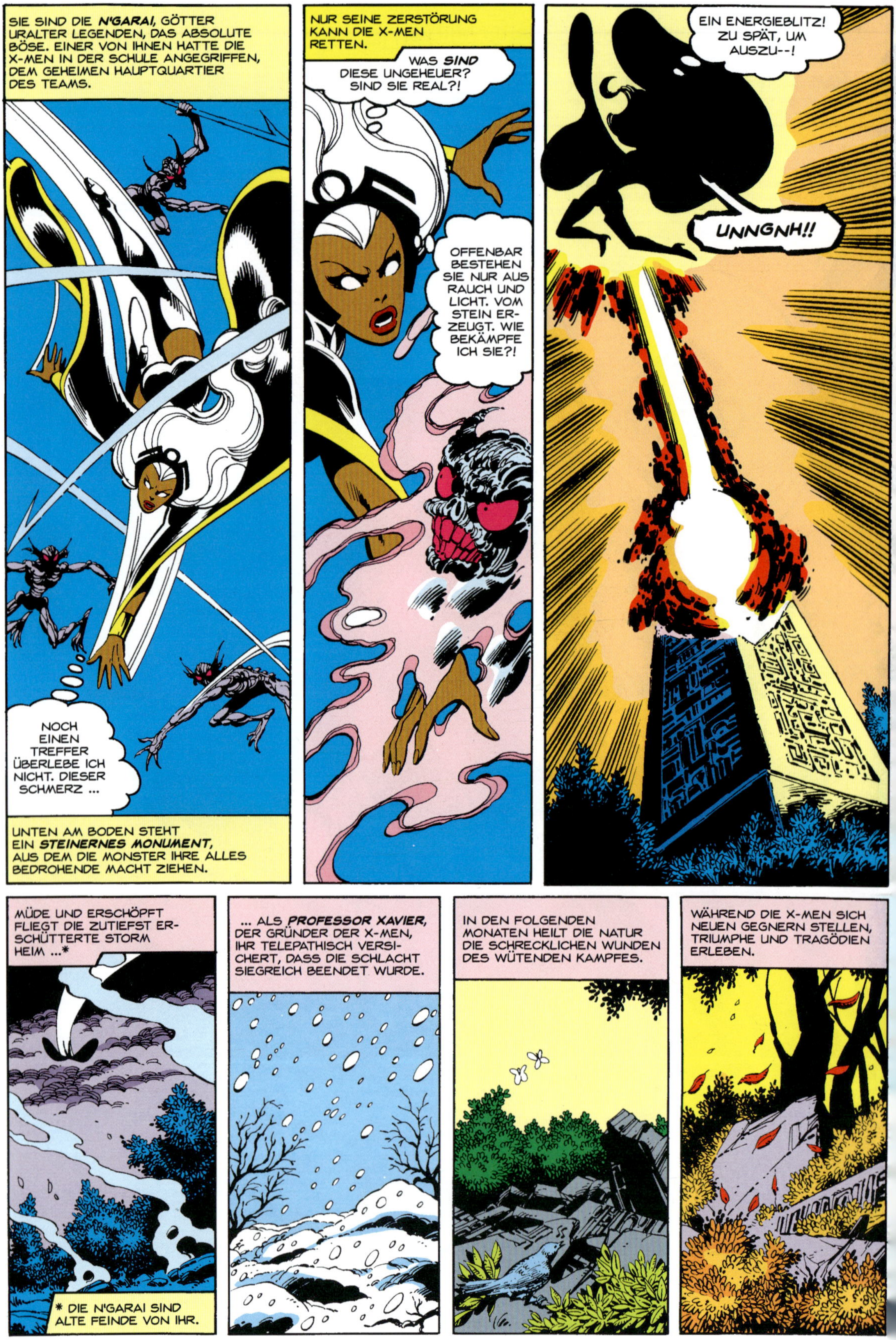
SIE SIND DIE N'GARAI, GÖTTER URALTER LEGENDEN, DAS ABSOLUTE BÖSE. EINER VON IHNEN HATTE DIE X-MEN IN DER SCHULE ANGEGRIFFEN, DEM GEHEIMEN HAUPTQUARTIER DES TEAMS.
NOCH EINEN TREFFER ÜBERLEBE ICH NICHT. DIESER SCHMERZ ...
UNTEN AM BODEN STEHT EIN STEINERNES MONUMENT, AUS DEM DIE MONSTER IHRE ALLES BEDROHENDE MACHT ZIEHEN.
NUR SEINE ZERSTÖRUNG KANN DIE X-MEN RETTEN.
WAS SIND DIESE UNGEHEUER? SIND SIE REAL?!
OFFENBAR BESTEHEN SIE NUR AUS RAUCH UND LICHT. VOM STEIN ERZEUGT. WIE BEKÄMPFE ICH SIE?!
EIN ENERGIEBLITZ! ZU SPÄT, UM AUSZU--!
UNNGNH!!
MÜDE UND ERSCHÖPFT FLIEGT DIE ZUTIEFST ERSCHÜTTERTE STORM HEIM ...*
* DIE N'GARAI SIND ALTE FEINDE VON IHR.
... ALS PROFESSOR XAVIER, DER GRÜNDER DER X-MEN, IHR TELEPATHISCH VERSICHERT, DASS DIE SCHLACHT SIEGREICH BEENDET WURDE.
IN DEN FOLGENDEN MONATEN HEILT DIE NATUR DIE SCHRECKLICHEN WUNDEN DES WÜTENDEN KAMPFES.
WÄHREND DIE X-MEN SICH NEUEN GEGNERN STELLEN, TRIUMPHE UND TRAGÖDIEN ERLEBEN.

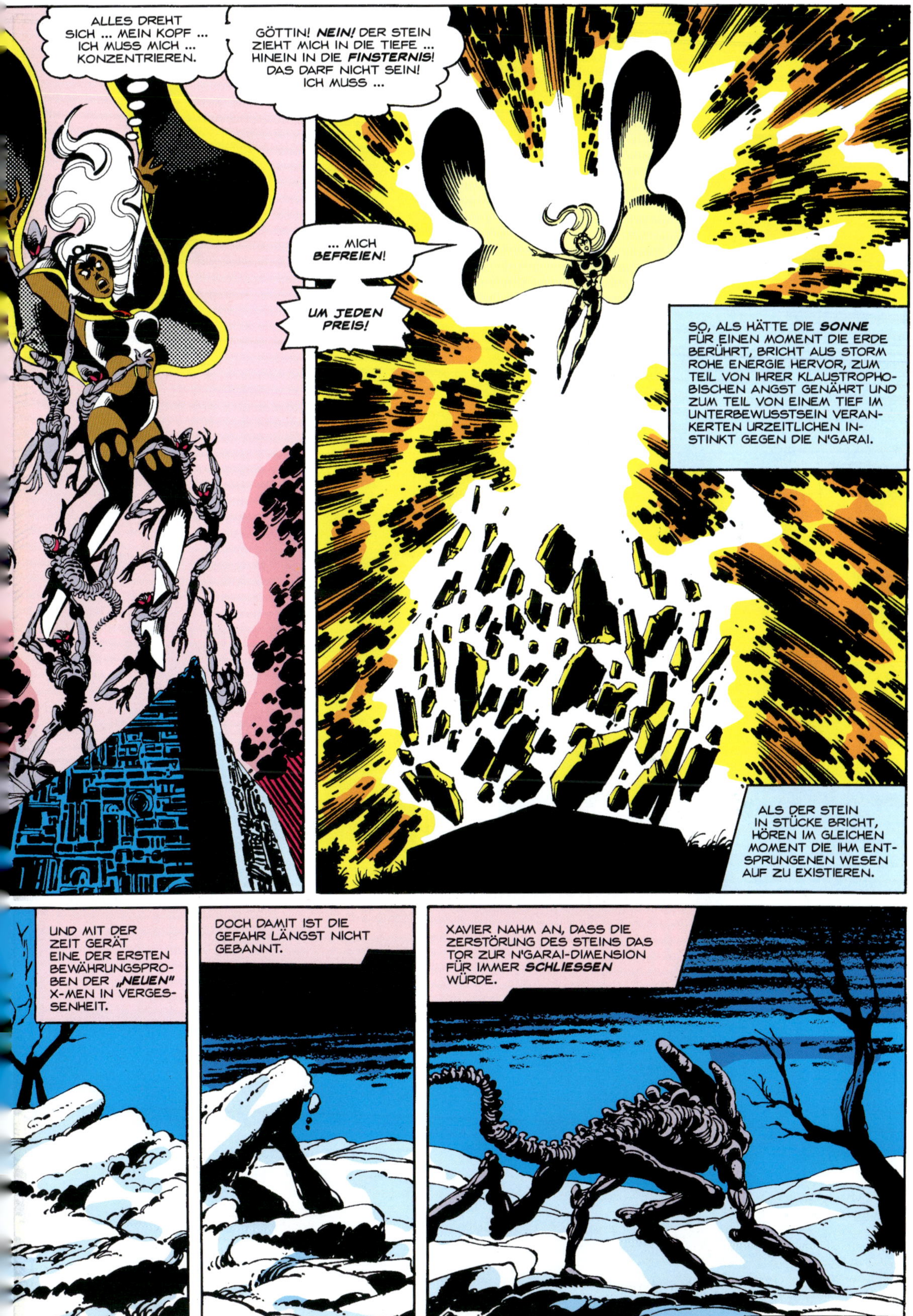

ALLES DREHT SICH ... MEIN KOPF ... ICH MUSS MICH ... KONZENTRIEREN.
GÖTTIN! NEIN! DER STEIN ZIEHT MICH IN DIE TIEFE ... HINEIN IN DIE FINSTERNIS! DAS DARF NICHT SEIN! ICH MUSS ...
... MICH BEFREIEN!
UM JEDEN PREIS!
SO, ALS HÄTTE DIE SONNE FÜR EINEN MOMENT DIE ERDE BERÜHRT, BRICHT AUS STORM ROHE ENERGIE HERVOR, ZUM TEIL VON IHRER KLAUSTROPHOBISCHEN ANGST GENÄHRT UND ZUM TEIL VON EINEM TIEF IM UNTERBEWUSSTSEIN VERANKERTEN URZEITLICHEN INSTINKT GEGEN DIE N'GARAI.
ALS DER STEIN IN STÜCKE BRICHT, HÖREN IM GLEICHEN MOMENT DIE IHM ENTSPRUNGENEN WESEN AUF ZU EXISTIEREN.
UND MIT DER ZEIT GERÄT EINE DER ERSTEN BEWÄHRUNGSPROBEN DER „NEUEN" X-MEN IN VERGESSENHEIT.
DOCH DAMIT IST DIE GEFAHR LÄNGST NICHT GEBANNT.
XAVIER NAHM AN, DASS DIE ZERSTÖRUNG DES STEINS DAS TOR ZUR N'GARAI-DIMENSION FÜR IMMER SCHLIESSEN WÜRDE.
DA IRRTE ER.

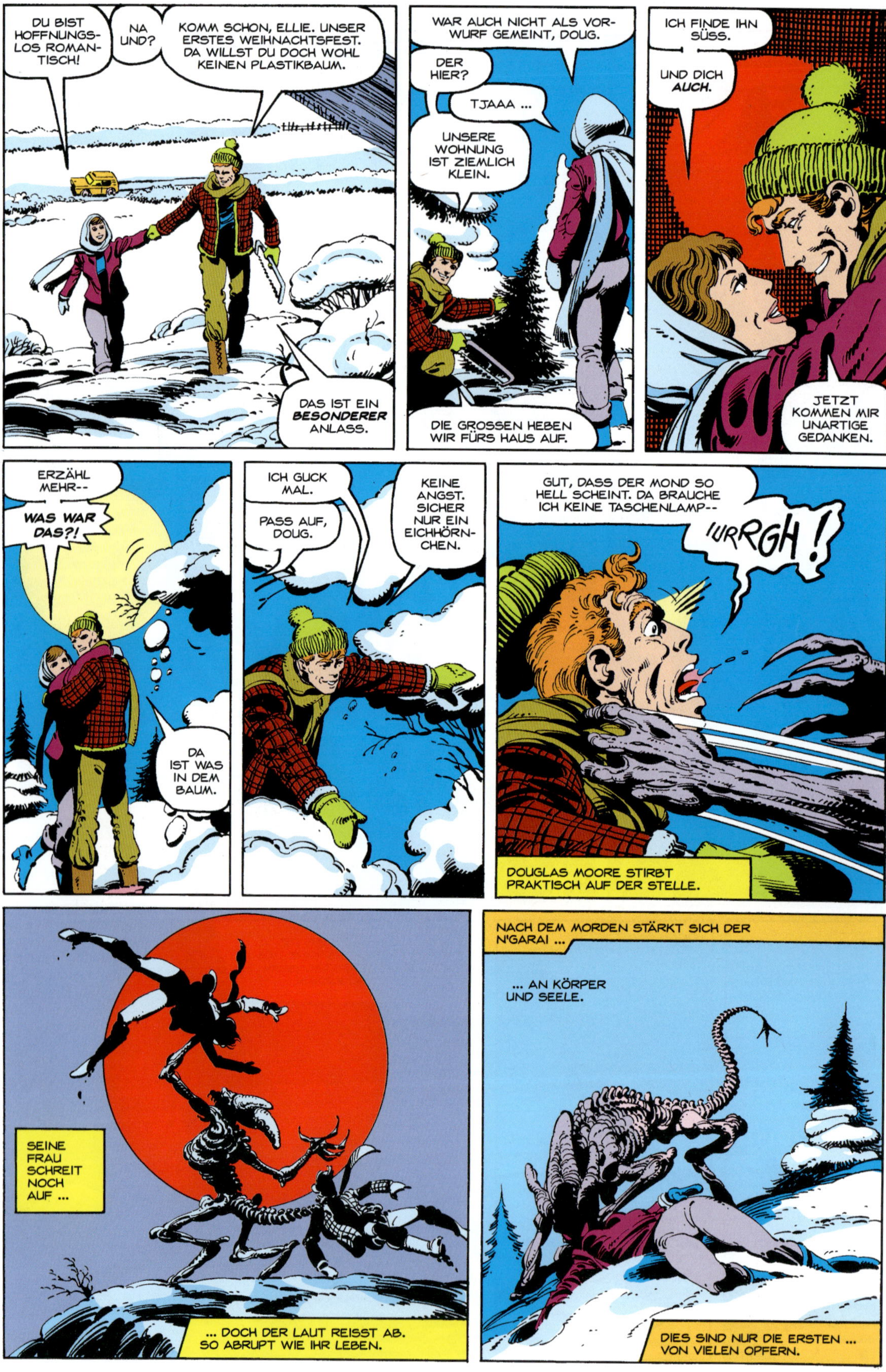
DU BIST HOFFNUNGSLOS ROMANTISCH!
NA UND?
KOMM SCHON, ELLIE. UNSER ERSTES WEIHNACHTSFEST. DA WILLST DU DOCH WOHL KEINEN PLASTIKBAUM.
DAS IST EIN BESONDERER ANLASS.
WAR AUCH NICHT ALS VORWURF GEMEINT, DOUG.
DER HIER?
TJAAA ...
UNSERE WOHNUNG IST ZIEMLICH KLEIN.
DIE GROSSEN HEBEN WIR FÜRS HAUS AUF.
ICH FINDE IHN SÜSS.
UND DICH AUCH.
JETZT KOMMEN MIR UNARTIGE GEDANKEN.
ERZÄHL MEHR--
WAS WAR DAS?!
DA IST WAS IN DEM BAUM.
ICH GUCK MAL.
PASS AUF, DOUG.
KEINE ANGST. SICHER NUR EIN EICHHÖRNCHEN.
GUT, DASS DER MOND SO HELL SCHEINT. DA BRAUCHE ICH KEINE TASCHENLAMP--
IURRGH!
DOUGLAS MOORE STIRBT PRAKTISCH AUF DER STELLE.
SEINE FRAU SCHREIT NOCH AUF ...
... DOCH DER LAUT REISST AB. SO ABRUPT WIE IHR LEBEN.
NACH DEM MORDEN STÄRKT SICH DER N'GARAI ...
... AN KÖRPER UND SEELE.
DIES SIND NUR DIE ERSTEN ... VON VIELEN OPFERN.

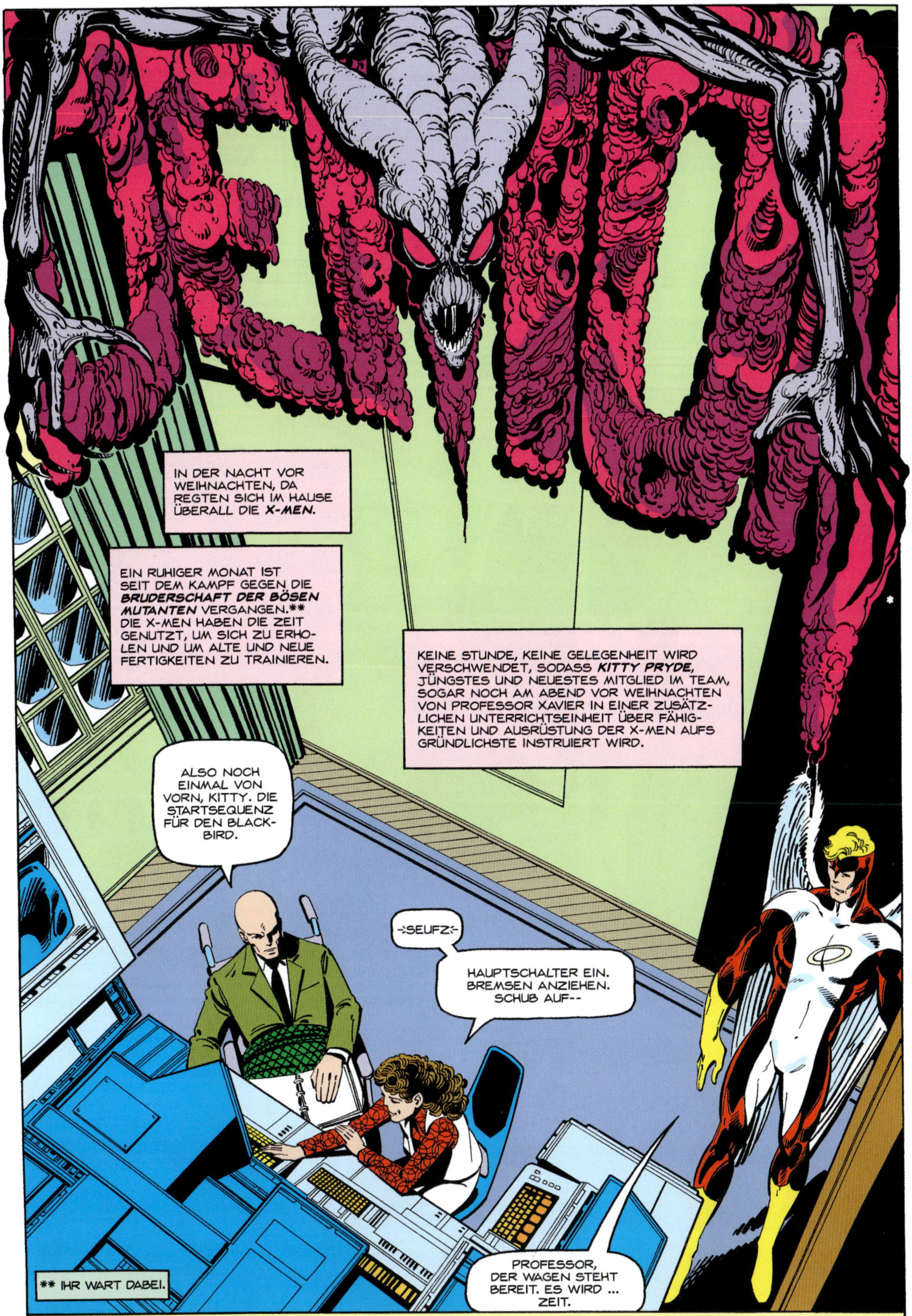

CHRIS CLAREMONT STORY | JOHN BYRNE STORY & ZEICHNUNGEN | TERRY AUSTIN TUSCHE | GLYNIS WEIN FARBEN | ELLETI LETTERING | JÜRGEN PETZ ÜBERSETZUNG

* DÄMON

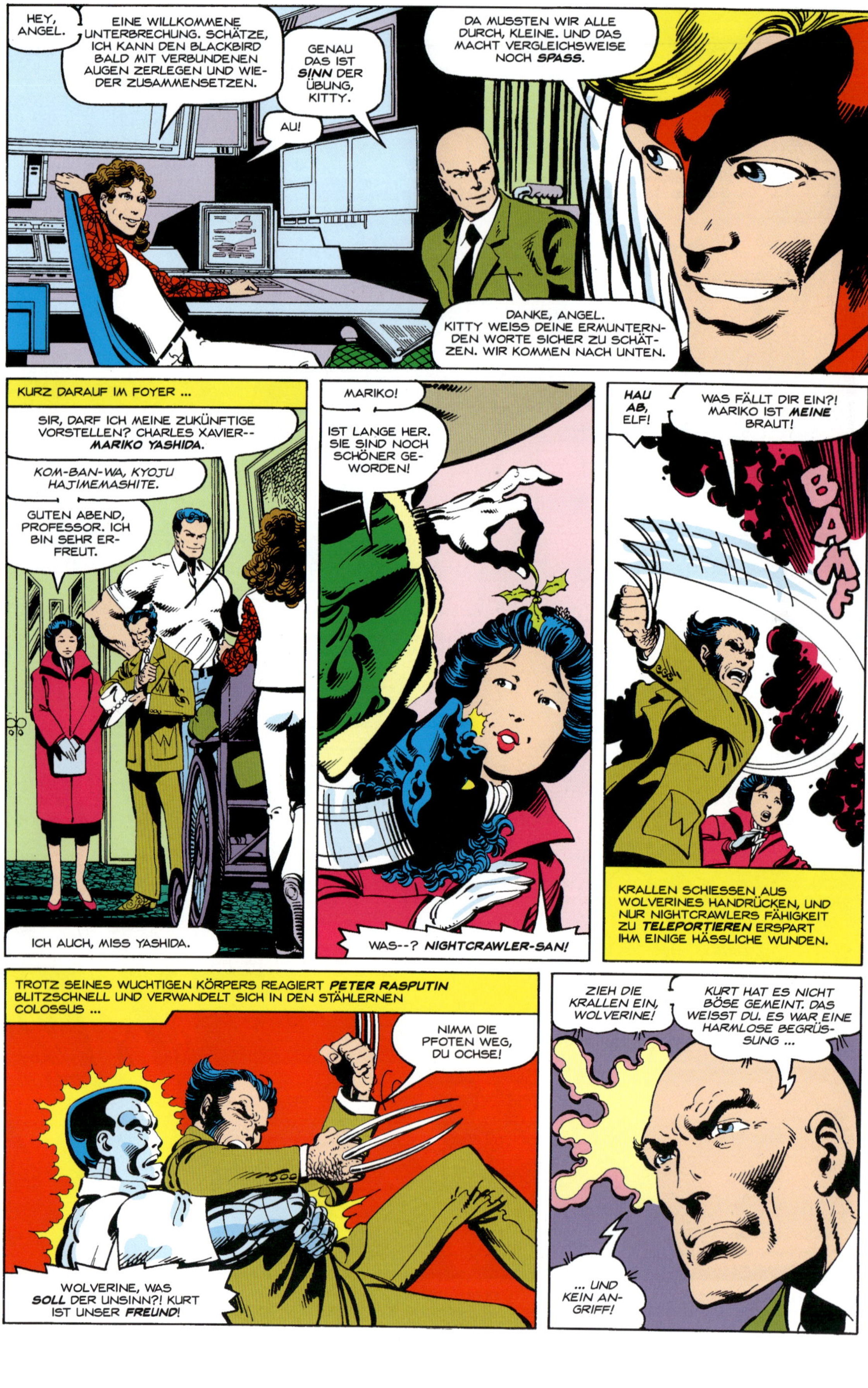
HEY, ANGEL.
EINE WILLKOMMENE UNTERBRECHUNG. SCHÄTZE, ICH KANN DEN BLACKBIRD BALD MIT VERBUNDENEN AUGEN ZERLEGEN UND WIEDER ZUSAMMENSETZEN.
AU!
GENAU DAS IST SINN DER ÜBUNG, KITTY.
DA MUSSTEN WIR ALLE DURCH, KLEINE. UND DAS MACHT VERGLEICHSWEISE NOCH SPASS.
DANKE, ANGEL. KITTY WEISS DEINE ERMUNTERNDEN WORTE SICHER ZU SCHÄTZEN. WIR KOMMEN NACH UNTEN.
KURZ DARAUF IM FOYER ...
SIR, DARF ICH MEINE ZUKÜNFTIGE VORSTELLEN? CHARLES XAVIER-- MARIKO YASHIDA.
KOM-BAN-WA, KYOJU HAJIMEMASHITE.
GUTEN ABEND, PROFESSOR. ICH BIN SEHR ERFREUT.
ICH AUCH, MISS YASHIDA.
MARIKO!
IST LANGE HER. SIE SIND NOCH SCHÖNER GEWORDEN!
WAS--? NIGHTCRAWLER-SAN!
HAU AB, ELF!
WAS FÄLLT DIR EIN?! MARIKO IST MEINE BRAUT!
BAMF
KRALLEN SCHIESSEN AUS WOLVERINES HANDRÜCKEN, UND NUR NIGHTCRAWLERS FÄHIGKEIT ZU TELEPORTIEREN ERSPART IHM EINIGE HÄSSLICHE WUNDEN.
TROTZ SEINES WUCHTIGEN KÖRPERS REAGIERT PETER RASPUTIN BLITZSCHNELL UND VERWANDELT SICH IN DEN STÄHLERNEN COLOSSUS ...
NIMM DIE PFOTEN WEG, DU OCHSE!
WOLVERINE, WAS SOLL DER UNSINN?! KURT IST UNSER FREUND!
ZIEH DIE KRALLEN EIN, WOLVERINE!
KURT HAT ES NICHT BÖSE GEMEINT. DAS WEISST DU. ES WAR EINE HARMLOSE BEGRÜSSUNG ...
... UND KEIN ANGRIFF!

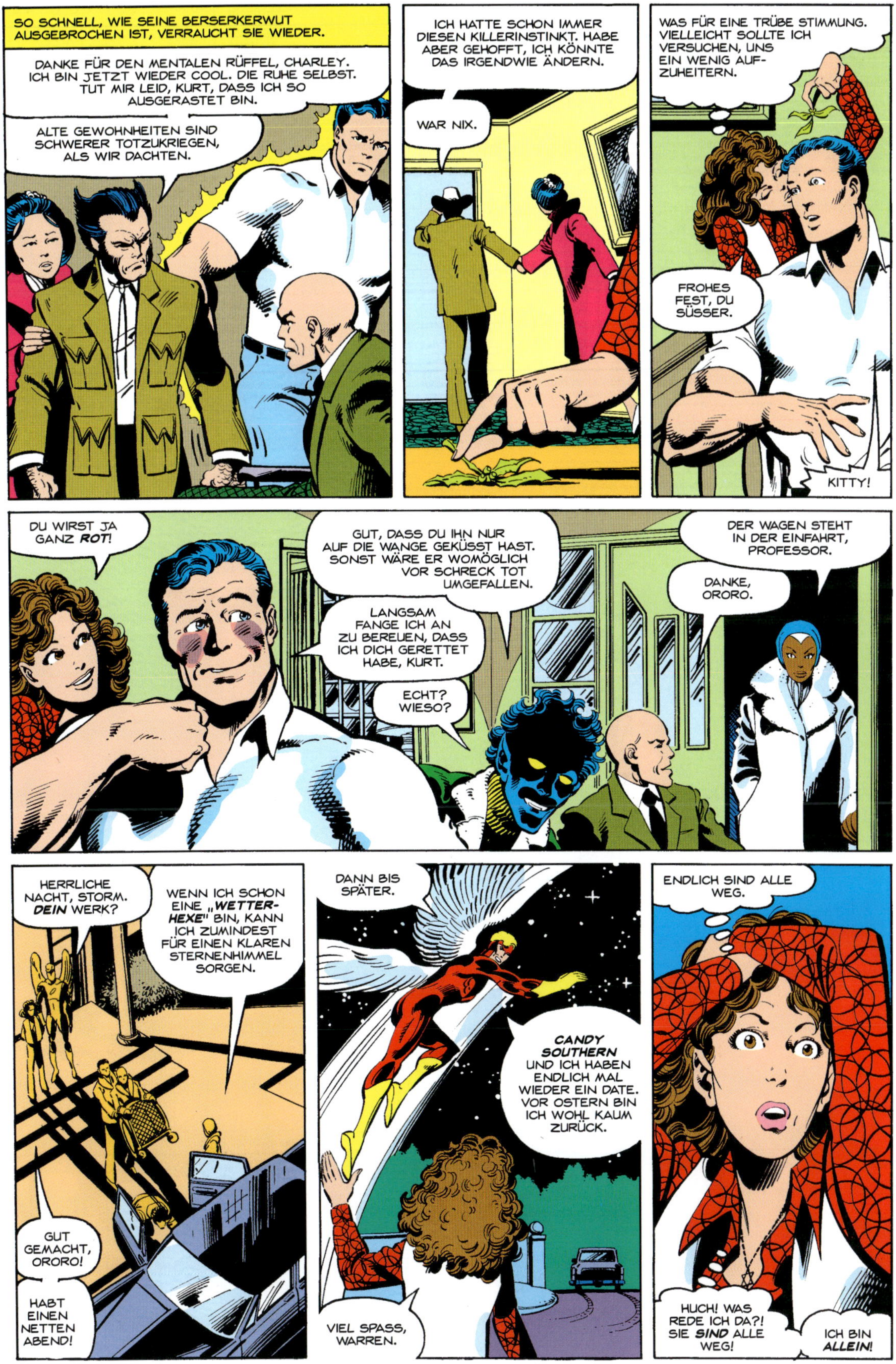

SO SCHNELL, WIE SEINE BERSERKERWUT AUSGEBROCHEN IST, VERRAUCHT SIE WIEDER.
DANKE FÜR DEN MENTALEN RÜFFEL, CHARLEY. ICH BIN JETZT WIEDER COOL. DIE RUHE SELBST. TUT MIR LEID, KURT, DASS ICH SO AUSGERASTET BIN.
ALTE GEWOHNHEITEN SIND SCHWERER TOTZUKRIEGEN, ALS WIR DACHTEN.
ICH HATTE SCHON IMMER DIESEN KILLERINSTINKT. HABE ABER GEHOFFT, ICH KÖNNTE DAS IRGENDWIE ÄNDERN.
WAR NIX.
WAS FÜR EINE TRÜBE STIMMUNG. VIELLEICHT SOLLTE ICH VERSUCHEN, UNS EIN WENIG AUFZUHEITERN.
FROHES FEST, DU SÜSSER.
KITTY!
DU WIRST JA GANZ *ROT*!
GUT, DASS DU IHN NUR AUF DIE WANGE GEKÜSST HAST. SONST WÄRE ER WOMÖGLICH VOR SCHRECK TOT UMGEFALLEN.
LANGSAM FANGE ICH AN ZU BEREUEN, DASS ICH DICH GERETTET HABE, KURT.
ECHT? WIESO?
DER WAGEN STEHT IN DER EINFAHRT, PROFESSOR.
DANKE, ORORO.
HERRLICHE NACHT, STORM. *DEIN* WERK?
WENN ICH SCHON EINE „*WETTERHEXE*" BIN, KANN ICH ZUMINDEST FÜR EINEN KLAREN STERNENHIMMEL SORGEN.
GUT GEMACHT, ORORO!
HABT EINEN NETTEN ABEND!
DANN BIS SPÄTER.
CANDY SOUTHERN UND ICH HABEN ENDLICH MAL WIEDER EIN DATE. VOR OSTERN BIN ICH WOHL KAUM ZURÜCK.
VIEL SPASS, WARREN.
ENDLICH SIND ALLE WEG.
HUCH! WAS REDE ICH DA?! SIE *SIND* ALLE WEG!
ICH BIN *ALLEIN*!

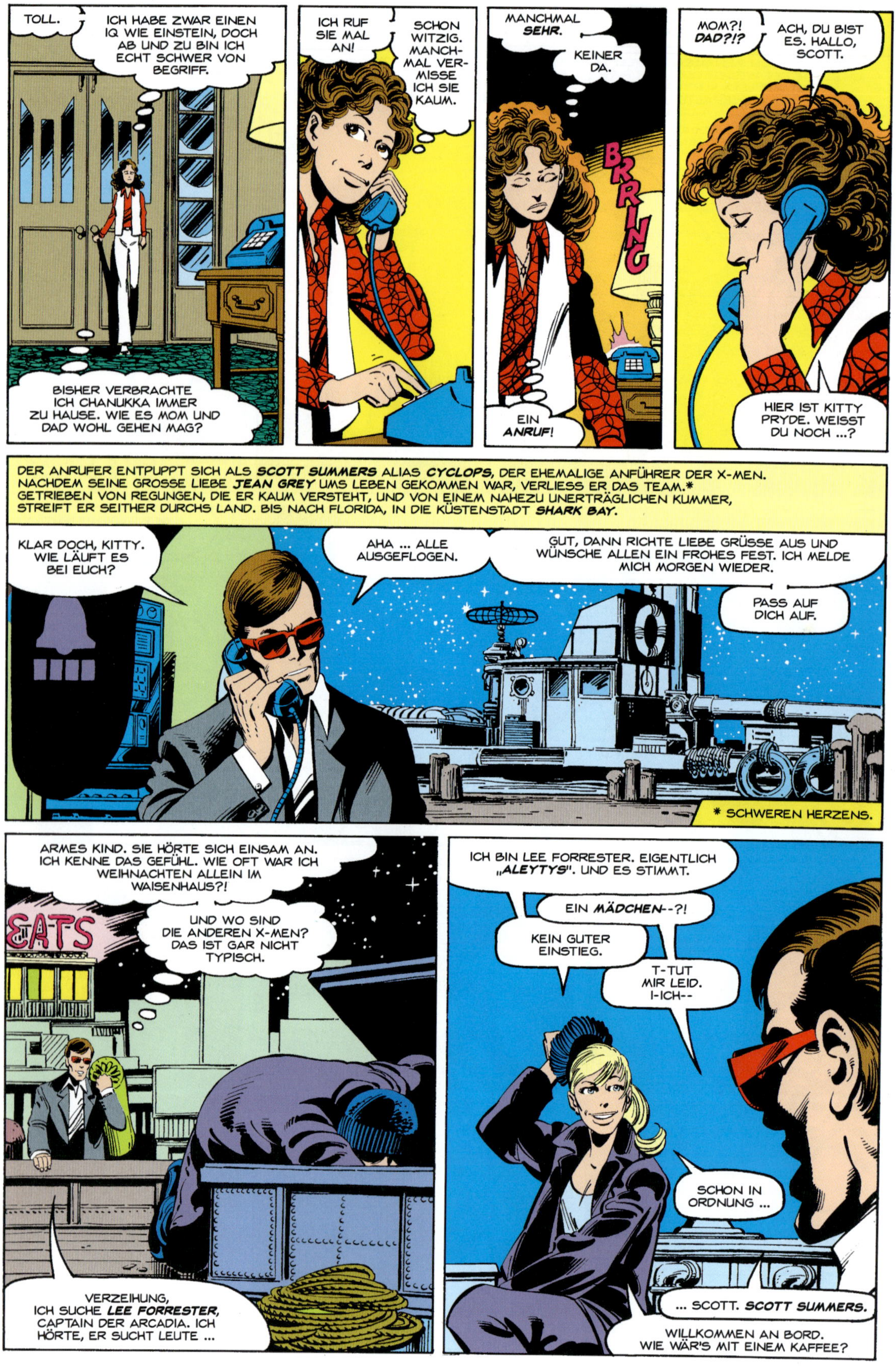
TOLL.
ICH HABE ZWAR EINEN IQ WIE EINSTEIN, DOCH AB UND ZU BIN ICH ECHT SCHWER VON BEGRIFF.
BISHER VERBRACHTE ICH CHANUKKA IMMER ZU HAUSE. WIE ES MOM UND DAD WOHL GEHEN MAG?
ICH RUF SIE MAL AN!
SCHON WITZIG. MANCHMAL VERMISSE ICH SIE KAUM.
MANCHMAL **SEHR**.
KEINER DA.
BRRING
EIN **ANRUF**!
MOM?! **DAD?!?**
ACH, DU BIST ES. HALLO, SCOTT.
HIER IST KITTY PRYDE. WEISST DU NOCH ...?
DER ANRUFER ENTPUPPT SICH ALS **SCOTT SUMMERS** ALIAS **CYCLOPS**, DER EHEMALIGE ANFÜHRER DER X-MEN. NACHDEM SEINE GROSSE LIEBE **JEAN GREY** UMS LEBEN GEKOMMEN WAR, VERLIESS ER DAS TEAM.* GETRIEBEN VON REGUNGEN, DIE ER KAUM VERSTEHT, UND VON EINEM NAHEZU UNERTRÄGLICHEN KUMMER, STREIFT ER SEITHER DURCHS LAND. BIS NACH FLORIDA, IN DIE KÜSTENSTADT **SHARK BAY**.
KLAR DOCH, KITTY. WIE LÄUFT ES BEI EUCH?
AHA ... ALLE AUSGEFLOGEN.
GUT, DANN RICHTE LIEBE GRÜSSE AUS UND WÜNSCHE ALLEN EIN FROHES FEST. ICH MELDE MICH MORGEN WIEDER.
PASS AUF DICH AUF.
* SCHWEREN HERZENS.
ARMES KIND. SIE HÖRTE SICH EINSAM AN. ICH KENNE DAS GEFÜHL. WIE OFT WAR ICH WEIHNACHTEN ALLEIN IM WAISENHAUS?!
UND WO SIND DIE ANDEREN X-MEN? DAS IST GAR NICHT TYPISCH.
EATS
VERZEIHUNG, ICH SUCHE **LEE FORRESTER**, CAPTAIN DER ARCADIA. ICH HÖRTE, ER SUCHT LEUTE ...
ICH BIN LEE FORRESTER. EIGENTLICH „**ALEYTYS**". UND ES STIMMT.
EIN **MÄDCHEN**--?!
KEIN GUTER EINSTIEG.
T-TUT MIR LEID. I-ICH--
SCHON IN ORDNUNG ...
... SCOTT. **SCOTT SUMMERS**.
WILLKOMMEN AN BORD. WIE WÄR'S MIT EINEM KAFFEE?

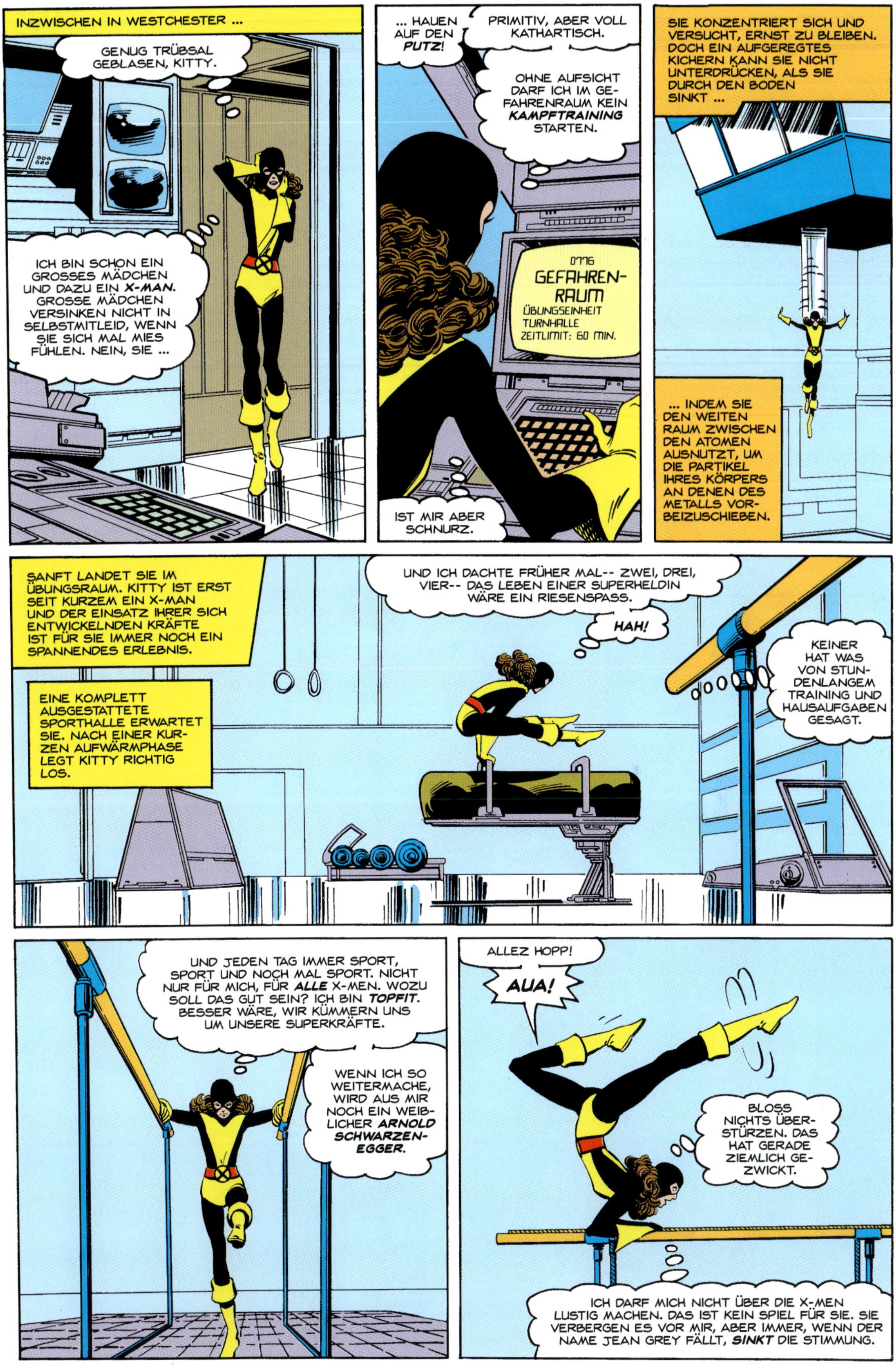

INZWISCHEN IN WESTCHESTER ...
GENUG TRÜBSAL GEBLASEN, KITTY.
ICH BIN SCHON EIN GROSSES MÄDCHEN UND DAZU EIN X-MAN. GROSSE MÄDCHEN VERSINKEN NICHT IN SELBSTMITLEID, WENN SIE SICH MAL MIES FÜHLEN. NEIN, SIE ...
... HAUEN AUF DEN PUTZ!
PRIMITIV, ABER VOLL KATHARTISCH.
OHNE AUFSICHT DARF ICH IM GEFAHRENRAUM KEIN KAMPFTRAINING STARTEN.
0776
GEFAHREN-RAUM
ÜBUNGSEINHEIT TURNHALLE
ZEITLIMIT: 60 MIN.
IST MIR ABER SCHNURZ.
SIE KONZENTRIERT SICH UND VERSUCHT, ERNST ZU BLEIBEN. DOCH EIN AUFGEREGTES KICHERN KANN SIE NICHT UNTERDRÜCKEN, ALS SIE DURCH DEN BODEN SINKT ...
... INDEM SIE DEN WEITEN RAUM ZWISCHEN DEN ATOMEN AUSNUTZT, UM DIE PARTIKEL IHRES KÖRPERS AN DENEN DES METALLS VORBEIZUSCHIEBEN.
SANFT LANDET SIE IM ÜBUNGSRAUM. KITTY IST ERST SEIT KURZEM EIN X-MAN UND DER EINSATZ IHRER SICH ENTWICKELNDEN KRÄFTE IST FÜR SIE IMMER NOCH EIN SPANNENDES ERLEBNIS.
EINE KOMPLETT AUSGESTATTETE SPORTHALLE ERWARTET SIE. NACH EINER KURZEN AUFWÄRMPHASE LEGT KITTY RICHTIG LOS.
UND ICH DACHTE FRÜHER MAL-- ZWEI, DREI, VIER-- DAS LEBEN EINER SUPERHELDIN WÄRE EIN RIESENSPASS.
HAH!
KEINER HAT WAS VON STUNDENLANGEM TRAINING UND HAUSAUFGABEN GESAGT.
UND JEDEN TAG IMMER SPORT, SPORT UND NOCH MAL SPORT. NICHT NUR FÜR MICH, FÜR ALLE X-MEN. WOZU SOLL DAS GUT SEIN? ICH BIN TOPFIT. BESSER WÄRE, WIR KÜMMERN UNS UM UNSERE SUPERKRÄFTE.
WENN ICH SO WEITERMACHE, WIRD AUS MIR NOCH EIN WEIBLICHER ARNOLD SCHWARZENEGGER.
ALLEZ HOPP!
AUA!
BLOSS NICHTS ÜBERSTÜRZEN. DAS HAT GERADE ZIEMLICH GEZWICKT.
ICH DARF MICH NICHT ÜBER DIE X-MEN LUSTIG MACHEN. DAS IST KEIN SPIEL FÜR SIE. SIE VERBERGEN ES VOR MIR, ABER IMMER, WENN DER NAME JEAN GREY FÄLLT, SINKT DIE STIMMUNG.

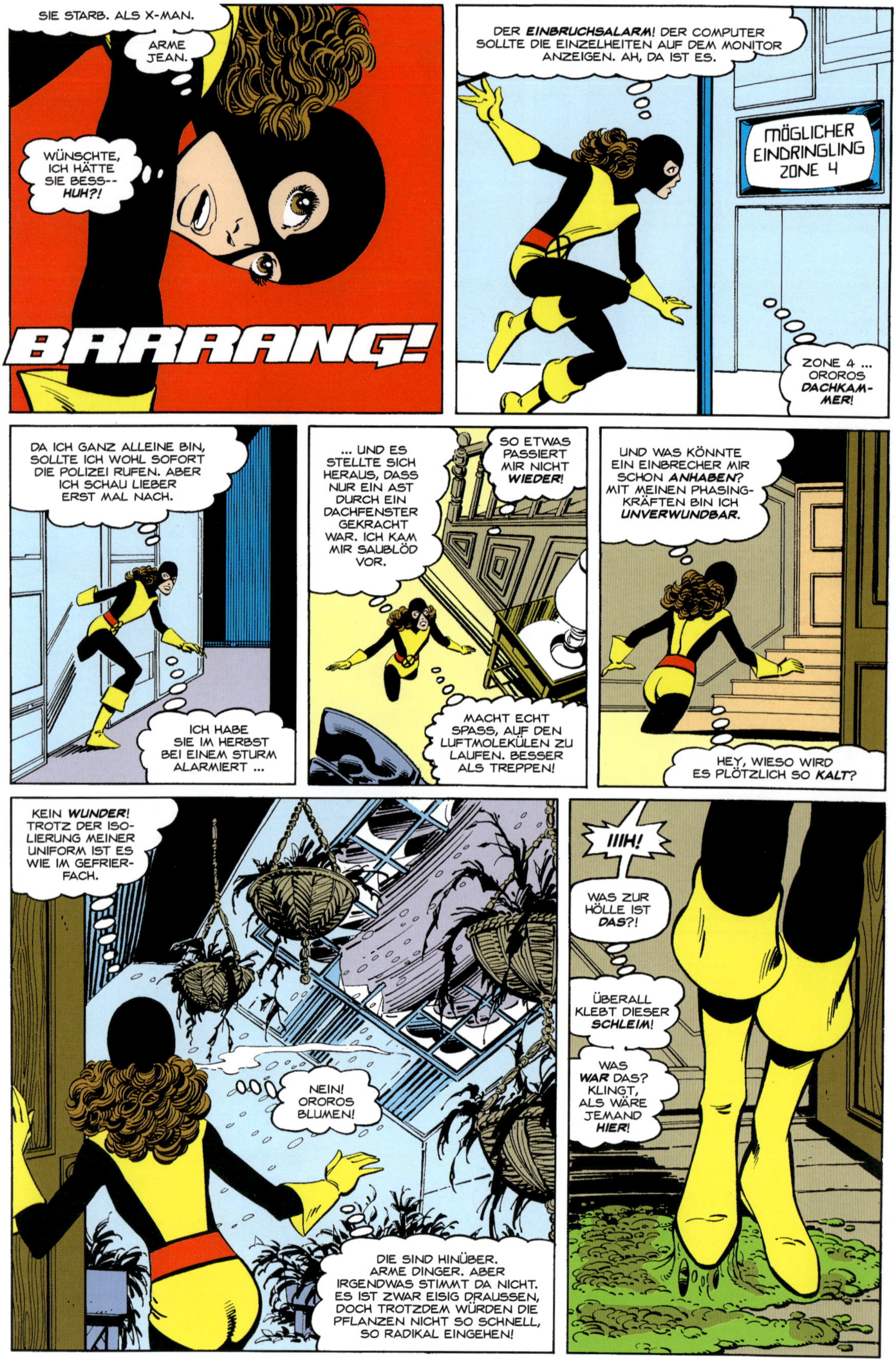
SIE STARB. ALS X-MAN.
ARME JEAN.
WÜNSCHTE, ICH HÄTTE SIE BESS-- HUH?!
BRRRANG!
DER EINBRUCHSALARM! DER COMPUTER SOLLTE DIE EINZELHEITEN AUF DEM MONITOR ANZEIGEN. AH, DA IST ES.
MÖGLICHER EINDRINGLING ZONE 4
ZONE 4 ... ORORОS DACHKAMMER!
DA ICH GANZ ALLEINE BIN, SOLLTE ICH WOHL SOFORT DIE POLIZEI RUFEN. ABER ICH SCHAU LIEBER ERST MAL NACH.
ICH HABE SIE IM HERBST BEI EINEM STURM ALARMIERT ...
... UND ES STELLTE SICH HERAUS, DASS NUR EIN AST DURCH EIN DACHFENSTER GEKRACHT WAR. ICH KAM MIR SAUBLÖD VOR.
SO ETWAS PASSIERT MIR NICHT WIEDER!
MACHT ECHT SPASS, AUF DEN LUFTMOLEKÜLEN ZU LAUFEN. BESSER ALS TREPPEN!
UND WAS KÖNNTE EIN EINBRECHER MIR SCHON ANHABEN? MIT MEINEN PHASING-KRÄFTEN BIN ICH UNVERWUNDBAR.
HEY, WIESO WIRD ES PLÖTZLICH SO KALT?
KEIN WUNDER! TROTZ DER ISOLIERUNG MEINER UNIFORM IST ES WIE IM GEFRIERFACH.
NEIN! ORORОS BLUMEN!
DIE SIND HINÜBER. ARME DINGER. ABER IRGENDWAS STIMMT DA NICHT. ES IST ZWAR EISIG DRAUSSEN, DOCH TROTZDEM WÜRDEN DIE PFLANZEN NICHT SO SCHNELL, SO RADIKAL EINGEHEN!
IIIH!
WAS ZUR HÖLLE IST DAS?!
ÜBERALL KLEBT DIESER SCHLEIM!
WAS WAR DAS? KLINGT, ALS WÄRE JEMAND HIER!

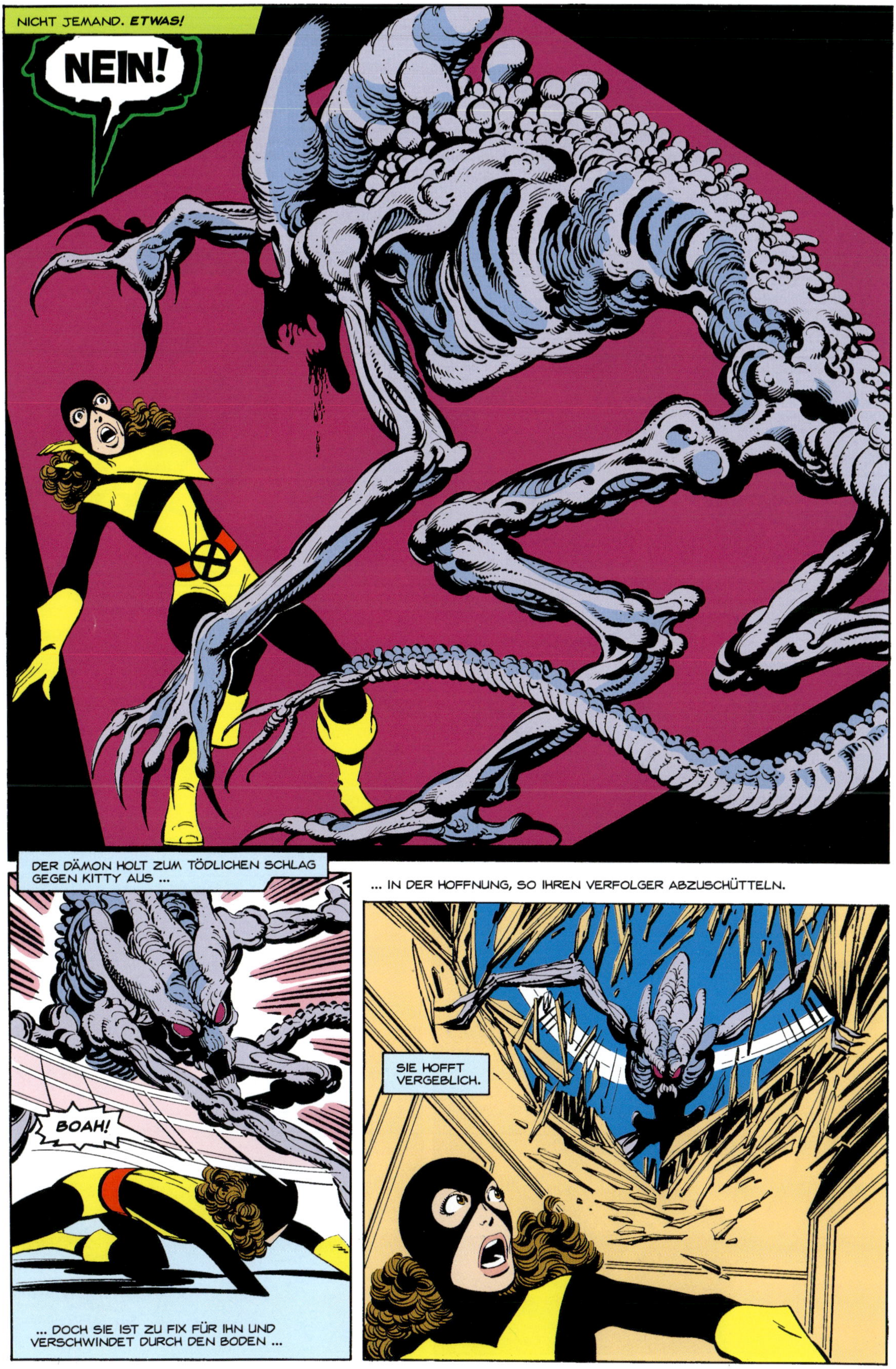
NICHT JEMAND. ETWAS!
NEIN!
DER DÄMON HOLT ZUM TÖDLICHEN SCHLAG GEGEN KITTY AUS ...
BOAH!
... DOCH SIE IST ZU FIX FÜR IHN UND VERSCHWINDET DURCH DEN BODEN ...
... IN DER HOFFNUNG, SO IHREN VERFOLGER ABZUSCHÜTTELN.
SIE HOFFT VERGEBLICH.

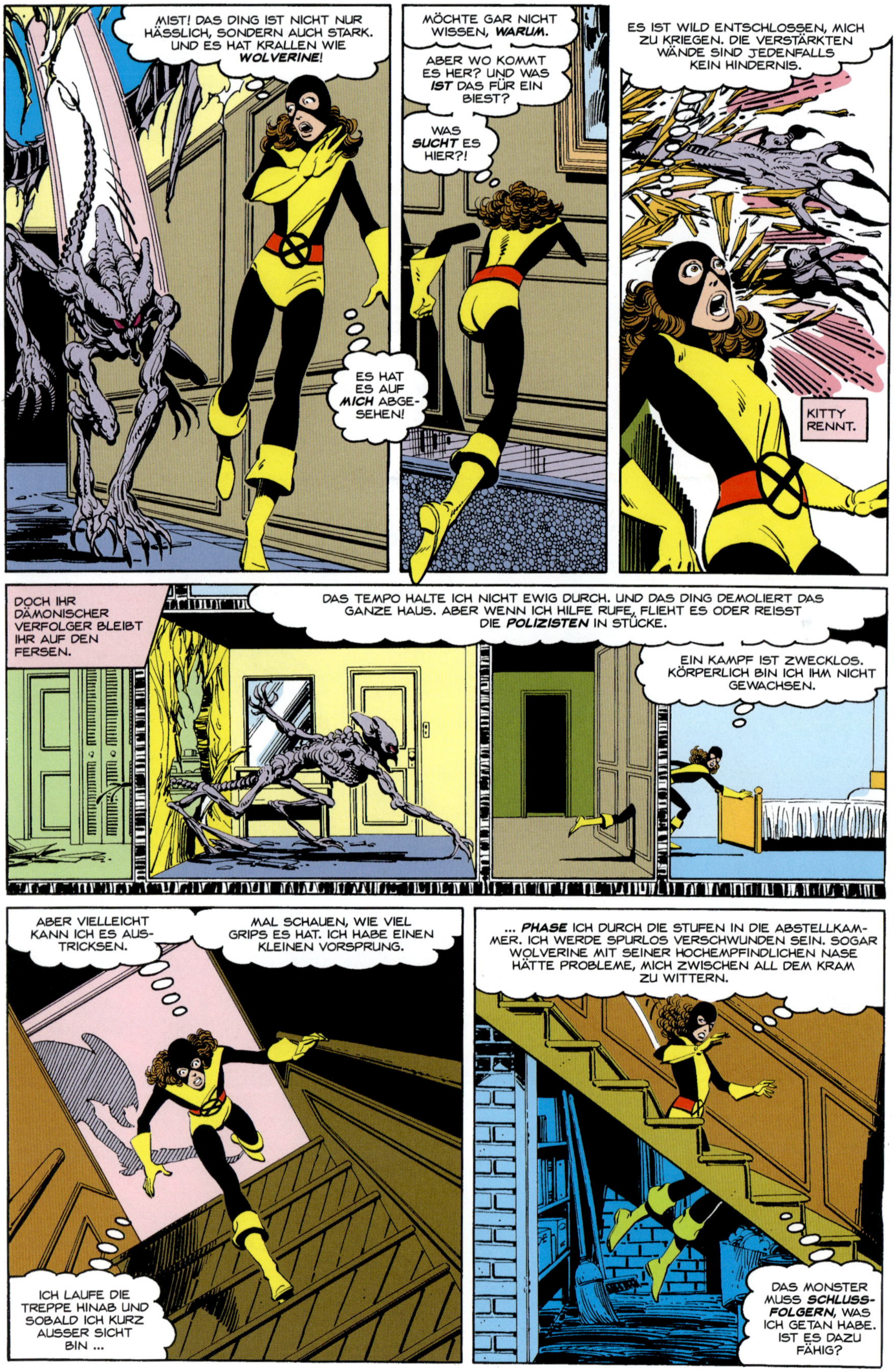

MIST! DAS DING IST NICHT NUR HÄSSLICH, SONDERN AUCH STARK. UND ES HAT KRALLEN WIE WOLVERINE!
ES HAT ES AUF MICH ABGESEHEN!
MÖCHTE GAR NICHT WISSEN, WARUM.
ABER WO KOMMT ES HER? UND WAS IST DAS FÜR EIN BIEST?
WAS SUCHT ES HIER?!
ES IST WILD ENTSCHLOSSEN, MICH ZU KRIEGEN. DIE VERSTÄRKTEN WÄNDE SIND JEDENFALLS KEIN HINDERNIS.
KITTY RENNT.
DOCH IHR DÄMONISCHER VERFOLGER BLEIBT IHR AUF DEN FERSEN.
DAS TEMPO HALTE ICH NICHT EWIG DURCH. UND DAS DING DEMOLIERT DAS GANZE HAUS. ABER WENN ICH HILFE RUFE, FLIEHT ES ODER REISST DIE POLIZISTEN IN STÜCKE.
EIN KAMPF IST ZWECKLOS. KÖRPERLICH BIN ICH IHM NICHT GEWACHSEN.
ABER VIELLEICHT KANN ICH ES AUSTRICKSEN.
MAL SCHAUEN, WIE VIEL GRIPS ES HAT. ICH HABE EINEN KLEINEN VORSPRUNG.
ICH LAUFE DIE TREPPE HINAB UND SOBALD ICH KURZ AUSSER SICHT BIN ...
... PHASE ICH DURCH DIE STUFEN IN DIE ABSTELLKAMMER. ICH WERDE SPURLOS VERSCHWUNDEN SEIN. SOGAR WOLVERINE MIT SEINER HOCHEMPFINDLICHEN NASE HÄTTE PROBLEME, MICH ZWISCHEN ALL DEM KRAM ZU WITTERN.
DAS MONSTER MUSS SCHLUSSFOLGERN, WAS ICH GETAN HABE. IST ES DAZU FÄHIG?

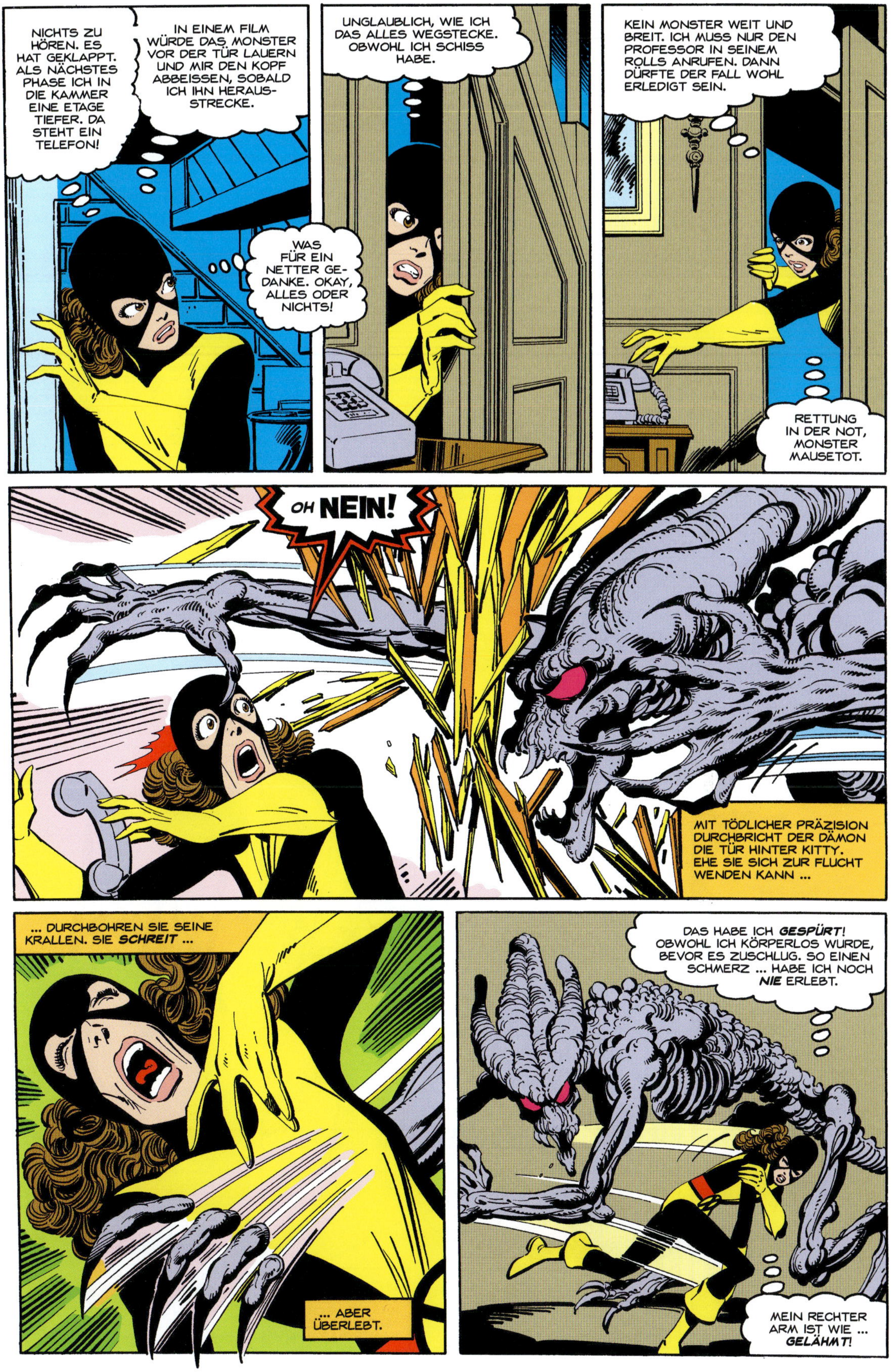
NICHTS ZU HÖREN. ES HAT GEKLAPPT. ALS NÄCHSTES PHASE ICH IN DIE KAMMER EINE ETAGE TIEFER. DA STEHT EIN TELEFON!
IN EINEM FILM WÜRDE DAS MONSTER VOR DER TÜR LAUERN UND MIR DEN KOPF ABBEISSEN, SOBALD ICH IHN HERAUS-STRECKE.
WAS FÜR EIN NETTER GE-DANKE. OKAY, ALLES ODER NICHTS!
UNGLAUBLICH, WIE ICH DAS ALLES WEGSTECKE. OBWOHL ICH SCHISS HABE.
KEIN MONSTER WEIT UND BREIT. ICH MUSS NUR DEN PROFESSOR IN SEINEM ROLLS ANRUFEN. DANN DÜRFTE DER FALL WOHL ERLEDIGT SEIN.
RETTUNG IN DER NOT, MONSTER MAUSETOT.
OH NEIN!
MIT TÖDLICHER PRÄZISION DURCHBRICHT DER DÄMON DIE TÜR HINTER KITTY. EHE SIE SICH ZUR FLUCHT WENDEN KANN ...
... DURCHBOHREN SIE SEINE KRALLEN. SIE *SCHREIT* ...
... ABER ÜBERLEBT.
DAS HABE ICH *GESPÜRT*! OBWOHL ICH KÖRPERLOS WURDE, BEVOR ES ZUSCHLUG. SO EINEN SCHMERZ ... HABE ICH NOCH *NIE* ERLEBT.
MEIN RECHTER ARM IST WIE ... *GELÄHMT*!

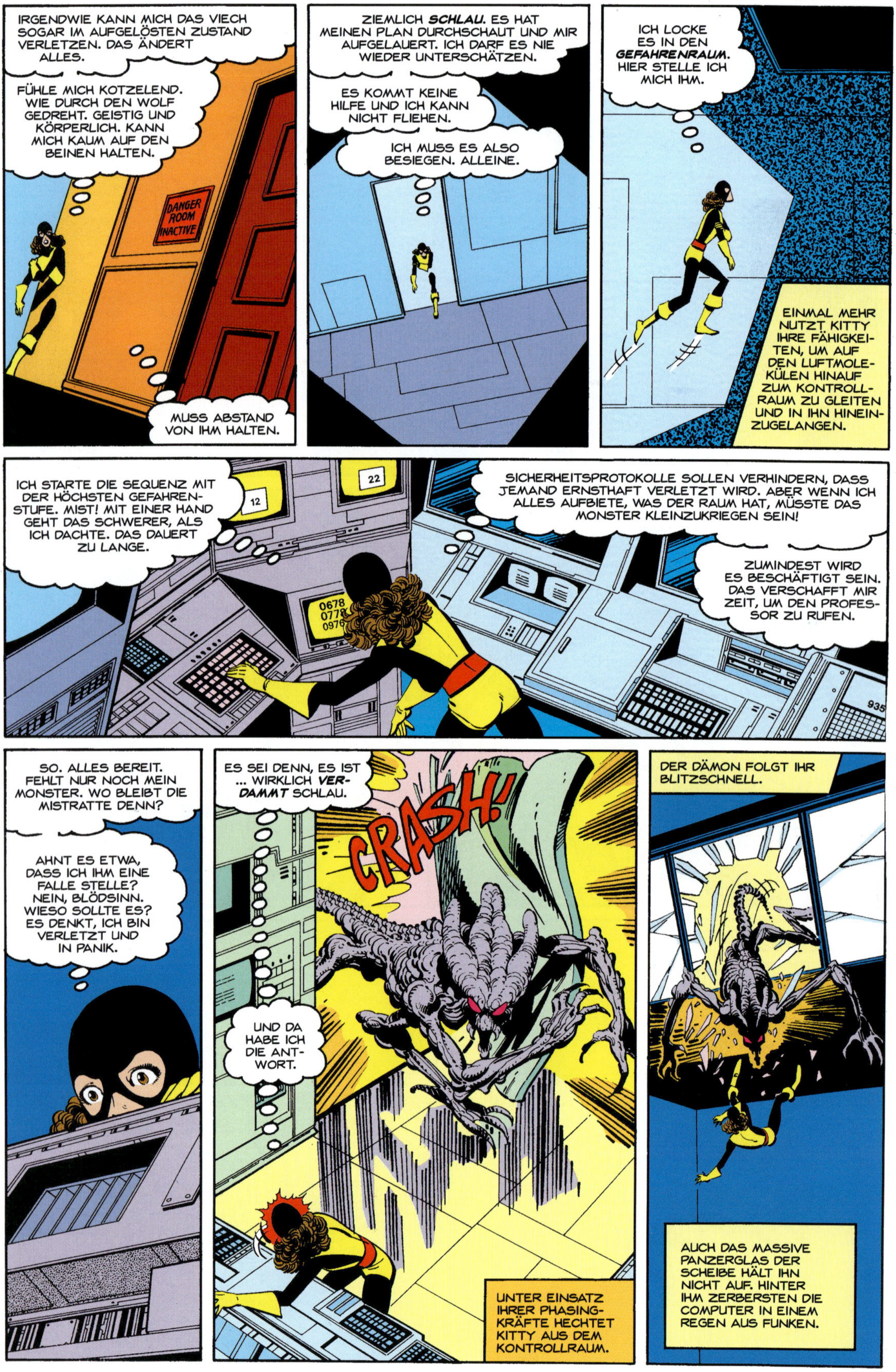
IRGENDWIE KANN MICH DAS VIECH SOGAR IM AUFGELÖSTEN ZUSTAND VERLETZEN. DAS ÄNDERT ALLES.
FÜHLE MICH KOTZELEND. WIE DURCH DEN WOLF GEDREHT. GEISTIG UND KÖRPERLICH. KANN MICH KAUM AUF DEN BEINEN HALTEN.
DANGER ROOM INACTIVE
MUSS ABSTAND VON IHM HALTEN.
ZIEMLICH SCHLAU. ES HAT MEINEN PLAN DURCHSCHAUT UND MIR AUFGELAUERT. ICH DARF ES NIE WIEDER UNTERSCHÄTZEN.
ES KOMMT KEINE HILFE UND ICH KANN NICHT FLIEHEN.
ICH MUSS ES ALSO BESIEGEN. ALLEINE.
ICH LOCKE ES IN DEN GEFAHRENRAUM. HIER STELLE ICH MICH IHM.
EINMAL MEHR NUTZT KITTY IHRE FÄHIGKEITEN, UM AUF DEN LUFTMOLEKÜLEN HINAUF ZUM KONTROLLRAUM ZU GLEITEN UND IN IHN HINEINZUGELANGEN.
ICH STARTE DIE SEQUENZ MIT DER HÖCHSTEN GEFAHRENSTUFE. MIST! MIT EINER HAND GEHT DAS SCHWERER, ALS ICH DACHTE. DAS DAUERT ZU LANGE.
SICHERHEITSPROTOKOLLE SOLLEN VERHINDERN, DASS JEMAND ERNSTHAFT VERLETZT WIRD. ABER WENN ICH ALLES AUFBIETE, WAS DER RAUM HAT, MÜSSTE DAS MONSTER KLEINZUKRIEGEN SEIN!
ZUMINDEST WIRD ES BESCHÄFTIGT SEIN. DAS VERSCHAFFT MIR ZEIT, UM DEN PROFESSOR ZU RUFEN.
SO. ALLES BEREIT. FEHLT NUR NOCH MEIN MONSTER. WO BLEIBT DIE MISTRATTE DENN?
AHNT ES ETWA, DASS ICH IHM EINE FALLE STELLE? NEIN, BLÖDSINN. WIESO SOLLTE ES? ES DENKT, ICH BIN VERLETZT UND IN PANIK.
ES SEI DENN, ES IST ... WIRKLICH VERDAMMT SCHLAU.
CRASH!
UND DA HABE ICH DIE ANTWORT.
UNTER EINSATZ IHRER PHASINGKRÄFTE HECHTET KITTY AUS DEM KONTROLLRAUM.
DER DÄMON FOLGT IHR BLITZSCHNELL.
AUCH DAS MASSIVE PANZERGLAS DER SCHEIBE HÄLT IHN NICHT AUF. HINTER IHM ZERBERSTEN DIE COMPUTER IN EINEM REGEN AUS FUNKEN.

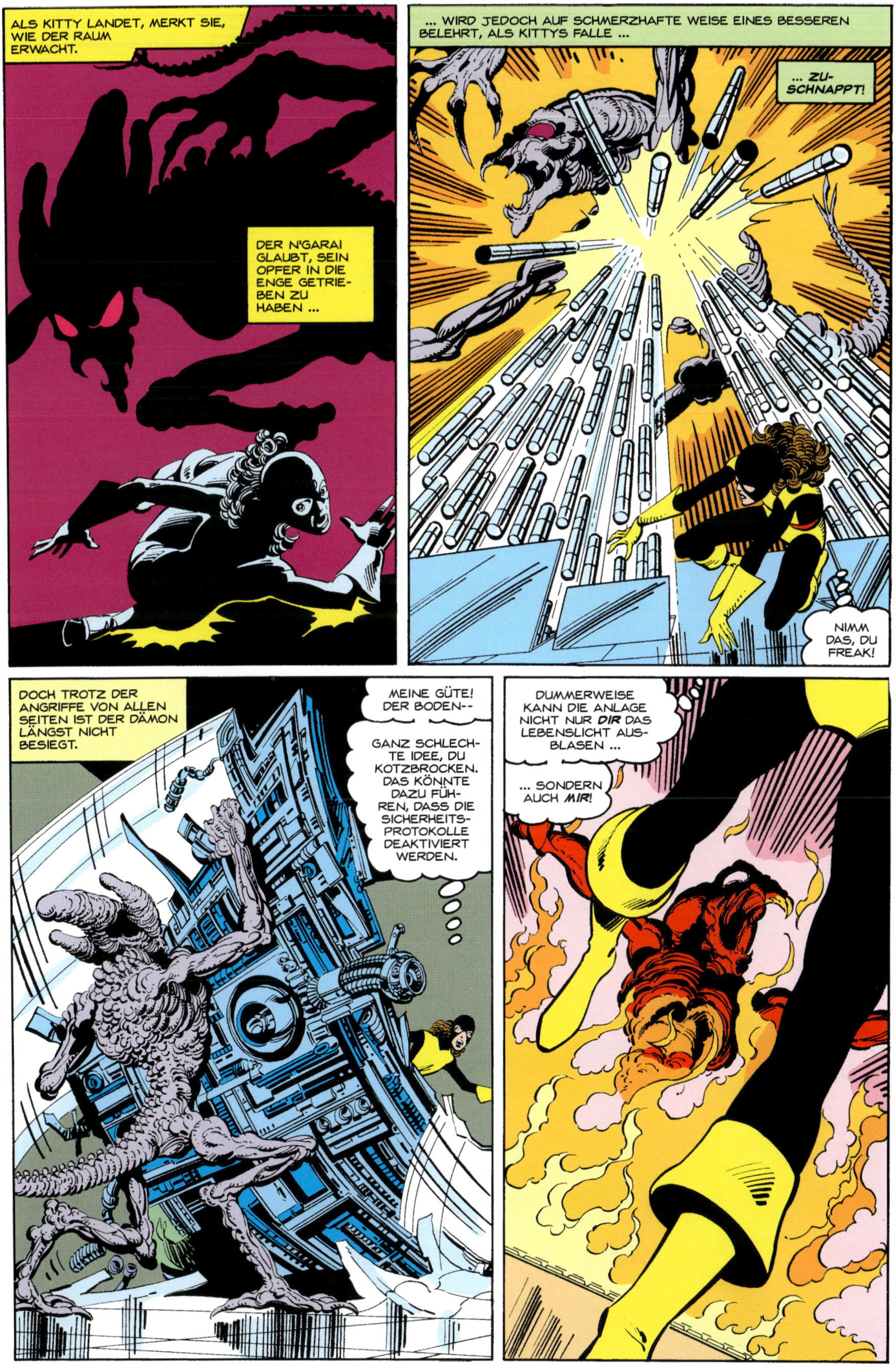
ALS KITTY LANDET, MERKT SIE, WIE DER RAUM ERWACHT.
DER N'GARAI GLAUBT, SEIN OPFER IN DIE ENGE GETRIEBEN ZU HABEN ...
... WIRD JEDOCH AUF SCHMERZHAFTE WEISE EINES BESSEREN BELEHRT, ALS KITTYS FALLE ...
... ZUSCHNAPPT!
NIMM DAS, DU FREAK!
DOCH TROTZ DER ANGRIFFE VON ALLEN SEITEN IST DER DÄMON LÄNGST NICHT BESIEGT.
MEINE GÜTE! DER BODEN--
GANZ SCHLECHTE IDEE, DU KOTZBROCKEN. DAS KÖNNTE DAZU FÜHREN, DASS DIE SICHERHEITSPROTOKOLLE DEAKTIVIERT WERDEN.
DUMMERWEISE KANN DIE ANLAGE NICHT NUR *DIR* DAS LEBENSLICHT AUSBLASEN ...
... SONDERN AUCH *MIR*!

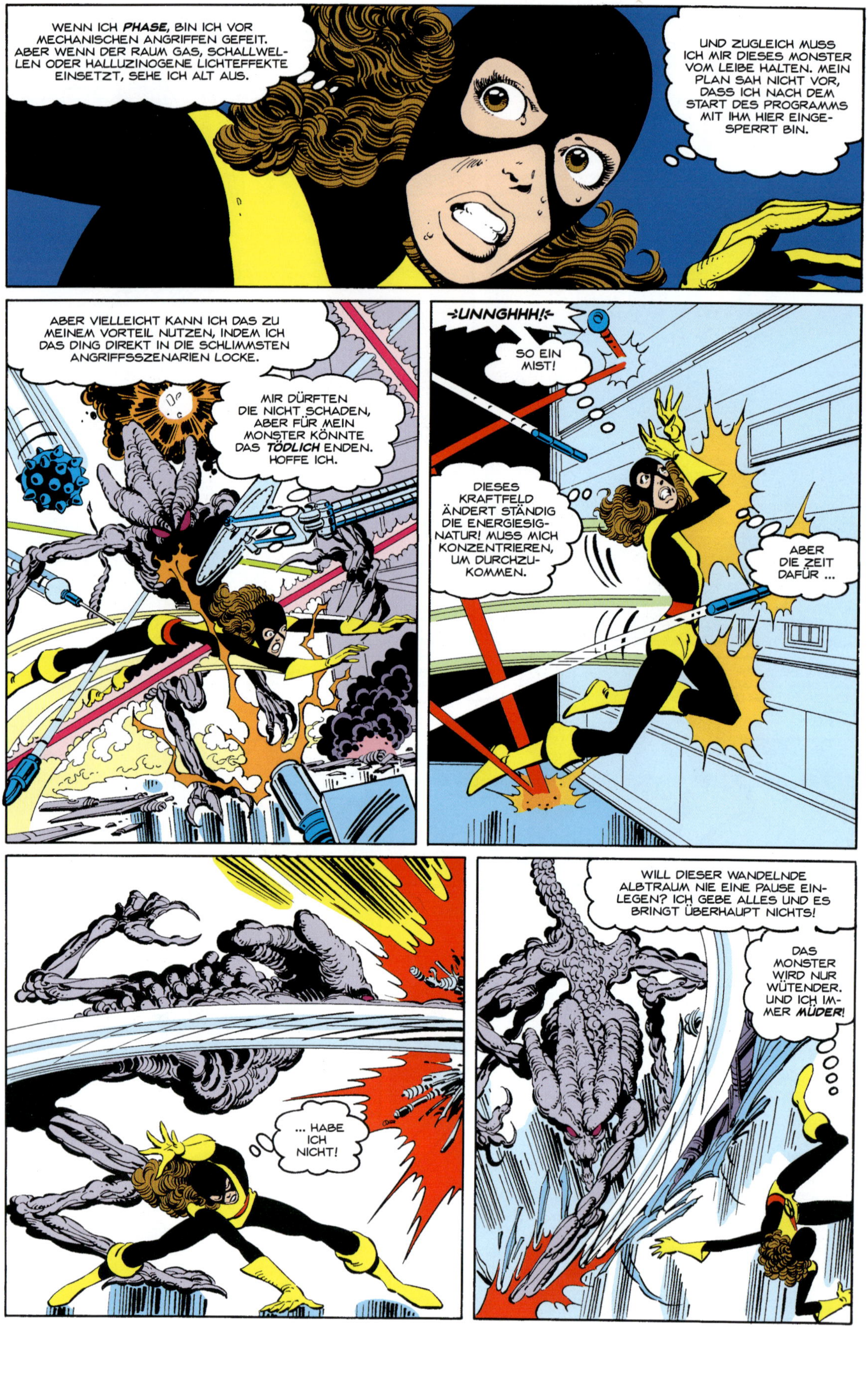
WENN ICH *PHASE*, BIN ICH VOR MECHANISCHEN ANGRIFFEN GEFEIT. ABER WENN DER RAUM GAS, SCHALLWELLEN ODER HALLUZINOGENE LICHTEFFEKTE EINSETZT, SEHE ICH ALT AUS.
UND ZUGLEICH MUSS ICH MIR DIESES MONSTER VOM LEIBE HALTEN. MEIN PLAN SAH NICHT VOR, DASS ICH NACH DEM START DES PROGRAMMS MIT IHM HIER EINGESPERRT BIN.
ABER VIELLEICHT KANN ICH DAS ZU MEINEM VORTEIL NUTZEN, INDEM ICH DAS DING DIREKT IN DIE SCHLIMMSTEN ANGRIFFSSZENARIEN LOCKE.
MIR DÜRFTEN DIE NICHT SCHADEN, ABER FÜR MEIN MONSTER KÖNNTE DAS *TÖDLICH* ENDEN. HOFFE ICH.
-UNNGHHH!-
SO EIN MIST!
DIESES KRAFTFELD ÄNDERT STÄNDIG DIE ENERGIESIGNATUR! MUSS MICH KONZENTRIEREN, UM DURCHZUKOMMEN.
ABER DIE ZEIT DAFÜR ...
... HABE ICH NICHT!
WILL DIESER WANDELNDE ALBTRAUM NIE EINE PAUSE EINLEGEN? ICH GEBE ALLES UND ES BRINGT ÜBERHAUPT NICHTS!
DAS MONSTER WIRD NUR WÜTENDER. UND ICH IMMER *MÜDER*!

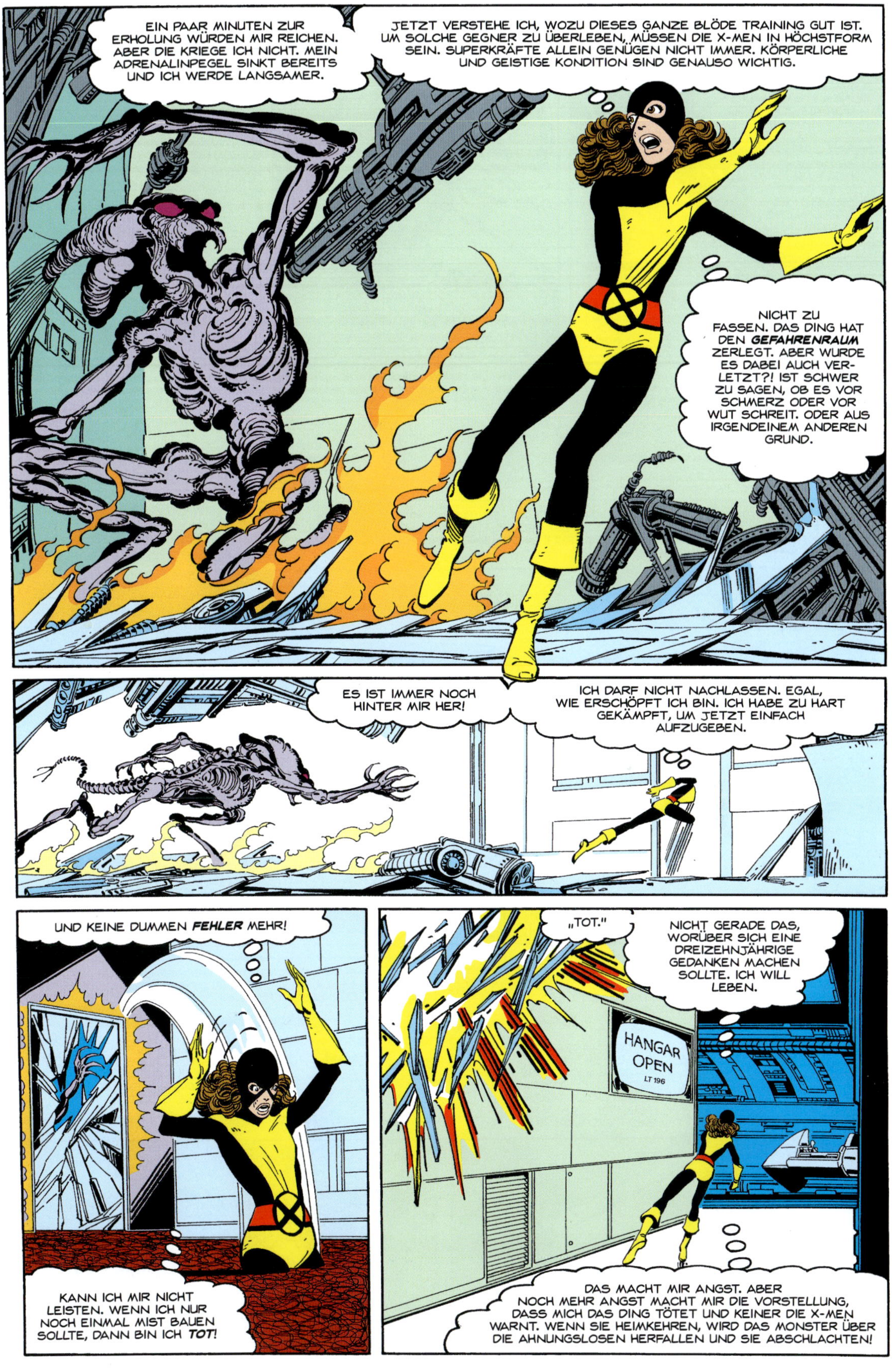

EIN PAAR MINUTEN ZUR ERHOLUNG WÜRDEN MIR REICHEN. ABER DIE KRIEGE ICH NICHT. MEIN ADRENALINPEGEL SINKT BEREITS UND ICH WERDE LANGSAMER.
JETZT VERSTEHE ICH, WOZU DIESES GANZE BLÖDE TRAINING GUT IST. UM SOLCHE GEGNER ZU ÜBERLEBEN, MÜSSEN DIE X-MEN IN HÖCHSTFORM SEIN. SUPERKRÄFTE ALLEIN GENÜGEN NICHT IMMER. KÖRPERLICHE UND GEISTIGE KONDITION SIND GENAUSO WICHTIG.
NICHT ZU FASSEN. DAS DING HAT DEN GEFAHRENRAUM ZERLEGT. ABER WURDE ES DABEI AUCH VERLETZT?! IST SCHWER ZU SAGEN, OB ES VOR SCHMERZ ODER VOR WUT SCHREIT. ODER AUS IRGENDEINEM ANDEREN GRUND.
ES IST IMMER NOCH HINTER MIR HER!
ICH DARF NICHT NACHLASSEN. EGAL, WIE ERSCHÖPFT ICH BIN. ICH HABE ZU HART GEKÄMPFT, UM JETZT EINFACH AUFZUGEBEN.
UND KEINE DUMMEN FEHLER MEHR!
KANN ICH MIR NICHT LEISTEN. WENN ICH NUR NOCH EINMAL MIST BAUEN SOLLTE, DANN BIN ICH TOT!
„TOT."
NICHT GERADE DAS, WORÜBER SICH EINE DREIZEHNJÄHRIGE GEDANKEN MACHEN SOLLTE. ICH WILL LEBEN.
HANGAR OPEN
LT 196
DAS MACHT MIR ANGST. ABER NOCH MEHR ANGST MACHT MIR DIE VORSTELLUNG, DASS MICH DAS DING TÖTET UND KEINER DIE X-MEN WARNT. WENN SIE HEIMKEHREN, WIRD DAS MONSTER ÜBER DIE AHNUNGSLOSEN HERFALLEN UND SIE ABSCHLACHTEN!

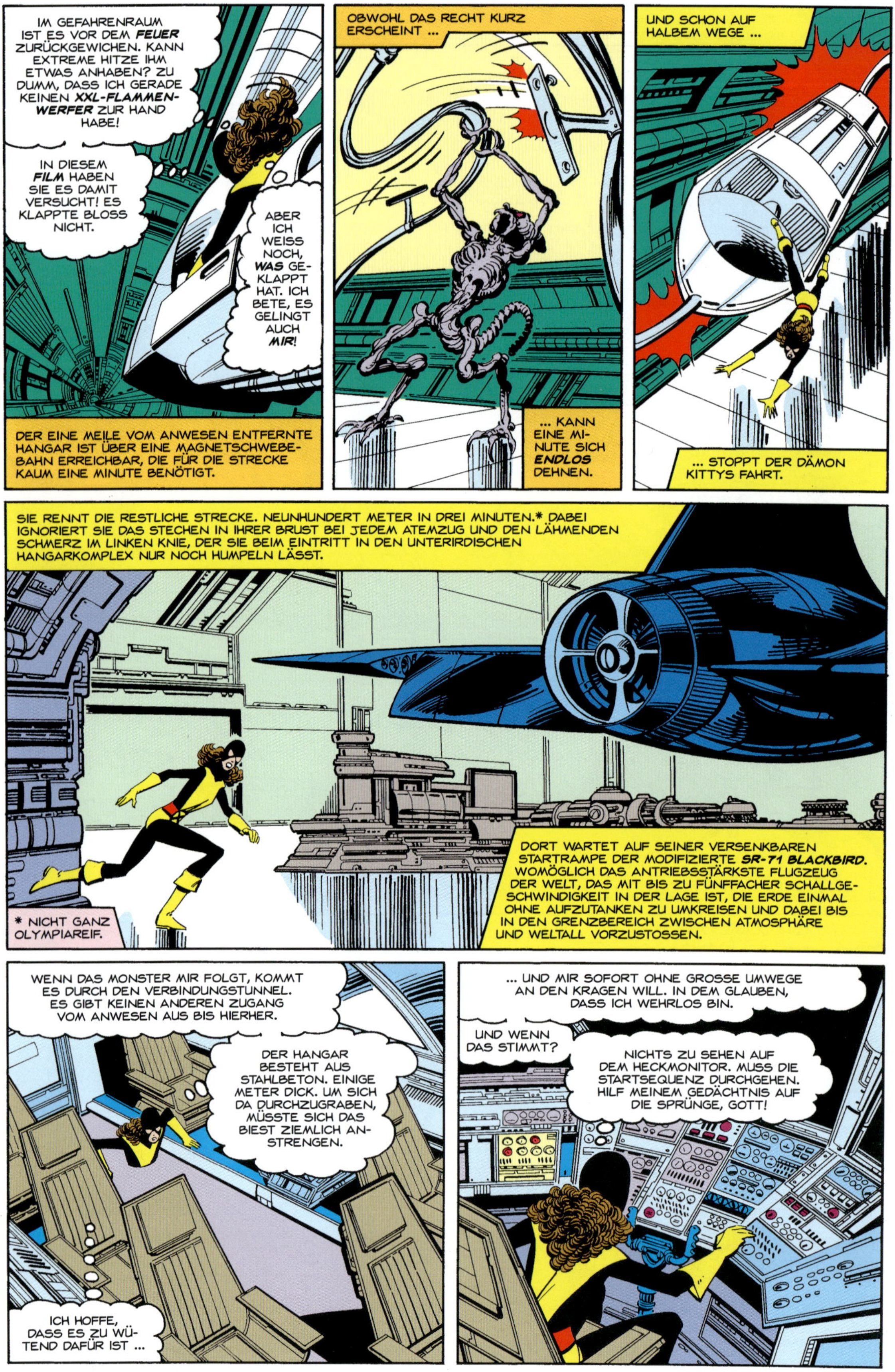

IM GEFAHRENRAUM IST ES VOR DEM **FEUER** ZURÜCKGEWICHEN. KANN EXTREME HITZE IHM ETWAS ANHABEN? ZU DUMM, DASS ICH GERADE KEINEN **XXL-FLAMMENWERFER** ZUR HAND HABE!
IN DIESEM **FILM** HABEN SIE ES DAMIT VERSUCHT! ES KLAPPTE BLOSS NICHT.
ABER ICH WEISS NOCH, **WAS** GEKLAPPT HAT. ICH BETE, ES GELINGT AUCH **MIR**!
DER EINE MEILE VOM ANWESEN ENTFERNTE HANGAR IST ÜBER EINE MAGNETSCHWEBEBAHN ERREICHBAR, DIE FÜR DIE STRECKE KAUM EINE MINUTE BENÖTIGT.
OBWOHL DAS RECHT KURZ ERSCHEINT ...
... KANN EINE MINUTE SICH **ENDLOS** DEHNEN.
UND SCHON AUF HALBEM WEGE ...
... STOPPT DER DÄMON KITTYS FAHRT.
SIE RENNT DIE RESTLICHE STRECKE. NEUNHUNDERT METER IN DREI MINUTEN.* DABEI IGNORIERT SIE DAS STECHEN IN IHRER BRUST BEI JEDEM ATEMZUG UND DEN LÄHMENDEN SCHMERZ IM LINKEN KNIE, DER SIE BEIM EINTRITT IN DEN UNTERIRDISCHEN HANGARKOMPLEX NUR NOCH HUMPELN LÄSST.
DORT WARTET AUF SEINER VERSENKBAREN STARTRAMPE DER MODIFIZIERTE **SR-71 BLACKBIRD**. WOMÖGLICH DAS ANTRIEBSSTÄRKSTE FLUGZEUG DER WELT, DAS MIT BIS ZU FÜNFFACHER SCHALLGESCHWINDIGKEIT IN DER LAGE IST, DIE ERDE EINMAL OHNE AUFZUTANKEN ZU UMKREISEN UND DABEI BIS IN DEN GRENZBEREICH ZWISCHEN ATMOSPHÄRE UND WELTALL VORZUSTOSSEN.
* NICHT GANZ OLYMPIAREIF.
WENN DAS MONSTER MIR FOLGT, KOMMT ES DURCH DEN VERBINDUNGSTUNNEL. ES GIBT KEINEN ANDEREN ZUGANG VOM ANWESEN AUS BIS HIERHER.
DER HANGAR BESTEHT AUS STAHLBETON. EINIGE METER DICK. UM SICH DA DURCHZUGRABEN, MÜSSTE SICH DAS BIEST ZIEMLICH ANSTRENGEN.
ICH HOFFE, DASS ES ZU WÜTEND DAFÜR IST ...
... UND MIR SOFORT OHNE GROSSE UMWEGE AN DEN KRAGEN WILL. IN DEM GLAUBEN, DASS ICH WEHRLOS BIN.
UND WENN DAS STIMMT?
NICHTS ZU SEHEN AUF DEM HECKMONITOR. MUSS DIE STARTSEQUENZ DURCHGEHEN. HILF MEINEM GEDÄCHTNIS AUF DIE SPRÜNGE, GOTT!

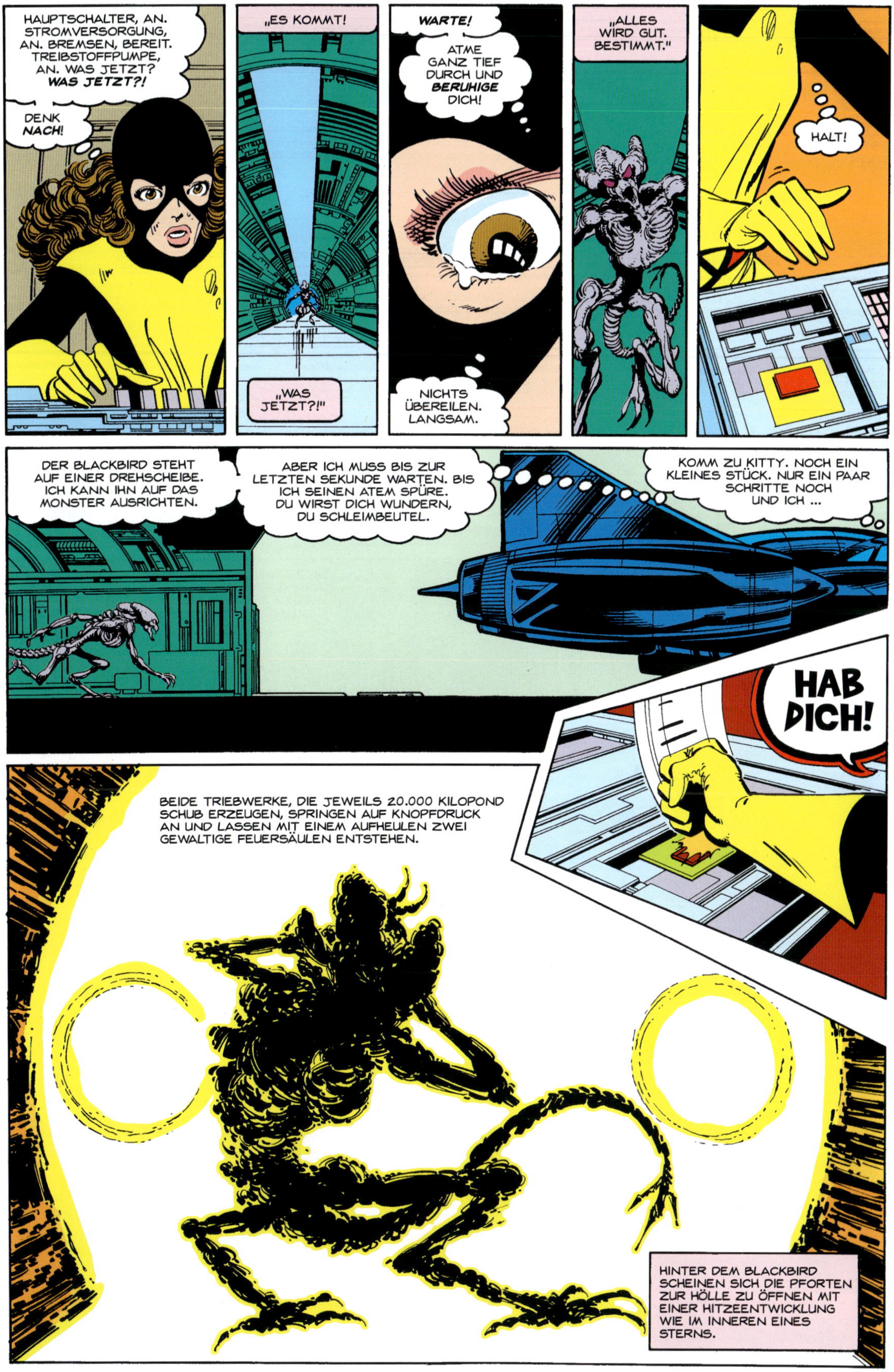
HAUPTSCHALTER, AN. STROMVERSORGUNG, AN. BREMSEN, BEREIT. TREIBSTOFFPUMPE, AN. WAS JETZT? WAS JETZT?!
DENK NACH!
„ES KOMMT!
„WAS JETZT?!"
WARTE!
ATME GANZ TIEF DURCH UND BERUHIGE DICH!
NICHTS ÜBEREILEN. LANGSAM.
„ALLES WIRD GUT. BESTIMMT."
HALT!
DER BLACKBIRD STEHT AUF EINER DREHSCHEIBE. ICH KANN IHN AUF DAS MONSTER AUSRICHTEN.
ABER ICH MUSS BIS ZUR LETZTEN SEKUNDE WARTEN. BIS ICH SEINEN ATEM SPÜRE. DU WIRST DICH WUNDERN, DU SCHLEIMBEUTEL.
KOMM ZU KITTY. NOCH EIN KLEINES STÜCK. NUR EIN PAAR SCHRITTE NOCH UND ICH ...
HAB DICH!
BEIDE TRIEBWERKE, DIE JEWEILS 20.000 KILOPOND SCHUB ERZEUGEN, SPRINGEN AUF KNOPFDRUCK AN UND LASSEN MIT EINEM AUFHEULEN ZWEI GEWALTIGE FEUERSÄULEN ENTSTEHEN.
HINTER DEM BLACKBIRD SCHEINEN SICH DIE PFORTEN ZUR HÖLLE ZU ÖFFNEN MIT EINER HITZEENTWICKLUNG WIE IM INNEREN EINES STERNS.

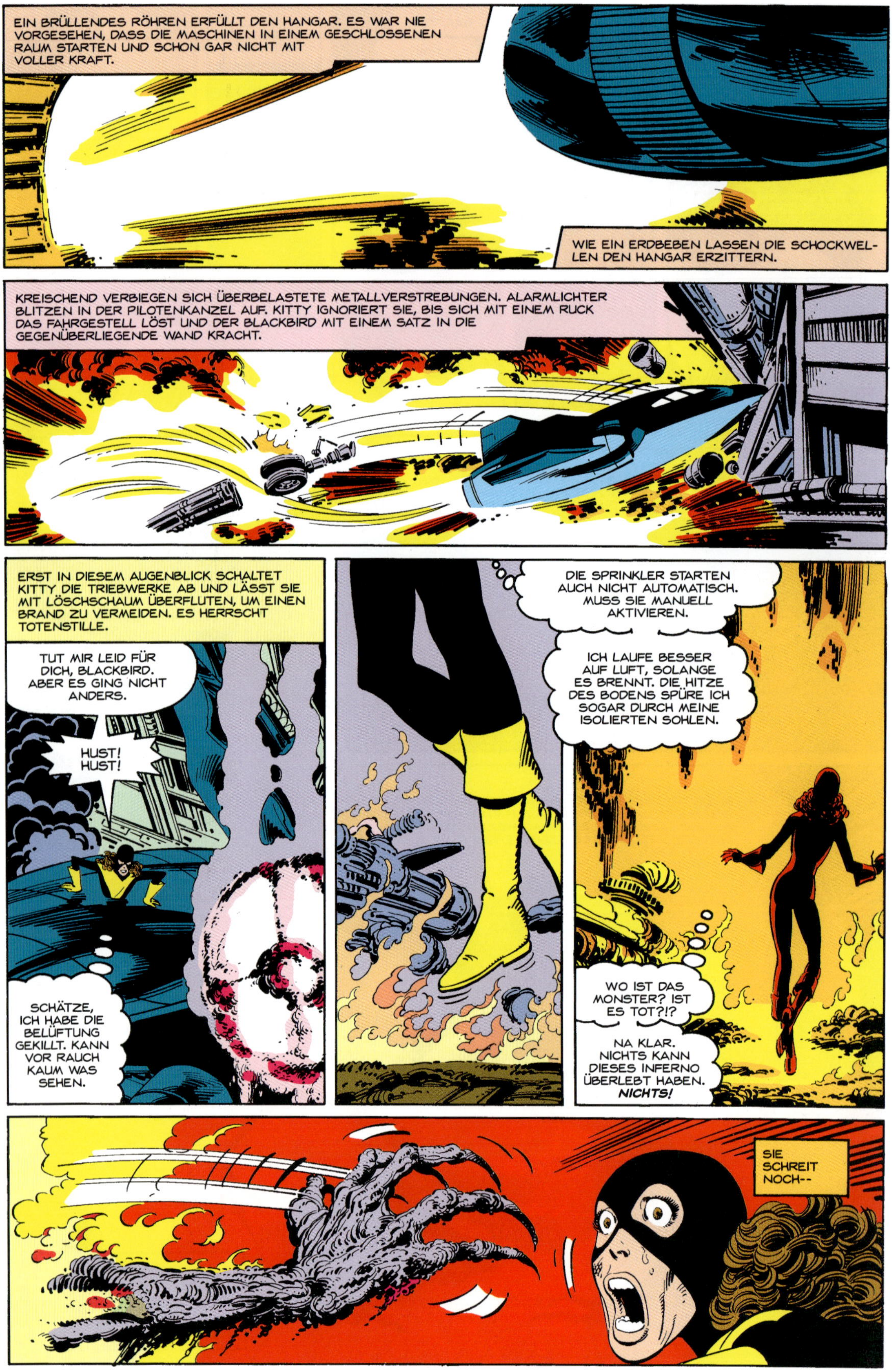
EIN BRÜLLENDES RÖHREN ERFÜLLT DEN HANGAR. ES WAR NIE VORGESEHEN, DASS DIE MASCHINEN IN EINEM GESCHLOSSENEN RAUM STARTEN UND SCHON GAR NICHT MIT VOLLER KRAFT.
WIE EIN ERDBEBEN LASSEN DIE SCHOCKWELLEN DEN HANGAR ERZITTERN.
KREISCHEND VERBIEGEN SICH ÜBERBELASTETE METALLVERSTREBUNGEN. ALARMLICHTER BLITZEN IN DER PILOTENKANZEL AUF. KITTY IGNORIERT SIE, BIS SICH MIT EINEM RUCK DAS FAHRGESTELL LÖST UND DER BLACKBIRD MIT EINEM SATZ IN DIE GEGENÜBERLIEGENDE WAND KRACHT.
ERST IN DIESEM AUGENBLICK SCHALTET KITTY DIE TRIEBWERKE AB UND LÄSST SIE MIT LÖSCHSCHAUM ÜBERFLUTEN, UM EINEN BRAND ZU VERMEIDEN. ES HERRSCHT TOTENSTILLE.
TUT MIR LEID FÜR DICH, BLACKBIRD. ABER ES GING NICHT ANDERS.
HUST! HUST!
SCHÄTZE, ICH HABE DIE BELÜFTUNG GEKILLT. KANN VOR RAUCH KAUM WAS SEHEN.
DIE SPRINKLER STARTEN AUCH NICHT AUTOMATISCH. MUSS SIE MANUELL AKTIVIEREN.
ICH LAUFE BESSER AUF LUFT, SOLANGE ES BRENNT. DIE HITZE DES BODENS SPÜRE ICH SOGAR DURCH MEINE ISOLIERTEN SOHLEN.
WO IST DAS MONSTER? IST ES TOT?!?
NA KLAR. NICHTS KANN DIESES INFERNO ÜBERLEBT HABEN. NICHTS!
SIE SCHREIT NOCH--

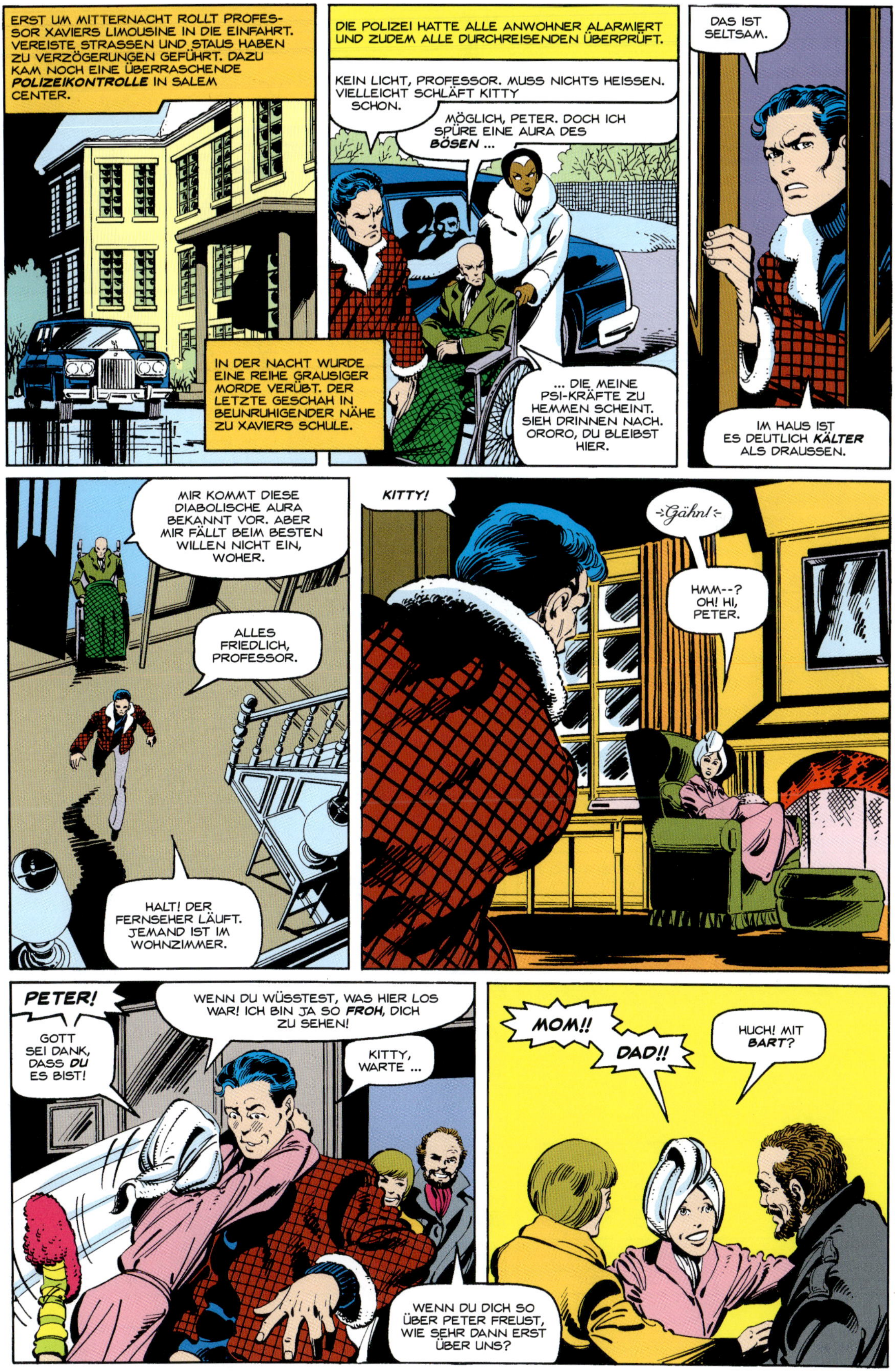
ERST UM MITTERNACHT ROLLT PROFESSOR XAVIERS LIMOUSINE IN DIE EINFAHRT. VEREISTE STRASSEN UND STAUS HABEN ZU VERZÖGERUNGEN GEFÜHRT. DAZU KAM NOCH EINE ÜBERRASCHENDE **POLIZEIKONTROLLE** IN SALEM CENTER.
IN DER NACHT WURDE EINE REIHE GRAUSIGER MORDE VERÜBT. DER LETZTE GESCHAH IN BEUNRUHIGENDER NÄHE ZU XAVIERS SCHULE.
DIE POLIZEI HATTE ALLE ANWOHNER ALARMIERT UND ZUDEM ALLE DURCHREISENDEN ÜBERPRÜFT.
KEIN LICHT, PROFESSOR. MUSS NICHTS HEISSEN. VIELLEICHT SCHLÄFT KITTY SCHON.
MÖGLICH, PETER. DOCH ICH SPÜRE EINE AURA DES **BÖSEN** ...
... DIE MEINE PSI-KRÄFTE ZU HEMMEN SCHEINT. SIEH DRINNEN NACH. ORORO, DU BLEIBST HIER.
DAS IST SELTSAM.
IM HAUS IST ES DEUTLICH **KÄLTER** ALS DRAUSSEN.
MIR KOMMT DIESE DIABOLISCHE AURA BEKANNT VOR. ABER MIR FÄLLT BEIM BESTEN WILLEN NICHT EIN, WOHER.
ALLES FRIEDLICH, PROFESSOR.
HALT! DER FERNSEHER LÄUFT. JEMAND IST IM WOHNZIMMER.
KITTY!
-Gähn!-
HMM--? OH! HI, PETER.
PETER!
GOTT SEI DANK, DASS **DU** ES BIST!
WENN DU WÜSSTEST, WAS HIER LOS WAR! ICH BIN JA SO **FROH**, DICH ZU SEHEN!
KITTY, WARTE ...
WENN DU DICH SO ÜBER PETER FREUST, WIE SEHR DANN ERST ÜBER UNS?
MOM!!
DAD!!
HUCH! MIT **BART**?

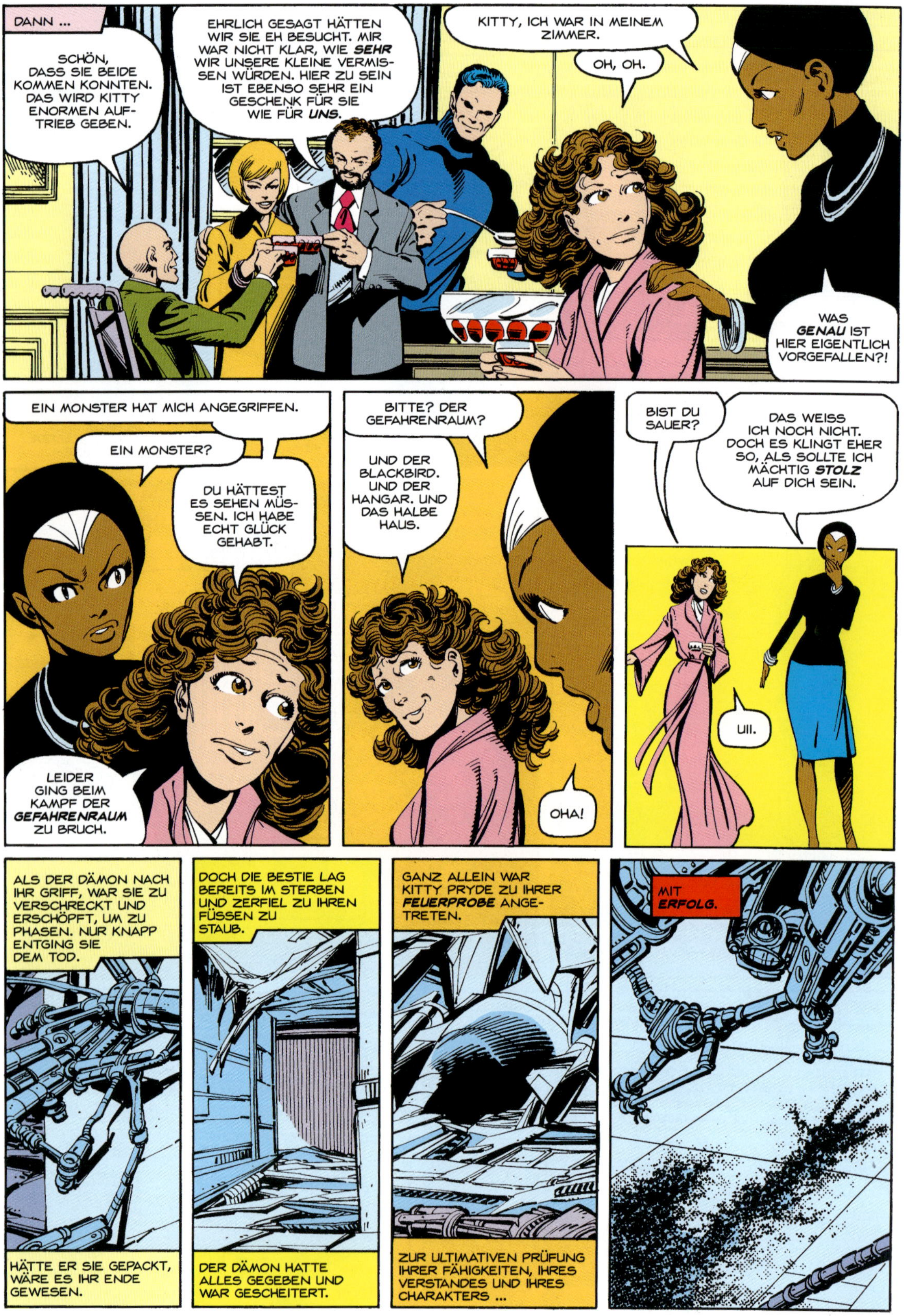
DANN ...
SCHÖN, DASS SIE BEIDE KOMMEN KONNTEN. DAS WIRD KITTY ENORMEN AUFTRIEB GEBEN.
EHRLICH GESAGT HÄTTEN WIR SIE EH BESUCHT. MIR WAR NICHT KLAR, WIE SEHR WIR UNSERE KLEINE VERMISSEN WÜRDEN. HIER ZU SEIN IST EBENSO SEHR EIN GESCHENK FÜR SIE WIE FÜR UNS.
KITTY, ICH WAR IN MEINEM ZIMMER.
OH, OH.
WAS GENAU IST HIER EIGENTLICH VORGEFALLEN?!
EIN MONSTER HAT MICH ANGEGRIFFEN.
EIN MONSTER?
DU HÄTTEST ES SEHEN MÜSSEN. ICH HABE ECHT GLÜCK GEHABT.
LEIDER GING BEIM KAMPF DER GEFAHRENRAUM ZU BRUCH.
BITTE? DER GEFAHRENRAUM?
UND DER BLACKBIRD. UND DER HANGAR. UND DAS HALBE HAUS.
OHA!
BIST DU SAUER?
DAS WEISS ICH NOCH NICHT. DOCH ES KLINGT EHER SO, ALS SOLLTE ICH MÄCHTIG STOLZ AUF DICH SEIN.
UII.
ALS DER DÄMON NACH IHR GRIFF, WAR SIE ZU VERSCHRECKT UND ERSCHÖPFT, UM ZU PHASEN. NUR KNAPP ENTGING SIE DEM TOD.
HÄTTE ER SIE GEPACKT, WÄRE ES IHR ENDE GEWESEN.
DOCH DIE BESTIE LAG BEREITS IM STERBEN UND ZERFIEL ZU IHREN FÜSSEN ZU STAUB.
DER DÄMON HATTE ALLES GEGEBEN UND WAR GESCHEITERT.
GANZ ALLEIN WAR KITTY PRYDE ZU IHRER FEUERPROBE ANGETRETEN.
ZUR ULTIMATIVEN PRÜFUNG IHRER FÄHIGKEITEN, IHRES VERSTANDES UND IHRES CHARAKTERS ...
MIT ERFOLG.

ENDE

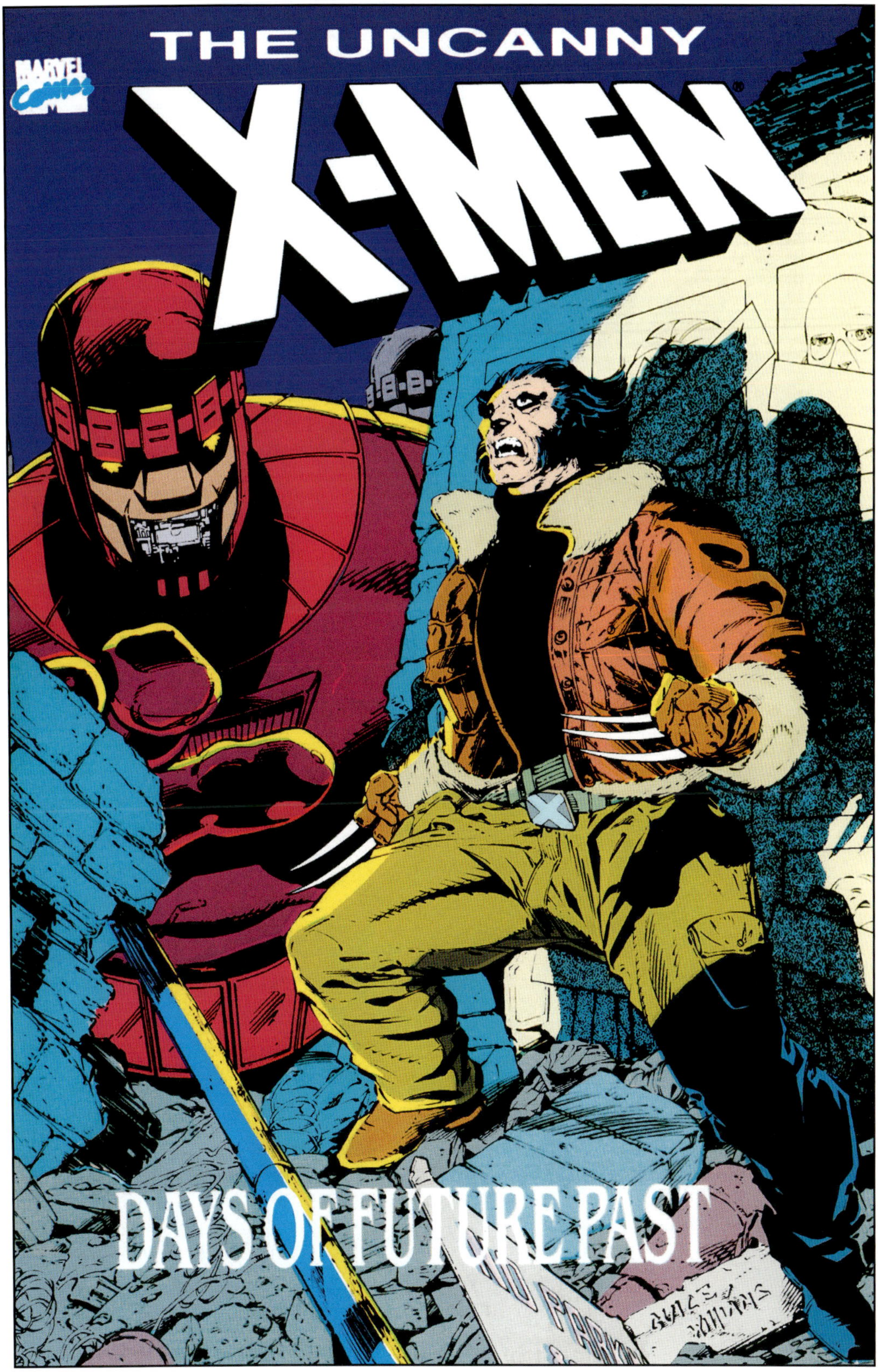

X-Men: Days of Future Past (1989) TPB
Cover von **BUTCH GUICE** & **SCOTT WILLIAMS**

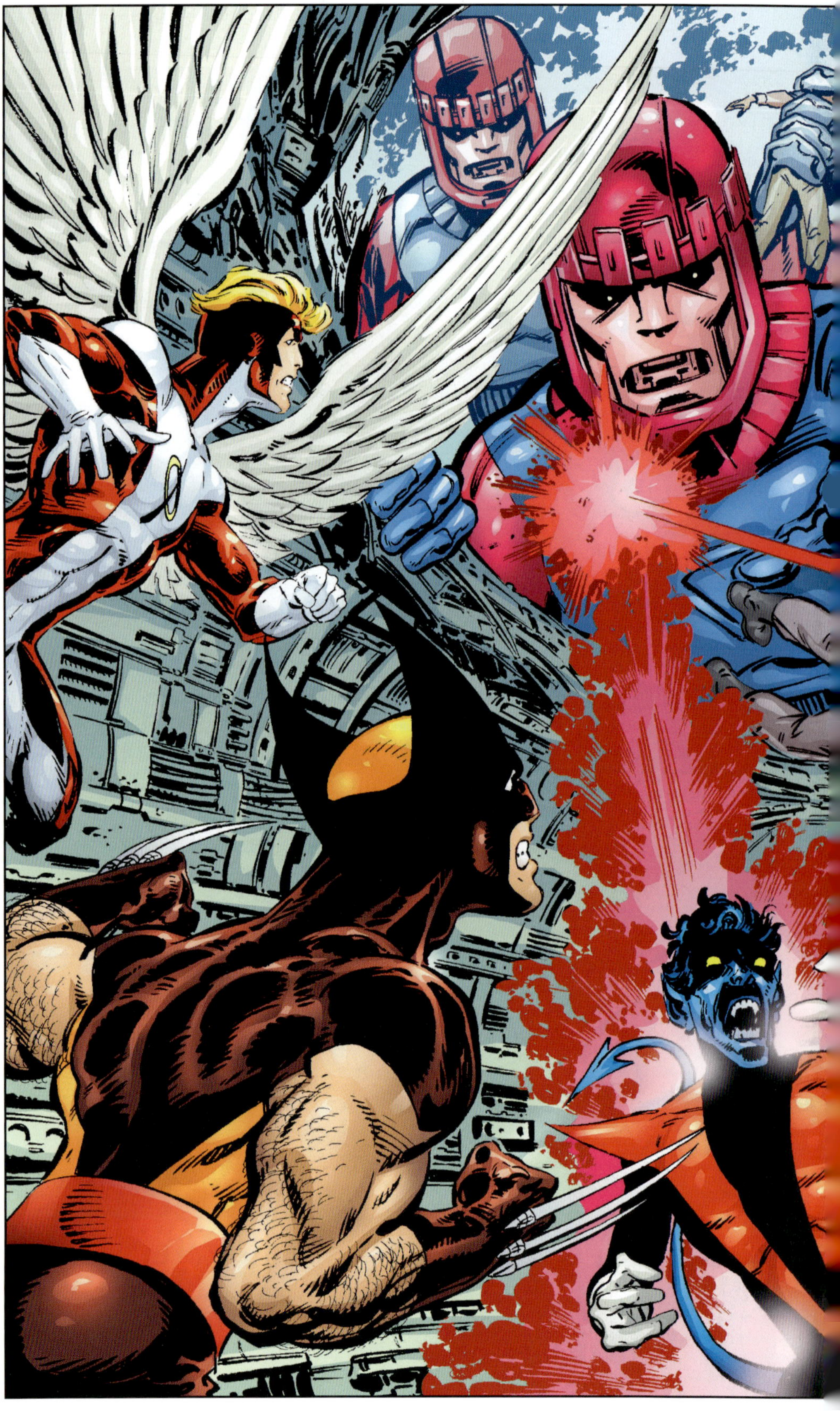

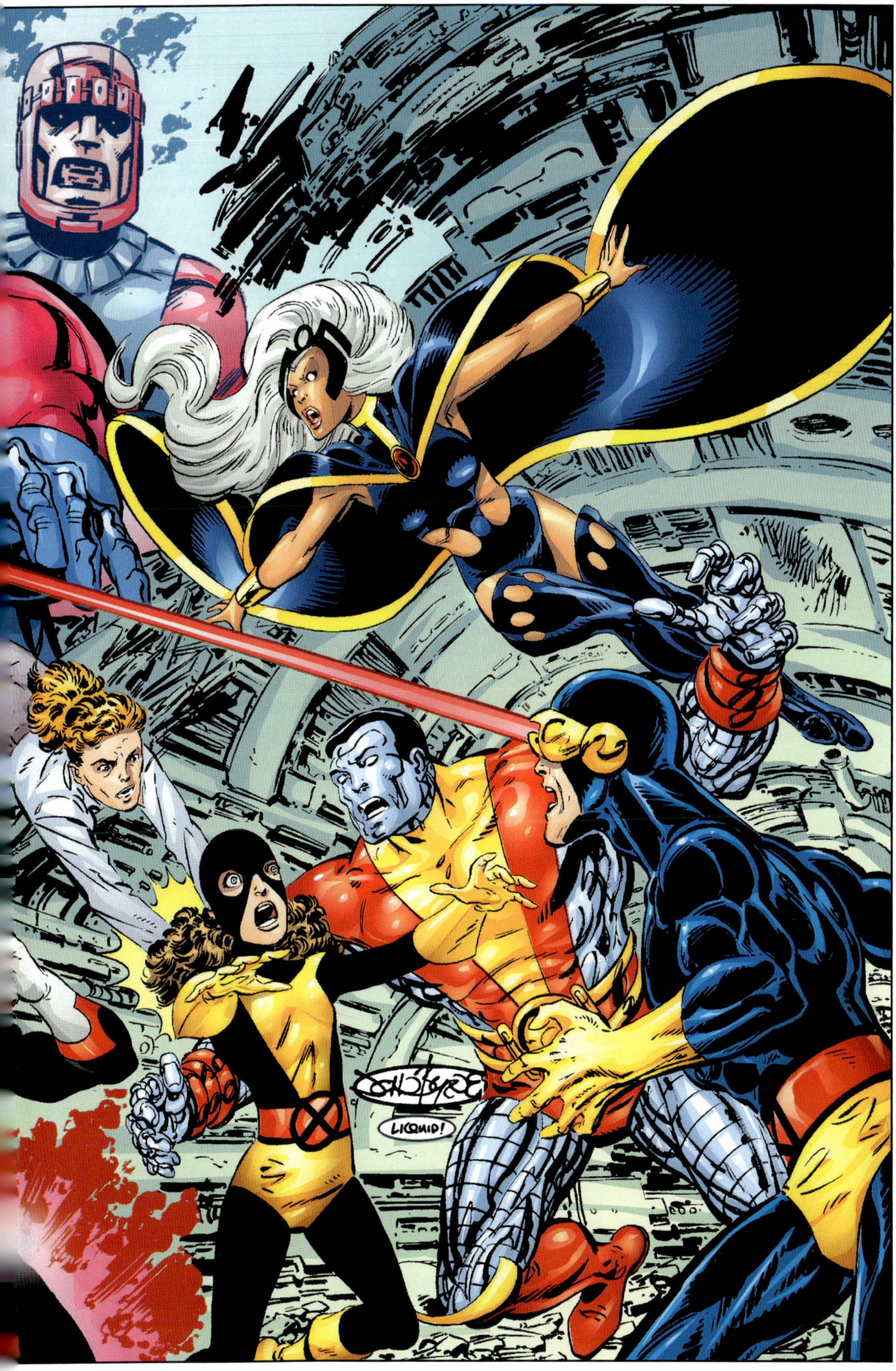

X-Men: Days of Future Past (1989) TPB, 6th printing
Cover von **JOHN BYRNE**

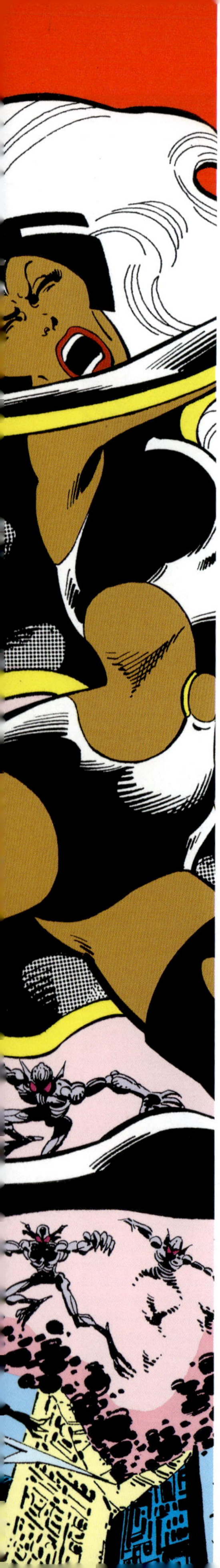

DIE MACHER

CHRIS CLAREMONT kam 1950 in London zur Welt. Als er drei war, emigrierte die Familie in die USA. 1969, während Claremont am Bard College Politik und Schauspiel studierte, begann er, als Laufbursche bei Marvel auszuhelfen. Nach diversen Assistenztätigkeiten verfasste er 1973 sein erstes Skript für *Daredevil* 102. Kurz darauf gelang ihm an der Seite von John Byrne mit den Serien *Iron Fist* und *Marvel Team-Up* der Durchbruch und Chefredakteur Len Wein heuerte ihn als festen Autor der X-Men an. Claremont blieb dem Titel 16 Jahre lang erhalten. Nebenbei schrieb er die Reihen *New Mutants*, *Excalibur*, *Wolverine*, *Spider-Woman* und *Ms. Marvel*. In dieser Zeit schuf der gebürtige Brite nicht nur zahlreiche bedeutende Figuren wie Emma Frost, Captain Britain, Gambit, Kitty Pryde, Mystique, Phoenix, Psylocke oder Sabretooth, sondern machte das Mutanten-Franchise auch zu einer der einträglichsten Marken im Haus der Ideen. 1991 erschien in Coproduktion mit Zeichner Jim Lee ein neues *X-Men* 1, bis heute mit rund acht Millionen Verkaufsexemplaren der Comic mit der höchsten Auflage aller Zeiten. Nach Differenzen mit Lee kehrte Claremont Marvel den Rücken und arbeitete eine Zeit lang für andere Verlage, bevor er sich 1998 zunächst den Fantastic Four und schließlich erneut den X-Men widmete. 2010 schuf er mit Superstar Milo Manara den Comic-Band *X-Women*. Nach einer Pause und einigen kleineren Projekten war er 2022 mit *Gambit* und *X-Treme X-Men* wieder aktiv. Eine weitere X-Men-Serie ist bereits in der Pipeline.

JOHN BYRNE wurde ebenfalls 1950 in Großbritannien geboren, wanderte aber acht Jahre später mit den Eltern nach Kanada aus. 1970 schrieb er sich am College für Kunst und Design in Alberta ein. Noch während des Studiums publizierte Byrne sein erstes Comic-Heft *ACA Comix* 1. Danach begann er, als Freelancer für Verlage wie Skywald und Charlton zu arbeiten. Sein enormes Talent blieb Marvel nicht verborgen. Mitte der 1970er engagierte ihn Produktionsmanager John Verpoorten für eine Iron Fist-Ausgabe von *Marvel Premiere*. Im Anschluss setzte Byrne die Titel *Iron Fist*, *Champions*, *Marvel Team-Up* und den SF-Helden Star-Lord in Szene, der ihn erstmals mit Tuschezeichner Terry Austin zusammenführte. Nachdem er 1977 bei den X-Men eingestiegen war, erlangte er rasch den Status eines Superstars. Parallel entstanden denkwürdige Arbeiten für *Avengers* und *Captain America*, bevor er die X-Men verließ, um zunächst *Fantastic Four*, dann *Alpha Flight* und *Incredible Hulk* zu verfassen und zu zeichnen. 1986 erfüllte sich Byrne einen Jugendtraum mit der Modernisierung von Superman für DC. 1989 kehrte er zu Marvel zurück und übernahm die Serien *Star Brand*, *West Coast Avengers*, *She-Hulk*, *Namor* und *Iron Man*. Von 1991 bis 1992 beerbte er Chris Claremont als Autor der X-Men. Im Laufe der Zeit folgten *Amazing Spider-Man* und *X-Men: The Hidden Years* für Marvel sowie *Wonder Woman*, *New Gods*, *JLA*, *Doom Patrol*, *Blood of the Demon*, *Action Comics* und *The All-New Atom* für DC. Neben *High Ways* und *Doomsday.1* kreierte Byrne für IDW von 2014 bis 2018 21 Ausgaben von *Star Trek: New Visions*, ein Foto-Comic mit neuen Storys aus alten Szenen der ersten TV-Serie. Seit 2019 veröffentlicht der Zeichenstar online, inoffiziell und in Eigenregie *X-Men: Elsewhen*, wo er seine Version der Geschichte nach der *Dark Phoenix*-Saga erzählt.

X-MEN

ZUKUNFT IST VERGANGENHEIT

HINTER DEN KULISSEN

TIMELINE

WEITERE LEKTÜRE

ANMERKUNGEN

WEITERE MUST-HAVE-TITEL

Chris Claremont und **John Byrne** hatten zusammen mit **Terry Austin**, **Glynis Wein** und **Tom Orzechowski** mehrere Jahre lang an *Uncanny X-Men* gearbeitet und eine wenig erfolgreiche Reihe in einen Top-Titel verwandelt. Nach der klassischen *Dark Phoenix*-Saga schuf das Team eine Geschichte, die sich als ebenso einflussreich erweisen sollte: *Days of Future Past*.

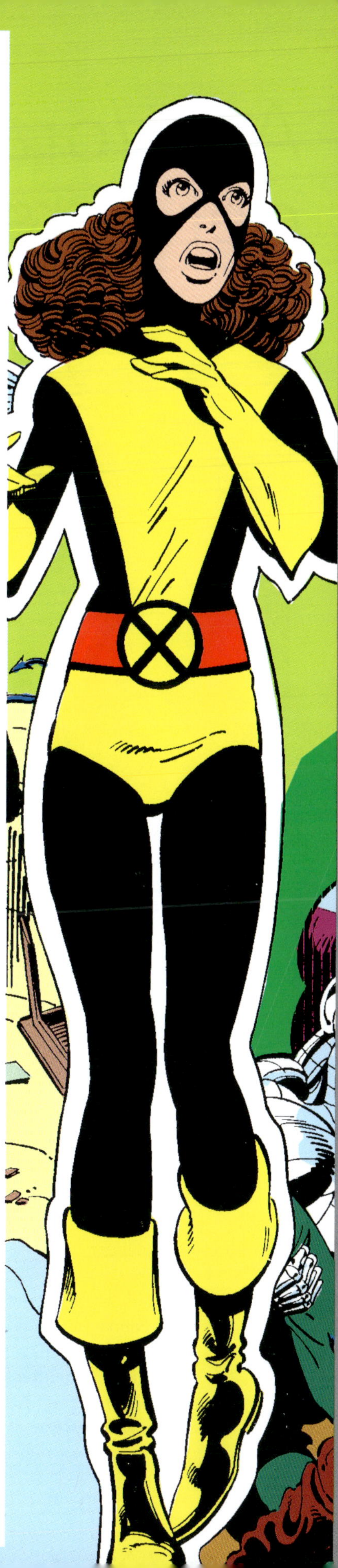

Am Vorabend der Zerstörung

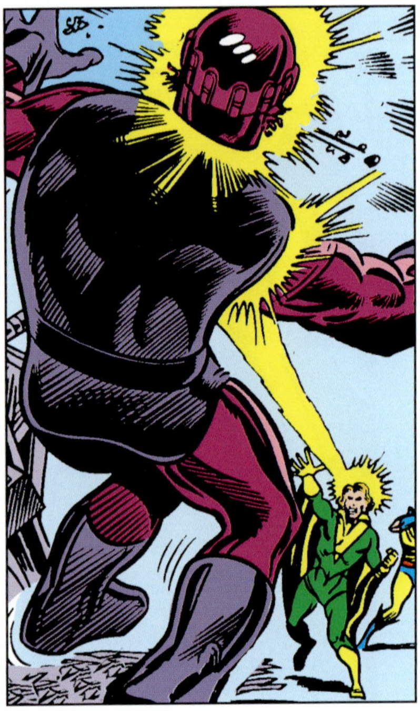

Die Sentinels waren in *Uncanny X-Men* 98-99 weniger bedrohliche Feinde. Zeichnung von Dave Cockrum und **Sam Grainger**.

Chris Claremont und **John Byrne** hatten ein Verfahren für die Zusammenarbeit an ihren **X-Men**-Storylines entwickelt: „Chris und ich sprachen am Telefon und dachten uns diese komplizierten, verwickelten Plots aus", sagte Byrne. „Und dann habe ich gezeichnet, woran ich mich erinnerte. Denn ich dachte, dass das, woran ich mich erinnerte, das Wichtigste war."

Ein System, das den beiden seit Beginn ihrer Zusammenarbeit an *X-Men* spektakuläre Ergebnisse beschert hat. Ihre Zeit mit den Marvel-Mutanten ist übersät mit prägenden Geschichten, die für künftige X-Men-Autoren und -Zeichner zu wichtigen Vorlagen werden sollten.

Ein Großteil der Handlung für diesen Zeitreise-Zweiteiler stammt von Byrne. „*Days of Future Past* war meine Idee. Chris wollte keine **Sentinel**-Geschichten machen. Ich aber liebte diese Roboter. Als **Dave Cockrum** und Chris die Sentinels machten, haben sie sie ziemlich schnell zerstört. Ich sagte: ‚Ich lasse mir eine Sentinel-Geschichte einfallen.' Also habe ich mir eine Story ausgedacht, in der die Sentinels die Welt übernommen und alle getötet haben. Schlimmer geht's nicht, oder? **Kitty** reist durch die Zeit und all dieses Zeug. Und wir haben es ausgearbeitet. Chris hat den größten Teil des zweiten Teils beigesteuert – die Sache mit **Senator Kelly** und die mit Washington, all das."

Chris Claremont sah in *Days of Future Past* die perfekte Möglichkeit, die enormen Herausforderungen zu zeigen, denen sich die X-Men in ihrem ständigen Kampf zum Schutz der Mutanten stellen müssen: „Die Idee war, unseren Helden zu zeigen, warum ihr Kampf so notwendig ist. Denn ihr Scheitern hätte einen tragischen Preis. Der Satz, mit dem diese Figuren immer wieder auf den Punkt gebracht werden: ‚Gefürchtet und gehasst von einer Welt, die sie zu schützen geschworen haben.' Ihr Kampf besteht nicht nur darin, die Schurken zu besiegen, sondern auch darin, sich als glaubwürdige, ehrenhafte Mitbürger des Planeten zu etablieren. Die Idee von *Days of Future Past* war: Das ist es, was euch erwartet, wenn ihr versagt. Wenn ihr

▶ **Terry Austin** begann seine Comic-Karriere als Tuscheassistent von **Dick Giordano** und **Neal Adams** in Adams' Continuity Associates Studio. Seine erste Arbeit mit John Byrne und Chris Claremont war eine **Star-Lord**-Geschichte in *Marvel Preview* 11. Austin kann auf eine lange Reihe gefeierter Comics zurückblicken, darunter die Zusammenarbeit mit **Marshall Rogers** in *Detective Comics* und *Doctor Strange* sowie mit **Walt Simonson** bei dem Crossover-Special *X-Men/Teen Titans*.

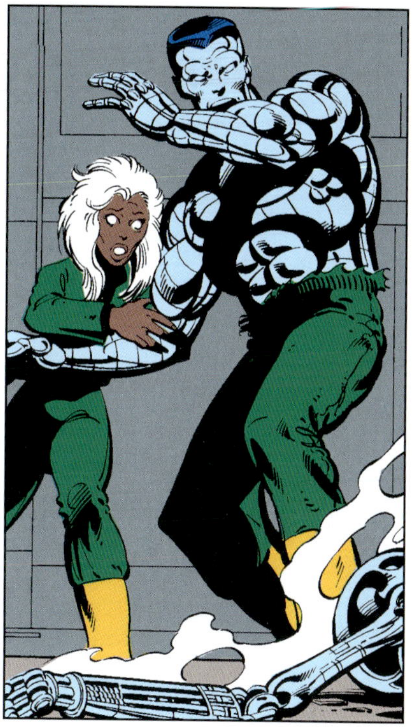

Storm und **Colossus** starren entsetzt auf **Wolverines** Überreste. Zeichnung von John Byrne, Terry Austin und **Glynis Wein**.

einen Grund gebraucht habt, es wieder und wieder zu versuchen, dann ist es dieser."

In der zweiten Hälfte der Geschichte starben die zukünftigen X-Men im Kampf. „So krass es auch klingen mag, es war unglaublich cool zu schreiben. Es wurde eine klassische griechische Tragödie", erklärte Claremont. „Das Seltsame für mich ist, dass ich in den 1980er-Jahren über den Mutant Control Act schrieb, und jetzt, im zweiten Jahrzehnt des 21. Jahrhunderts reden wir über den Patriot Act und der Präsidentschaftskandidat spricht über den Bau von Mauern, um Menschen draußen zu halten: wer akzeptabel ist und wer nicht. Das ist sehr unheimlich. Ich habe das Gefühl, diesen Weg schon einmal beschritten zu haben."

Claremont ist der Meinung, dass die Anziehungskraft der X-Men aus ihrer ursprünglichen Prämisse resultiert. „*X-Men* ist die einzige Marvel-Serie, die bei ihrem Start ein bestimmtes Thema hatte, nämlich dass die Menschheit Mutanten hasst, nur weil sie existieren. Die X-Men werden von der Menschheit kollektiv gehasst, gefürchtet und verachtet, und zwar aus keinem anderen Grund als dem, dass sie Mutanten sind. Wir haben es hier also, ob beabsichtigt oder nicht, mit einer Reihe über Rassismus, Bigotterie und Vorurteile zu tun. Das gibt ihr eine weitaus anspruchsvollere thematische Struktur, als es vielleicht für Superhelden-Comics vorgesehen ist, aber ich denke, das ist eines der Dinge, die der Serie über die Jahre hinweg ihren ansprechenden Charakter verliehen haben. Es ist eine Serie über Außenseiter, über Menschen, die aus dem Rahmen fallen, und das ist etwas, mit dem sich jeder Teenager identifizieren kann. Es ist eine Geschichte über unterdrückte Menschen, die darum kämpfen, ihre Situation zu ändern. Und es ist eine Reihe, mit der wir bestimmte Dinge über den Zustand der Menschheit sagen können, die man vielleicht nicht so leicht in, sagen wir, *The Avengers* sagen kann."

Days of Future Past sollte sich als ein weiteres prägendes Kapitel für die X-Men erweisen und ihre einzigartige Stellung unter den Marvel-Helden unterstreichen. Die Kernidee einer apokalyptischen Zukunft, in der Mutanten versklavt werden, war verlockend und voller Potenzial, und es ist keine Überraschung, dass viele Autoren, darunter auch Claremont, seither darauf zurückgegriffen haben.

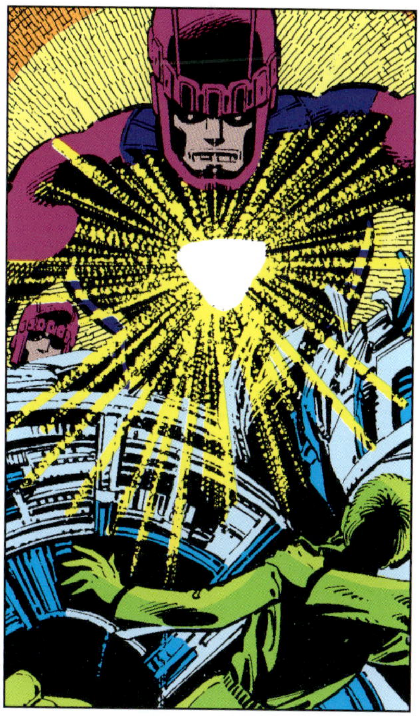

Die Sentinels entdecken die flüchtigen X-Men. Zeichnung von John Byrne, Terry Austin und Glynis Wein.

TIMELINE

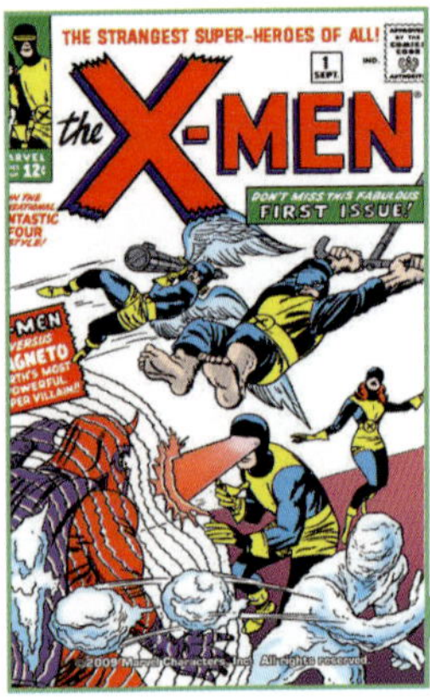

***X-Men* 1**
(1963)
STAN LEE
JACK KIRBY
Die X-Men geben ihr Debüt und kämpfen gegen ***Magneto****. Das Konzept von Mutanten wird im Marvel-Universum eingeführt.*

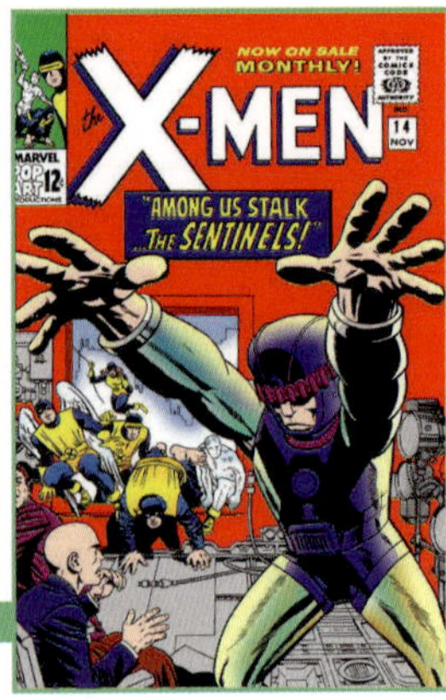

***X-Men* 14**
(1965)
STAN LEE
JACK KIRBY
Die ***Sentinels*** *tauchen auf und entpuppen sich schnell als extrem gefährliche Feinde der X-Men. Mutanten werden zum ersten Mal als Bedrohung für die Menschheit wahrgenommen.*

X-MEN
ZUKUNFT IST VERGANGENHEIT

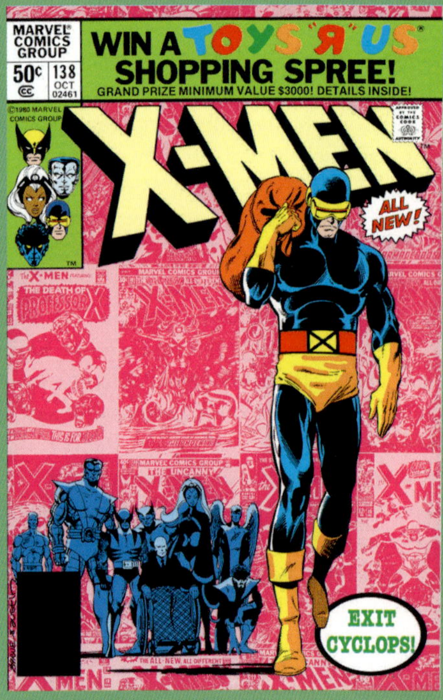

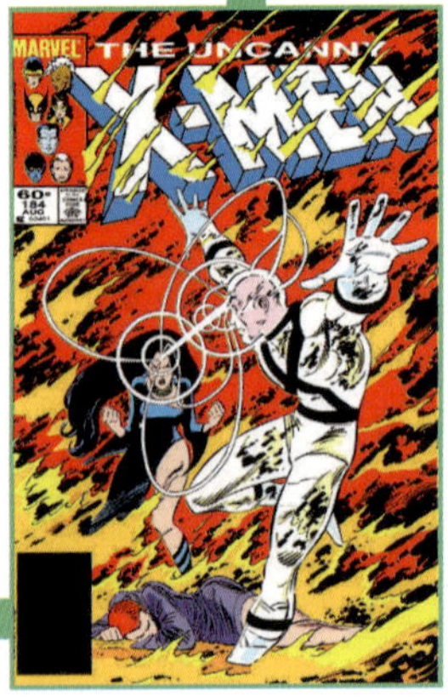

***Uncanny X-Men* 184**
(1984)
CHRIS CLAREMONT
JOHN ROMITA JR.
Rachel Summers *macht einen Zeitsprung aus der zukünftigen Welt der Sentinels in die Gegenwart. Sie wird zur Zielscheibe der Hexe* ***Selene****, wird aber von den X-Men gerettet.*

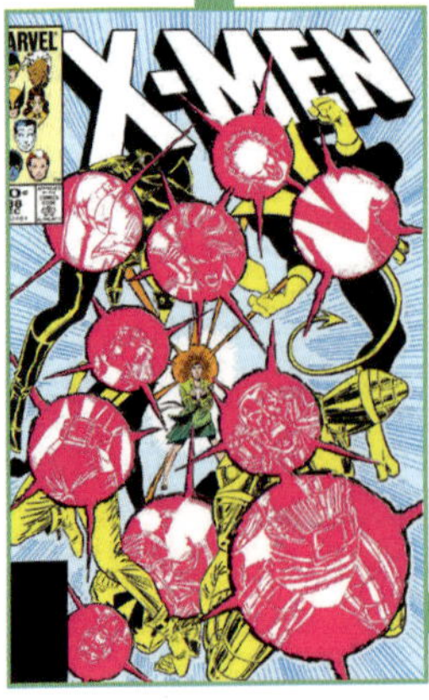

***Uncanny X-Men* 188**
(1984)
CHRIS CLAREMONT
JOHN ROMITA JR.
Rachel entdeckt, dass die heutigen X-Men nicht aus der gleichen Zeitlinie stammen, an die sie sich erinnert.

***X-Men Annual* 14**
(1990)
CHRIS CLAREMONT
ARTHUR ADAMS
Der erwachsene ***Franklin Richards*** *aus der Zukunft trifft in der Gegenwart ein. Rachel trifft* ***Jean Grey*** *zum ersten Mal.*

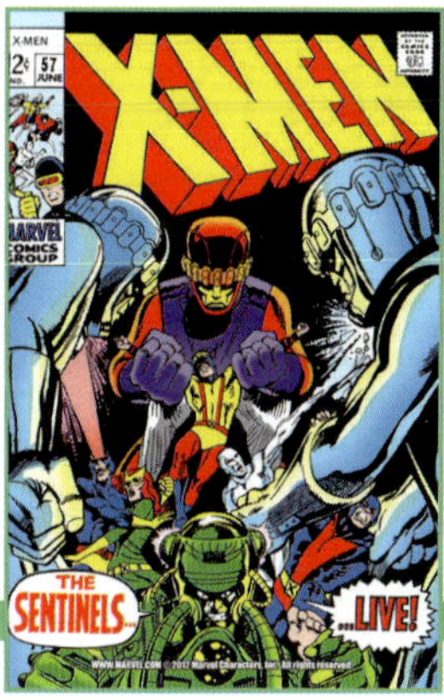

***X-Men* 57**
(1969)
ROY THOMAS
NEAL ADAMS
Die Sentinels werden vom Sohn ihres Schöpfers nachgebaut und nehmen rasch die meisten Mutanten der Welt gefangen.

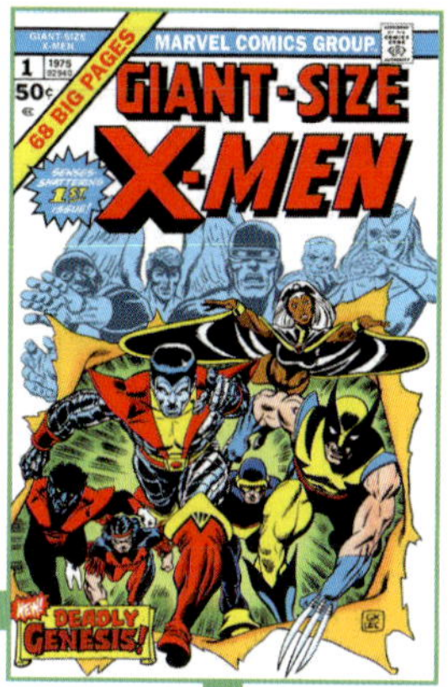

***Giant-Size X-Men* 1**
(1975)
LEN WEIN
DAVE COCKRUM
***Charles Xavier** stellt ein neues Team von X-Men zusammen, als die ursprüngliche Gruppe während einer Mission gefangen genommen wird.*

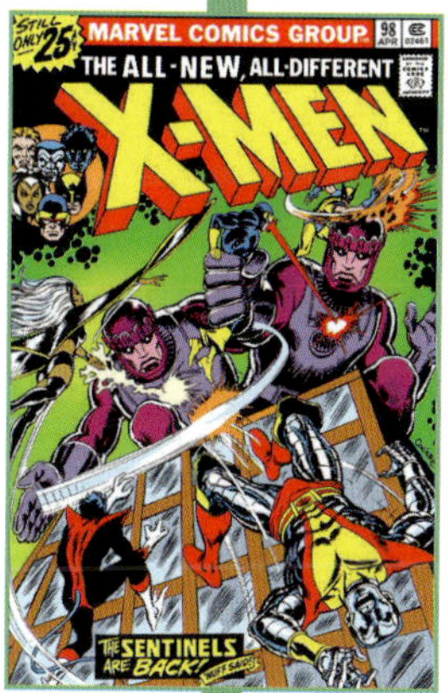

***X-Men* 98**
(1976)
CHRIS CLAREMONT
DAVE COCKRUM
*Eine dritte Generation von Sentinels wird von **Steven Lang**, einem verrückten Wissenschaftler mit Verbindungen zur US-Regierung, geschaffen.*

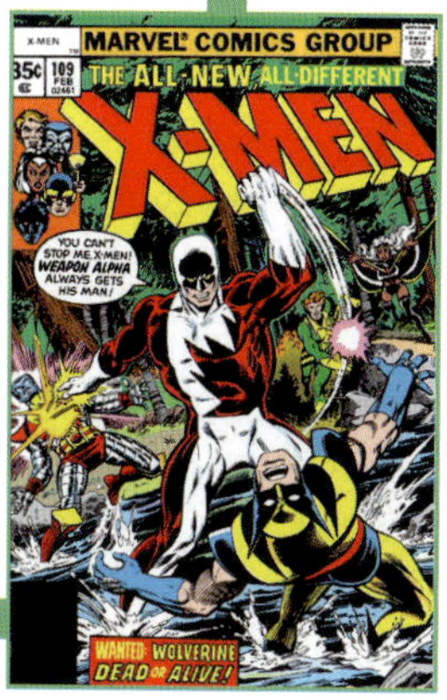

***X-Men* 109**
(1978)
CHRIS CLAREMONT
JOHN BYRNE
***James Hudson** alias **Weapon Alpha** kommt in die Vereinigten Staaten. Er will **Wolverine** fangen und an die kanadischen Behörden ausliefern.*

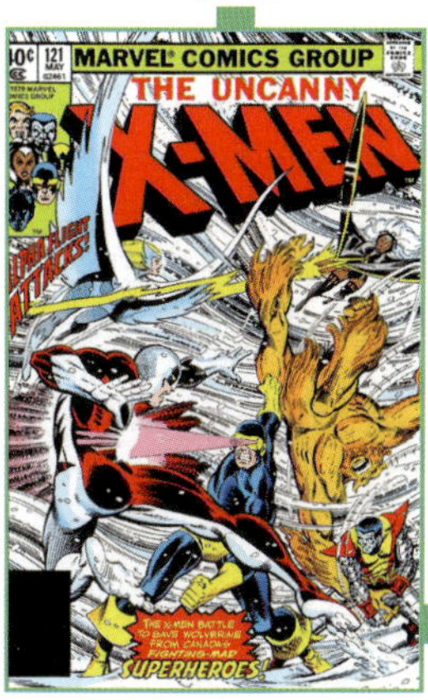

***Uncanny X-Men* 121**
(1979)
CHRIS CLAREMONT
JOHN BYRNE
*Die X-Men sind in Kanada gefangen. Sie kämpfen gegen **Alpha Flight**, wobei Wolverines Freiheit auf dem Spiel steht.*

Vor *Days of Future Past* gab es im Marvel-Universum zwar schon viele Zeitreisegeschichten, aber es handelte sich dabei immer um Standardideen wie die Begegnung mit berühmten historischen Persönlichkeiten, Reisen in die Urzeit oder die ferne Zukunft. *Days of Future Past* war eine viel persönlichere Geschichte, die unter die Lupe nahm, was passieren könnte, wenn Superhelden bei ihrer Hauptaufgabe, nämlich die Menschheit zu schützen, scheitern. Ältere Versionen der **X-Men** geknechtet und unterworfen zu sehen, war für die Leser der damaligen Zeit ein schockierender Anblick und erwies sich als Inspiration für viele spätere Handlungsstränge.

Ein neuer Phoenix

Die rothaarige Frau, die schlicht „**Rachel**" genannt wird, weckte bei den Lesern von *Uncanny X-Men* große Neugier, als sie 1981 in *Uncanny X-Men* 141 erschien. Ihr Aussehen und ihre telepathischen Kräfte ließen auf eine Verbindung zu **Jean Grey** schließen, die kurz zuvor in der *Dark Phoenix*-Saga gestorben war. In *Uncanny X-Men* 184 (1984) kam Rachel in einer Geschichte von **Chris Claremont** und **John Romita Jr.** in die Gegenwart. Die **X-Men**-Fans erfuhren bald, dass sie die Tochter von **Scott Summers** und Jean Grey war. Rachel war in einer Zeitlinie geboren worden, in der Jean nicht umgekommen war. Die Ermordung von Senator **Robert Kelly** löste das Mutantenregistrierungsgesetz aus, das zu einer Zukunft führte, in der die **Sentinels** die Kontrolle über Nordamerika übernahmen. Als junges Mädchen wurde Rachel von den Agenten von Ahab entführt. Diese bösartigen Jäger verwandelten sie mithilfe von Drogen und Hypnosetechniken in einen „Hound", einen Mutanten, der andere Mutanten aufspürt. Rachel hatte keine andere Wahl, als ihre eigenen Leute zu jagen. Ihre Telepathie verband sie mit ihren Opfern, und sie teilte deren Leid. Ihr Kummer und ihre Wut gaben ihr die Kraft, sich gegen Ahab zu wenden. Rachel wurde in die Konzentrationslager für Mutanten geschickt, wo sie mit vielen Mutanten-Rebellen wiedervereint wurde, darunter **Wolverine**, **Magneto**, **Colossus**, **Storm** und **Kate Pryde**. Rachel verliebte sich in **Franklin Richards**, den Sohn von **Reed** und **Sue Richards** von den **Fantastic Four**.

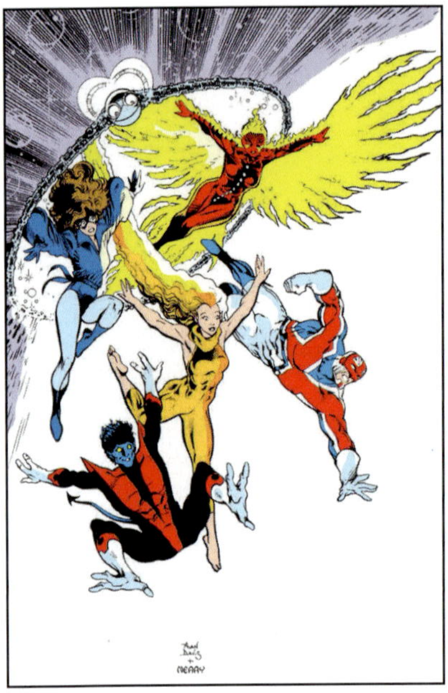

Rachel Summers half bei der Gründung von **Excalibur** als der neue Phoenix. Zeichnung von **Alan Davis** und **Paul Neary**.

In *Uncanny X-Men* 192 wurde sich Rachel einer versteckten Erinnerung bewusst, in der sie und Kate Pryde Projekt: Nimrod infiltrierten, ein geheimes Sentinel-Programm. Rachel erkannte, dass Kate dafür verantwortlich war, sie in der Zeit zurückzuschicken. Rachel schloss sich den X-Men an, hielt ihre wahre Identität aber zunächst vor Scott Summers geheim. Sie nahm den Namen „**Phoenix**" an, sehr zu Scotts Unbehagen. Er war fassungslos, als er die Wahrheit erfuhr.

▶ In *Excalibur* 1 (1988) von **Chris Claremont** und **Alan Davis** erholten sich **Nightcrawler** und **Shadowcat** von einem Kampf und hatten einen gemeinsamen Traum, in dem Rachel Summers gefangen war. Sie verhalfen Rachel mithilfe von **Captain Britain** und **Meggan** zur Flucht aus der bizarren Dimension, die als Mojoverse bekannt ist. In dem Glauben, die anderen X-Men seien im Kampf gefallen, beschlossen die fünf Helden, ein neues Team zu bilden, und zogen nach Großbritannien um.

Wendigo

Der **Wendigo** ist eine mystische Kreatur, die an das gleichnamige Geisterwesen gebunden ist. Der ursprüngliche Wendigo-Geist wurde offenbar von dem dämonischen **N'Garai** (der Brut des alten Gottes **Chthon**) erschaffen oder an ihn gebunden. Vor langer Zeit waren die Inua-Götter besorgt darüber, dass ihre menschlichen Anhänger in Zeiten extremer Not zu Kannibalen wurden. Um sie davon abzubringen, schufen die Götter einen Fluch, der den Wendigo-Geist mit denjenigen verband, die sich vom Fleisch ihrer Mitmenschen ernährten.

Der älteste bekannte Wendigo tauchte vor mindestens einer Million Jahren auf. Im Gegensatz zu anderen seiner Art hatte er die Kontrolle über seine Verwandlung und konnte zwischen seiner menschlichen und seiner Wendigo-Form wechseln. Er kämpfte gegen die früheste Inkarnation des **Ghost Rider**.

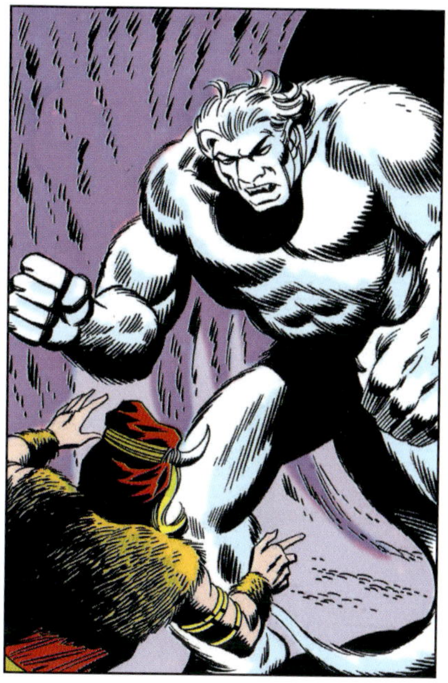

Georges Baptiste wird zum Wendigo. Zeichnung von **Herb Trimpe** und **Jack Abel**.

Der Fluch hat bis in die Gegenwart überdauert. Jeder, der in der kanadischen Wildnis das Fleisch eines anderen Menschen isst, kann sich in eine riesige, mit Fell bedeckte humanoide Bestie mit Reißzähnen und rasiermesserscharfen Klauen verwandeln. Sie sind übermenschlich stark und können erhebliche Verletzungen und Schmerzen ertragen. Alle Wunden, die sie erleiden, heilen extrem schnell.

Nachdem **Georges Baptiste** von **Alpha Flight** verhaftet worden war, wurde der Wendigo-Geist irgendwie durch einen Schneesturm nach Manhattan Island getragen. Er stillte seinen Hunger an einem Entführer, den **Spider-Man** gejagt hatte, und kehrte in seine Heimat Kanada zurück. Spider-Man und **Wolverine** begegneten ihm dort kurz darauf.

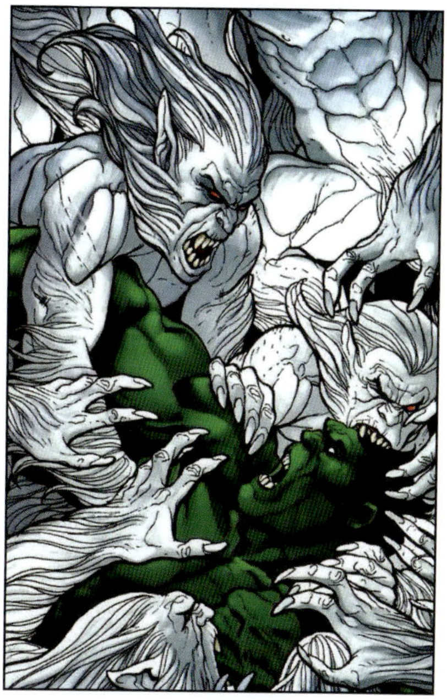

Der **Hulk** kämpft gegen ein Rudel gefräßiger Wendigos. Zeichnung von **Frank Cho**.

Normalerweise gibt es immer nur einen Wendigo, in seltenen Fällen gab es auch Rudel. Während *Chaos War* manipulierten die Großen Bestien den Fluch des Wendigo, um Menschen, die in ewigen Schlaf gefallen waren, in eine Armee zu verwandeln, die an ihrer Seite kämpft.

WEITERE MUST-HAVE-TITEL

BEREITS ERHÄLTLICH

CIVIL WAR
AVENGERS: HELDENFALL
SPIDER-MAN: SPIDER-VERSE
WOLVERINE: OLD MAN LOGAN
DEADPOOL KILLT DAS MARVEL-UNIVERSUM
THANOS: DIE GEBURT EINES MONSTERS
DAREDEVIL: DER MANN OHNE FURCHT
MILES MORALES: ULTIMATE SPIDER-MAN
MS. MARVEL: META-MORPHOSE
DER TOD VON WOLVERINE
INFINITY GAUNTLET: DIE EWIGE FEHDE
PLANET HULK
X-MEN: DIE DARK PHOENIX SAGA
VENOM: DARK ORIGIN
IRON MAN: EXTREMIS
FANTASTIC FOUR - 4
PUNISHER: FRANK IST ZURÜCK!
MARVEL KNIGHTS SPIDER-MAN
BLACK PANTHER: WER IST BLACK PANTHER?
X-MEN: EIN NEUER ANFANG
FANTASTIC FOUR: ALLES GELÖST?!
SPIDER-MAN: HEIMKEHR
CAPTAIN AMERICA: WINTER SOLDIER
ASTONISHING X-MEN: BEGABT
SPIDER-MAN: KRAVENS LETZTE JAGD
HOUSE OF M

DEADPOOL: WEIBER, WUMMEN UND WADE WILSON
AVENGERS: AUSBRUCH
ULTIMATE SPIDER-MAN: LEKTIONEN FÜRS LEBEN
DER TOD VON CAPTAIN AMERICA
ANNIHILATION
MARVELS
DAREDEVIL: AUFERSTEHUNG
GUARDIANS OF THE GALAXY: SPACE-AVENGERS
AVENGERS PRIME
WOLVERINE: STAATSFEIND
THE SIEGE - DIE BELAGERUNG
SPIDER-MAN/BLACK CAT
DAREDEVIL: IN DEN ARMEN DES TEUFELS
THOR: DIE RÜCKKEHR DES DONNERS
SECRET INVASION
UNCANNY AVENGERS: DER ROTE SCHATTEN
WOLVERINE: WAFFE X
MARVEL ZOMBIES
DOCTOR STRANGE: DER EID
SILVER SURFER: REQUIEM
X-MEN: BEDROHTE SPEZIES
FEAR ITSELF - NACKTE ANGST
THOR: AUF DER SUCHE NACH GÖTTERN
WORLD WAR HULK
SPIDER-MAN: QUALEN
WOLVERINE
NEW AVENGERS: ILLUMINATI
SECRET WAR

THANOS KEHRT ZURÜCK
GHOST RIDER: STRASSE ZUR VERDAMMNIS
AVENGERS: ULTRONS RACHE
DEADPOOL: DREI GLORREICHE HALUNKEN
SPIDER-MAN: ERSTAUNLICHER NEUSTART
AVENGERS FOREVER
X-MEN: SCHISMA - GETRENNTE WEGE
SUB-MARINER: DIE TIEFE
AGE OF ULTRON
SECRET WARS
HULK: GRAU
NEW MUTANTS: HÖLLENBIEST
X-MEN: MAGNETO - TESTAMENT
SILVER SURFER: PARABEL
IRON MAN: DIE FÜNF ALBTRÄUME
CAPTAIN AMERICA: NEUE GEGNER
THOR: GOTT DES DONNERS - GÖTTERSCHLÄCHTER
MARVEL SUPER HEROES SECRET WARS
GUARDIANS OF THE GALAXY: KRIEGER DES ALLS
HULK: DYSTOPIA
SPIDER-MAN NOIR
DEADPOOL: DIE WETTE
DAREDEVIL & ECHO: TEILE DER LEERE
DOCTOR STRANGE: ANFANG UND ENDE
DAREDEVIL: FATHER
SPIDER-MAN: FAMILIENTRADITION

JETZT ERHÄLTLICH

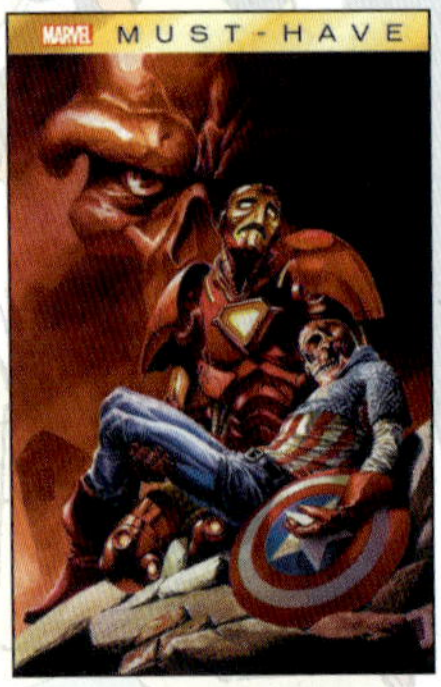

AVENGERS: ROTE ZONE

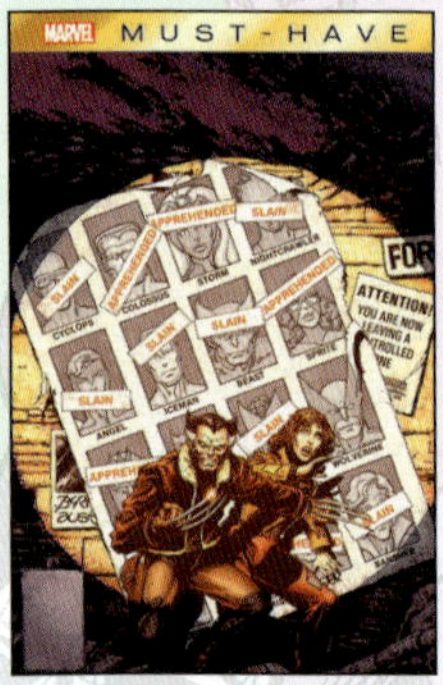

X-MEN: ZUKUNFT IST VERGANGENHEIT

DEMNÄCHST

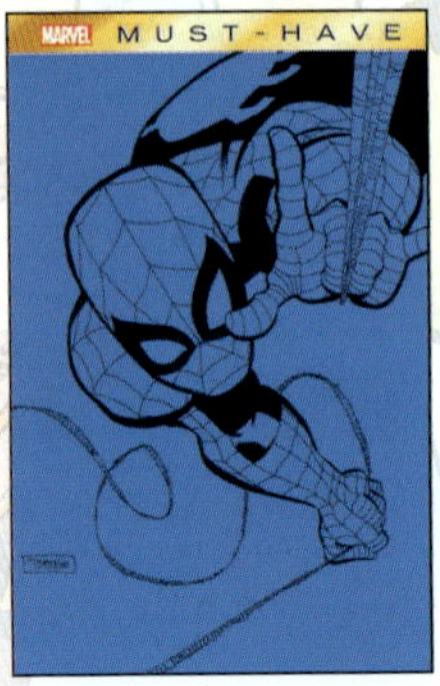

SPIDER-MAN: BLUE

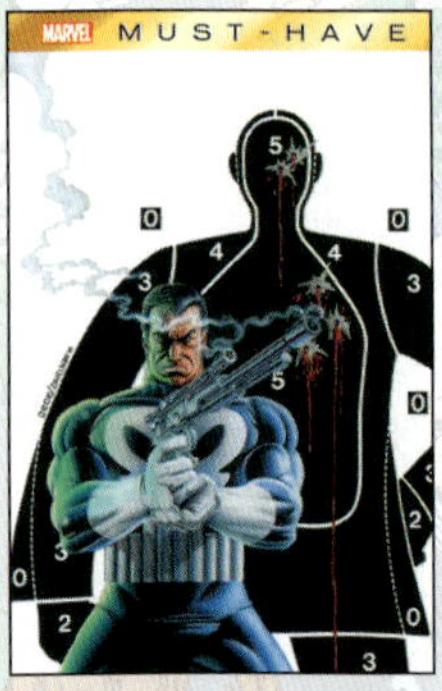

PUNISHER: BLUTSPUR